企业
刑事法律
风险防范全书

熊智　许玉淼　阎丽　主编

法律出版社
LAW PRESS · CHINA
北京

图书在版编目（CIP）数据

企业刑事法律风险防范全书 / 熊智，许玉淼，阎丽主编. -- 北京：法律出版社，2025. -- ISBN 978-7-5197-9477-4

Ⅰ. D924.11

中国国家版本馆 CIP 数据核字第 2024L1A255 号

企业刑事法律风险防范全书
QIYE XINGSHI FALÜ FENGXIAN FANGFAN QUANSHU

熊 智 许玉淼 阎 丽 主编

策划编辑 林 蕊 周 洁
责任编辑 林 蕊 周 洁
装帧设计 李 瞻

出版发行 法律出版社
编辑统筹 司法实务出版分社
责任校对 王 丰 李景美
责任印制 胡晓雅
经 销 新华书店

开本 710 毫米×1000 毫米 1/16
印张 24 **字数** 450 千
版本 2025 年 3 月第 1 版
印次 2025 年 3 月第 1 次印刷
印刷 固安华明印业有限公司

地址：北京市丰台区莲花池西里 7 号（100073）
网址：www.lawpress.com.cn
投稿邮箱：info@lawpress.com.cn
举报盗版邮箱：jbwq@lawpress.com.cn

销售电话：010-83938349
客服电话：010-83938350
咨询电话：010-63939796

书号：ISBN 978-7-5197-9477-4 **定价**：85.00 元

凡购买本社图书，如有印装错误，我社负责退换。电话：010-83938349

编委会名单

序言一 Preface

“十四五”期间，中国企业面临复杂多变的形势，当前和今后一个时期是以中国式现代化全面推进强国建设、民族复兴伟业的关键时期，无疑将为企业开辟出更为广阔且充满机遇的发展新天地。

党的二十届三中全会审议通过的《中共中央关于进一步全面深化改革　推进中国式现代化的决定》把构建高水平社会主义市场经济体制摆在突出位置，提出“坚持致力于为非公有制经济发展营造良好环境和提供更多机会的方针政策”。

企业经营过程中难免涉及国家、社会、企业自身和个人等方方面面利益冲突，各类风险暗潮涌动。而刑事法律风险，恰似高悬于企业头顶的“达摩克利斯之剑”，足以瞬间倾覆企业航母。

作为一名从事法律工作三十余载的出庭律师，我目睹诸多企业因实控人、企业主、高管等管理人对刑事法律风险重视不够、防范不足而深陷困境，进而付出惨痛代价。一个个真实的案例如警钟长鸣，振聋发聩！律师的职业使命促使我站出来，为企业防范刑事法律风险、提供正确的法律指导和策略做点什么。《企业刑事法律风险防范全书》便在这样的背景下应运而生。

企业刑事法律风险，是一个多维度、多层次的经营概念，它不仅仅局限于《刑法》明确规定的犯罪行为，更广泛涵盖了可能致使企业或企业家承担刑事责任的一切法律风险范畴。从财务造假、商业贿赂、侵犯知识产权，到环境污染、安全生产事故、食品安全问题，再到税收违法、证券欺诈、不正当竞争等，企业刑事法律风险几乎伴生在企业运营的每一个角落。这些风险，有的源自企业内部管理的疏漏，有的则是外部环境变化的结果，如法律法规的更新、监管政策的调整、市场竞争的加剧甚至是地方营商环境的悄然变化等。

《企业刑事法律风险防范全书》围绕企业经营管理中常见、易发、多发的刑事法律问题展开了深入的剖析，它并非冰冷刻板的法律条文的罗列，而是以通俗易懂的语言结合真实案例，为企业管理者分析涉企刑事犯罪中的常见形态，解读法律条文背后复杂的逻辑和立法本意，让企业管理者清晰洞察风险所在。书中各章节将企业实际经营中可能遭遇的风险细节逐一呈现,为企业勾勒出一幅完整的刑事法律风险防控蓝图,助力企业构筑坚实的刑事法律风险防范壁垒。对于企业管理者而言,本书是不可或缺的风险防范指南,能助其于复杂的商业环境中保持敏锐,精准识别潜在刑事法律风险,预先筹谋应对之策,将风险扼杀于萌芽状态。同时,本书也为企业法务人员给予全面法律参考,赋能其更好地履行法律监督与风险防控职责,是不可或缺的工具书。

我一直主张,律师最大的能力不是打赢一场官司,而是避免一次诉讼。律师之能,不单体现于法庭之上的雄辩滔滔,更在于未雨绸缪、消弭诉争,指导并帮助当事人远离祸患。对企业来说,民商事争议最多导致经济损失,而刑事法律风险的爆发,则将是一场不可逆的灾难,一旦企业及企业主卷入刑事司法程序,无论最终结局怎样,企业都可能遭受难以挽回的损失,甚至就此一蹶不振而面临破产危机。写本书的初衷,是期望企业管理人员通过阅读本书,将书中知识结合于实际经营,切实做好刑事法律风险防范工作;也希望本书能给广大律师同人一些思路和启发,共同为企业的稳健发展保驾护航。愿与同人携手,使企业在合法合规之途稳步前行,远离刑事法律风险的阴霾,成就企业的长远发展与繁荣。

最后,诚祝所有企业于法治环境下蓬勃发展,为经济社会的进步贡献更大力量。期盼《企业刑事法律风险防范全书》成为企业与律师的随身伴侣,在企业刑事法律风险防范之路上发挥重要作用。

熊　智

2025 年 3 月

序言二 Preface

在经济全球化和市场竞争日益激烈的今天，企业如同在波涛汹涌的商海中航行的船只，面临诸多风险和挑战。其中，刑事法律风险犹如隐藏在暗处的冰山，一旦触碰，可能给企业带来毁灭性的打击。因此，企业刑事法律风险防范已成为企业发展战略中不可或缺的重要组成部分。

《企业刑事法律风险防范全书》的编写，旨在为企业提供一套全面、系统、实用的刑事法律风险防范指南，帮助企业管理者和相关人员增强法律意识，提高风险防范能力，确保企业在合法合规的轨道上稳健前行。

本书的诞生，是对当前企业发展需求的积极回应。我国法治建设的不断推进，法律体系日益完善，对企业的行为规范提出了更高的要求。同时，市场经济的复杂性和多样性也使得企业在经营过程中面临各种各样的刑事法律风险。从企业设立时的注册资本虚报、虚假出资，到生产经营中的假冒伪劣、商业贿赂、非法经营，再到财务管理中的偷税漏税、挪用资金、职务侵占，以及知识产权保护、环境污染、安全生产等方面，刑事法律风险无处不在。这些风险不仅可能导致企业面临巨额罚款、停业整顿，甚至可能使企业负责人和相关人员面临刑事追究，给企业和个人带来难以挽回的损失。

为了帮助企业更好地应对这些风险，本书从多个角度进行了深入的探讨和分析。首先，本书对企业刑事法律风险的概念、特征和类型进行了详细的阐述，使读者对刑事法律风险有一个全面的认识。其次，通过对大量实际案例的研究，本书揭示了企业刑事法律风险的产生原因和表现形式，为企业提供了宝贵的经验教训。在此基础上，本书重点介绍了企业刑事法律风险的防范措施和应对策略，包括建立健全内部管理制度、加强员工法律培训、完善风险预警机制、依法妥善处理纠纷等方面。同时，本书还对企业如何防范和应对刑事风险方面进行了详细的介绍，为企业提供了切实可行的操作建议。

在编写过程中，我们秉持着严谨、务实的态度，力求使本书具有较强的针对性和实用性。我们广泛收集了国内外相关的法律法规、司法解释和学术研究成果，并结合实际案例进行了深入的分析和解读。同时，我们还邀请了多位具有丰富实践经验的刑事法律专家和企业法律顾问进行指导和审核，确保本书的内容准确、权威。

我们衷心希望，本书能够成为企业管理者和相关人员的良师益友，帮助他们更好地了解和掌握企业刑事法律风险防范的知识和技能，从而有效预防和化解刑事法律风险，为企业的发展创造一个良好的法律环境。同时，我们也希望本书能够引起社会各界对企业刑事法律风险防范的高度重视，共同推动我国企业的健康发展和法治建设的不断进步。

最后，感谢所有为本书的编写付出辛勤努力的人员，以及为本书提供支持和帮助的单位和个人。正是由于大家的共同努力，才使得本书得以顺利出版。我们相信，本书的出版将为我国企业刑事法律风险防范工作的开展起到积极的促进作用，为企业的发展和社会的进步做出应有的贡献。

许玉森

2025 年 3 月

序言三 Preface

在当今复杂多变的商业环境中,企业作为市场经济的核心主体,面临激烈市场竞争的同时,还面临诸多法律风险,尤其是刑事法律风险。这些风险如同暗流涌动的旋涡,稍有不慎,便可能将企业卷入法律的旋涡之中,造成难以估量的损失。因此,深入研究和有效防范企业刑事法律风险,已成为企业管理层不可回避的重要课题。

我深知,企业的管理者或经营者每天都在为企业的生存与发展殚精竭虑。在追求经济效益的同时,如何确保企业的合法合规运营,避免触碰法律的红线,是每一位企业家都必须思考的问题。正是基于这样的背景,我们撰写了这本《企业刑事法律风险防范全书》,旨在为企业提供一套全面、系统的刑事法律风险防范指南。

本书依据最新的法律法规,特别是现行刑法以及相关的司法解释,精心构建了十二章的内容体系。本书首先从企业刑事法律风险的基本概念出发,详细阐述了企业刑事犯罪的特点、成因及危害后果,随后构建了企业刑事法律风险防控体系的框架,帮助企业管理者深刻认识刑事法律风险对企业发展的重大影响。

在接下来的章节中,本书围绕企业设立、企业终止、劳动用工、安全生产、产品质量、市场交易、融资、财税管理、知识产权、职务廉洁与商业贿赂、数据处理等多个方面,精心挑选了76个企业最容易触犯的罪名,逐一进行详尽剖析。对于每一个罪名的阐述,我们都力求做到严谨而不失生动,深入浅出。

首先,通过罪名概述,我们向读者介绍了每一个罪名的基本概念、犯罪构成要件、立案追诉标准以及量刑标准。这一部分的内容,既是对法律条文的精准解读,也是对法律精神的深刻阐释。

接下来,我们提出了切实可行的风险防控建议。这些建议,都是我和我的团队多年办案经验的结晶,是我们对企业实际情况的深刻洞察和理性思考。在提出这些建议时,我特别注重了它们的可操作性和针对性。我不仅希望这些建议能够为企业提供具体的预防措施,帮助他们提前规避风险、化解危机,更希望这些建议能够引导企业建立健全法律风险防范机制,提升企业的法治水平和竞争力。例如,在劳动用工方面,我们强调了完善劳动合同管理、加强员工培训、建立劳动争议调解机制的重要性;

在安全生产方面，我们提醒企业要落实安全生产责任制、加强安全教育培训、定期进行安全检查。

为了让读者更好地理解罪名风险及对企业的危害性，我们还精心挑选了典型案例进行剖析。这些案例，都是我从海量的法律文书中精心挑选出来的，它们既包括了成功的风险防控案例，也包括了失败的风险应对案例。通过对这些案例的深入剖析，我希望读者能从中汲取经验教训，增强风险意识，提升防控能力。同时，我也希望这些案例的展示能够激发企业管理者对于法律风险防控的重视度和紧迫感。

总之，《企业刑事法律风险防范全书》的问世，标志着我们在企业刑事法律风险防控领域迈出了坚实的一步。这不仅是一本融合了深厚理论底蕴与丰富实践经验的专著，更是一本兼具高度指导性与实用性的宝典。

然而，我深知，这本书的出版只是我们在这条漫长而艰辛的道路上迈出的一小步。企业刑事法律风险防控事业任重而道远，需要我们持续投入、不断探索、勇于创新。未来，我们将继续紧跟法律法规的更新步伐，深入研究企业运营中的新情况、新问题，不断完善和丰富本书的内容体系，以更加全面、更加精准地满足企业的实际需求。

在这条道路上，我们并不孤单。感谢所有支持、帮助过我们的人，特别是我的团队成员，他们以其专业的素养、严谨的态度和无私的奉献，为本书的撰写付出了巨大的努力；感谢企业客户，他们经验丰富的法务人员和项目管理人员为我们提供了宝贵的实践经验与建议，为本书增添了丰富的案例与生动的素材；感谢法律界的专家，他们的智慧与洞见，为本书提供了坚实的理论支撑与权威的指导。

正是有了你们的陪伴与支持，我们才能够汇聚起如此强大的力量，共同打造出这本《企业刑事法律风险防范全书》。愿这本书成为企业刑事法律风险防控领域的一颗璀璨明珠，不仅照亮企业远航之路，更照亮我们对法治社会的共同追求、推动市场经济健康发展的梦想之路。

阎　丽

2025 年 3 月

目录 Contents

第一章

企业刑事法律风险防范概述

第一节　基本概念简介

一、风险

1. 风险的定义

风险是指一个行为或一个事件未来某个特定时空之中产生人们所不希望的后果的可能性。也就是说,风险就是发生不利事件的概率。通说认为,风险有广义与狭义两种概念。广义的风险,是指风险事故(风险事件)及其损失发生与否的不确定性;而狭义的风险,即因未来某个时空可能发生的风险事故(风险事件)造成的损失。广义和狭义的风险与保险基础理论之中的投机风险(speculative risk)、纯粹风险(pure risk)大抵可以形成一种对应关系。在没有特别声明的情形之下,本书所指称的风险皆系广义的风险、投机风险。

"风险"一词的由来,比较普遍的一种说法是,在远古时期以打鱼捕捞为生的渔民们,每次出海前都要祈祷,甚至要举行隆重的祈祷、祭祀仪式,其中主要的祈祷内容就是让神灵保佑自己在出海时能够风平浪静、满载而归;他们在长期的捕捞实践中,深深地体会到"风"给渔民们带来的是难以预测且无法抗拒的危险,他们认识到,在出海捕捞打鱼的生活中,"风"即意味着"险",因此有了"风险"一词。

2. 风险的特征

风险作为客观存在的现象,具有以下几方面的特征:

(1)客观性

风险是一种不以人的意志为转移,独立于人的意识的客观存在。例如,自然界的地震、台风、洪水,社会领域的战争、瘟疫、冲突、意外事故等,都是不以人的意志为转移的客观存在。人们在作出决策的同时就意味着风险的存在,是非人为的努力可以完全控制的。需要说明的是,商业风险作为风险的一种,也是客观存在的。自商业活动产生以来,商业风险就一直存在。只不过,当社会经济步入到商品经济社会、市场经济社会之后,商业风险更为普遍,影响更为显著了。

(2)普遍性

风险无处不在,无时不有。在当今社会,个人面临着生、老、病、残、死、意外伤害等风险;企业面临着市场风险、技术风险、自然风险、政策风险、法律风险等。正是由于这些普遍存在的、对人类社会生产和人们的生活构成越来越严重威胁的风险,保险才有了存在的必要和发展空间。

需要说明的是,本书所研究的企业刑事法律风险与自然因素无直接关系,是人类规范领域的一种可控风险。这也是本书研究的现实需求、客观基础与逻辑前提。

(3)不确定性

由于人们对事物发展规律认识的局限性(片面性)、有限性,不太可能精准、全面、完整无缺地认识到风险的发生、变化、形成的全过程,致使风险的发生具有不确定性。具体来说,风险是否发生具有不确定性,即发生与否的不确定性;风险发生的时间、地点具有不确定性,即发生时空的不确定性;风险产生的结果具有不确定性,即风险可能的损害大小的不确定性。可以说,不确定性是风险的本质属性。

(4)共生性

风险既能给市场主体带来一定的利益,也可能使其遭受一定的损失,即盈利机会与损失可能具有一种共生关系。通常来说,在工商领域,风险与利益是成正比的,要想获得高收益就要承担高风险,低风险只能带来低收益。如果风险冒得对,就可以获得相应的风险利润;反之,如果风险冒得不对,就可能面临巨大的损失。

(5)可预测性

作为客观存在的风险,对于市场主体而言,大多情况下之所以能够防范、避免,是因为风险可以通过多种预测方法来认知其何时发生及发生的方式、程度等。例如,人们可以在概率论和数理统计的基础上,对过去发生的一系列类似风险的资料进行分类,来计算某种风险发生的概率等。

(6)可预防性

风险是客观存在的,人们虽然无法彻底规避风险,但大多数风险可以预防。人们可以根据对风险的认知程度提前做好风险防范,以降低风险发生的概率。

(7)相对性

由于自身的条件、能力、所处环境与所掌握信息的不同,所以即便是同一事件,对于不同的人而言风险也不一定相同。

(8)社会性与发展性

风险,是人类社会的一种伴生现象;没有人类社会就没有风险这一问题。因此,风险、人们对风险的认识以及风险防控研究等,均理所当然地"与时偕行";而且,人类社会自身进步和发展的同时，也创造和发展出新的风险。尤其是当代高新科学技术的发展和应用，使风险的发展性更为突出。风险会因时间、空间因素的不断变化而不断发展变化。

正因为风险具有利益与风险共生性、可预测性和可预防性等基本特征，人们才热衷于研究风险防控。

3. 风险的分类

根据不同的标准，风险有不同的分类，依据风险产生的原因不同，风险可分为自然风险、社会风险、政治风险、经济风险、技术风险与法律风险。

(1)自然风险

自然风险指由自然现象、物理现象和其他物质现象所形成的风险，如地震、水灾、火灾、风灾、旱灾及各种瘟疫等。自然风险的成因不可控，但有一定的规律和周期，发生后的影响范围较广。

(2)社会风险

社会风险是指由于个人或组织的行为或不行为使社会生产及人们生活遭受损失的风险。例如，某些社会事件、公共事件、社会危机等可能对相关民众乃至所有人的财产或人身造成损害。

(3)政治风险

政治风险是指在对外投资和贸易过程中，因政治原因或订约双方所不能控制的相关政府、国家层面的矛盾、纠纷原因，使企业可能遭受损失的风险。例如，因进口国发生战争、内乱而中止货物进口；因进口国实施进口或外汇管制，对输入货物加以限制或禁止输入；因本国变更外贸法令，使出口货物无法送达进口国，造成外贸合同无法履行等。

(4)经济风险

经济风险是指企业受市场变化、经营者决策失误或前景预期出现偏差等因素影响导致经营失败的风险。例如，企业生产规模的增减、价格的涨落和经营的盈亏预期等。

(5)技术风险

技术风险是指科学技术的发展、生产方式的改变、技术的逻辑结构更新换代给企业带来的风险。例如，曾经的手机行业的龙头老大诺基亚，在普通手机转换到智能手机的升级换代过程中，心不甘情不愿地被淘汰了，这可以说是最大的技术风险。

另外一种技术风险就是某些特殊技术所隐藏着的巨大风险，最令人谈虎色变的风险就是核辐射。例如，1979 年 3 月 28 日凌晨 4 时半，美国宾夕法尼亚州的三哩岛核电站 95 万千瓦压水堆电站二号反应堆主给水泵停转，导致反应堆芯温度过高，待运行人员发现问题所在的时候，堆芯燃料的 47% 已经融毁并发生泄漏，后人称之为

“三哩岛事故”;1985 年 8 月,苏联“K－431”号巡航导弹核潜艇船坞内排除故障时误操作引起反应堆爆炸造成的“俄罗斯核潜艇事故”;1993 年 4 月,托木斯克市附近的西伯利亚化学企业公司的后处理设施对反应堆乏燃料进行后处理时发生的“俄罗斯联邦托木斯克事故”;还有让人印象深刻的“切尔诺贝利核电厂泄漏事故”。

(6)法律风险

法律风险指个人或企业(社会组织)因违反法律法规而产生的风险,包括民事法律风险、行政法律风险与刑事法律风险等。

二、企业法律风险

1. 企业法律风险的定义

企业法律风险,是指企业赖以生存和发展的法律环境发生变化,或者企业及相关当事人不当的作为或者不作为,导致与现有的特定法律法规体系以及基于这些规定的合同约定相冲突,而对企业产生负面法律后果的可能性。

2006 年 6 月 6 日国务院国有资产监督管理委员会发布的《中央企业全面风险管理指引》将企业风险分为战略风险、财务风险、市场风险、运营风险、法律风险等。严格来说,法律风险是贯穿于其他风险之中的,是其他风险的重要因素,并且也是其他风险的终极表现形式。因此,法律风险是企业最为常见、爆发率最高的风险,它会给企业带来较大的损害或不良影响;情节轻微的,企业及其管理人员要承担民事责任或行政责任;情节严重的,企业及其管理人员不仅要承担刑事责任,还可能会导致企业信誉重大危机。

2. 企业法律风险的特征

与其他企业风险相比,企业法律风险具有以下几个特征:

(1)企业法律风险的发生,必然与法律法规之相关规范有关

这是企业法律风险区别于其他企业风险的最根本的特征。实务中,企业法律风险的发生,主要原因是相关法律法规之明文规定之存在。这种关联性既可能是直接的,如企业违反法律规定或违反合同约定的风险;也可能是间接的,如企业未及时行使法律或合同赋予的权利,而导致利益受损。

(2)企业法律风险发生的结果具有强制性

企业如果违反法律规定或者侵害他人的合法权益,通常情况下会导致企业承担相应的法律责任。与违反社会道德规范而产生的责任不同,法律责任具有强制性,一旦发生,企业必须承受,或主动承受,或被动承受:主动承受或可化危机为生机;被动承受后果可能会很严重。

(3)企业法律风险的发生领域十分广泛

企业的所有经营管理活动都离不开法律规范的调整,企业实施任何行为都需要

遵守法律法规。纵向言之,企业从设立、经营到解散、清算、注销,尤其是在企业经营管理过程中的所有环节都有可能出现这样那样的法律风险。横向论之,企业与员工订立、履行劳动合同,企业与其他企业订立与履行经营性合同,企业知识产权的取得及其运用,财税安排和管理,企业与社区、企业与政府诸职能部门等方方面面公共关系的处理,每一个企业行为都有可能出现这样那样的法律风险。

(4)企业法律风险具有可预见性

企业法律风险是基于法律规定或合同约定产生的。法律规定或合同约定的内容已明确事先告诉当事人应该做什么、不应该做什么,以及相应的法律后果是什么。因此,对于当事人来说,企业法律风险是可以事前预见的,即可以通过对法律规定或合同约定的深度解读,预先判断出哪些行为可能会给企业带来法律风险,以及风险发生后会给企业带来什么样的不利后果。

(5)企业法律风险具有可预防性

实务中,企业发生法律风险的主要原因是实施了某种违反法律规定或合同约定的行为。因此,为避免法律风险的发生,企业可以通过制度管理来规范自身行为,使其符合法律规定或合同约定的要求。也就是说,对于企业来说,大多数的法律风险可以通过相应的有效措施予以防范和控制。

3. 企业法律风险的分类

(1)根据与风险对应的法律类型,企业法律风险可分为民事法律风险、行政法律风险与刑事法律风险。实务中,相对于民事法律风险与行政法律风险而言,刑事法律风险发生频率相对较小,因此,企业及其管理人员往往更容易忽视刑事法律风险的防控。需要强调的是,刑事法律责任承担的法律后果是最严重的,不仅可能影响企业经营者的人身自由、人格尊严甚至生命,还可能会影响企业的生存。

(2)根据企业创建和存续历程,企业法律风险可以分为企业设立法律风险、企业经营管理法律风险与企业终结法律风险。其中,企业经营管理法律风险较多,且其发生机制较为复杂,充满各种风险。

①企业设立法律风险。

企业设立法律风险指企业股东、企业投资者、筹建者在策划、筹备、筹建、设立企业过程中可能遇到的一切法律问题。实务中,企业"依法设立"之法主要包括《公司法》《合伙企业法》《个人独资企业法》《外商投资法》《商业银行法》《证券法》及其配套行政法规、规章等。正常情况下,企业依法设立肯定没有企业设立法律风险,问题在于大多数人明显缺乏法律解释能力,而法律适用、运用又只能建立在对相关法律规范进行解释的基础之上,因此,企业设立阶段聘请足够专业的律师提供法律咨询、指导、指引等不仅重要而且必要。

②企业经营管理法律风险。

一是企业治理法律风险。

企业治理法律风险主要包括:企业治理结构不合法、不合理导致风险;控股股东或企业高管关联交易损害公司利益风险;小股东非法控制公司风险等。

企业成立后各类内部纠纷一直是企业治理要面对的核心问题,如股东与股东、股东与董事会等发生的股权确认、股权转让、股东权益诉讼,以及股东请求确认公司设立无效或撤销的诉讼,公司对股东或经营管理人员提起的诉讼,等等。

二是合同法律风险。

合同法律风险主要包括:合同签订法律风险、合同履行法律风险、合同管理不当法律风险。

合同是企业经营行为中最基本的法律文本,因合同引发的纠纷是企业最为常见的法律风险。实务中,合同风险涉及企业生产经营的方方面面,从企业的成立到企业的解散,从企业的对外经营到内部管理都涉及合同风险,可以说合同风险渗透到了企业经营的每个环节,与企业的其他法律风险相互交叉。综合而言,企业最主要的合同风险是在对外经营过程中与其他市场主体签订的合同产生的纠纷,包括因合同主体存在问题而产生的纠纷、合同条款不完善而导致的纠纷、合同履行过程中产生的纠纷,等等。

三是财税法律风险。

财税法律风险主要包括:经营资质管理违规风险、信息披露违规风险、统计资料报送违规风险、档案管理违规风险、财务管理违规风险、税务管理违规风险、资金管理违规风险、会计核算违规风险、固定资产财务管理违规风险、固定资产实物管理违规风险、关联交易违规风险、在国家经济审计中的违规风险、财务管理不当风险、资金管理不当风险、发票管理不当风险。

四是市场营销法律风险。

市场营销法律风险主要包括:产品或服务的法律风险、营销方案制订的法律风险、广告宣传的法律风险、市场竞争的法律风险。

五是人力资源法律风险。

人力资源法律风险主要包括:合同制用工违规风险、劳务派遣用工管理违规风险、劳务派遣用工管理违约风险、培训合同管理不当风险、合同制用工管理不当风险、员工信息保管不当风险。

在企业人力资源管理过程中,从招聘开始,面试、录用、试用、签订劳动合同、员工的待遇直至员工离职,都受相关的劳动法律法规的约束,企业的任何不遵守法律的行为都有可能给企业带来劳动纠纷,都有可能给企业造成不良影响。人力资源纠纷已经成为制约企业有效管理的因素,是和谐企业建设的难点,在企业改制中最为突出。

实务中,比较常见的人力资源法律风险包括:变更、终止劳动合同,开除、辞退职工,单方解除劳动合同,工伤、保险、职业病、工资和劳务派遣等。

六是知识产权法律风险。

知识产权法律风险主要包括:商标权申报风险、商标管理不当风险、商标权转让风险、商标权许可使用不当风险;专利申报风险、专利管理不当风险、专利转让风险、专利许可使用不当风险;专有技术和商业秘密的流失风险等。

七是安全生产法律风险。

安全生产法律风险主要包括:生产经营单位负责人安全责任风险、生产经营单位安全保障风险、安全事故应急救援和处理风险、安全生产管理不当风险、警示标志不当风险、危险作业风险、劳动防护用品风险、重大危险源管理风险、安全生产监督管理不当风险。

八是资本运作法律风险。

资本运作法律风险主要包括:集资法律风险、委托贷款法律风险、股权融资运作法律风险、资产重组法律风险、企业分立逃废债务的法律风险、融资租赁法律风险、管理层收购运作的法律风险、风险投资法律风险。此外,企业在对外投资、融资过程中也会产生大量的纠纷,从而成为企业法律风险的重要组成部分。

九是进出口经营法律风险。

进出口经营法律风险主要包括:进出口经营权资格中的法律风险、技术进出口中的法律风险、货物进出口中的法律风险、国际服务贸易中的法律风险、电子数据交换(EDI)中的法律风险、国际运输中的法律风险、国际支付与结算中的法律风险、国际贸易壁垒中的法律风险、国际贸易中的政治法律风险。

十是环境保护法律风险。

环境保护法律风险主要包括:排污资质风险、环境污染处罚风险、环境污染侵权风险。

十一是与政府关系、社区关系等公共关系方面的法律风险。

与政府关系的法律风险可能出现在行政许可、行政复议、行政处罚、国家赔偿过程中。企业是一个市场主体,也是一个行政管理法律主体,是行政管理的相对人。企业的各种市场行为、社会活动都要受到行政法律法规、规章的管制;企业也因此具有各种行政法上的权利和义务。有权利义务的地方就有法律风险。

十二是诉讼仲裁法律风险。

诉讼仲裁法律风险主要包括:证据风险、时效风险、期限风险等。

③企业终结阶段的法律风险主要是企业及其董事作为清算义务人不承担清算义务或者在清算过程中行为不当,引发的法律风险。

三、企业刑事法律风险

刑事法律风险是指企业及其工作人员因触犯《刑法》、单行刑法和附属刑法之中的关于刑罚的明文规定，涉嫌犯罪或成为犯罪对象，给企业财产权和企业工作人员人身权利所带来的风险。不同于民商事法律风险仅造成经济损失，刑事法律风险不仅会给企业经营者带来牢狱之灾，也会给企业带来灭顶之灾。实务中，较多企业因涉嫌刑事犯罪而破产倒闭，毫不夸张地说，刑事法律是悬在企业头上的一把“达摩克利斯之剑”，稍有不慎，企业就会遭遇刑事法律风险。

实务中，很多企业家都明显缺乏刑事法律风险防范意识，他们大多能够意识和规避企业经营管理过程中隐藏的民商事与行政法律风险，但极容易忽略企业及其自身可能面临的刑事法律风险。无数案例告诉我们，忽视刑事法律风险防控的后果非常严重。企业的刑事法律风险一旦发生，有可能会导致企业倒闭、企业家（企业管理人员）家破人亡。也就是说，一旦刑事法律风险爆发，不仅仅企业家数年或数十年的经营业绩、成果可能毁于一旦，而且还可能导致企业家人财两空甚至家破人亡。例如，著名的“三鹿奶粉案”，三鹿集团经过40多年的创业，成了国内知名的大企业，2006年位居国际知名杂志《福布斯》评选的“中国顶尖企业百强”乳品行业第一位。作为乳品行业的龙头老大，其在生产过程中违反法律，导致三聚氰胺等质量安全问题，三鹿集团股份有限公司原董事长兼总经理、党委书记田某华犯生产、销售伪劣产品罪，被判处无期徒刑，剥夺政治权利终身，并处罚金。因刑事法律风险的爆发，三鹿集团在短短的几个月时间内轰然倒塌，不禁令人唏嘘。

从实务角度来看，企业刑事法律风险具有以下几个特征：

1. 法定性

我国刑法规定的基本原则的首要原则就是罪刑法定原则，然后是适用刑法人人平等原则和罪责刑相适应原则。《刑法》第三条规定：“法律明文规定为犯罪行为的，依照法律定罪处刑；法律没有明文规定为犯罪行为的，不得定罪处刑。”此即罪刑法定原则的“中国式表达”，其基本内涵是“法无明文规定不为罪，法无明文规定不处罚”。也就是说，企业实施了不正当的行为是否要承担刑事法律责任，要承担何种刑事法律责任，具体法律后果如何等，都由刑事法律明文规定。需要强调的是，刑事法律风险会随着刑事法律政策的变化而变化，包括法律的出台、修改、废止以及社会环境本身的变化，等等。

2. 易发性

企业刑事法律风险存在于企业运转和企业家决策的全过程，企业从设立、运营直至破产解散的每个环节都与刑事法律规范紧密相关。从外部视角看，企业时刻面临着外部人员——包括但不限于交易伙伴、社会闲散人员、某些政府职能部门甚至离职员工等对企业进行犯罪抑或发动刑事追诉的风险。从内部视角看，企业自身的经营管理活动隐藏着众多刑事法律风险，潜在性的偏离行为，极易引发企业刑事法律风险的产生与爆发。

3. 可预见性

企业刑事法律风险是基于我国刑法规定产生的。而刑法规定的内容一定是事先明确公之于世的，让企业和企业管理人员可以知晓和预期的，即知道应该做什么、不应该做什么，以及相应的法律后果是什么。因此对于企业和企业管理人员来说，企业刑事法律风险是可以事前预见的，即可以通过对刑事法律规定的精准解读，预先判断出哪些行为可能会给企业及其管理人员带来刑事法律风险，以及刑事风险发生后会给企业带来什么样的不利后果。因此刑事法律风险具有较高程度的可预见性。

4. 严重性与双重性

相对于民事责任与行政责任，刑事责任是法律责任中最为严重的。民事责任

主要包括违约责任、侵权责任、不当得利与无因管理责任。根据《民法典》的规定，承担民事责任的方式主要包括停止侵害、排除妨碍、消除危险、返还财产、恢复原状、赔偿损失、支付违约金、赔礼道歉等。根据《行政处罚法》的规定，承担行政责任的方式主要包括警告、罚款、没收违法所得、没收非法财物、责令停产停业、暂扣或者吊销许可证、行政拘留等。企业刑事责任除了包括对企业判处罚金之外，也可能涉及对直接负责的主管人员和其他直接责任人员处以刑罚。这种既处罚单位，又处罚个人的处罚方式，说明了企业刑事法律风险具有双重性，单位和个人都会面临被刑事处罚的危险。

四、单位犯罪

单位犯罪是与自然人犯罪相对的一种犯罪主体规定，是我国刑法的犯罪主体体系中比较具有中国特色的重要组成部分。本书论述的具体罪名中，很多有单位犯罪的相关规定，因此笔者在本节重点阐述单位犯罪的内容，以利研读。

1. 单位犯罪的定义

单位犯罪是指公司、企业、事业单位、机关、团体为单位全体成员或多数成员谋取非法利益，由单位的决策机构按照单位的决策程序决定，由直接责任人员具体实施的，且刑法有明文规定的犯罪。我国《刑法》第三十条规定："公司、企业、事业单位、机关、团体实施的危害社会的行为，法律规定为单位犯罪的，应当负刑事责任。"第三十一条规定："单位犯罪的，对单位判处罚金，并对其直接负责的主管人员和其他直接责任人员判处刑罚。本法分则和其他法律另有规定的，依照规定。"

需要说明的是，我国刑法中使用"单位犯罪"的法律术语是由我国国情和经济制度所决定的。我国长期以来受计划经济运行模式的影响，在刑法领域几乎不存在单

位犯罪的土壤和环境,难以产生单位犯罪的观念。所以,1979 年《刑法》是以惩治自然人犯罪为主线而制定的,不承认单位可以作为犯罪主体。改革开放初期,我国出现了单位犯罪的苗头,刑法学界开始关注和研究单位犯罪问题。1987 年 1 月 22 日第六届全国人民代表大会常务委员会第十九次会议通过的《海关法》第四十七条第四款规定:“企业事业单位、国家机关、社会团体犯走私罪的,由司法机关对其主管人员和直接责任人员依法追究刑事责任;对该单位判处罚金,判处没收走私货物、物品、走私运输工具和违法所得。”这一规定可以说是我国最早的单位犯罪规范的创制;开创了我国法律中单位可以作为犯罪主体的先河。1988 年 1 月 21 日,全国人民代表大会常务委员会《关于惩治贪污罪贿赂罪的补充规定》(已失效)和《关于惩治走私罪的补充规定》(已失效)分别规定有关企业、事业单位、机关、团体可以成为行贿罪、受贿罪、走私罪、投机倒把罪、逃汇套汇罪的主体,这是我国第一次在专门的刑事法律中确认了单位犯罪。需要说明的是,全国人民代表大会常务委员会是我国法定的立法机关;也就是说,单位犯罪在立法层面正式确立。此后,我国立法机关相继确认了一些单位犯罪罪名。据统计,在 1997 年《刑法》修订前,我国单行刑法和附属刑法中涉及的单位犯罪罪名多达 49 个,其中,贪利型的经济犯罪居多,这些规定初步建构了单位犯罪的刑事法网。1997 年修订后的《刑法》,采用总则与分则相结合的方式确立了单位犯罪及其刑事责任,为惩治单位犯罪提供了明确、完整的法律依据。

2. 单位犯罪的特征

与自然人犯罪相比,单位犯罪有显著不同的特征,具体如下:

(1)单位犯罪主体的法定性

根据罪刑法定原则,单位犯罪的主体范围必须由刑法明文规定,即只有刑法明文规定单位可以构成某个罪名的犯罪主体时,才能认定单位构成该犯罪。刑法条文中没有明确规定单位犯罪的,不得定性为单位犯罪。从我国刑法规定来看,有的罪名只有单位才能成为该罪的主体,如单位行贿罪、单位受贿罪等;有的罪名只有自然人才能成为该罪的主体,如贷款诈骗罪等;有的罪名可由单位或自然人成为犯罪主体,如合同诈骗罪、非法经营罪、组织领导传销活动罪等。

(2)单位犯罪意志的整体性、一体化

单位意志不是单位内部某个领导的意志,也不是各个成员意志的简单相加,而是单位领导集体或者代表单位整体利益的成员在领导、指挥、决策、执行过程中形成的具有单位整体性、一体化的意志,即单位的整体意志。实务中,单位犯罪是由单位的决策机构按照单位的决策程序经研究、表决作出决定,由相关直接责任人员实施的行为。

依法依规,单位的决策程序(单位意志的形成程序)应由公司章程事先予以明文规定;一般由董事会议决。

(3)单位犯罪利益的集体性、同一性

单位犯罪必须为本单位谋取非法利益或以单位名义为单位全体成员或多数成员谋取非法利益。为本单位谋取非法利益,是指犯罪所得的利益必须归单位所有,然后通过其他形式分配给相关人员。以单位名义为单位全体成员或多数成员谋取非法利益,是指以单位名义犯罪后,直接将犯罪所得分配给单位全体成员或多数成员。实务中,这一特征是区分单位犯罪与自然人犯罪的最主要因素。

3.单位犯罪的处罚

《刑法》第三十一条规定:“单位犯罪的,对单位判处罚金,并对其直接负责的主管人员和其他直接责任人员判处刑罚。本法分则和其他法律另有规定的,依照规定。”这说明我国刑法在处罚单位犯罪时,原则上采取“双罚制”,同时也不排除在某些情况下采取“单罚制”。

双罚制是指单位犯罪时,既对单位判处罚金,又对其直接负责的主管人员和其他直接责任人员判处刑罚。实务中,我国刑法对绝大多数的单位犯罪实行的都是双罚制。

单罚制是指单位犯罪时,不判处单位罚金,只对其直接负责的主管人员与其他直接责任人员判处刑罚。司法实践中,存在以下三种比较常见的单罚制罪名:

(1)私分国有资产罪。《刑法》第三百九十六条第一款规定:“国家机关、国有公司、企业、事业单位、人民团体,违反国家规定,以单位名义将国有资产集体私分给个人,数额较大的,对其直接负责的主管人员和其他直接责任人员,处三年以下有期徒刑或者拘役,并处或者单处罚金;数额巨大的,处三年以上七年以下有期徒刑,并处罚金。”本罪的特点是以单位名义实施的私分国家资产,不仅没有为本单位谋取利益,而且还损害了单位的利益,因此不实行双罚,只处罚直接负责的主管人员与其他直接责任人员。也就是说,单位的利益已受到损害,如果我国法律还对单位处以罚金,明显是不合理、不正当的。

(2)工程重大安全事故罪。《刑法》第一百三十七条规定:“建设单位、设计单位、施工单位、工程监理单位违反国家规定,降低工程质量标准,造成重大安全事故的,对直接责任人员,处五年以下有期徒刑或者拘役,并处罚金;后果特别严重的,处五年以上十年以下有期徒刑,并处罚金。”本罪的特点是对单位的过失犯罪仅处罚直接责任人员,而不实行双罚。

(3)违规披露、不披露重要信息罪。《刑法》第一百六十一条规定:“依法负有信息披露义务的公司、企业向股东和社会公众提供虚假的或者隐瞒重要事实的财务会计报告,或者对依法应当披露的其他重要信息不按照规定披露,严重损害股东或者其他人利益,或者有其他严重情节的,对其直接负责的主管人员和其他直接责任人员,处五年以下有期徒刑或者拘役,并处或者单处罚金;情节特别严重的,处五年以上十年以下有期徒刑，并处罚金。”本罪的特点是处罚单位会损害没有过错的股东利益，因而不实行双罚，仅处罚直接负责的主管人员和其他直接责任人员。

最高人民法院《关于审理单位犯罪案件具体应用法律有关问题的解释》第三条规定：“盗用单位名义实施犯罪，违法所得由实施犯罪的个人私分的，依照刑法有关自然人犯罪的规定定罪处罚。”所以，打着单位的幌子，利用单位名义为个人谋取利益的不法行为，不能认定为单位犯罪。

综上所述，我国刑法对单位犯罪实行的是“双罚制为主，单罚制为补充”的处罚原则。

五、刑罚体系

刑罚体系是指国家以有利于发挥刑罚的功能、实现刑罚的目的为指导原则，通过刑法的规定而形成的，由一定刑罚种类按其轻重程度而组成的序列。本书论述的具体罪名都涉及刑罚。因此，笔者在本节重点阐述刑罚体系的基本内容，以利研读。

我国刑罚体系包括主刑与附加刑。根据《刑法》第三十三条的规定，主刑包括管制、拘役、有期徒刑、无期徒刑、死刑（包括死刑缓期执行，俗称死缓）。根据《刑法》第三十四条、第三十五条的规定，附加刑包括罚金、没收财产、剥夺政治权利、驱逐出境。

需要说明的是，主刑是对犯罪分子独立适用的刑罚方法，即主刑只能独立适用，不能附加适用，一个罪行只能适用一个主刑，不能同时适用两个或两个以上的主刑；如果同一个案件出现了数个主刑，则必须进行“数罪并罚”，将数个主刑合并为一个主刑。

1.主刑

(1)管制

管制，是指对犯罪分子不实行关押，交由公安机关管束和人民群众监督，限制其一定自由的刑罚方法。管制作为一种限制人身自由的刑罚，其期限为3个月以上2年以下；数罪并罚时最高不能超过3年。根据《刑法》第三十八条的规定，判处管制，可以根据犯罪情况，同时禁止犯罪分子在执行期间从事特定活动，进入特定区域、场所，接触特定的人。违反前述禁止令的，由公安机关依照《治安管理处罚法》的规定处罚。

管制的刑期，从判决执行之日起计算；判决执行前先行羁押的，羁押1日折抵刑期2日。之所以规定羁押1日折抵刑期2日，是因为判决执行以前先行羁押的属于完全剥夺自由，而管制只是限制自由。

《刑法》第三十九条规定，被判处管制的犯罪分子，在执行期间，应当遵守下列规定：①遵守法律、行政法规，服从监督；②未经执行机关批准，不得行使言论、出版、集会、结社、游行、示威自由的权利；③按照执行机关规定报告自己的活动情况；④遵守执行机关关于会客的规定；⑤离开所居住的市、县或者迁居，应当报经执行机关批准。对于被判处管制的犯罪分子，在劳动中应当同工同酬。

《刑法》第四十条规定，被判处管制的犯罪分子，管制期满，执行机关应即向本人和其所在单位或居住地的群众宣布解除管制。

(2)拘役

拘役，是剥夺犯罪人短期人身自由，就近实行强制劳动改造的刑罚方法。根据《刑法》第四十二条、第六十九条的规定，拘役期限为1个月以上6个月以下；数罪并罚时，最高不得超过1年。拘役的刑期从判决之日起计算。判决以前先行羁押的，羁押1日折抵刑期1日。

被判处拘役的犯罪分子，由公安机关就近执行。被判处拘役的犯罪分子在执行期间享有两项待遇：探亲；参加劳动的，可以酌量发给报酬。

(3)有期徒刑

有期徒刑，是剥夺犯罪分子一定期限的人身自由，实行强制劳动改造的刑罚方法。根据《刑法》第四十五条的规定，有期徒刑的期限为6个月以上15年以下。也就是说，在一般情况下，对犯罪分子所犯的一个罪一次判处的有期徒刑最高不能超过15年，最低不能低于6个月。但以下两种情况例外：

①判处死刑缓期执行的，在死刑缓期执行期间，如果确有重大立功表现，2年期满以后可减为25年有期徒刑。

②数罪并罚时有期徒刑总和刑期不满35年的，判决刑期最高不超过20年；总和刑期在35年以上的，最高不能超过25年。

有期徒刑的刑期，刑法规定从判决执行之日起计算；判决执行以前先行羁押的，羁押1日折抵刑期1日。所谓“判决执行之日”，是指人民法院签发执行通知书之日。由于“先行羁押”也会剥夺人身自由，因而在计算有期徒刑的刑期时，应当予以折抵。如果被告人只是取保候审，并未剥夺人身自由，不能算作羁押。司法实践中，有些罪犯在判决前曾经屡次被拘留又屡次逃跑，并继续犯罪，最后逮捕判刑时，能够折抵刑期的只是最后一次被羁押的时间，在此之前多次羁押的时间，均不能折抵刑期。

(4)无期徒刑

无期徒刑是剥夺犯罪分子终身自由，并强制劳动改造的刑罚方法。

无期徒刑的法律特征主要表现在以下三个方面：

①对犯罪分子一律依法关押，这体现了无期徒刑作为刑罚的惩罚性。

②剥夺犯罪分子终身自由。也就是说，罪犯如果在服刑期间没有得到减刑，将在监狱服刑终生，这体现了无期徒刑刑罚的严厉性。终身剥夺罪犯的人身自由是无期徒刑最突出的特征。

③在内容上表现为对犯罪分子进行强制劳动改造，这体现了无期徒刑的矫正、教育

功能,该功能发挥将罪犯改造成社会新人、回归社会的积极作用。

根据刑法和监狱法的有关规定,被判无期徒刑的犯罪分子,在监狱或者其他场所执行;凡是有劳动能力的,都应当参加劳动,接受教育和改造。根据刑法有关减刑和假释的规定,被判处无期徒刑的犯罪分子在执行期间,认罪服法,接受教育、改造,确有悔改立功表现的,可获得减刑,由无期徒刑减为有期徒刑;如果实际执行10年以上,还可以获得假释。但累犯以及因杀人、爆炸、抢劫、强奸、绑架等暴力犯罪被判处无期徒刑的犯罪分子除外。司法实践中,大多数被判处无期徒刑的犯罪分子,经过一段时间的改造,会依法被减为有期徒刑,有的还能得到假释。无期徒刑减为有期徒刑的,刑期从人民法院裁定减刑之日起计算。

(5)死刑

①死刑的一般性规定。

死刑是剥夺犯罪分子生命的刑罚方法。死刑是刑罚体系中最严厉的惩罚手段。

根据《刑法》第四十八条的规定,死刑只适用于罪行极其严重的犯罪分子。所谓罪行极其严重,就是通常所说的罪大恶极。罪大是指犯罪分子所犯罪行的性质和后果极其严重,给社会造成的损失特别巨大,是犯罪的客观危害的体现;恶极是指犯罪分子的主观恶性和人身危险性特别大,是罪犯的一种主观心理,通常表现为犯罪分子蓄意实施严重罪行,丧尽良知,不思悔改,极端蔑视法律,仇视社会。作为死刑的适用对象的罪犯应当同时具备罪大与恶极,缺一不可。

《刑法》第四十九条规定,犯罪的时候不满18周岁的人和审判的时候怀孕的妇女,不适用死刑。审判的时候已满75周岁的人,不适用死刑,但以特别残忍手段致人死亡的除外。也就是说,对审判的时候已满75周岁的人,以特别残忍手段致人死亡的,可以适用死刑。这里的“以特别残忍手段致人死亡”通常是指以暴力方法实施的故意杀人、故意伤害致人死亡。过失致人死亡的,不属于以特别残忍手段致人死亡。

根据《刑法》和《刑事诉讼法》的有关规定,判处死刑立即执行的案件,除依法由最高人民法院判决的以外,都应当报请最高人民法院核准;判处死刑缓期执行的案件,可以由高级人民法院判决或者核准。

②死刑缓期执行。

根据《刑法》第四十八条第一款的规定,对于应当判处死刑的犯罪分子,如果不是必须立即执行的,可以判处死刑同时宣告缓期2年执行。这就是我国刑法规定的死刑缓期执行制度,是死刑制度的重要组成部分。

根据《刑法》第四十八条的规定,适用死刑缓期执行必须同时具备两个条件:

一是罪该处死。这是适用死刑缓期执行的前提条件,它表明适用死刑缓期执行的对象和适用死刑的对象均是罪行极其严重的犯罪分子。如果罪行不应当判处死刑,就不存在适用死刑缓期执行的问题。

二是不是必须立即执行。这是区分死刑缓期执行与死刑立即执行的原则界限，是适用死刑缓期执行的本质条件。法律对这一条件没有明确、具体的规定，主要靠审判机关进行自由裁量性判断。

死刑缓期执行可以由高级人民法院判决或者核准；被判处死刑缓期 2 年执行的罪犯，根据《监狱法》第二条的规定，在监狱内执行刑罚。

对被判处死刑缓期 2 年执行的犯罪分子，2 年期满后，根据《刑法》第五十条及相关规定，有以下三种处理办法：

一是在死刑缓期执行期间如果没有故意犯罪，2 年期满后，减为无期徒刑。这里所说的故意犯罪是指我国刑法规定的主观上存在故意的罪过心理支配下所实施的犯罪行为。但故意犯罪的性质、种类、轻重等法律未作进一步规定。需要注意的是，2015 年 11 月 1 日实施的《刑法修正案（九）》第四十四条规定了“终身监禁”制度。该规定对犯贪污罪，数额特别巨大被判处死刑缓期执行的，人民法院根据犯罪情节等情况可以同时决定在其死刑缓期执行 2 年期满依法减为无期徒刑后，终身监禁，不得减刑、假释。而按照《刑法》第三百八十六的规定，对犯受贿罪的，根据受贿所得数额及情节，依照《刑法》第三百八十三条的规定处罚。由此可见，终身监禁的适用范围为：从罪名来看，只适用于贪污罪、受贿罪；从犯罪情节来看，对贪污、受贿犯罪是否适用终身监禁，应按照情节轻重、社会危害性大小予以分别对待，只适用于犯罪“数额特别巨大，并使国家和人民利益遭受特别重大损失的，处死刑，并处没收财产”的情形。

二是在死刑缓期执行期间如果确有重大立功表现，2 年期满后，减为 25 年有期徒刑。“重大立功表现”是指在接受教育、改造过程中，检举、揭发其他罪犯的罪行，从而破获重大案件，或者钻研技术，有发明创造。立功必须达到重大的程度，才可以减为 25 年有期徒刑，以保持量刑上的平衡，避免死刑缓期执行罪犯减刑后比判处无期徒刑还要轻的不合理现象。

三是在死刑缓期执行期间，如果故意犯罪，查证属实的，由最高人民法院核准，执行死刑。这是死刑缓期执行变更为死刑立即执行的规定。变更的实体条件是有故意犯罪，且查证属实；变更的程序条件是由最高人民法院核准。

《刑法》第五十条第二款规定，对被判处死刑缓期执行的累犯以及因故意杀人、强奸、抢劫、绑架、放火、爆炸、投放危险物质或者有组织的暴力性犯罪被判处死刑缓期执行的犯罪分子，人民法院根据犯罪情节等情况可以同时决定对其限制减刑。第五十一条规定，死刑缓期执行期间，从判决确定之日起计算。死刑缓期执行减为有期徒刑的刑期，从死刑缓期执行期满之日起计算。

2. 附加刑

（1）罚金

罚金是人民法院判处犯罪人向国家缴纳一定数额金钱的刑罚方法。

罚金具有广泛的适用性。它既可适用于处刑较轻的犯罪;也可适用于处刑较重的犯罪。根据《刑法》第五十三条的规定,罚金缴纳包括以下5种情况:

①限期一次缴纳。主要适用于罚金数额不多或者数额虽然较多,但缴纳并不困难的情况,罪犯应在指定的期限内将罚金一次缴纳完毕。

②限期分期缴纳。主要适用于罚金数额较多,罪犯无力一次缴纳的情况。这样在时间上有一定伸缩余地,在金额支付上可化整为零,有利于罚金刑的执行。

③强制缴纳。判决缴纳罚金,指定的期限届满,罪犯有缴纳能力而拒不缴纳,人民法院强制其缴纳,强制措施包括查封、扣押、冻结等。

④随时追缴。对于不能全部缴纳罚金的,人民法院在任何时候,发现被执行人有可以执行的财产的,应当随时追缴。

⑤减少或者免除缴纳。如果罪犯遭受不能抗拒的灾祸,如地震、水灾、火灾、车祸、家庭成员死亡等,缴纳确实有困难的,可以酌情减少罚金数额或者免除罚金。

需要注意的是,有的人认为罚金是从违法所得中支付的,这种想法是错误的,因为违法所得本身要依法全部没收。事实上,罚金是一种惩罚性的处罚措施,需要从罪犯的个人合法财产中支付,这样罪犯才会心痛。比如,甲犯生产、销售伪劣产品罪,甲拥有个人财产50万元,其犯罪违法所得500万元,假设法院判决没收其500万元违法所得并处以48万元罚金,则甲的个人财产仅剩余2万元,这会给甲及其家人的生活带来很大的影响。

实务中,罚金的具体数额要根据违法所得数额与造成损失大小来确定。另外,罚金与罚款性质是不同的,前者是刑罚,后者是行政处罚。

(2)剥夺政治权利

剥夺政治权利,是指剥夺犯罪人参加国家管理和政治活动权利的刑罚方法。

根据我国《刑法》第五十四条的规定,剥夺政治权利是剥夺犯罪分子以下4种权利:

①选举权和被选举权;

②言论、出版、集会、结社、游行、示威自由的权利;

③担任国家机关职务的权利;

④担任国有公司、企业、事业单位和人民团体领导职务的权利。

剥夺政治权利在适用方式上,既可以附加适用,也可以独立适用,具体规定如下。

①附加适用剥夺政治权利的对象。

附加适用剥夺政治权利是一种比较严厉的刑罚方法,适用于重罪犯。根据《刑法》第五十六条、第五十七条的规定,附加适用剥夺政治权利的对象,主要是以下三种犯罪分子:危害国家安全的犯罪分子;故意杀人、强奸、放火、爆炸、投毒、抢劫等严重破坏社会秩序的犯罪分子;被判处死刑和无期徒刑的犯罪分子,刑法规定对该类犯罪分子应当剥夺政治权利终身。

②独立适用剥夺政治权利的对象。

独立适用剥夺政治权利，是一种不剥夺罪犯人身自由的轻刑，适用于罪行较轻、不需要判处主刑的罪犯。

关于剥夺政治权利的期限，根据《刑法》第五十五条至第五十八条的规定，剥夺政治权利的期限有定期与终身之分，具体包括以下4种情况：

一是判处管制附加剥夺政治权利的，剥夺政治权利的期限与管制的期限相等，同时执行，即3个月以上2年以下。

二是判处拘役、有期徒刑附加剥夺政治权利或者单处剥夺政治权利的期限，为1年以上5年以下。

三是判处死刑、无期徒刑的犯罪分子，应当剥夺政治权利终身。

四是死刑缓期执行减为有期徒刑或者无期徒刑减为有期徒刑的，附加剥夺政治权利的期限改为3年以上10年以下。

根据刑法和其他有关法律的规定，剥夺政治权利刑期的计算有以下4种情况：

一是独立适用剥夺政治权利的，其刑期从判决确定之日起计算并执行。

二是判处管制附加剥夺政治权利的，剥夺政治权利的期限与管制的期限相等，同时起算，同时执行。管制期满解除管制，政治权利也同时恢复。

三是判处有期徒刑、拘役附加剥夺政治权利的，剥夺政治权利的刑期从有期徒刑、拘役执行完毕之日或者假释之日起计算。但是，剥夺政治权利的效力当然施用于主刑执行期间。也就是说，主刑的执行期间虽然不计入剥夺政治权利的刑期，但犯罪分子不享有政治权利。

四是判处死刑（包括死刑缓期执行）、无期徒刑附加剥夺政治权利终身的，刑期从判决发生法律效力之日起计算。

（3）没收财产

没收财产是将犯罪分子个人所有财产的一部分或者全部强制无偿地收归国有的刑罚方法。司法实践中，主要适用于以下几类犯罪：

①危害国家安全罪。根据《刑法》第一百一十三条的规定，对所有的危害国家安全罪都可以并处没收财产。

②严重的经济犯罪。《刑法》分则第三章规定的破坏社会主义市场经济秩序罪中，对某些严重的经济犯罪可以没收财产。例如，《刑法》第一百四十条规定，犯生产、销售伪劣产品罪，销售金额200万元以上的，处15年有期徒刑或者无期徒刑，并处销售金额50%以上2倍以下罚金或者没收财产。

③严重的财产犯罪。《刑法》分则第五章规定的侵犯财产罪中，有5个条文规定适用没收财产。例如，《刑法》第二百六十六条规定，犯诈骗罪，数额特别巨大或者有

其他特别严重情节的，处10年以上有期徒刑或者无期徒刑，并处罚金或者没收财产。

④其他严重的刑事犯罪。例如，《刑法》第三百一十八条规定的组织他人偷越国（边）境罪，有特别严重情节的，处7年以上有期徒刑或者无期徒刑，并处罚金或者没收财产；第三百八十三条规定的贪污罪等，也规定有适用没收财产的情形。

我国《刑法》第五十九条对没收财产的范围进行了规定，根据这些规定，没收财产的范围应当从以下三个方面确定：

①没收财产是没收犯罪分子个人所有财产的一部分或者全部。所谓犯罪分子个人所有财产，是指属于犯罪分子本人实际所有的财产及与他人共有财产中依法应得的份额。需要说明的是，实务中应当严格区分犯罪分子个人所有财产与其家属或者他人财产的界限，只有依法确定为犯罪分子个人所有的财产，才能予以没收。至于没收一部分还是全部财产，应考虑对犯罪分子所处主刑的轻重，以及犯罪分子家庭的经济状况和其人身危险性大小等因素综合确定。

②没收全部财产的，应当对犯罪分子个人及其抚养的家属保留必需的生活费用，以维持犯罪分子个人和所抚养的家属的生活。

③在判处没收财产的时候，不得没收属于犯罪分子家属所有或者应有的财产。家属所有财产，是指纯属家属个人所有的财产，如家属自己穿用的衣物、个人劳动所得财产。家属应有的财产，是指犯罪分子与家属共同所有的财产中应当属于家属的那一份财产。对于犯罪分子与他人共有的财产，属于他人所有的部分，也不得没收。

关于需要以没收的财产偿还债务的问题，《刑法》第六十条规定，没收财产以前犯罪分子所负的正当债务，需要以没收的财产偿还的，经债权人请求，应当偿还。根据这一规定，只有同时具备了以下3个条件，才能以没收的财产偿还债务：

①必须是没收财产以前犯罪分子所欠债务。包括所负国家、集体和个人的债务。

②必须是正当的债务。非正当的债务，如赌债、高利贷超出合法利息部分的债务不在此列。

③必须经债权人提出请求。偿还犯罪分子所负债务，仅限于没收财产的范围内并按我国民事诉讼法规定的清偿顺序偿还。

需要说明的是，没收财产是比罚金更严重的处罚措施。

(4)驱逐出境

驱逐出境，是强迫犯罪的外国人离开中国国（边）境的刑罚方法。

驱逐出境由人民法院判决并执行，可以独立适用，亦可附加适用，附加适用时应在主刑期满后执行。

六、非刑罚性处理措施

非刑罚性处理措施，是指人民法院根据案件的不同情况，对于犯罪分子直接适用或者建议主管部门适用的刑罚以外的其他处理方法的总称。根据《刑法》第三十七条的规定，对于犯罪情节轻微不需要判处刑罚的，可以免予刑事处罚，但是可以根据案件的不同情况，予以训诫、责令具结悔过、赔礼道歉、赔偿损失或者由主管部门予以行政处罚或者行政处分。

非刑罚性处理措施是刑法规定的人民法院用非刑罚处理方式了结案件的一种方法，其不具有刑罚的法律属性、特征，但它是刑罚必不可少的补充。需要说明的是，免予刑事处罚，是指人民法院认定某种行为构成犯罪，但因犯罪情节轻微而免予刑罚。也就是说，适用非刑罚性处理措施以构成犯罪为前提，如果行为不构成犯罪，就不能判处免予刑事处罚，而应当宣告无罪。因此，免予刑事处罚属于有罪判决。根据我国法律规定，一旦构成刑事犯罪，便会留下"案底"（刑事犯罪记录），换句话说，被刑事追诉之人即使不被监禁，"案底"还是会留下的。

根据《刑法》第三十七条的规定，非刑罚性处理措施可分为以下三类：

1. 教育性的处理措施

作为非刑罚处理措施之教育性的处理措施，包括以下三种。

（1）训诫

训诫，是人民法院对犯罪情节轻微不需要被定罪判刑的人，以口头的方式对其当庭公开进行批评教育，并责令其改正，不得再犯的教育方式。司法实践表明，训诫作为一种非刑罚的处理方法，适用于情节轻微不需要判刑的犯罪人，可以产生感化、教育效应，进而预防和减少犯罪。

（2）具结悔过

具结悔过，是指人民法院责令犯罪情节轻微不需要被定罪判刑的人用书面方式保证悔改，并且以后不再重新犯罪的教育方法。实务中，适用具结悔过要具备以下两个条件：

①适用对象必须是可以免予刑事处罚的人。应当判处刑罚的，或者不构成犯罪的，都不能适用具结悔过。

②根据案件情况需要责令犯罪分子用书面方式保证悔改的。实践表明，具有我国特色的这一非刑罚处理方法，对于那些被免予刑事处罚且有一定认知的犯罪分子能发挥较好的教育、预防作用。

（3）赔礼道歉

赔礼道歉，是指人民法院责令犯罪情节轻微不需要被判刑的人公开向被害人当面承认错误，表示歉意的教育方法。赔礼道歉的适用对象与前述教育性的处理措施有所不同，其区别在于，它要求犯罪人公开向被害人当面承认错误，表示歉意。因此，对于情节轻微并给被害人造成心理创伤的犯罪，适用这一教育方法可以产生较大的效益。一方面，可以用赔礼道歉这种方式促使犯罪分子悔过自新，达到对其进行教育、警戒的目的;另一方面,又能在一定程度上安抚被害人,使其受创伤的心理恢复平衡,防止矛盾激化。

2. 经济性的处理措施

经济性的处理措施主要是指赔偿损失。赔偿损失,是指人民法院对犯罪情节轻微不需要被定罪判刑的犯罪人,责令其向被害人支付一定数额的金钱,以弥补被害人因其犯罪行为而遭受损失的处理方法。

需要说明的是,赔偿损失是在免予刑事处罚的前提下所采用的处理方法。因此,它与刑事损害赔偿具有以下区别:

①适用对象不同。赔偿损失的适用对象应当是依法被免予刑事处罚的人,刑事损害赔偿则对依法被判处刑罚的人适用。

②处理结果不同。责令赔偿损失的适用条件是犯罪情节轻微不需要被定罪判刑,因此,只让被告人赔偿损失而不对他定罪判刑,即只赔不罚;刑事损害赔偿的适用条件是罪行较重、需要判刑,因此,对被告人既判刑又让其赔偿,即又罚又赔。

3. 行政性的处理措施

行政性的处理措施包括行政处罚或者行政处分。由主管部门予以行政处罚或者行政处分,是指人民法院根据案件的情况向犯罪人所在单位提出行政处罚或者行政处分的司法建议,而由主管单位给予犯罪分子适当行政处罚或者处分的方法。由主管部门给予行政处罚或者行政处分是根据人民法院的司法建议作出的,这是它不同于其他行政处分的特点。同时,这种处分又必须由主管单位来决定和落实。需要说明的是,人民法院应根据罪行的性质、危害程度和预防犯罪的需要,提出相应的司法建议,但不能写在判决书上,因为人民法院的判决不能直接作出任何行政处分。

行政处罚是违反行政管理法规时要承担的一种行政责任。行政处罚包括治安管理处罚、工商行政管理处罚、环境管理处罚等。处罚方式包括警告、罚款、拘留、没收违法所得、责令停产停业等。行政处分是国家机关工作人员、职员、工人违反行政法规和劳动纪律,由主管机关依法给予的一种纪律责任。行政处分方式包括警告、记过、记大过、降级、撤职、开除。

七、刑事强制措施

刑事诉讼中的强制措施,是指公安机关、人民检察院和人民法院为保证刑事诉讼的顺利进行,依法对刑事案件的犯罪嫌疑人、被告人的人身自由进行限制或者剥夺的各种强制性方法。当企业及其管理人员涉嫌触犯刑法时,司法机关必将对其采取相应的刑事强制措施。因此,笔者在本节重点阐述刑事强制措施的内容,以供参考。

根据《刑事诉讼法》的规定,我国刑事强制措施包括:拘传、取保候审、监视居住、拘留和逮捕,这5种措施是依照强制力度由轻到重依次排序的。

1. 拘传

拘传是指公安机关、人民检察院和人民法院对于未被羁押的犯罪嫌疑人、被告人,依法强制其到案接受讯问的一种强制措施。拘传是我国刑事诉讼强制措施体系中最轻的一种。关于拘传后的讯问,我国法律规定如下:

(1)对犯罪嫌疑人、被告人被拘传后应当立即讯问;

(2)一次拘传持续的时间不得超过 12 小时,案情重大复杂,需要拘留逮捕的不得超过 24 小时,不得以连续拘传的方式变相拘禁;

(3)两次拘传间隔的时间一般不得少于 12 小时。拘传犯罪嫌疑人,应当保证犯罪嫌疑人的饮食和必要的休息时间。

需要提醒的是,传唤并非拘传的必经程序,传唤是指司法机关通知诉讼当事人于指定的时间、地点到案所采取的一种措施。两者主要区别如下:

(1)对象不同。拘传的对象是未被羁押的犯罪嫌疑人、被告人;传唤适用于所有当事人。

(2)强制力不同。拘传具有强制性,是强制措施;传唤不具有强制性。

(3)文书不同。拘传时必须出示书面的《拘传证》;传唤出示《传唤通知书》,对在现场发现的犯罪嫌疑人,侦查人员经出示工作证件,可以口头传唤,但应当在讯问笔录中注明。

实务中,关于涉嫌犯罪的企业经营者被拘传时,如何救济自己,建议如下:

(1)务必积极配合执法机关,万万不可持"抗拒"心理、妨碍公务;拘传结束,务必尽快找到专业的刑事律师进行案件咨询,以求在最短的时间内获取最佳的处理方法。

(2)务必高度重视案情,切不可麻痹大意;务必仔细进行全面复盘,查找自己可能存在的过错缺失。通常来说,拘传是正式刑事追诉的"前奏"。实务中,企业经营者可能涉及的犯罪主要是经济犯罪,而经济犯罪与伦理犯罪特别是与暴力犯罪存在不同,缺乏相对的"紧迫性"。因此,如果企业经营者在经营中确有某些偏离行为,应尽可能地将问题提早交待清楚,以求获取司法机关的谅解,为换取"非刑事处罚"争取空间。

(3)被拘传过程中,必定会被"询问",并被要求协助调查。如何尽可能地"用时间换取空间"是最基本的思维目标与奋斗任务。"用时间换取空间",即被传唤人以证人身份"配合调查"的过程中,应当尽可能地避免因某些不确定性因素被转换为"被追诉人"。

2. 取保候审

取保候审,是指人民法院、人民检察院或公安机关责令某些犯罪嫌疑人、刑事被告人提出保证人或者交纳保证金,保证犯罪嫌疑人、被告人不逃避或妨碍侦查、起诉和审判,并随传随到的一种强制措施。需要说明的是,人民法院、人民检察院和公安机关对犯罪嫌疑人、被告人采取取保候审的最长时间不得超过 12 个月,犯罪嫌疑人、被告人、法定代理人、近亲属、辩护人认为取保候审超期的,可以要求解除取保候审。

《刑事诉讼法》第六十七规定,人民法院、人民检察院和公安机关对有下列情形之一的犯罪嫌疑人、被告人,可以取保候审:可能判处管制、拘役或者独立适用附加刑的;可能判处有期徒刑以上刑罚,采取取保候审不致发生社会危险性的;患有严重疾病、生活不能自理,怀孕或者正在哺乳自己婴儿的妇女,采取取保候审不致发生社会危险性的;羁押期限届满,案件尚未办结,需要采取取保候审的。取保候审由公安机关执行。第六十八条规定,人民法院、人民检察院和公安机关决定对犯罪嫌疑人、被告人取保候审,应当责令犯罪嫌疑人、被告人提出保证人或者交纳保证金。第六十九条规定,保证人必须符合下列条件:与本案无牵连;有能力履行保证义务;享有政治权利,人身自由未受到限制;有固定的住处和收入。第七十二条规定,取保候审的决定机关应当综合考虑保证诉讼活动正常进行的需要,被取保候审人的社会危险性,案件的性质、情节,可能判处刑罚的轻重,被取保候审人的经济状况等情况,确定保证金的数额;提供保证金的人应当将保证金存入执行机关指定银行的专门账户。实务中,成年人保证金的起点额一般为1000元,未成年人的起点额为500元。

《刑事诉讼法》第七十一条规定,被取保候审的犯罪嫌疑人、被告人应当遵守以下规定:

(1)未经执行机关批准不得离开所居住的市、县;

(2)住址、工作单位和联系方式发生变动的,在24小时以内向执行机关报告;

(3)在传讯的时候及时到案;

(4)不得以任何形式干扰证人作证;

(5)不得毁灭、伪造证据或者串供。

人民法院、人民检察院和公安机关可以根据案件情况,责令被取保候审的犯罪嫌疑人、被告人遵守以下一项或者多项规定:

(1)不得进入特定的场所;

(2)不得与特定的人员会见或者通信;

(3)不得从事特定的活动;

(4)将护照等出入境证件、驾驶证件交执行机关保存。

被取保候审的犯罪嫌疑人、被告人违反前两款规定,已交纳保证金的,没收部分或者全部保证金,并且区别情形,责令犯罪嫌疑人、被告人具结悔过,重新交纳保证金、提出保证人,或者监视居住、予以逮捕。对违反取保候审规定,需要予以逮捕的,可以对犯罪嫌疑人、被告人先行拘留。

《刑事诉讼法》第九十七条规定,犯罪嫌疑人、被告人及其法定代理人、近亲属或者辩护人有权申请变更强制措施。人民法院、人民检察院和公安机关收到申请后,应当在三日以内作出决定;不同意变更强制措施的,应当告知申请人,并说明不同意的理由。也就是说,犯罪嫌疑人、被告人及其法定代理人、近亲属或者律师均可以申请取保候审。实务中,为保证申请取保候审的成功率及节省诉讼成本,建议如下。

(1)聘请专业刑事律师为被追诉者提供法律帮助,此处的主要专业标准是对整体案情有清晰、明确、精准的认知、分析与判断,尤其是对取保候审的辩护有精准、完整、清晰的规范认识与足够的操作经验。因为只有对整体案情有足够清晰、明确、精准的认知、分析、判断及对取保候审的辩护有精准、完整、清晰的规范认识与足够的操作经验,才能比较有效地保证取保候审辩护的成功率。

(2)聘请律师过程中务必与其签订正式的委托合同,所交纳的律师费、办案费等费用务必让其开具正式发票。理由如下:一是确保聘请律师过程的规范性;二是尽可能保证所聘请律师本身的责任心和贴心程度。需要提醒的是,申请取保候审的律师费用一般在3万元到30万元,如果有律师以有关系为由收取高于30万元甚至几百万元律师费的,要高度警惕被骗的可能。

3. 监视居住

监视居住,是指人民法院、人民检察院、公安机关在刑事诉讼过程中限令犯罪嫌疑人、被告人在规定的期限内不得离开住所或指定的居所,并对其行为加以监视、限制其人身自由的一种强制措施。人民法院、人民检察院和公安机关对犯罪嫌疑人、被告人监视居住最长不得超过6个月,犯罪嫌疑人、被告人、法定代理人、近亲属、辩护人认为监视居住超期的,可以要求解除监视居住。

《刑事诉讼法》第七十四条规定,人民法院、人民检察院和公安机关对符合逮捕条件,有下列情形之一的犯罪嫌疑人、被告人,可以监视居住:患有严重疾病、生活不能自理的;怀孕或者正在哺乳自己婴儿的妇女;系生活不能自理的人的唯一扶养人;因为案件的特殊情况或者办理案件的需要,采取监视居住措施更为适宜的;羁押期限届满,案件尚未办结,需要采取监视居住措施的。对符合取保候审条件,但犯罪嫌疑人、被告人不能提出保证人,也不交纳保证金的,可以监视居住。监视居住由公安机关执行。

该法第七十五条规定,监视居住应当在犯罪嫌疑人、被告人的住处执行;无固定住处的,可以在指定的居所执行。对于涉嫌危害国家安全犯罪、恐怖活动犯罪,在住处执行可能有碍侦查的,经上一级公安机关批准,也可以在指定的居所执行。但是,不得在羁押场所、专门的办案场所执行。指定居所监视居住的,除无法通知的以外,应当在执行监视居住后24小时以内,通知被监视居住人的家属。被监视居住的犯罪嫌疑人、被告人委托辩护人,适用该法第三十四条的规定。人民检察院对指定居所监视居住的决定和执行是否合法实行监督。

《刑事诉讼法》第七十七条规定,被监视居住的犯罪嫌疑人、被告人应当遵守以下规定:

(1)未经执行机关批准不得离开执行监视居住的处所;

(2)未经执行机关批准不得会见他人或者通信;

(3)在传讯的时候及时到案;

(4)不得以任何形式干扰证人作证;

(5)不得毁灭、伪造证据或者串供;

(6)将护照等出入境证件、身份证件、驾驶证件交执行机关保存。

被监视居住的犯罪嫌疑人、被告人违反前款规定,情节严重的,可以予以逮捕;需要予以逮捕的,可以对犯罪嫌疑人、被告人先行拘留。

需要说明的是,被判处管制的,监视居住 1 日折抵刑期 1 日;被判处拘役、有期徒刑的,监视居住 2 日折抵刑期 1 日。

实务中,涉嫌犯罪的企业经营者被采取监视居住的强制措施后,应当注意以下事项:

(1)被监视居住人,虽然可以正常生活、工作,但是,监视居住作为一种刑事诉讼强制措施必然有其相应的要求与规定。因此,被监视居住者务必严格遵守相关规定,万万不可违反规定,否则定然会因为不能严格遵守监视居住的相关规定,而丧失来之不易的"相对人身自由";更有甚者,会成为量刑过程中的"酌定加重情节"。

(2)监视居住分为"住所监视居住"与"指定居所监视居住"两种。一般来说,均应当适用住所监视居住,只有没有固定住所的犯罪嫌疑人才能适用"指定居所监视居住"。

(3)积极、充分、有效地利用监视居住的相对自由的时间和空间,尽可能地去配合办案机关,帮助其尽快查明案情,还原案发经过,查明事实真相,最大限度地为自己争取合理、正当的从宽处理。

4. 拘留

拘留,是指公安机关、人民检察院对直接受理的案件,在侦查过程中,遇到法定的紧急情况时,对于现行犯或者重大嫌疑分子所采取的临时剥夺其人身自由的强制方法。公安机关拘留人的时候,必须出示拘留证。拘留后,除有碍侦查或者无法通知的情形以外,应当把拘留的原因和羁押的处所,在 24 小时以内,通知被拘留人的家属或者他的所在单位。

《刑事诉讼法》第八十二条规定,公安机关对于现行犯或者重大嫌疑分子,如果有下列情形之一的,可以先行拘留:

(1)正在预备犯罪、实行犯罪或者在犯罪后即时被发觉的;

(2)被害人或者在场亲眼看见的人指认他犯罪的;

(3)在身边或者住处发现有犯罪证据的;

(4)犯罪后企图自杀、逃跑或者在逃的;

(5)有毁灭、伪造证据或者串供可能的;

(6)不讲真实姓名、住址,身份不明的;

(7)有流窜作案、多次作案、结伙作案重大嫌疑的。

《刑事诉讼法》第八十六条规定,公安机关对被拘留的人,应当在拘留后的24小时以内进行讯问。在发现不应当拘留的时候,必须立即释放,发给释放证明。需要说明的是,犯罪嫌疑人在被侦查机关第一次讯问后或者采取强制措施之日起,可以聘请律师为其提供法律咨询、代理申诉、控告。犯罪嫌疑人被逮捕的,聘请的律师可以为其申请取保候审。

《刑事诉讼法》第九十一条规定,公安机关对被拘留的人,认为需要逮捕的,应当在拘留后的3日以内,提请人民检察院审查批准。在特殊情况下,提请审查批准的时间可以延长1~4日。对于流窜作案、多次作案、结伙作案的重大嫌疑分子,提请审查批准的时间可以延长至30日。人民检察院应当自接到公安机关提请批准逮捕书后的7日以内,作出批准逮捕或者不批准逮捕的决定。人民检察院不批准逮捕的,公安机关应当在接到通知后立即释放,并且将执行情况及时通知人民检察院。对于需要继续侦查,并且符合取保候审、监视居住条件的,依法取保候审或者监视居住。也就是说,公安机关拘留的羁押期限一般最长是14日,流窜作案、多次作案、结伙作案的重大嫌疑分子最长期限为37日。

根据《刑事诉讼法》第一百六十五条的规定,人民检察院直接受理的案件中符合该法第八十二条第四项、第五项规定情形,需要拘留犯罪嫌疑人的,由人民检察院作出决定,由公安机关执行。需要说明的是,检察机关拘留犯罪嫌疑人时,应当由办案人员提出意见,部门负责人审核,并由检察长决定,再送交公安机关执行;对于情况紧急来不及办理拘留手续的,人民检察院可以先行将犯罪嫌疑人带至公安机关,同时立即办理拘留手续。由于我国法律规定,拘留由公安机关执行,因此,对于人民检察院决定拘留犯罪嫌疑人的,应当由公安机关执行,必要时人民检察院可以协助公安机关执行。根据相关法律规定,检察院自侦案件拘留的最长羁押期限为17日。

《刑事诉讼法》第一百七十条第二款规定,对于监察机关移送起诉的已采取留置措施的案件,人民检察院应当对犯罪嫌疑人先行拘留,留置措施自动解除。人民检察院应当在拘留后的10日以内作出是否逮捕、取保候审或者监视居住的决定。在特殊情况下,决定的时间可以延长1~4日。人民检察院决定采取强制措施的期间不计入审查起诉期限。

实务中,涉嫌犯罪的企业经营者被采取刑事拘留的强制措施后,应当注意以下事项:

(1)刑事律师圈内有一个“黄金37天”的说法,即刑事拘留最长期限是30天+检察机关审查批准逮捕最长期限7天=37天。

(2)“黄金37天”的说法,其刑事司法基本内涵就是,一旦遭受刑事拘留务必立即启动“取保候审辩护”程序,因为一旦被逮捕,局势极有可能难以逆转。

(3)至于如何启动“取保候审辩护”程序抑或“错拘”辩护,那就要竭尽全力开展一切可能的调查取证和相应的调查研究工作,尽可能地查实、查明基本案情及其主要情节、关键细节,并且尽快递交相关文书到侦查机关和对应的检察机关,以便最大限度地争取“第一印象效应”。

5. 逮捕

逮捕,是指公安机关、人民检察院和人民法院,为了防止犯罪嫌疑人或者被告人实施妨碍刑事诉讼的行为,如逃避侦查、起诉、审判或者具有社会危险性,而依法剥夺其人身自由,予以羁押的一种强制措施。

逮捕必须经过人民检察院批准或者人民法院决定,由公安机关执行。公安机关执行逮捕的人员不得少于2人,执行逮捕时,必须向被逮捕人出示逮捕证,并责令被逮捕人在逮捕证上签名(盖章)或按手印。逮捕后,应当立即将被逮捕人送看守所羁押。除无法通知的以外,应当在逮捕后24小时以内,通知被逮捕人的家属。

《刑事诉讼法》第八十一条规定,对有证据证明有犯罪事实,可能判处徒刑以上刑罚的犯罪嫌疑人、被告人,采取取保候审尚不足以防止发生下列社会危险性的,应当予以逮捕:

(1)可能实施新的犯罪的;

(2)有危害国家安全、公共安全或者社会秩序的现实危险的;

(3)可能毁灭、伪造证据,干扰证人作证或者串供的;

(4)可能对被害人、举报人、控告人实施打击报复的;

(5)企图自杀或者逃跑的。

批准或者决定逮捕,应当将犯罪嫌疑人、被告人涉嫌犯罪的性质、情节,认罪认罚等情况,作为是否可能发生社会危险性的考虑因素。对有证据证明有犯罪事实,可能判处10年有期徒刑以上刑罚的,或者有证据证明有犯罪事实,可能判处徒刑以上刑罚,曾经故意犯罪或者身份不明的,应当予以逮捕。被取保候审、监视居住的犯罪嫌疑人、被告人违反取保候审、监视居住规定,情节严重的,可以予以逮捕。

需要注意的是,根据《全国人民代表大会和地方各级人民代表大会代表法》第三十二的规定,如果被逮捕的犯罪嫌疑人、被告人是县级以上人大代表,无论是批准逮捕,还是决定逮捕,都应当报请该人大代表所在的人民代表大会主席团或者常务委员会许可。被逮捕的犯罪嫌疑人、被告人是乡、镇一级人大代表时,执行机关应当向乡、镇人民代表大会报告。

实务中,涉嫌犯罪的企业经营者被采取逮捕的强制措施后,应当注意以下事项:

(1)逮捕之后的羁押必要性审查是良机。我国《刑事诉讼法》明文规定,逮捕之后检察机关应当依法对羁押的必要性进行审查。逮捕作为完全彻底剥夺人身自由的一项刑事侦查措施，直接涉及被追诉人的基本权利，理当慎之又慎，没有充分的理由是不应当随意采用逮捕措施的。采取逮捕措施之后，如果发现存在不必逮捕或者可捕可不捕的情形，应当说服办案机关尽可能不捕。

（2）逮捕辩护最大的难题可能是大多数基层检察机关的一些“习惯性做法”，这些习惯性做法就是他们认为“够罪即捕”。换言之，检察机关的办案检察官认为被追诉人可能“构成”了犯罪，就必须逮捕；除非具备《刑事诉讼法》明文规定的不宜逮捕的情形。

（3）逮捕之后还有一个极为重要的救济机制，那就是“羁押必要性审查”制度。羁押必要性审查，是指人民检察院对被逮捕的犯罪嫌疑人、被告人有无继续羁押的必要性进行审查，对不需要继续羁押的，建议办案机关予以释放或者变更强制措施的监督活动。羁押必要性审查制度是我国2012年《刑事诉讼法》的亮点之一，旨在最大限度保护刑事被追诉人的基本宪法性权利，是刑事诉讼法尊重和保护人权理念最直接的体现与落实。《刑事诉讼法》第九十五条规定，犯罪嫌疑人、被告人被逮捕后，人民检察院仍应当对羁押的必要性进行审查。对不需要继续羁押的，应当建议予以释放或者变更强制措施，有关机关应当在10日以内将处理情况通知人民检察院。《人民检察院、公安机关羁押必要性审查、评估工作规定》第一条规定，犯罪嫌疑人、被告人被逮捕后，人民检察院应当依法对羁押的必要性进行审查。不需要继续羁押的，应当建议公安机关、人民法院予以释放或者变更强制措施。对于审查起诉阶段的案件，应当及时决定释放或者变更强制措施。公安机关在移送审查起诉前，发现采取逮捕措施不当或者犯罪嫌疑人及其法定代理人、近亲属或者辩护人、值班律师申请变更羁押强制措施的，应当对羁押的必要性进行评估。不需要继续羁押的，应当及时决定释放或者变更强制措施。第四条规定，人民检察院依法开展羁押必要性审查，由捕诉部门负责。负责刑事执行、控告申诉、案件管理、检察技术的部门应当予以配合。公安机关对羁押的必要性进行评估，由办案部门负责，法制部门统一审核。犯罪嫌疑人、被告人在异地羁押的，羁押地人民检察院、公安机关应当予以配合。第五条第二款规定，公安机关执行逮捕决定时，应当告知被逮捕人有权向办案机关申请变更强制措施，有权向人民检察院申请羁押必要性审查。第六条规定，人民检察院在刑事诉讼过程中可以对被逮捕的犯罪嫌疑人、被告人依职权主动进行羁押必要性审查。人民检察院对审查起诉阶段未经羁押必要性审查、可能判处三年有期徒刑以下刑罚的在押犯罪嫌疑人，在提起公诉前应当依职权开展一次羁押必要性审查。公安机关根据案件侦查情况，可以对被逮捕的犯罪嫌疑人继续采取羁押强制措施是否适当进行评估。第八条规定，犯罪嫌疑人、被告人及其法定代理人、近亲属或者辩护人、值班律师可以向人民检察院申请开展羁押必要性审查。申请人提出申请时，应当说明不需要继续羁押的理由，有相关证据或者其他材料的，应当予以提供。申请人依据《刑事诉讼法》第九十七条规定，向人民检察院、公安机关提出变更羁押强制措施申请的，人民检察院、公安机关应当按照本规定对羁押的必要性进行审查、评估。

申请启动羁押必要性审查程序，是犯罪嫌疑人及其家属极易忽略的维权方式。实务中，建议辩护律师、犯罪嫌疑人及其家属先进行取保候审的申请，当申请被明确拒绝后，再向相关部门申请启动羁押必要性审查申请程序。

(4)更加重要的是，被逮捕之后仍然不能“气馁”，并且应当竭尽全力地帮助办案机关尽快查明事实真相，这就是专业人士所讲的“审前辩护”。审前辩护在经济犯罪案件的辩护中价值特别显著、意义特别重大，尤其是那些追诉对象介于经营管理过程中的一般性偏离行为与经济犯罪之间、经济纠纷与经济犯罪的行为之间的案件。

第二节　企业刑事犯罪的特点、成因及危害后果

一、企业刑事犯罪的特点

企业刑事犯罪属于商业领域犯罪的范畴，与其他刑事犯罪相比，具有以下特点。

1. 企业刑事犯罪具有图利性

对于企业来说，追求经济利益是其主要目的。图利性是企业刑事犯罪最显著的特征，企业刑事犯罪几乎都与贪财图利密切相关。企业冒着受法律制裁的危险实施经济犯罪，其最大动机就是牟取非法经济利益。

2. 企业刑事犯罪具有隐蔽性

获取利益，逃避打击是犯罪的天然要求，而企业刑事犯罪与一般盗窃、抢劫、绑架等暴力刑事犯罪相比，具有更强的隐蔽性。具体表现在以下两方面：第一，由于企业刑事犯罪的伦理道德色彩不浓，对人们的震动较小，也为人们所不见、所忽视，而专门机关的视野和力量又是有限的，所以犯罪行为常常在得逞后很长时间才被发现，甚至成为漏网之鱼。第二，企业刑事犯罪侵害的对象是社会的商业秩序、社会管理秩序以及国家机关的正常工作秩序，该类犯罪大多不会对公民个人经济利益造成损害，对社会公众的安全感所造成的威胁相对较小，容易被忽视，从理论上来说这是一种“无被害人的犯罪”。此外，由于受害方自身也存在过错，一般不愿意报案，往往私下了结，增加了企业犯罪行为的隐蔽性。

3. 企业刑事犯罪具有复杂性

经济活动涉及诸多领域的经济知识和法律、法规，异常复杂，企业的犯罪活动往

往又与合法正当的经济活动交错混合，加上犯罪分子故意以合法正当的经济活动作为幌子来掩盖其犯罪活动，从而使得企业犯罪具有极大的复杂性。该复杂性具体体现在：第一，由于企业形式不同，所从事的业务范围也不同，其本身所具有的复杂性就导致其所实施的犯罪也具有复杂性。第二，经济法律的多样性使得企业刑事犯罪所涉及的法律事实也具有相应的专门性。不了解行为人违反的经济法规的性质及其内容，就难以对犯罪事实作出确切的评价。第三，当前我国法律法规还不尽完善，各地区地方性规定的标准不统一，以致对部分案件性质的认定难以统一。有的行为虽有明显社会危害性，甚至造成了较大损失，但法律无明文规定其为犯罪；有的法律规定过于抽象，又无相关司法解释相辅，司法实践中没有可操作性。第四，我国正处于经济转型时期，随着新的经济关系的产生，也会产生新的经济犯罪，而随之一些旧的经济犯罪类型会消失。

4. 企业刑事犯罪具有智能性

智能性犯罪，是与暴力犯罪相对而言的，指使用智力或有关智能手段、技术实施犯罪。[①] 通常来说，智能性犯罪是一类通过非体力性的手段，采用隐蔽的方法或诡计避免付出或损失金钱财物，非法获取金钱财物，或者取得商业或个人利益的犯罪行为。在市场经济条件下，企业刑事犯罪的手段不断翻新，并由直接向间接、公开向诡秘、原始向现代发展。企业刑事犯罪的案犯较多受过良好的文化教育，具有一定的会计、税务、法律、国际贸易、金融、证券等方面的专业知识，熟悉经济交往，具有丰富商业活动的经验。由于案犯熟悉相关业务，其犯罪行为一般都有貌似合法的商业活动作掩护，作案后也多有足够的时间毁证灭迹，乃至将赃款转至境外，使国家经济承受重大损失，也给侦查工作造成很大困难。

二、企业刑事犯罪的成因

企业刑事犯罪的原因是多方面的，既有社会的原因，也有群体或个人的原因；既有政策的原因，也有经济和文化的原因；既有立法的原因，也有执法的原因；既有国内的原因，也有国际的原因。总而言之，企业及其内部人员对企业实施刑事犯罪的原因是众多因素交互作用的结果，从我国的现状来看，主要有以下三个原因：

1. 社会原因

从我国目前的社会基本状况来看，我国正处于社会转型期。社会转型，是指任何一个实现现代化的国家都必须经历的社会整体性变化。它在总体上是指前现代化国家向现代化的转变，这一发展过程包含了多方面的变化。社会向现代化的转型，给我国经济的发展和繁荣都提供了巨大的促进和推动作用，但是除此之外，随着社会的转

---

① 参见高铭暄：《新型经济犯罪研究》，中国方正出版社 2000 年版，第 13 页。

型很多旧的社会控制机制失效，而新的社会控制机制又未能迅速建立起来，这样在社会监控方面就必然会造成一定的空白和漏洞，为企业及其内部人员犯罪提供可乘之机。另外，随着市场经济的快速发展，部分人先富了起来，同时也进一步激化了贫富人群之间的矛盾，为追求富裕生活及满足各种奢侈愿望，企业经营者可能会采取不正当的手段去获取各种不法利益。

2. 经济原因

市场经济的主要活动就是实施商业活动，而进行商业活动的本质在于最大限度地追求商业利润。商业利润既有积极的一面，又不可避免地存在消极的一面。人们追求商业利润的欲望是无止境的，这种无止境的追求会促使人们在客观上采取任何的手段来实现这个目的。对商业利润的无限渴望和积极追求，会促使人们铤而走险，见利忘义、商业欺诈行为往往相伴而生。经济犯罪行为人的犯罪目的和动机在于非法占有国家、集体或他人的财富。当他们的物质欲、金钱欲开始畸形地膨胀，到达了不可控制的程度，他们就会不择手段地攫取和占有，即使他们明知不可为还是无法控制而为之，实施一系列危害社会的行为。

3. 法律原因

从立法角度而言，企业及其内部人员实施的某些危害行为应该被规定为犯罪却没有被规定为犯罪。目前，虽然我国刑法中罗列了诸多的罪名。但是，在对企业及其内部人员实施的经济犯罪的认定上还存在欠缺，有些行为应当被列为犯罪行为却没有被认定为犯罪。

例如，目前我国的法律对经济违法犯罪行为中的垄断行为、暴利行为、价格欺诈行为等均无明确或相应规定，致使刑法对此类危害行为无法直接干预。但是，这些行为具有严重的社会危害性，严重地扰乱了商事活动秩序，应当将它们犯罪化、明确化、具体化。立法工作中存在的缺漏被一些不法分子所利用，成为其进行经济犯罪的重要原因。

另外，实践中也存在"犯罪成本过低"的情况。具体来说，"犯罪成本过低"可能表现为刑罚力度过轻、犯罪收益大于成本等。经营者在考虑是否实施犯罪行为时，往往因为实施犯罪的代价低、收益高，继而甘愿自冒风险进行犯罪。这显然是犯罪高发的诱因。

良法是善治之前提。"犯罪成本过低"的现象之所以产生，是因为部分刑事法律制度的设计存在漏洞。制度成本的配置将直接决定法律实施效果。从趋利避害的行为逻辑来说，一项制度设计如果导致违法所付出的代价较高，人们就会倾向于遵守法律；否则，人们可能宁愿违反法律，也要做法律禁止的行为。

从执法角度来看，执法不严也是企业及其内部人员经济犯罪屡禁不止的重要原因。首先，企业对于某些经济犯罪有案不报，以罚代刑的现象比较严重。现实生活中,有些企业害怕声誉受到影响,因此对内部人员实施的经济犯罪不愿严查深究,甚至还竭力隐瞒,包庇袒护,再加上很多企业内部实行一票否决制,使得很多犯罪在企业内部被消化处理。其次,在日常司法工作中,不少部门往往以有无造成实际危害作为是否定罪的标准,这在事实上助长了犯罪分子的侥幸心理。只要犯罪行为未造成实际的损害,便不会受到追究。因而一计不成也不要紧,直到造成实际损害。

三、企业刑事犯罪的危害后果

1. 对企业的危害

根据我国《刑法》及相关法律规定,企业遭遇刑事法律风险后,通常会面临以下诸多不利后果:

(1)企业的商业信誉必将根本性受损。

商业信誉与企业的存亡息息相关,也是其经济能力的综合表现,是履约能力的具体体现,一旦受损,会对企业造成严重打击,甚至是致命的打击。《民法典》第五百二十七条第一款规定,应当先履行债务的当事人,有确切证据证明对方有下列情形之一的,可以中止履行:①经营状况严重恶化;②转移财产、抽逃资金,以逃避债务;③丧失商业信誉;④有丧失或者可能丧失履行债务能力的其他情形。也就是说,对于丧失商业信誉的企业,先履行债务的当事人可以行使不安抗辩权。在移动互联网发达的今天,信息的传播速度非常快,企业一旦涉嫌犯罪,很快就会在社会上公开,消息能在几分钟内传遍全国,越是知名企业,传播面越广。企业涉嫌犯罪的信息被公众知悉后,其经营能力、履约能力、偿还债务能力等都会受到严重质疑,供应商、客户和合作伙伴通常会要求提前履行债务或取消、中断合作。需要说明的是,由于我国民营企业大多没有科学的管理制度或接班人制度,对企业家的人身依附性极强,当企业家被判处刑罚后,往往没人能够接手经营下去,在这种情况下,企业可能会因此破产、灭亡。

(2)企业家无法与外界联系,经营根本性受阻。

刑事诉讼程序的推进常伴随刑事强制措施的运用,如对企业家刑事拘留、逮捕,对企业账户冻结,对涉案财产查封、扣押等。需要注意的是,上述刑事强制措施一旦决定实施将很难逆转。企业家人身自由被限制后,与外界的通信、联络会变得异常困难,开展生产、经营几乎成为不可能。企业账户被冻结、财产被查封或扣押则是限制或剥夺了企业的正常交易能力,此时,企业想维持基本的经营活动将困难重重。实务中,较多企业在企业家因涉嫌犯罪被采取强制措施后,基本处于停业、停产状态。

(3)人身自由和企业的财产权被剥夺。

《刑法》第三十一条规定:“单位犯罪的,对单位判处罚金,并对其直接负责的主管人员和其他直接责任人员判处刑罚。本法分则和其他法律另有规定的,依照规定。”根据上述规定可知,企业一旦被定罪,直接负责的主管人员和其他直接责任人员的人身权和企业财产权都会面临刑事处罚。对于企业来说,被处以罚金后,企业的经济实力会在一定程度上被削弱;对于企业管理人员来说,被处以刑罚后,不仅会剥夺他们的人身自由,还会给其以后的工作与生活带来很多负面的影响。

2. 对社会的危害

企业刑事犯罪的危害虽然在表象上不如一般刑事犯罪直观,但却也可以造成远大于一般刑事犯罪的物质损害和生命危害。如伪劣食品、药品案件,其造成的危害是一般刑事犯罪无法比拟的。以"三鹿奶粉事件"为例,这是一起重大食品安全事件,涉及范围广,社会影响恶劣,给人民群众的生命健康造成了严重损害。企业刑事犯罪不仅会破坏政府形象,使其对社会的管理功能降低,同时还会引起社会道德水平的普遍下降和助长不良风气。

第三节 企业刑事法律风险防控体系的构建

企业刑事法律风险有高度的复杂性、潜伏性和客观性,对其防范、控制的难度是极高的。更加让人抓耳挠腮的是,实证研究表明,我国大多数企业经营者对刑事法律风险的认识明显不足,法律风险意识尤其是刑事法律风险意识明显不够,很多企业经营者都有意无意地轻忽了刑事法律风险防范、控制的功能、价值、意义与作用;大多企业经营者在触犯刑法后心慌意乱、自乱阵脚,妄图通过刑事辩护来达到消除刑事法律风险的目的。但是,事实上刑事辩护只是一种事后补救、救济措施,即便请到最好的刑事律师、作出最佳辩护,那也只能治标而不能治本。需要强调的是,刑事法律风险一旦发生,其必将产生难以逆转甚至不可逆转的法律后果;情况严重的,企业可能会因此破产,企业经营者及其家庭也会受到巨大打击,甚至妻离子散、家破人亡。因此,本书认为企业针对尚未发生的刑事法律风险进行事先防范、控制,防患于未然,才是治本之策。

基于企业刑事法律风险本身的复杂性,针对它所进行的防范也理应是丰富多样的,而且应当是有明确针对性的,对症下药。此外,由于企业刑事法律风险涉及面广,在操作中又伴随一系列复杂的企业经营行为发生,所以要解决这样一个系统性的风险,当然需要系统性的防范体系来有效应对。在本书的余下章节中,笔者会根据每一个具体罪名的特点提出具体的刑事法律风险防范措施,因此在这一部分中仅作简要阐述和整体框架性描述。

企业刑事法律风险防控体系的构建,笔者认为包括企业内部防控和企业外部防控两方面,具体分析如下:

一、企业内部防控

1.制度建设

很多企业,尤其民营企业和中小微民营企业,往往因为忙于业务而忽视制度的健全和完善,风险防范制度大多付诸阙如;企业刑事法律风险防控体系更是难觅踪影。这无形中为企业经营者犯罪行为的动机产生、行为实施创造了条件。实务中,我国中小微私营企业主要是靠人情和经验进行管理的,没有建立严格意义上的制度。即便制订了刚性制度,管理也还是柔性的,即制度是写在纸上、挂在墙上的,管理依然是恣意的。然而,社会历史反反复复证明,企业只有树立明确、清晰、坚定的刑事法律风险防范意识,建立科学的、符合刑事法律风险防控要求的合法、合规的制度,才能有效地防范刑事法律风险。

实务中,我国的国有企业基本上都建立了比较完善的法律风险防控体系,有规模的民营企业较多也建立了法律风险防控制度,采取诸多措施避免法律纠纷的出现,如建立质量管理体系、落实合同管理制度、定期或不定期进行法律培训等。但是,这些防控制度大多侧重民商事法律风险的防范,很少涉及刑事法律风险的问题。刑事法律风险的防控,成为我国很多企业的“短板”。企业如何通过制度建设、刑事法律风险防控体系建设将刑事法律风险挡在企业发展之外,以实现可持续健康发展呢?建议如下:

(1)给企业进行全面体检,查找刑事法律风险点

不同行业、不同企业和同一企业成长的不同阶段,都有不同的刑事法律风险环境,不顾自身特性,随便套用其他企业的防范制度,是可不取的。企业要想避免刑事法律风险的发生,必须先找准各个环节潜藏的风险,然后量身定制防控制度。因此,对企业现有的制度、经营的所有流程都要进行一次系统的梳理,查漏补缺,透视风险可能存在的地方,才能为下一步建立有针对性的防控制度打下可靠的基础。实务中,主要从以下三个维度去查找企业的刑事法律风险点:

①对企业的人事管理、财务管理及经营管理制度等进行细节性梳理,重点查找有没有违反刑法的规定和无法有效监督制约的环节、细节。

②对企业各岗位职能、职责,尤其是刑事法律风险易发的管理岗位进行细节化检视。主要是查找权力行使的条件和程序控制中有没有不受监控的脱管环节,从而防止企业管理人员恣意妄为。

③对行业与企业已发生的刑事案件进行收集整理,归纳特点,从中找到企业刑事法律风险易发风险点。

(2)建立刑事法律风险防控制度

在前述查找企业刑事法律风险易发风险点的基础上,对照现有的刑事法律规定,

对企业现行制度(包括现存刑事法律风险防控制度)进行修正、完善、整体提升,或者干脆推倒重来,建立全新的有效的企业刑事法律风险防控体系。实务中,有的企业制度本身就存在违反刑事法律的内容,如比较常见的是授权业务人员按比例在账外给客户回扣,该行为是典型的单位行贿罪。笔者认为,好的企业刑事风险防控制度,应当具有以下特点:

①企业管理人员的各项权力均应被监督、被制约,因为不受监督制约的权力被滥用的可能性极大,产生腐败几乎是必然的。

②制度本身要合法合规。严格来说,制度不仅要符合法律、行政法规的规定,而且还要符合国家政策、地方性法规、部门规章、地方政府规章、地方政府主管部门"红头文件"的规定,同时在某些情况下还要符合行业惯例、商业习俗的规定。

③企业对外的重大投资和交易行为必须要经过刑事方面合规审查。实务中,企业对外的交易行为大多从民商法角度进行合规审查,较少从刑法、刑事司法维度进行审查。事实上,刑事方面合规审查不仅很有必要,而且最为重要。例如,企业向员工及其亲友的融资行为,如果把握不好就会触犯非法吸收公众存款罪甚至集资诈骗罪。另外,企业贷款行为如果没有进行刑事方面合规审查,则有可能触犯骗取贷款罪、高利转贷罪甚或贷款诈骗罪等罪名。

④制度建立或完善后,企业还应当对全体员工(尤其是企业管理人员)进行有效培训和宣传,以身边的真实案例进行警示教育,时刻提醒企业员工进行自我约束,克制贪念,远离犯罪。

(3)落实检查制度,并根据实际运行情况及其信息反馈,不断进行完善、提升

制度的生命力不在于制定,而在于贯彻执行。刑事法律风险防控制度制定后只是具备实施的条件而已,制度本身不可能解决实际问题,关键在于制度的实施和有效及时有序地贯彻执行。因此,企业应当按照各有关部门和业务单位的职责分工,认真执行制度的各项规定,确保各项防控措施落实到位。另外,企业要经常检查制度的落实情况,在检查过程中发现存在的问题,应当及时解决或对制度进行修订。

总之,刑事法律风险制度体系应当细密而周到,只要每一项制度均能确保落实到位,企业刑事法律风险就没有了"土壤、水分和空气",即便某些人心中有"种子"(某种犯罪行为基因、诱惑),也不可能"开花"(企业刑事法律风险不可能爆发),更不可能"结果"(被刑事追诉,甚至锒铛入狱)。

最后需要提醒的是,刑事法律风险制度的制定是很专业的工作,需要专业的刑事法律人才才能做好、做到位。因此,对于有条件的企业,应当聘请专业的刑事法律人才或外聘刑事专业律师团队担任法律顾问、合规管理专业团队,让其运用专业知识为企业制定与落实刑事法律风险防控制度。

2. 自律建设

真正懂得企业经营管理的企业家均深知,人的风险是企业的第一大风险。所谓人的风险,就是企业员工,尤其是企业管理人员的自律风险。

自律,也就是自己管理自己,是人的一种重要品质。立业先立德,做事先做人。古往今来,对人的要求,无不以做人为本。要经营好企业,企业管理人员首先要管理好自己,其次才是领导、管理别人。在《资本论》里,马克思曾经说过,"如果有10%的利润,资本就保证到处被使用;如果有20%的利润,资本就活跃起来;如果有50%的利润,资本就会铤而走险;如果有100%的利润,资本就敢践踏一切人间法律;有300%的利润,资本就敢犯任何罪行,甚至冒绞首的危险"。因此,企业管理人员如果缺乏自律能力,很容易会为了追求利润而无视法律,甚至铤而走险走上犯罪的道路。笔者认为,企业管理人员要实现自律建设目标,关键要处理好以下几方面的关系:

(1)要正确处理好与企业、国家、社会的关系

有实证研究表明,我国企业管理人员阶层中有相当一部分人缺失责任价值观,完全不懂责任伦理。这类企业管理人员将物质利益作为主要的考量点,甚至是唯一的考量依据,忽略其所应当承担的社会责任。他们认为,履行社会责任与获取经济利益之间是冲突的,履行了社会责任就会减少收益、增加成本或降低生产效率。在这种观念的支配下,履行社会责任几乎成为空谈。随着我国法律制度的完善,企业管理人员如果做不到这一点,很容易会触犯发票类犯罪、税务类犯罪、污染环境类犯罪等。因此,企业管理人员在创造经济效益的同时,更应当主动承担社会责任。需要特别提醒的是,在中央提出建设生态文明的大背景下,保护农地,坚决守住18亿亩耕地保护红线是国策,可以预见,在环境和土地等职能部门持续强化执法力度的情况下,破坏环境资源保护类犯罪必将呈现上升趋势,企业管理人员一定要做好此类犯罪的防范,切勿以身犯险,以身试法。

(2)要正确处理好与竞争对手之间的关系

这类关系体现的主要是秩序。市场经济是竞争经济,但必须做到有序竞争,只有这样才能远离商业贿赂、侵犯商业秘密、侵犯商标专利、串通投标等犯罪。我国法律鼓励企业进行竞争,以提高市场活力。我国《反垄断法》《反不正当竞争法》等的立法目的都是维护竞争秩序,要求竞争的正当化、公平化、公开化。实务中,不同企业由于发展路径的差异,其核心竞争力必然有所不同,甚至有天壤之别,这是企业发展中正常的现象。作为企业管理人员,当企业的产品或服务的市场占有率不及竞争对手时,应当主动采取有效措施进行竞争,如加强市场调研、加大技术研发投入、加大广告投入、进行产品或服务的差异化创新等;反之,如果采取"高薪挖人、窃取对方核心技术、购买竞争对手客户信息、假冒对方专利产品"等不正当手段进行"竞争"的话,则很可能会涉嫌犯罪。

(3)要正确处理好与股东之间的关系

通俗来说,股东是出资创办企业的人,企业管理人员是经营管理执行者;股东可以是企业管理人员,但是企业管理人员不一定是股东。企业管理人员(尤其是企业实际控制人、大股东)在处理与股东关系的时候,应当抱着互利共赢、感恩的态度,不能够为了一己之私损害公司和股东的利益。实务中,较多企业的大股东利用“资本多数决”的优势,掌控股东会,继而操纵董事会,控制高层管理人员的任免,事实上也控制了企业经营权、管理权,并导致小股东对企业的经营情况一概不知。在这种情况下,企业管理人员如果不能做到自律,践踏为人处世之基石的起码诚信,将很容易触犯抽逃出资罪、挪用资金罪、职务侵占罪等罪名。

(4)要正确处理好与消费者之间的关系

随着市场经济的日益发展,市场竞争越来越激烈,消费者在市场中的主体地位和对企业的决定性作用越来越突出,企业要想生存和发展必须使顾客在购买产品和服务时获得最大的满意度,从而吸引并维系顾客。只有真正树立起以消费者为中心的服务理念,维护消费者的利益,才能赢得消费者的信任,才能在市场竞争中立于不败之地。在企业经营中,“利润第一”与“消费者第一”是两种表面上确有冲突的经营观念。如果企业不择手段以追求利润为第一目标,忽略消费者的利益,最终可能会以失败而告终。例如,前些年国内发生的三鹿奶粉事件、苏丹红鸭蛋事件、地沟油事件等,这些事件背后反映的问题都是企业管理人员罔顾消费者利益的恶果、悲剧,是最具社会危害的商事犯罪,被曝光的涉事企业及其管理人员最终都受到了的严厉刑事处罚。

作为企业管理人员,应当怀持利他哲学,以消费者的利益为经营管理的逻辑起点和经营管理的核心,杜绝违法行为,树立真实不虚的“顾客至上”经营观,才能适应不断发展变化的顾客或市场需要。否则很容易会触犯生产、销售伪劣产品罪、假冒注册商标罪、虚假广告罪、合同诈骗罪、非法经营罪等罪名。

(5)要正确处理好企业与员工之间的关系

企业的根本价值,除了为股东、客户、创造社会价值外,也理所当然要为员工创造价值。企业善待员工,让员工在付出劳动的同时得到满意的报酬,企业才能可持续发展。为保障劳动者的利益,2011年2月25日,《刑法修正案(八)》增设了拒不支付劳动报酬罪。《刑法》第二百七十六之一第一款、第二款规定:“以转移财产、逃匿等方法逃避支付劳动者的劳动报酬或者有能力支付而不支付劳动者的劳动报酬,数额较大,经政府有关部门责令支付仍不支付的,处三年以下有期徒刑或者拘役,并处或者单处罚金;造成严重后果的,处三年以上七年以下有期徒刑,并处罚金。单位犯前款罪的,对单位判处罚金,并对其直接负责的主管人员和其他直接责任人员,依照前款的规定处罚。”本罪的设立,虽然是为约束企业不按约定支付劳动报酬的行为,但确实能够给所有企业管理人员以重要启示,这就是,正确处理好企业与员工的关系是企业经营管理至关重要的一个维度。笔者认为,企业管理人员处理好企业与员工之间的关系,关键是要给予员工足够的休息、休假权利,创造良好、安全的工作环境,及时支付劳动报酬,健全企业激励机制,以激活、激发员工的积极性、主动性。

需要特别提醒的是,在一线工作的员工往往会掌握企业很多的小秘密,这些"秘密"中可能存在企业家认为不是犯罪但事实上业已涉嫌犯罪的事情。当员工与企业、企业管理人员关系处理不恰当尤其是严重冲突的时候,下属可能会到处举报、告状,进而引发税务、司法机关的调查。实务中,员工举报导致企业家锒铛入狱的案例不少;因此,在企业经营中,企业家不仅要做到依法经营,而且还要多体谅员工,与员工发生矛盾的时候,尽量多忍让与包容。

二、企业外部防控

企业刑事法律风险防控,毋庸置疑是一个极为复杂的系统工程。内控固然重要,但是,外部防控更是不可或缺。因为企业刑事法律风险固然源于企业内部,但是,企业刑事法律风险的爆发却必定取决于企业外部环境,主要是国家的刑事法律风险防控政策,国家刑事追诉的逻辑起点与阈值的设定,及其实际操作系统的把控。笔者认为,就其外部防控而言,主要包括法律控制与行政监管控制。

1. 法律控制

法律控制,是指通过法律的规范功能、指引功能和强制功能来规范利益分配、化解矛盾、平衡社会关系的一种社会控制模式。企业刑事犯罪的法律控制,是指国家通过颁布、实施一系列有关规范企业设立、运营、破产解散结业等方面的法律、法规和惩治违反这些法律、法规的行为;通过追究违反刑事法律的企业的刑事责任,来达成社会控制的控制模式。改革开放以来,在我国以构建社会主义市场经济体制为主旋律的经济体制改革过程中,企业及其管理人员违法犯罪现象日益严重,主要原因是,在计划经济向市场经济转轨阶段,我国经济运行机制尚不健全,配套的法律制度不够完备,犯罪分子感到有空子可钻、有机可乘。另外,司法实践中仍然个别存在的"选择性执法"的痼疾,也在某种意义上滋养甚至纵容了企业刑事犯罪的日益蔓延。例如,有的执法部门"以罚代刑",实质性放纵犯罪;有的司法工作人员的司法观念与业务水平跟不上市场经济形势需要,造成了执法上的偏差。这些都对企业刑事犯罪的滋生、繁衍,起到了推波助澜的作用。如何通过法律对企业刑事犯罪进行控制呢?本书认为,应当从以下几个方面去努力:

(1)有法可依

有法可依,是实行社会主义法治的基本要求之一,也是体现企业刑事犯罪法律控制的重要前提。有法可依,要求国家立法机关依照法定程序,及时制定各种规范企业运行机制的法律,建立起符合企业制度发展需要的完备的法律体系,从而使企业从创设、成立、运营直至结业(破产)解散各个方面、各个阶段的活动,在实体标准、程序规范上均能有所遵循。同时,要与时俱进不断完善有关企业刑事犯罪的刑事立法,及时惩治各种新型的经济犯罪。改革开放以来,我国的经济发展取得了举世瞩目的成就,法治建设也经历了从无到有,再到不断完善的过程。目前,我国刑法已构建起了比较细密的犯罪体系,其中,企业及其管理人员犯罪的罪名主要规定在妨害社会主义市场经济秩序一章,并散见于刑法分则其他各个章节。从1979年《刑法》到1997年《刑法》,关于企业及其管理人员犯罪的罪名体系不断完善,如《刑法修正案(七)》规定的"利用未公开信息交易罪""侵犯公民个人信息罪""非法获取计算机信息系统数据、非法控制计算机信息系统罪";《刑法修正案(八)》规定的"虚开发票罪""拒不支付劳动报酬罪"等;《刑法修正案(九)》规定的"虚假诉讼罪""对有影响力的人行贿罪"等,《刑法修正案(十一)》规定的"强令、组织他人违章冒险作业罪""危险作业罪""欺诈发行证券罪"等;《刑法修正案(十二)》规定的徇私舞弊低价折股、出售公司、企业资产罪都是典型的针对企业及其管理人员犯罪的罪名。

关于如何完善企业及其管理人员犯罪的刑事立法,本书认为应当遵循以下原则:

①严密性原则。严密性原则是指刑事立法要尽可能将破坏社会主义市场经济秩序、必须由刑罚加以惩治的行为,按照客观逻辑关系,体系性地规定为犯罪,不使其有所遗漏,以保护我国社会主义市场经济秩序免受犯罪行为的侵害,保障其健康有序地可持续健康发展。罪刑法定原则要求保护国民的预测可能性,这就需要法律必须具有一定的稳定性,不能朝令夕改。在立法层面有所疏漏的法律必然会不断地修改,从而破坏法律的稳定性,进而不能很好地保护国民对未来的预测可能性。因此,严密刑事法网也是恪守罪刑法定原则,维护法律稳定,保障法的安定性的客观需要。

②协调性原则。协调性原则是指刑法立法与各种相关法律之间,对企业及其管理人员责任、义务的规定应协调一致,避免不协调甚至冲突之处。实务中,刑法规定的犯罪行为与一般的民事、行政违法行为的区别主要不是行为类型的不同,而是行为偏离程度的差异,在刑事违法与一般违法行为之间存在着行为类型上的交叉甚至重合;同一行为类型应当依据具体情节、细节,将较轻的部分规定为一般违法,将较重的部分规定为刑事违法。因为刑法作为其他法律的保障法,属于后手法,是在其他法律不足以有效、合理地规制、处罚行为人的偏离行为的情况之下,才能严格依法启动刑事司法程序予以依法适用的、最严厉的法律。

③合理性原则。合理性原则是指对企业及其管理人员的刑事处罚要具有合理性;大陆法系国家多称其为比例性原则。法律上的合理性原则,一般与自由裁量权紧密联系。在刑事法律领域,合理性原则与罪刑法定原则一样,其出发点在于对国家行使刑罚权进行必要的限制。在现代刑法理论中,罪刑法定原则最能体现出合法性原则对刑事裁量权的制约。但是,罪刑法定原则也存在明显的不足,需要合理性原则加

以补充;并且,在合法性的前提下,以合理性原则对刑罚权的运用、相关法律规范的法律解释以及刑事司法中的法官自由裁量等予以限制是不可或缺的。唯有如此,才不会出现那种以形式的公正造成实质的不公正的悲剧性局面。

(2)有法必依

有法必依,是实行社会主义法治的中心环节,也是社会主义法治的基本要求之一。首先,有法必依要求国家机关工作人员在处理各种与企业相关的事务时,必须严格依照法律的规定办事,既要依照实体法的规定,又要依照程序法的规定,不得滥用国家权力;其次,要求我国企业及其管理人员进行的一切经济活动,都必须符合国家法律的要求,在法律允许的范围内进行,在法律框架内自由发挥;大家都必须依照国家法律的规定行使权利、履行义务。

(3)执法必严

执法必严是实现社会主义法治的关键,执法机关及工作人员,必须严格按法律的规定实施法律、适用法律,坚决维护法律的权威和尊严。执法是一种特定的专业性活动,是专门的国家机关及其公职人员依照法定职权和程序,运用法律规范处理各种具体企业违法犯罪行为(案件)的活动;是以国家名义执行、适用法律规范,具有国家强制力的活动。执法必严,要求执法机关、执法人员必须秉公办案、严肃执法,严格依照法律规定的标准,处理各种涉及企业违法犯罪的案件,真正做到以事实为根据,以法律为准绳。在对企业违法犯罪进行法律控制时,执法是保障企业得以正常、有序地运行、发展的法律、法规实现的重要形式,是法治建设的重要环节。

(4)违法必究

违法必究是社会主义法治的保障,任何公民与企业只要违反了法律,就都会受到法律追究。违法必究,要求执法机关尽职尽责,狠抓办案、积极办案,充分发挥职能作用,对社会上的一切违反企业法律、法规的违法行为和妨害企业管理秩序的犯罪行为依法予以追究,并严格依照法律规定予以制裁。实务中,要求执法人员敢于执法,不允许任何个人或组织享有凌驾于法律之上的特权,坚持法律面前人人平等的原则。

2. 行政监管控制

目前,我国针对企业的行政监管现状是"强规范、弱执行"。自20世纪90年代我国进行股份制改革和监管模式变革以来,企业的监督规范的数量不仅多而杂,且规范涵盖的领域也非常广,涉及企业的设立、运营以及破产解散的全过程。实务中,由于规范数量太多,甚至出现不同的规范之间存在明显的矛盾、冲突。与监管规范繁多相对应的是,我国行政监管的执行力度比较弱,具体表现为以下几方面:

(1)行政机关有时事后才监管

部分行政机关的监管方式都是事后监管,即在问题发生后再作出事后处置、危机处理。行政机关对企业违规、违法行为监管不力,是造成较多企业、企业管理人员选择以身犯险、铤而走险的原因之一,问题一旦出现,企业及其管理人员可能要面临刑事法律处罚。

(2)缺少细化的规则

就规范本身而言,我国行政监管规范大多是指导性和示范性的,甚至只是“宣示性”或“宣言性”的,这些规范要么没有法律责任机制,要么法律责任机制欠缺对应的委任性规范。为此,我国一些行政监管部门在规范无细化规定的情况下不愿意主动参与企业监管。事实上,在有相关规范但无细化规定的情形下,监管机关以不具备可操作性规范为理由而将相关规范束之高阁、置之不理,在法律上应当定性为“行政不作为”,监管机关相关负责人员应当承担一定责任。

从企业及其管理人员犯罪预防的角度来看,“强规范、弱执行”的行政监管现状,会导致规范效能减弱,不利于有效及时查处企业及其管理人员犯罪。我国目前企业监管规范数量众多,但真正能够执行、能够落实到位的规范数量相对较少,企业监管执法效能低下导致监管规范没有发挥应有的作用,长此以往,由于欠缺有效的监管市场将逐渐成为犯罪滋生的温床。

如何通过行政监管控制有效预防企业管理人员犯罪的发生,建议如下:

(1)加大普法力度,有效提升企业管理人员的法律意识,让企业管理人员真实不虚地知法、懂法、守法、用法,从而实现经营管理决策及其日常管理的合法化,避免企业管理人员触犯行政与刑事法律,最大限度降低企业经营管理的法律风险尤其是刑事法律风险。实务中,要做到“谁执法、谁普法”。另外,政府部门在依法履职的同时,在法律允许范围内可对企业给予合理的保护与引导,为其正常发展创造条件,指明方向和路径。

(2)实行分布式、有重点的监管体制。我国目前行政监管执行不力、效能较低等个别问题,在很大程度上是因为监管资源的不合理配置。行政监管资源的有限性,导致其不可能被平均分配至社会各个领域,否则很容易造成监管效果差、资源浪费等现象。事实上,政府很多部门存在这样的现象,即有些部门没事做,而另一些部门则有事没人做,这是典型的资源配置不妥当的表现。要想改变这种现状,就必须改变监管资源配置的模式,采用分布式、有重点的监管体系。其中,分布式强调的是监管资源配置的整体架构,即在一定的区域内(省、市级)设置监管体制的整体架构,然后再根据区域的情况分配监管资源,监管资源是整体配置的而非零散的。有重点指的是监管资源要根据客户需求进行分配,在犯罪风险较高、案件多发的领域,要分配较多的资源;在犯罪风险低、案件少的领域,监管资源相应减少。例如,当前比较容易发生企业及其管理人员犯罪的领域有集资、进出口贸易、招投标等,对这些领域,政府应当集中监管资源,实现犯罪风险与监管资源配置的同步优化。

(3)加强执法队伍素质建设,优化行政执法时效性与效能比。众所周知,与司法偏重公平、正义相比,行政偏重时效性与效能比。在执法行为的合法性原则与合理性原则两大基本原则之中,与司法偏重合法性相比,行政执法过程中可以甚至应当更多一些合理性考量;因此,行政执法队伍素质建设尤为迫切且重要。

第二章

企业设立、终止过程中的刑事法律风险及防范

第一节　虚报注册资本罪

一、罪名概述

1. 罪名简介

虚报注册资本罪，是指申请公司登记的个人或者单位，使用虚假证明文件或者采取其他欺诈手段，虚报注册资本，欺骗公司登记主管部门，取得公司登记，虚报注册资本数额巨大、后果严重或者有其他严重情节的行为。

2. 犯罪构成要件

(1)犯罪客体

本罪侵犯的客体是国家公司登记管理制度。公司作为市场经济中极为重要的主体，在市场经济活动中占据极为重要的作用，为提高公司的公示性和安全性，我国建立了公司登记制度。根据《公司法》《市场主体登记管理条例》的规定，注册资本就是登记注册事项的主要内容之一。虚报登记注册资本可能对交易带来不安全的因素，虚报注册资本达到一定条件、符合法律有关规定时，就可能触犯本罪。

需要说明的是，2013 年修正的《公司法》将公司注册资本实缴制修改为认缴制，只有特殊行业实行实缴制。根据全国人民代表大会常务委员会《关于〈中华人民共和国刑法〉第一百五十八条、第一百五十九条的解释》的规定，虚报注册资本罪只适用于依法实行注册资本实缴登记制的公司。

(2)犯罪客观方面

本罪在客观方面表现为申请公司登记使用虚假证明文件或者采取其他欺诈手段虚报注册资本，欺骗公司登记主管部门，取得公司登记，虚报注册资本数额巨大、后果严重或者有其他严重情节的行为。这里所说的"证明文件"，主要是指依法设立的注册会计师事务所和审计师事务所等法定验资机构依法对申请公司登记的人的出资验

资后所出具的验资报告、资产评估报告、验资证明以及出资者所拥有的出资单据、银行账户及有关产权转让的文件等材料。“其他欺诈手段”,主要是指采取贿赂等非法手段收买有关机关和部门的工作人员,恶意串通,虚报注册资本,或者采用其他隐瞒事实真相的方法欺骗公司登记主管部门的行为。

(3)犯罪主体

本罪的犯罪主体为特殊主体,即必须是申请公司登记的个人或者单位。这里所说的“公司”,是指公司法规定的有限责任公司和股份有限公司。

(4)犯罪主观方面

本罪的主观方面表现为故意。犯罪的目的就是欺骗公司登记机关,非法取得公司登记。过失不构成本罪,对于确实不知道公司登记条件,或者因工作疏忽造成注册资本虚假的,不能构成本罪。

3. 立案追诉标准

最高人民检察院、公安部《关于公安机关管辖的刑事案件立案追诉标准的规定(二)》第三条第一款规定,申请公司登记使用虚假证明文件或者采取其他欺诈手段虚报注册资本,欺骗公司登记主管部门,取得公司登记,涉嫌下列情形之一的,应予立案追诉:

(1)法定注册资本最低限额在600万元以下,虚报数额占其应缴出资数额60%以上的。

(2)法定注册资本最低限额超过600万元,虚报数额占其应缴出资数额30%以上的。

(3)造成投资者或者其他债权人直接经济损失累计数额在50万元以上的。

(4)虽未达到上述数额标准,但具有下列情形之一的:

①二年内因虚报注册资本受过二次以上行政处罚,又虚报注册资本的;

②向公司登记主管人员行贿的;

③为进行违法活动而注册的。

(5)其他后果严重或者有其他严重情节的情形。

根据全国人民代表大会常务委员会《关于〈中华人民共和国刑法〉第一百五十八条、第一百五十九条的解释》的规定,虚报注册资本罪只适用于依法实行注册资本实缴登记制的公司。

4. 量刑标准

《刑法》第一百五十八条规定:“申请公司登记使用虚假证明文件或者采取其他欺诈手段虚报注册资本,欺骗公司登记主管部门,取得公司登记,虚报注册资本数额巨大、后果严重或者有其他严重情节的,处三年以下有期徒刑或者拘役,并处或者单处虚报注册资本金额百分之一以上百分之五以下罚金。单位犯前款罪的,对单位判处罚金,并对其直接负责的主管人员和其他直接责任人员,处三年以下有期徒刑或者拘役。”

二、风险防范

1. 公司成立时,务必认清自身的主体性质。如果是现行法律、行政法规以及国务院明确规定实行注册资本实缴登记制的行业,必须依法履行出资义务,不得使用虚假证明文件或者其他欺诈手段虚报注册资本,欺骗登记主管部门,以取得公司登记。根据国务院印发的《注册资本登记制度改革方案》的规定,现行法律、行政法规以及国务院决定明确规定实行实缴出资的行业包括:采取募集方式设立的股份有限公司、商业银行、外资银行、金融资产管理公司、信托公司、财务公司、金融租赁公司、汽车金融公司、消费金融公司、货币经纪公司、村镇银行、贷款公司、农村信用合作联社、农村资金互助社、证券公司、期货公司、基金管理公司、保险公司、保险专业代理机构和保险经纪人、外资保险公司、直销企业、对外劳务合作企业、融资性担保公司、劳务派遣企业、典当行、保险资产管理公司、小额贷款公司等。

2. 虚报注册资本罪的刑事风险,不仅仅在公司设立登记时存在,在企业设立后、经营过程中、企业增资时、进行变更登记时也同样存在。因此,依法实行注册资本实缴登记制的公司,股东会作出增资的决议后,应当依法履行增资义务,在办理变更登记手续时不得使用虚假证明文件或者其他欺诈手段欺骗登记主管部门,否则可能触犯本罪。

3. 提供验资报告等出资证明文件的中介机构应当诚信履职,不得出具虚假验资报告等伪造的出资证明文件,否则可能会成为本罪的共犯。

三、典型案例

黄某、郑某某、王某某虚报注册资本案①

【案情简介】

2018 年 8 月,黄某、郑某某在明知劳务派遣性质公司以至少实缴注册资金人民币 200 万元为行政许可和注册登记必备条件的情况下,为谋取非法利益,仍通过他人介绍,由王某某为他们实际控制的上海 A 有限公司全额垫资 200 万元作为实缴注册资本,并代为申请验资、行政许可和注册登记,王某某在上述公司注册登记后即将资金转移至本人控制下的账户。

---

① 案号:(2023)沪 0116 刑初 360 号。

2018年至2021年，王某某在明知劳务派遣公司以至少实缴注册资金200万元为行政许可和注册登记必备条件的情况下，为谋取非法利益，仍伙同上海B有限公司的实际经营者李某、上海C有限公司的实际经营者靳某、上海D有限公司的实际经营者王某、上海E有限公司的实际经营者朱某(以上4人均另案处理)，为前述各公司各全额垫资200万元作为实缴注册资本，并代为申请验资、行政许可和注册登记，王某某在上述公司注册登记后即将资金转移至本人控制下的账户。

2021年12月23日，黄某、郑某某、王某某被公安机关传唤到案，其中王某某、黄某系电话传唤到案，三人到案后均如实供述了上述事实。本案审理期间，王某某向法院退缴违法所得10.9万元。

【裁判结果】

1. 黄某犯虚报注册资本罪，判处有期徒刑9个月，缓刑1年，并处罚金人民币4万元。

2. 郑某某犯虚报注册资本罪，判处有期徒刑9个月，缓刑1年，并处罚金人民币4万元。

3. 王某某犯虚报注册资本罪，判处有期徒刑1年6个月，缓刑2年，并处罚金人民币18万元。

4. 退缴在案的赃款予以没收。

【案件评析】

本案涉及的是公司发起人在设立依法实行注册资本实缴登记制的公司时，找他人全额垫资作为实缴注册资本，垫资人在公司注册登记后即将资金转走的行为，是否构成虚报注册资本罪的问题。

根据最高人民检察院、公安部《关于公安机关管辖的刑事案件立案追诉标准的规定(二)》(2010年)第三条的规定，申请公司登记使用虚假证明文件或者采取其他欺诈手段虚报注册资本，欺骗公司登记主管部门，取得公司登记，超过法定出资期限，实缴注册资本不足法定注册资本最低限额，有限责任公司虚报数额在30万元以上并占其应缴出资数额60%以上的，应予立案追诉。

本案中，黄某、郑某某、王某某使用欺诈手法虚报注册资本，欺骗公司登记主管部门，取得公司登记，虚报注册资本数额巨大，其中黄某、郑某某虚报注册资本的数额达200万元，占注册资本的比例达100%；王某某虚报注册资本的数额达1000万元，占注册资本的比例达100%；三人的行为均已构成虚报注册资本罪。

第二节 虚假出资、抽逃出资罪

一、罪名概述

1. 罪名简介

虚假出资、抽逃出资罪，是指依法实行注册资本实缴登记制的公司发起人、股东违反公司法的规定未交付货币、实物或者未转移财产权，虚假出资，或者在公司成立后又抽逃其出资，数额巨大、后果严重或者有其他严重情节的行为。

2. 犯罪构成要件

(1)犯罪客体

本罪侵犯的客体是国家的公司管理制度以及公司和公司债权人的合法权益。我国《公司法》第五十三条第一款规定，公司成立后，股东不得抽逃出资。第九十一条规定，发起人、认股人缴纳股款或者交付抵作股款的出资后，除未按期募足股份、发起人未按期召开创立大会或者创立大会决议不设立公司的情形外，不得抽回其股本。由此可见，我国公司出资管理制度侧重于保护公司债权人和社会经济秩序。凡违反上述规定进行虚假出资、抽逃出资的，即违反了国家对公司注册资本的管理制度。

(2)犯罪客观方面

本罪在客观方面表现为公司发起人或者股东违反《公司法》的规定，实施了未交付货币、实物或者未转移财产权，虚假出资，或者在公司成立后又抽逃其出资，数额巨大、后果严重或者有其他严重情节的行为。

一般来说，虚假出资多发生在公司成立过程中，而抽逃出资多发生在公司成立之后。"虚假出资"，表现为未实际交付货币、实物或者未转移财产权，是否实际出资不能局限于形式审查，而应实质认定。"抽逃出资"，是指公司成立之后，公司的股东、发起人违反公司法的有关规定，从公司内转移出自己出资额的全部或一部分。抽逃出资的行为方式多种多样，如有的是在公司成立之后以购置原材料、设备的名义将资金抽回；有的注册资金本身就是银行贷款或向其他企业的借款，公司成立后将资金抽回还贷。

(3)犯罪主体

本罪的犯罪主体是特殊主体，即公司的发起人、股东。发起人是指公司出资人或者认购公司股份并承担公司筹办事务的公司创办人。这里的发起人可以是自然人股东也可以为单位。股东是指持有公司股份或者向公司出资的人。

(4)犯罪主观方面

本罪的主观方面是故意。过失不构成本罪，目的主要在于通过实施虚假出资、抽逃出资的行为减少出资或者不出资，进而获取不正当利益。

3. 立案追诉标准

最高人民检察院、公安部《关于公安机关管辖的刑事案件立案追诉标准的规定(二)》第四条第一款规定，公司发起人、股东违反公司法的规定未交付货币、实物或者未转移财产权，虚假出资，或者在公司成立后又抽逃其出资，涉嫌下列情形之一的，应予立案追诉：

(1)法定注册资本最低限额在600万元以下，虚假出资、抽逃出资数额占其应缴出资数额60%以上的。

(2)法定注册资本最低限额超过600万元，虚假出资、抽逃出资数额占其应缴出资数额30%以上的。

(3)造成公司、股东、债权人的直接经济损失累计数额在50万元以上的。

(4)虽未达到上述数额标准，但具有下列情形之一的：

①致使公司资不抵债或者无法正常经营的；

②公司发起人、股东合谋虚假出资、抽逃出资的；

③2年内因虚假出资、抽逃出资受过二次以上行政处罚，又虚假出资、抽逃出资的；

④利用虚假出资、抽逃出资所得资金进行违法活动的。

(5)其他后果严重或者有其他严重情节的情形。

根据全国人民代表大会常务委员会《关于〈中华人民共和国刑法〉第一百五十八条、第一百五十九条的解释》的规定，虚假出资、抽逃出资罪只适用于依法实行注册资本实缴登记制的公司。

本条只适用于依法实行注册资本实缴登记制的公司。

4. 量刑标准

《刑法》第一百五十九条规定："公司发起人、股东违反公司法的规定未交付货币、实物或者未转移财产权，虚假出资，或者在公司成立后又抽逃其出资，数额巨大、后果严重或者有其他严重情节的，处五年以下有期徒刑或者拘役，并处或者单处虚假出资金额或者抽逃出资金额百分之二以上百分之十以下罚金。单位犯前款罪的，对单位判处罚金，并对其直接负责的主管人员和其他直接责任人员，处五年以下有期徒刑或者拘役。"

二、风险防范

1. 公司发起人、股东要做到如实出资、避免出资瑕疵。以货币方式出资的，建议通过银行转账等可以追溯的方式，将货币汇入公司指定账户，并在转账时注明款项用途为"出资额""投资款"等类似名目。以非货币方式出资的，各方股东应共同委托资产评估机构对资产价值进行评估，以评估价或者低于评估价认定缴付出资的数额。另外，要依法办理财产转让手续，将相关非货币财产转移、过户给公司。对于房屋所有权、土地使用权、知识产权等需办理变更登记手续方可转移财产权利的非货币财产，应及时办理过户登记手续，不能因为已将相关非货币财产交付公司实际使用而推迟办理过户手续。对于机械设备、货物、船舶、机动车等动产不需要办理变更登记的非货币财产出资，应及时实际交付给公司控制管理，并由公司确认收到，办理相关移交手续。

2. 企业设立前发起股东除了与其他股东进行互相的了解和建立基础信任外，还要对其他股东进行考察，即使是有一定了解的所谓“知根知底”的人仍要调查清楚其经济实力，如了解是否有诉讼纠纷、有无不良债务等。另外，尽量通过《投资人协议》或者《公司章程》明确股东虚假出资或者抽逃出资的法律责任。

3. 规范公司财务制度，严格控制公司资金的使用流向，防止股东抽逃资金。

三、典型案例

杜某英抽逃出资案①

【案情简介】

2014 年 3 月 20 日，杜某英为成立闻喜县锦×昇小额贷款有限责任公司(以下简称锦×昇公司)，因验资需要向周某仓借款 1 亿元。周某仓使用其侄子周某的华夏银行卡(1176100000004××××)将借款分别转入杜某英指定的那某东、杜某英、任某萍、雷某转、李某萍、常某晓、马某红、解某峰、宋某等 9 名挂名股东账户。同日该资金又分别从以上 9 名股东账户汇入锦×昇公司在运城市华夏银行开设的对公账户内。2014 年 3 月 20 日，锦×昇公司通过验资并取得验资报告，2014 年 3 月 25 日锦×昇公司领取营业执照。

2014 年 3 月 26 日，杜某英安排他人将 1 亿元资金从锦×昇公司对公账户内分 22 笔转出共计 99 000 000 元，全部以借款形式回转至周某名下的华夏银行卡内，用以归还向周某仓的借款，2014 年 4 月 8 日转出一笔 100 万元，以借款形式转给崔某毅，共计抽逃资金 1 亿元。

另查明，锦×昇公司于 2021 年 6 月 15 日登记变更为运城市锦×升商贸有限公司，法定代表人为任某萍。

---

① 案号：(2021)晋 0823 刑初 212 号。

【裁判结果】

杜某英犯抽逃出资罪，判处有期徒刑3年，缓刑3年，并处罚金人民币300万元。

【案件评析】

本案涉及的是公司发起人在设立依法实行注册资本实缴登记制的公司时，将出资款项转入公司账户验资后又转出的行为，是否构成抽逃出资罪的问题。

最高人民检察院、公安部《关于公安机关管辖的刑事案件立案追诉标准的规定（二）》（2010年）第四条规定："公司发起人、股东违反公司法的规定未交付货币、实物或者未转移财产权，虚假出资，或者在公司成立后又抽逃其出资，涉嫌下列情形之一的，应予立案追诉：（一）超过法定出资期限，有限责任公司股东虚假出资数额在三十万元以上并占其应缴出资数额百分之六十以上的，股份有限公司发起人、股东虚假出资数额在三百万元以上并占其应缴出资数额百分之三十以上的；（二）有限责任公司股东抽逃出资数额在三十万元以上并占其实缴出资数额百分之六十以上的，股份有限公司发起人、股东抽逃出资数额在三百万元以上并占其实缴出资数额百分之三十以上的；（三）造成公司、股东、债权人的直接经济损失累计数额在十万元以上的；（四）虽未达到上述数额标准，但具有下列情形之一的：1. 致使公司资不抵债或者无法正常经营的；2. 公司发起人、股东合谋虚假出资、抽逃出资的；3. 两年内因虚假出资、抽逃出资受过行政处罚二次以上，又虚假出资、抽逃出资的；4. 利用虚假出资、抽逃出资所得资金进行违法活动的。（五）其他后果严重或者有其他严重情节的情形。"

本案中，锦×昇公司属于依法实行注册资本实缴登记制的公司，杜某英作为锦×昇公司发起人及股东，将出资款项1亿元转入公司账户验资后又全部转出的行为，已构成抽逃出资罪。

第三节 妨害清算罪

一、罪名概述

1. 罪名简介

妨害清算罪，是指公司、企业进行清算时，隐匿财产，对资产负债表或者财产清单作虚假记载，或者在未清偿债务前擅自分配公司、企业财产，严重损害债权人或者其他人利益的行为。

2. 犯罪构成要件

（1）犯罪客体

本罪侵犯的客体是公司、企业管理制度以及债权人或其他人的合法权益。公司、企业清算是公司、企业解散或者结业活动中的一项重要活动。清算的目的是了结公司、企业的债权债务,保护债权人的利益,并在能够清偿公司、企业债务的情况下,分配公司、企业的所有财产。

(2)犯罪客观方面

本罪在客观上表现为在公司、企业清算时,隐匿财产,对资产负债表或者财产清单作虚伪记载或者未清偿债务前分配公司、企业财产,严重损害债权人或者其他人利益的行为。本罪的犯罪行为方式有以下几种。

①隐匿财产,即采取各种方式隐匿、转移、私藏公司、企业的财产,并隐瞒不报,如将公司存款从甲银行转入乙银行另立账户,秘密隐藏。

②对资产负债表或财产清单作虚伪记载。

③在未清偿债务前,分配公司、企业财产。清算时,其财产处理应依照下列顺序进行安排:第一,保留足够的金额以支付清算的费用;第二,支付职工工资和劳动保险费用;第三,缴纳税款;第四,清偿债务;第五,分配剩余财产。

(3)犯罪主体

本罪的犯罪主体是特殊主体,即进行清算的公司、企业。由于公司、企业已依法解散、被责令关闭或者被宣告破产,已经停止对外进行经营活动,公司、企业原来的代表人已不能进行有法律意义的活动,而应由清算组代表公司、企业清理财产,处理清算有关的公司、企业未了结的业务,清缴所欠税款,清理债权债务,处理清偿债务后的剩余财产,以及代表公司、企业参与民事诉讼活动。因此,构成本罪的犯罪行为实际上是由清算组代表公司、企业所实施的,承担刑事责任的也就是清算组成员中直接负责的主管人员和其他直接责任人员。

(4)犯罪主观方面

本罪在主观上只能由故意构成,即明知隐匿公司财产、对资产负债表或者财产清单虚伪记载,或者清偿债务前分配公司财产会损害债权人或者其他人的利益,而故意实施。过失不构成本罪,如因疏忽大意造成资产负债表或财产清单的记载不符合实际情况的不构成本罪。

3. 立案追诉标准

最高人民检察院、公安部《关于公安机关管辖的刑事案件立案追诉标准的规定(二)》第七条规定,公司、企业进行清算时,隐匿财产,对资产负债表或者财产清单作虚伪记载或者在未清偿债务前分配公司、企业财产,涉嫌下列情形之一的,应予立案追诉:

(1)隐匿财产价值在50万元以上的;

(2)对资产负债表或者财产清单作虚伪记载涉及金额在50万元以上的;

(3)在未清偿债务前分配公司、企业财产价值在50万元以上的;

(4)造成债权人或者其他人直接经济损失数额累计在10万元以上的;

(5)虽未达到上述数额标准,但应清偿的职工的工资、社会保险费用和法定补偿金得不到及时清偿,造成恶劣社会影响的;

(6)其他严重损害债权人或者其他人利益的情形。

4. 量刑标准

《刑法》第一百六十二条规定:“公司、企业进行清算时,隐匿财产,对资产负债表或者财产清单作虚伪记载或者在未清偿债务前分配公司、企业财产,严重损害债权人或者其他人利益的,对其直接负责的主管人员和其他直接责任人员,处五年以下有期徒刑或者拘役,并处或者单处二万元以上二十万元以下罚金。”

二、风险防范

1. 企业进行清算时,应严格按照法律规定分配破产财产。根据《企业破产法》第一百一十三条的规定,破产财产在优先清偿破产费用和共益债务后,依照下列顺序清偿:破产人所欠职工的工资和医疗、伤残补助、抚恤费用,所欠的应当划入职工个人账户的基本养老保险、基本医疗保险费用,以及法律、行政法规规定应当支付给职工的补偿金;破产人欠缴的除前项规定以外的社会保险费用和破产人所欠税款;普通破产债权。破产财产不足以清偿同一顺序的清偿要求的,按照比例分配。破产企业的董事、监事和高级管理人员的工资按照该企业职工的平均工资计算。

2. 企业应如实向清算组提交资产负债表、财产清单等财务资料,不得弄虚作假。

3. 企业应制定资产负债表或财产清单制作制度和相关监督管理规范,定期查阅、审核相关文件,确保数据真实准确。

4. 企业在清算过程中的各项开支均应当纳入监管,各项开支均应当通过清算组进行,原企业负责人切记不得动用企业任何资产。

5. 企业面临破产清算时,股东不得为谋私利而将企业资产优先转移给自身或亲友,这正是本罪中的“未清偿债务前擅自分配公司、企业财产”,存在极大的刑事风险。

三、典型案例

张某妨害清算案①

【案情简介】

2015年上半年,张某在担任常州永×万嘉置业发展有限公司(以下简称永×万

① 案号:(2019)苏04刑终348号。

嘉公司)财务经理期间,为防止永×万嘉公司开发的房产在可能发生的诉讼过程中被法院查封,经该公司总经理杨某新(已判刑)授意,由永×万嘉公司以向其他单位、个人归还债务等事由,将资金转至其他单位、个人名下,经再次或多次转账后将资金最终转给张某、李某甲等人,再由张某、李某甲等人以个人名义用上述资金购买永×万嘉公司开发的房产,签订商品房买卖合同及承诺书,约定由张某、李某甲等人以个人名义代持上述房产。经查,上述个人代持房产共69套,合同价共计人民币61 390 877.2元。

2016年10月14日,永×万嘉公司进入破产清算程序。2016年11月23日,张某与永×万嘉公司管理人签订了8个月的劳动合同,受聘协助清算组从事财务工作。在此期间,张某按照杨某新的授意,向清算组隐瞒个人代持上述69套房产的事实,并向清算组提供相应的不真实的永×万嘉公司销售台账以及生成的资产负债表等财务资料。在债权申报期间,张某和李某甲等代持房产人员依据上述商品房买卖合同向清算组申报债权。

案发后,张某如实供述了犯罪事实。

【裁判结果】

张某犯妨害清算罪,判处有期徒刑8个月,缓刑1年,并处罚金人民币2万元。

【案件评析】

本案涉及的是财务经理隐瞒企业财产并向清算组提供不真实财务资料的行为,是否构成妨害清算罪的问题。

最高人民检察院、公安部《关于公安机关管辖的刑事案件立案追诉标准的规定(二)》(2010年)第七条规定:“公司、企业进行清算时,隐匿财产,对资产负债表或者财产清单作虚伪记载或者在未清偿债务前分配公司、企业财产,涉嫌下列情形之一的,应予立案追诉:(一)隐匿财产价值在五十万元以上的;(二)对资产负债表或者财产清单作虚伪记载涉及金额在五十万元以上的;(三)在未清偿债务前分配公司、企业财产价值在五十万元以上的;(四)造成债权人或者其他人直接经济损失数额累计在十万元以上的;(五)虽未达到上述数额标准,但应清偿的职工的工资、社会保险费用和法定补偿金得不到及时清偿,造成恶劣社会影响的;(六)其他严重损害债权人或者其他人利益的情形。”

本案中,张某受永×万嘉公司管理人聘用,协助清算组从事财务工作,视为清算组成员。永×万嘉公司在进行清算时,隐匿财产61 390 877.2元,并对资产负债表等财务资料作虚伪记载,妨害清算程序的正常进行,严重损害债权人利益,张某作为其他直接责任人员实施上述行为,已构成妨害清算罪。

第四节 虚假破产罪

一、罪名概述

1. 罪名简介

虚假破产罪,是指公司、企业通过隐匿财产、承担虚构的债务或者以其他方法转移、处分财产,实施虚假破产,严重损害债权人或者其他人利益的行为。

2. 犯罪构成要件

(1)犯罪客体

本罪侵犯的客体是复杂客体,既包括对公司、企业的破产制度的破坏,又包括对债权人或者其他人合法权益的侵害。

(2)犯罪客观方面

本罪客观方面表现为公司、企业通过隐匿财产、承担虚构的债务或者以其他方式转移财产、处分财产,实施虚假破产,严重损害债权人和其他人利益的行为,具体包括以下三方面内容:

①必须实施了隐匿财产、承担虚构的债务或其他转移财产、处分财产的行为。隐匿财产是指将公司、企业的资金、设备、产品、货物等财产全部或部分予以隐瞒、转移、藏匿。承担虚构的债务是指捏造、承认不真实或不存在的债务。“其他转移、处分私分财产的行为”是指私分或者无偿转让财产、非正常低价出售财产、对原来没有财产担保的债务提供财产担保、对未到期的债务提前清偿以及放弃自己的债权等行为。行为人只要实施了上述情形中任何一种转移或处分财产的行为,就符合了这一客观的行为要件。

②必须实施了虚假破产。虚假破产是指企业未达到破产界限,伪造破产原因,申请破产,而非真实破产。

③必须严重损害了债权人和其他人的利益。债权人是指因公司、企业举债而与公司、企业形成债权债务关系的金融机构、公司、企业债券持有人以及经济合同中享有债权的人等。“其他人”是指公司、企业的职工,国家税收部门等。

以上三个客观方面的要件必须同时具备,缺一不可。

(3)犯罪主体

本罪的主体是一般主体,可以由任何公司、企业构成。这里的“公司、企业”既包括国有公司、企业,私营公司、企业,也包括中外合资经营企业、中外合作经营企业以及外商独资企业。

(4)犯罪主观方面

本罪的主观方面表现为故意。行为人必须具有损害债权人利益的直接故意,过失不构成本罪。通常来说,本罪的犯罪动机和目的是逃债,但犯罪目的和动机不影响本罪的成立。

3.立案追诉标准

最高人民检察院、公安部《关于公安机关管辖的刑事案件立案追诉标准的规定(二)》第九条规定,公司、企业通过隐匿财产、承担虚构的债务或者以其他方法转移、处分财产,实施虚假破产,涉嫌下列情形之一的,应予立案追诉:

(1)隐匿财产价值在50万元以上的;

(2)承担虚构的债务涉及金额在50万元以上的;

(3)以其他方法转移、处分财产价值在50万元以上的;

(4)造成债权人或者其他人直接经济损失数额累计在10万元以上的;

(5)虽未达到上述数额标准,但应清偿的职工的工资、社会保险费用和法定补偿金得不到及时清偿,造成恶劣社会影响的;

(6)其他严重损害债权人或者其他人利益的情形。

4.量刑标准

《刑法》第一百六十二条之二规定:"公司、企业通过隐匿财产、承担虚构的债务或者以其他方法转移、处分财产,实施虚假破产,严重损害债权人或者其他人利益的,对其直接负责的主管人员和其他直接责任人员,处五年以下有期徒刑或者拘役,并处或者单处二万元以上二十万元以下罚金。"

二、风险防范

1.实务中,有的企业在无法逃避现有债务时,会选择通过破产的方式逃避债务。依据《企业破产法》的规定,破产是具有法定条件的,如果企业没有达到法定条件而破产,极可能触犯本罪。因此,企业在选择破产时,应当慎重起见,只有达到资不抵债的条件方可进行破产。

2.企业负责人应当对破产申请书和有关证据加强审核,对破产申请书的有关事项和有关证据要逐条核实,制定审核管理制度,防止隐匿财产、承担虚构的债务或其他转移财产、处分财产的行为和虚构伪造破产原因的情况发生。

3.切勿协助其他企业申请虚假破产。通过破产恶意逃避债务的行为,往往需要外部企业或人员的配合才能实现,如虚构债务、夸大债务而第三人予以承认等。企业如果明知其他企业出于虚假破产逃避债务的目的仍提供帮助,则可能成为本罪的共犯。

三、典型案例

孙某虚假破产案[1]

【案情简介】

2003 年 6 月 25 日，海南伟×实业有限公司（以下简称伟×公司）在海口市工商行政管理局（已整合为市场监督管理局）注册成立，地址为海口市××区。2008 年 11 月 6 日，伟×公司原股东将股权转让给马某超和孙某，法定代表人变更为孙某。2015 年 5 月 21 日，伟×公司股东又变更为孙某 2（孙某的儿子）和孙某，孙某担任法定代表人及董事长，并实际经营管理该公司，孙某 2 未参与经营管理。

孙某在经营管理伟×公司期间，与徐某等人发生借贷纠纷，双方诉诸法院。2016 年 3 月 2 日，最高人民法院作出终审判决，判令孙某向徐某支付人民币 1.734 亿元及利息，伟×公司对上述债务承担连带清偿责任。

孙某为逃避债务，虚构部分伟×公司债务后，于 2016 年 6 月 30 日以伟×公司无力清偿到期债务为由，向海口市中级人民法院申请破产清算。海口市中级人民法院于 2016 年 7 月 14 日裁定受理伟×公司的破产申请，并依法决定伟×公司的管理人。2017 年 3 月 6 日，因伟×公司债权人徐某等人提出异议，海口市中级人民法院在开庭听证并召开债权人会议后，作出裁定驳回伟×公司的破产申请，并在驳回裁定书中认定："经与伟×公司相关债权人申报的债权进行核对，显示伟×公司自行申报的该部分债权虚增 30 327 876.02 元。伟×公司作为被执行人向本院（海口市中级人民法院）申请破产时未如实申报其债权、债务，且虚构的债务高达数千万元，有为逃避债务而申请破产的情形。"伟×公司对该裁定不服，并上诉至海南省高级人民法院。2017 年 6 月 14 日，海南省高级人民法院作出终审裁定，驳回伟×公司上诉，维持原裁定结果及认定的伟×公司存在虚增债务的事实。

海口市美兰区人民检察院以海美检公诉刑诉（2018）269 号起诉书指控孙某犯虚假破产罪，于 2018 年 4 月 16 日向海口市美兰区人民法院提起公诉。

【裁判结果】

孙某犯虚假破产罪，判处有期徒刑 10 个月，并处罚金人民币 20 000 元。

【案件评析】

本案涉及的是企业经营者为逃避债务，虚构公司债务后，以公司无力清偿到期债务为由向法院申请破产清算的行为，是否构成虚假破产罪的问题。

---

① 案号：（2018）琼 0108 刑初 249 号。

最高人民检察院、公安部《关于公安机关管辖的刑事案件立案追诉标准的规定（二）》（2010年）第九条规定："公司、企业通过隐匿财产、承担虚构的债务或者以其他方法转移、处分财产，实施虚假破产，涉嫌下列情形之一的，应予立案追诉：（一）隐匿财产价值在五十万元以上的；（二）承担虚构的债务涉及金额在五十万元以上的；（三）以其他方法转移、处分财产价值在五十万元以上的；（四）造成债权人或者其他人直接经济损失数额累计在十万元以上的；（五）虽未达到上述数额标准，但应清偿的职工的工资、社会保险费用和法定补偿金得不到及时清偿，造成恶劣社会影响的；（六）其他严重损害债权人或者其他人利益的情形。"

本案中，伟×公司企图通过虚构数千万元的债务，实施虚假破产，该行为严重损害徐某等债权人的利益。孙某作为伟×公司的法定代表人及实际管理人，是伟×公司实施虚假破产的直接责任人，其行为已构成虚假破产罪。

第三章

企业劳动用工刑事法律风险及防范

第一节　拒不支付劳动报酬罪

一、罪名概述

1. 罪名简介

拒不支付劳动报酬罪，是指以转移财产、逃匿等方法逃避支付劳动者的劳动报酬或者有能力支付而不支付劳动者的劳动报酬，数额较大，经政府有关部门责令支付仍不支付的行为。

2. 犯罪构成要件

(1)犯罪客体

本罪侵犯的客体是双重客体，既侵犯劳动者的财产权，妨碍正常的劳动用工关系即劳资关系，又侵犯社会主义市场经济秩序。

(2)犯罪客观方面

本罪在犯罪客观方面表现为以转移财产、逃匿等方法逃避支付劳动者的劳动报酬，或者有能力支付而不支付劳动者的劳动报酬，数额较大，经政府有关部门责令支付仍不支付的行为。

(3)犯罪主体

本罪的犯罪主体为一般主体，即达到刑事责任年龄、具有刑事责任能力的自然人或单位。

最高人民法院《关于审理拒不支付劳动报酬刑事案件适用法律若干问题的解释》第七条规定，不具备用工主体资格的单位或者个人，违法用工且拒不支付劳动者的劳动报酬，数额较大，经政府有关部门责令支付仍不支付的，应当依照《刑法》第二百七十六条之一的规定，以拒不支付劳动报酬罪追究刑事责任。第八条规定，用人单位的实际控制人实施拒不支付劳动报酬行为，构成犯罪的，应当依照《刑法》第二百七十六条之一的规定追究刑事责任。

(4)犯罪主观方面

本罪的主观方面表现为故意,即主观上明知自己的“不支付劳动报酬”的行为会导致劳动者不能及时地得到劳动报酬,从而产生相应社会危害后果,但仍希望或放任这种后果发生。

3. 立案追诉标准

最高人民检察院、公安部《关于公安机关管辖的刑事案件立案追诉标准的规定(一)的补充规定》第七条规定,以转移财产、逃匿等方法逃避支付劳动者的劳动报酬或者有能力支付而不支付劳动者的劳动报酬,经政府有关部门责令支付仍不支付,涉嫌下列情形之一的,应予立案追诉:

(1)拒不支付1名劳动者3个月以上的劳动报酬且数额在5000元至2万元以上的;

(2)拒不支付10名以上劳动者的劳动报酬且数额累计在3万元至10万元以上的。

不支付劳动者的劳动报酬,尚未造成严重后果,在刑事立案前支付劳动者的劳动报酬,并依法承担相应赔偿责任的,可以不予立案追诉。

4. 量刑标准

《刑法》第二百七十六之一规定:“以转移财产、逃匿等方法逃避支付劳动者的劳动报酬或者有能力支付而不支付劳动者的劳动报酬,数额较大,经政府有关部门责令支付仍不支付的,处三年以下有期徒刑或者拘役,并处或者单处罚金;造成严重后果的,处三年以上七年以下有期徒刑,并处罚金。单位犯前款罪的,对单位判处罚金,并对其直接负责的主管人员和其他直接责任人员,依照前款的规定处罚。有前两款行为,尚未造成严重后果,在提起公诉前支付劳动者的劳动报酬,并依法承担相应赔偿责任的,可以减轻或者免除处罚。”

最高人民法院《关于审理拒不支付劳动报酬刑事案件适用法律若干问题的解释》第三条规定,具有下列情形之一的,应当认定为《刑法》第二百七十六条之一第一款规定的“数额较大”:

(1)拒不支付1名劳动者3个月以上的劳动报酬且数额在5000元至2万元以上的;

(2)拒不支付10名以上劳动者的劳动报酬且数额累计在3万元至10万元以上的。

各省、自治区、直辖市高级人民法院可以根据本地区经济社会发展状况,在前款规定的数额幅度内,研究确定本地区执行的具体数额标准,报最高人民法院备案。

该解释第五条规定，拒不支付劳动者的劳动报酬，符合本解释第三条的规定，并具有下列情形之一的，应当认定为《刑法》第二百七十六条之一第一款规定的“造成严重后果”：

（1）造成劳动者或者其被赡养人、被扶养人、被抚养人的基本生活受到严重影响、重大疾病无法及时医治或者失学的；

（2）对要求支付劳动报酬的劳动者使用暴力或者进行暴力威胁的；

（3）造成其他严重后果的。

该解释第六条规定，拒不支付劳动者的劳动报酬，尚未造成严重后果，在刑事立案前支付劳动者的劳动报酬，并依法承担相应赔偿责任的，可以认定为情节显著轻微危害不大，不认为是犯罪；在提起公诉前支付劳动者的劳动报酬，并依法承担相应赔偿责任的，可以减轻或者免除刑事处罚；在一审宣判前支付劳动者的劳动报酬，并依法承担相应赔偿责任的，可以从轻处罚。对于免除刑事处罚的，可以根据案件的不同情况，予以训诫、责令具结悔过或者赔礼道歉。拒不支付劳动者的劳动报酬，造成严重后果，但在宣判前支付劳动者的劳动报酬，并依法承担相应赔偿责任的，可以酌情从宽处罚。

二、风险防范

1. 企业应当依照劳动合同约定和公司的规定及时、足额地向职工支付基本工资及各项补贴。

2. 根据《对〈工资支付暂行规定〉有关问题的补充规定》第四条的规定，用人单位确因生产经营困难、资金周转受到影响，在征得本单位工会同意后，可暂时延期支付劳动者工资，延期时间的最长限制可由各省、自治区、直辖市劳动行政部门根据各地情况确定。由此可见，企业若出现经营问题，支付工资确有困难，应及时与员工和工会沟通，对支付数额及支付时间进行协商约定，切不可因小失大，一走了之。否则不仅免不了支付义务，反而有可能触犯本罪。

3. 拒不支付劳动报酬罪以“经政府有关部门责令支付仍不支付”为前提条件，即企业如果在劳动行政部门下达要求企业支付劳动者报酬的指令后，及时支付报酬或者通过合法程序积极与劳动者、劳动行政部门协商，则可以有效避免涉刑。因此，如果劳动监察等政府部门责令企业支付劳动者报酬，企业应当积极筹措资金及时、足额支付，避免劳动纠纷转换为刑事追责。

4. 对企业经营者进行专项培训，让其明白拒不支付劳动报酬的行为不是普通的民事纠纷，如果处理不当，会给企业和直接负责人带来刑事风险。

5. 涉及企业重大资金决策事项，如高额借贷、对外投资等，建议聘请专门的咨询机构出具风险评估报告，以防企业陷入资金断裂风险。

三、典型案例

徐某兵拒不支付劳动报酬案[①]

【案情简介】

徐某兵系深圳市宝安区某时装厂的经营者。因时装厂经营受新冠疫情影响,徐某兵于2020年1月无法正常支付员工工资,截至10月,徐某兵共拖欠10余名员工劳动报酬共计人民币143 389元。2020年10月,徐某兵更改电话号码后逃匿至东莞以逃避支付员工工资。宝安区人力资源和社会保障部门责令整改、多次电话通知徐某兵配合处理欠薪事宜,徐某兵均未配合。2021年5月2日18时许,徐某兵在东莞市虎门镇某楼被抓捕归案。

【裁判结果】

徐某兵犯拒不支付劳动报酬罪,判处有期徒刑8个月,并处罚金人民币5000元。

【案件评析】

本案涉及的是企业经营者以更改电话号码、逃匿至外地的方法逃避支付员工工资,经政府有关部门责令支付仍不支付的行为,是否构成拒不支付劳动报酬罪的问题。

根据最高人民检察院、公安部《关于公安机关管辖的刑事案件立案追诉标准的规定(一)的补充规定》第七条的规定,以转移财产、逃匿等方法逃避支付劳动者的劳动报酬或者有能力支付而不支付劳动者的劳动报酬,经政府有关部门责令支付仍不支付,拒不支付10名以上劳动者的劳动报酬且数额累计在3万元至10万元以上的,应予立案追诉。

本案中,徐某兵作为深圳市宝安区某时装厂的经营者,以逃匿的方法逃避支付10余名员工劳动报酬共计人民币143 389元,经政府有关部门责令支付仍不支付,其行为已构成拒不支付劳动报酬罪。

第二节 强迫劳动罪

一、罪名概述

1. 罪名简介

强迫劳动罪,是指以暴力、威胁或者限制人身自由的方法强迫他人劳动,或者明

---

① 案号:(2021)粤0306刑初2805号。

知他人以暴力、威胁或者限制人身自由的方法强迫他人劳动,而为其招募、运送人员或者有其他协助强迫他人劳动的行为。

2. 犯罪构成要件

(1)犯罪客体

本罪侵犯的是复杂客体,既侵犯劳动者的人身自由,又侵犯国家劳动管理制度。

(2)犯罪客观方面

本罪在客观方面表现为以暴力、威胁或者限制人身自由的方法强迫他人劳动的行为。

所谓"暴力",是指犯罪分子直接对被害人实施殴打、伤害等危及其人身安全的行为,使其不能反抗、逃跑。"威胁",是指犯罪分子对被害人施以恐吓,进行精神强制,使其不敢反抗、逃跑。"限制人身自由的方法",则是指以限制离厂、不让回家,甚至雇用打手看管等方法非法限制被害人的人身自由,强迫其参加劳动。"他人"既包括与用人单位签订有劳动合同的职工,也包括犯罪分子非法招募的工人、智障人等。

(3)犯罪主体

本罪的犯罪主体为一般主体,即达到刑事责任年龄、具有刑事责任能力的自然人或单位。

(4)犯罪主观方面

本罪的主观方面表现为故意,过失不构成本罪。

3. 立案追诉标准

最高人民检察院、公安部《关于公安机关管辖的刑事案件立案追诉标准规定(一)的补充规定》第六条规定,以暴力、威胁或者限制人身自由的方法强迫他人劳动的,或者明知他人以暴力、威胁或者限制人身自由的方法强迫他人劳动,为其招募、运送人员或者有其他协助强迫他人劳动行为的,应予立案追诉。

4. 量刑标准

《刑法》第二百四十四条规定:"以暴力、威胁或者限制人身自由的方法强迫他人劳动的,处三年以下有期徒刑或者拘役,并处罚金;情节严重的,处三年以上十年以下有期徒刑,并处罚金。明知他人实施前款行为,为其招募、运送人员或者有其他协助强迫他人劳动行为的,依照前款的规定处罚。单位犯前两款罪的,对单位判处罚金,并对其直接负责的主管人员和其他直接责任人员,依照第一款的规定处罚。"

需要注意的是,强迫劳动使用的暴力、威胁或者限制人身自由手段往往容易侵害公民其他人身权利构成其他犯罪,因此,在强迫劳动案件中,可能还会涉及一罪与数罪的问题。行为人以限制人身自由的方法强迫他人劳动的,限制人身自由属于强迫劳动的手段行为,对行为人仍应以强迫劳动罪一罪定罪处罚;行为人强迫劳动本身已构成强迫劳动罪,又在日常工作中,实施暴力导致被害人人身严重伤害、死亡的,则分别构成强迫劳动罪和故意伤害罪、故意杀人罪,应当实行数罪并罚。

二、风险防范

1. 企业管理过程中应认真学习相关劳动管理法规,尊重劳动者权利,制定劳动合同、员工手册、规章制度时不违反国家法律法规,不侵犯劳动者权利。禁止采用殴打、胁迫、扣发工资、扣留身份证件等手段限制劳动者人身自由。实务中,员工在劳动过程中可能会出现由于对工作强度、工资待遇等不满而不愿继续工作的情形,企业在此情形下如果违背员工的意愿,强迫员工工作,则可能涉嫌触犯本罪。

2. 招工时与应聘者签订劳动合同,要注意审查应聘者的真实意愿,以排除应聘者受迫的可能性。因为强迫劳动的本质是违背劳动者的真实意愿,如果企业明知或应知劳动者系受他人所强迫却仍然录用,即便其没有亲自实施暴力、威胁或者限制人身自由等行为,也有可能构成“其他协助强迫他人劳动行为”,从而面临触犯本罪的风险。

3. 企业应在劳动合同中或者通过其他方式明确约定劳动者的工作时间、内容等,在员工提出休假和辞职时,企业应与其积极沟通,给予员工法律规定天数的休假,尊重员工提前30日以书面形式通知用人单位即可辞职的权利。若企业认为员工的缺勤及辞职行为违法,应以劳动仲裁等合法方式维护企业正当利益,不应以打骂、威胁、扣押身份证件等方式强迫劳动者工作。

三、典型案例

孙某兵、赵某伟强迫劳动案①

【案情简介】

孙某兵自2019年2月开始经营恒×箱包铝框厂,其间赵某伟介绍多名工人到恒×箱包铝框厂工作,孙某兵伙同赵某伟采取扣留工人身份证件、扣押工人工资等手段限制工人人身自由,孙某兵通过殴打、体罚等手段,强迫工人秦某、李某1等人进行劳动。

上述事实,有经庭审质证、法院予以确认的下列证据予以证实:

1. 孙某兵的供述与辩解,证实其从2019年2月开始在白沟经营恒×箱包铝框厂,从2019年春节至案发时,工厂里有13名工人,这些工人都是北京的一家中介公司和赵某伟的中介公司介绍来的,中介收取中介费。其中秦某、张某、米某等4人偷

① 案号:(2020)冀0684刑初341号。

着跑了,2020 年 3 月 20 日前后的一天晚上,因为他们 4 人逃跑的事惊动了公安局、劳动局等部门,其害怕公安局、劳动局找到这些工人会给自己惹麻烦,就让赵某伟把 3 名工人接走了。其让工人写了保证书,保证书的内容是工人自愿在工厂上班,工资 2500 元到 3500 元,工资年底结清,每月支取 50 元到 150 元的零花钱,干不到年底的扣除违约金 2000 元,这样做是为了把工人留下来工作。工人没有任何休假,但是可以请假休息,不扣工资。其没有扣押过工人的身份证、手机或者其他物品,只是要求工人把身份证存放在工厂办公室,没有限制工人的人身自由。2019 年 9 月中旬的一天下午 2 时许,因为工人秦某生产的废品很多,其打了秦某一巴掌。2020 年 2 月底的时候,因为工人米某偷拿口罩,其打了米某的脸一巴掌。工人可以自由出入工厂,后来疫情严重了,其要求工人不要出门。2019 年 9 月 24 日,因为李某 1、秦某、吴某豪、张某杰偷工厂的铝材,其让这 4 名工人写了证明,大概内容是 2019 年 9 月 24 日,上述人员盗窃工厂铝材、自行车、电子秤等物品,价值上万元,已经构成犯罪,其没有报警。秦某、张某以及赵某伟接走的两个东北大姐的身份证是赵某伟送她们来工厂前扣押后,送她们到工厂时把身份证交给其的。有时候中介扣押了工人身份证也不给其,后来听工人说身份证在中介那里。工人写的保证书是赵某伟建议其让工人写的,以防工人中途不干了。

2. 赵某伟的供述与辩解,证实其给孙某兵经营的恒×箱包铝框厂介绍了十几名工人,每个工人收取 1700 元到 1900 元的中介费,这些工人都是北京的“黑中介”介绍给其,其又介绍到孙某兵的工厂的。其扣押过几名工人的身份证,工人到了孙某兵的工厂后,其将扣押的身份证给了孙某兵或者许某,扣押工人的身份证是因为工人都是通过“黑中介”买来的,怕工人没干活儿就逃跑了。因为孙某兵说过工人有逃跑的现象,其建议孙某兵让工人写保证书,保证书的内容是“工人某某,身份证号,月工资 2500 到 3000 元,自愿干到年底,结清工资,否则一分钱不要,并扣 2000 元违约金,然后让工人签字按手印”。让工人写保证书也是因为工人都是通过“黑中介”买来的,防止工人逃跑。2020 年 3 月 20 日左右的一天晚上,李某 2 给其发了一个微信视频,视频内容是孙某兵工厂的几个工人因被殴打和不给工资而逃跑的事被媒体曝光了,其把视频转发给了孙某兵,当天晚上 11 时,孙某兵让其和李某 2 去他的工厂,到了工厂看到孙某兵的妹妹、妹夫都在场,孙某兵说工人的事情闹大了,劳动局、公安局都在找他,厂子里的工人越少越好,让其把工人弄走,还让李某 2 帮忙带走 3 个工人,其和李某 2 就把这 3 个工人带到了高碑店市张六庄乡大高科庄村李某 2 家,这 3 名工人是一名四川口音的男子和两名东北口音的女子,在离开孙某兵的工厂时,孙某兵将这两名女子的身份证给了其,当天晚上其就把在李某 2 家干活的那个女人的身份证给她了,另一个女人的身份证在其口袋里忘记给她了。第二天其和李某 2 将一名男子和一名女子送到霸州火车站后,其和李某 2 给了他俩每人 200 元钱让他们离开了。

3. 被害人秦某的陈述，证实2015年5月的时候，中介把其介绍到了恒×箱包铝框厂打工，没有和厂子签订劳动合同，老板孙某兵口头说每月工资2500元，干好了再涨工资发奖金，刚到厂子的时候孙某兵让其写了一份保证书，让其保证能干到年底。老板每个月只给发150元的生活费，没有发过工资。其身份证和手机都被孙某兵扣了，听说孙某兵也扣了其他工人的手机和身份证，不让工人和家里联系。工作时间是每天上午8时到晚上12时许，没有假期，有的工人干活慢，得干到凌晨3时左右。工人都不能离开厂子，因为大门是锁着的，只有老板和他信任的工人有钥匙。其被孙某兵打过3次，第一次是2019年8月的一天，因为其负责管理，工人们好多逃跑的，孙某兵指责其管理不当，就对其拳打脚踢。第二次是2019年9月的一天晚上，其做铝框做坏了，孙某兵在车间把其踹倒在地上，还扇了其几个耳光。第三次是2019年12月的一天下午，其把厂里的柴油桶碰倒了，孙某兵打了其几个耳光。老板曾经让其管过工人，看着工人不让他们逃跑，不听话的工人就打，不能打出人命。在这期间，因为米某拿了老板的一个口罩，老板让其打过米某，其还在宿舍打过一个叫老五的工人，老板指使其殴打其他工人是为了让工人们好好干活。2019年9月的一天上午，因为管工人，其两颗门牙被这个工人打掉了，当天晚上在宿舍其和老板一起打了打掉其门牙的那个工人。其管理的时候跑了10来个工人，老板就不让其管工人了，后来老板让郑某负责管理工人。因为老板孙某兵不给发工资、不让出门、不让和家里联系，扣押了其的手机和身份证，还打他们，其和米某、张某、李某1就逃跑了。

4. 被害人李某1的陈述及辨认笔录，证实2019年中介“小伟”把其介绍到孙某兵的白沟恒×箱包铝框厂打工，当时老板孙某兵和其说的每月的工资是2500元到3000元，每年结一次，年底结清，但是一直到其逃跑老板也没有给发工资。工作时间是每天早上8时到中午12时，吃完饭继续干活，干到晚上9时许吃饭，然后接着干活，夜间12时许吃饭，再干到凌晨二三时休息。因为干活干得不好，工人总是挨骂。有一次因为其干活干得不好，把机器弄坏了，孙某兵用电棍电了其后背还不停地骂其；有一次因为装车没装好，工厂的司机孟某扇了其一个耳光。2019年的一天下午，其和秦某用厂子里的电动车偷废铝打算卖钱，被孟某发现了，斌哥踹了其一脚、扇了其的脸四五下，孟某扇了其脸一下，有人把秦某的门牙打掉了两颗，还让其和秦某写了保证书。后来因为老板不给发工资，其和秦某等人就从工厂逃跑了。其头部的两处伤一处是被张某帅打的，另外一处是被一个山东工人打的。

经辨认，李某1辨认出颜某祁就是将他头部打伤的那名山东工人。

【裁判结果】

1. 孙某兵犯强迫劳动罪，判处有期徒刑1年4个月，并处罚金人民币3万元。

2. 赵某伟犯强迫劳动罪，判处有期徒刑8个月，并处罚金人民币1万元。

【案件评析】

本案涉及的是行为人采用扣留工人身份证、扣押工人工资、殴打、体罚等手段强迫工人劳动,以及明知他人强迫他人劳动而为其招录员工的行为,是否构成强迫劳动罪的问题。

最高人民检察院、公安部《关于公安机关管辖的刑事案件立案追诉标准规定(一)的补充规定》第六条规定,以暴力、威胁或者限制人身自由的方法强迫他人劳动的,或者明知他人以暴力、威胁或者限制人身自由的方法强迫他人劳动,为其招募、运送人员或者有其他协助强迫他人劳动行为的,应予立案追诉。根据《居民身份证法》第十五条的规定,任何组织或者个人不得扣押居民身份证。用人单位扣留工人身份证,工人因没有身份证根本无法离开用人单位,只能继续留下工作。因此,扣留工人身份证的行为属于以限制人身自由的方法强迫他人劳动。

本案中,孙某兵采取暴力、限制人身自由的方法强迫他人劳动,赵某伟明知孙某兵实施强迫劳动行为,为其招募、运送人员,两人的行为均已构成强迫劳动罪。

第四章

企业安全生产刑事法律风险及防范

第一节 重大劳动安全事故罪

一、罪名概述

1. 罪名简介

重大劳动安全事故罪，是指安全生产设施或者安全生产条件不符合国家规定，因而发生重大伤亡事故或者造成其他严重后果的行为。

2. 犯罪构成要件

(1) 犯罪客体

本罪侵犯的客体是工厂、矿山、林场、建筑企业或者其他企业、事业单位的劳动安全，即劳动者的生命、健康和重大公私财产的安全。

(2) 犯罪客观方面

本罪在客观方面表现为企业、事业单位的劳动安全生产设施或者安全生产条件不符合国家规定，导致发生重大伤亡事故或者造成其他严重后果的行为。

(3) 犯罪主体

本罪的主体为特殊主体，即在单位中对排除事故隐患，防止事故发生负有职责义务的主管人员和其他直接责任人员。根据最高人民法院、最高人民检察院《关于办理危害生产安全刑事案件适用法律若干问题的解释》第三条的规定，《刑法》第一百三十五条规定的"直接负责的主管人员和其他直接责任人员"，是指对安全生产设施或者安全生产条件不符合国家规定负有直接责任的生产经营单位负责人、管理人员、实际控制人、投资人，以及其他对安全生产设施或者安全生产条件负有管理、维护职责的人员。

(4) 犯罪主观方面

本罪在主观方面表现为过失，即指虽然有关直接责任人员在主观意志上并不希望发生事故,但其内心又存在疏忽或侥幸,从而导致事故发生。也就是说,对于结果来说,其内心并不追求这种结果的发生。

3. 入罪标准

根据最高人民法院、最高人民检察院《关于办理危害生产安全刑事案件适用法律若干问题的解释》第六条的规定,实施《刑法》第一百三十五条规定的行为,因而发生安全事故,具有下列情形之一的,应予入罪:

(1)造成死亡1人以上,或者重伤3人以上的;

(2)造成直接经济损失100万元以上的;

(3)其他造成严重后果或者重大安全事故的情形。

4. 量刑标准

《刑法》第一百三十五条规定:"安全生产设施或者安全生产条件不符合国家规定,因而发生重大伤亡事故或者造成其他严重后果的,对直接负责的主管人员和其他直接责任人员,处三年以下有期徒刑或者拘役;情节特别恶劣的,处三年以上七年以下有期徒刑。"

根据最高人民法院、最高人民检察院《关于办理危害生产安全刑事案件适用法律若干问题的解释》第六条的规定,实施《刑法》第一百三十五条规定的行为,因而发生安全事故,具有下列情形之一的,应当认定为"造成严重后果"或者"发生重大伤亡事故或者造成其他严重后果",对相关责任人员,处3年以下有期徒刑或者拘役:

(1)造成死亡1人以上,或者重伤3人以上的;

(2)造成直接经济损失100万元以上的;

(3)其他造成严重后果或者重大安全事故的情形。

根据该解释第七条的规定,实施《刑法》第一百三十五条规定的行为,因而发生安全事故,具有下列情形之一的,对相关责任人员,处3年以上7年以下有期徒刑:

(1)造成死亡3人以上或者重伤10人以上,负事故主要责任的;

(2)造成直接经济损失500万元以上,负事故主要责任的;

(3)其他造成特别严重后果、情节特别恶劣或者后果特别严重的情形。

根据该解释第十二条的规定,实施《刑法》第一百三十五条的犯罪行为,具有下列情形之一的,从重处罚:

(1)未依法取得安全许可证件或者安全许可证件过期、被暂扣、吊销、注销后从事生产经营活动的;

(2)关闭、破坏必要的安全监控和报警设备的;

(3)已经发现事故隐患,经有关部门或者个人提出后,仍不采取措施的;

(4)1年内曾因危害生产安全违法犯罪活动受过行政处罚或者刑事处罚的;

(5)采取弄虚作假、行贿等手段,故意逃避、阻挠负有安全监督管理职责的部门实施监督检查的；

(6)安全事故发生后转移财产意图逃避承担责任的；

(7)其他从重处罚的情形。

根据该解释第十三条的规定，实施《刑法》第一百三十五条的犯罪行为，在安全事故发生后积极组织、参与事故抢救，或者积极配合调查、主动赔偿损失的，可以酌情从轻处罚。

最高人民法院、最高人民检察院《关于办理危害生产安全刑事案件适用法律若干问题的解释(二)》第十条规定，有《刑法》第一百三十四条之一行为，积极配合公安机关或者负有安全生产监督管理职责的部门采取措施排除事故隐患，确有悔改表现，认罪认罚的，可以依法从宽处罚；犯罪情节轻微不需要判处刑罚的，可以不起诉或者免予刑事处罚；情节显著轻微危害不大的，不作为犯罪处理。

二、风险防范

1. 企业应严格执行劳动安全管理制度，确保使用安全生产设施，并注意所使用的设施是否符合相关标准。

2. 企业应加强对劳动者的安全生产教育和宣传，以安全生产设施使用规范培训、安全生产教育会议、小组式讨论、员工学习反馈等方式使得员工清楚如何规范操作安全生产设施，并使安全生产意识深入人心，从安全生产设施的外在保护和员工教育宣传的内在保障两个方面入手，为劳动者提供安全的生产条件。

3. 对生产设施、生产条件进行定期维修、检查，使其处于正常使用状态，不留隐患。一旦发现不合格的生产设施或生产条件，应及时整改，并严惩相关人员。

4. 事故发生后，应当迅速采取有效措施组织抢救，以避免发生重大伤亡事故或者造成其他严重后果。同时，企业应当留存相关证据以主张权利及防范相应法律风险。

三、典型案例

沙某继、申某平重大劳动安全事故案①

【案情简介】

2018 年 10 月 10 日，江苏艾×建设有限公司(以下简称艾×公司)与如皋市长江镇人民政府签订建筑工程施工合同，承建位于如皋市长江高级中学内的如皋市长江镇 2018 年第三批绿化工程二标工程，并授权石某田作为公司代理人实际负责该工程

① 案号：(2020)苏 0682 刑初 783 号。

施工管理。2019年8月9日,沙某继经营的继×公司(无钢结构工程施工资质),与石某田(以艾×公司名义)签订钢结构工程承包合同,承接长江高级中学连廊工程,并约定由继×公司负责施工范围内的安全及事故责任。后沙某继以120元/平方米的价格安排申某平组织劳务人员施工并担任现场负责人。2019年10月,申某平组织被害人沙某(男,殁年53周岁)等无钢结构工程施工资质人员进行该连廊工程劳务施工。其间,沙某继、申某平未采取设置安全护栏、安全绳等钢结构高空作业所必需的安全防护措施,导致2019年11月26日14时许,被害人沙某组织工人在该连廊钢结构屋面铺设玻璃时,从距地面3.8米的屋面坠落,后经抢救无效死亡。

经如皋市公安局物证鉴定室鉴定,被害人沙某符合高坠致严重颅脑损伤死亡。案发后,沙某继、申某平均如实供述了自己的罪行;艾×公司与本案被害人近亲属达成调解协议,且已按约支付全部赔偿款,被害人近亲属对沙某继予以谅解。

【裁判结果】

1. 沙某继犯重大劳动安全事故罪,判处有期徒刑9个月,缓刑1年。

2. 申某平犯重大劳动安全事故罪,判处有期徒刑6个月。

【案件评析】

本案涉及的是行为人未按照国家规定提供安全生产设施导致重大伤亡事故发生,是否构成重大劳动安全事故罪的问题。

根据最高人民检察院、公安部《关于公安机关管辖的刑事案件立案追诉标准的规定(一)》第十条的规定,安全生产设施或者安全生产条件不符合国家规定,造成死亡1人以上,或者重伤3人以上,应予立案追诉。

本案中,沙某继、申某平提供的安全生产设施、条件不符合国家规定,因而发生重大伤亡事故,致沙某死亡,其行为均构成重大劳动安全事故罪。

第二节　不报、谎报安全事故罪

一、罪名概述

1. 罪名简介

不报、谎报安全事故罪,是指在安全事故发生后,负有报告职责的人员不报或者谎报事故情况,贻误事故抢救,情节严重的行为。

2. 犯罪构成要件

(1)犯罪客体

本罪侵犯的客体是安全事故监管制度。

(2)犯罪客观方面

本罪在客观方面表现为在安全事故发生后,负有报告职责的人员不报或者谎报事故情况,贻误事故抢救,情节严重的行为。

(3)犯罪主体

本罪的犯罪主体为特殊主体,主要指对安全事故"负报告职责的人员"。

最高人民法院、最高人民检察院《关于办理危害生产安全刑事案件适用法律若干问题的解释》第四条规定,《刑法》第一百三十九条之一规定的"负有报告职责的人员",是指负有组织、指挥或者管理职责的负责人、管理人员、实际控制人、投资人,以及其他负有报告职责的人员。

(4)犯罪主观方面

本罪主观方面表现为故意,并且为直接故意。

3. 立案追诉标准

最高人民检察院、公安部《关于公安机关管辖的刑事案件立案追诉标准的规定(一)的补充规定》第一条规定,在安全事故发生后,负有报告职责的人员不报或者谎报事故情况,贻误事故抢救,涉嫌下列情形之一的,应予立案追诉:

(1)导致事故后果扩大,增加死亡1人以上,或者增加重伤3人以上,或者增加直接经济损失100万元以上的;

(2)实施下列行为之一,致使不能及时有效开展事故抢救的:

①决定不报、迟报、谎报事故情况或者指使、串通有关人员不报、迟报、谎报事故情况的;

②在事故抢救期间擅离职守或者逃匿的;

③伪造、破坏事故现场,或者转移、藏匿、毁灭遇难人员尸体,或者转移、藏匿受伤人员的;

④毁灭、伪造、隐匿与事故有关的图纸、记录、计算机数据等资料以及其他证据的。

(3)其他不报、谎报安全事故情节严重的情形。

本条规定的"负有报告职责的人员",是指负有组织、指挥或者管理职责的负责人、管理人员、实际控制人、投资人,以及其他负有报告职责的人员。

4. 量刑标准

《刑法》第一百三十九条之一规定:"在安全事故发生后,负有报告职责的人员不报或者谎报事故情况,贻误事故抢救,情节严重的,处三年以下有期徒刑或者拘役;情节特别严重的,处三年以上七年以下有期徒刑。"

最高人民法院、最高人民检察院《关于办理危害生产安全刑事案件适用法律若干问题的解释》第八条规定,在安全事故发生后,负有报告职责的人员不报或者谎报事故情况，贻误事故抢救，具有下列情形之一的，应当认定为《刑法》第一百三十九条之一规定的“情节严重”：

（1）导致事故后果扩大，增加死亡1人以上，或者增加重伤3人以上，或者增加直接经济损失100万元以上的。

（2）实施下列行为之一，致使不能及时有效开展事故抢救的：

①决定不报、迟报、谎报事故情况或者指使、串通有关人员不报、迟报、谎报事故情况的；

②在事故抢救期间擅离职守或者逃匿的；

③伪造、破坏事故现场，或者转移、藏匿、毁灭遇难人员尸体，或者转移、藏匿受伤人员的；

④毁灭、伪造、隐匿与事故有关的图纸、记录、计算机数据等资料以及其他证据的。

（3）其他情节严重的情形。

具有下列情形之一的，应当认定为《刑法》第一百三十九条之一规定的“情节特别严重”：

①导致事故后果扩大，增加死亡3人以上，或者增加重伤10人以上，或者增加直接经济损失500万元以上的；

②采用暴力、胁迫、命令等方式阻止他人报告事故情况，导致事故后果扩大的；

③其他情节特别严重的情形。

最高人民法院、最高人民检察院《关于办理危害生产安全刑事案件适用法律若干问题的解释》第九条规定，在安全事故发生后，与负有报告职责的人员串通，不报或者谎报事故情况，贻误事故抢救，情节严重的，依照《刑法》第一百三十九条之一的规定，以共犯论处。

根据该解释第十二条的规定，实施《刑法》第一百三十九条之一的犯罪行为，具有下列情形之一的，从重处罚：

（1）未依法取得安全许可证件或者安全许可证件过期、被暂扣、吊销、注销后从事生产经营活动的；

（2）关闭、破坏必要的安全监控和报警设备的；

（3）已经发现事故隐患，经有关部门或者个人提出后，仍不采取措施的；

（4）一年内曾因危害生产安全违法犯罪活动受过行政处罚或者刑事处罚的；

（5）采取弄虚作假、行贿等手段，故意逃避、阻挠负有安全监督管理职责的部门实施监督检查的；

（6）安全事故发生后转移财产意图逃避承担责任的；

（7）其他从重处罚的情形。

根据该解释第十三条的规定，实施《刑法》第一百三十九条之一的犯罪行为，在安全事故发生后积极组织、参与事故抢救，或者积极配合调查、主动赔偿损失的，可以酌情从轻处罚。

二、风险防范

1. 企业应加强负有报告职责的人员的安全教育与培训，增强其安全责任意识与大局意识，使其认识到如实报告安全事故情况的重要性。

2. 安全事故发生后，企业应积极开展自我救援，抑制事故蔓延并救助陷入危险的员工。在抑制事故蔓延方面，应及时停止生产，寻找事故发生源头，利用企业自备安全事故应急设施抑制事故发展。在救助员工方面，应迅速统计员工状态，查清是否有员工或有多少员工陷入危险，并争取与被困员工取得联系。

同时，企业应及时且如实将事故情况上报相关部门，获得更专业有效的事故处理帮助。一方面，企业应及时将事故发展情况和被困、失联人员情况上报相关部门，听取相关部门的处理意见，在应急管理专业人员到场后积极配合其工作；另一方面，企业应不断核实和更新事故情况，在相关部门的专业人员处理事故时，继续核实并更新事故发展情况和涉险人员情况，当发现已上报内容有误或出现新情况时应再次上报，为应急专业人员提供真实的信息。另外，企业应保存将事故上报相关部门的记录，包括通话记录、通话录音、短信记录等，并做好备份，以防范相关法律风险。

三、典型案例

高某忠、南某犯等不报、谎报安全事故案①

【案情简介】

2019年12月10日，山西煤炭运销集团晋中紫×煤业有限公司（以下简称紫×公司）6103回风顺槽距开口987米处往里顶板发生冒落（长4.4米），随后矿方进行了补强支护。

2020年2月20日20时20分，6103回风顺槽距开口978米处往里顶板又发生冒落（长5米），生产副矿长杜某忠得知情况后向郭某杰汇报，郭某杰安排杜某忠下井查看情况。

2月21日7时30分许，杜某忠安排探放水队队长王某5组织工人进行补强支护施工。王某5提出探放水队工人不专业、人员不足，且需要写补强支护施工安全技术

---

① 案号：（2020）晋0702刑初577号。

措施。后杜某忠安排程某2选3名安全科工人配合维护,并安排王某3编写6103回风顺槽补强支护施工安全技术措施(以下简称6103措施)。9时许,杜某忠下井查看现场后发现冒顶区域外5米左右的顶板离层存在下沉现象,在井下确定录用锚索+W钢带由外向里进行补强支护。11时许,杜某忠决定从冒顶区域以外10米(约970米)处开始加固之后再处理冒顶区域并安排王某3制定措施,但未安排做临时支护。后王某3向总工程师武某珍汇报,武某珍凭经验提出在顶板冒落区域使用单休支柱+铰接梁+半圆木+钢筋网的临时支护措施。之后王某3按要求编写好6103措施后,逐一找矿相关科室负责人及矿领导杜某忠、杨某2、武某珍审批,审批人均未认真审核。

21日下午,杜某忠根据工作量决定从安全监察科工作人员中增派9名人员。程某2负责返矿人员申请,由杜某忠找郭某杰签字同意。杜某忠称如不及时修复,冒落区域会扩大,郭某杰考虑不修可能影响到复工复产的验收便在同意后签了字。后程某2通知相关人员返矿。之后,杜某忠安排王某5填写补强施工所需的领料单(无临时支护材料),郭某杰审批后,王某5等人根据领料单领取了相关材料,并将施工使用的有关材料,锚索、锚具、锚杆、锚固剂、W钢带、钢筋网、托盘等运输到井口。

2月22日早班、中班,王某5召开班前会时宣读了6103措施,因井下出现底鼓、轨道变形,当日施工人员只做了轨道整修和材料运送的工作,未进行补强支护。当日8时许,武某珍、杨某2一起下井查看自顶区域情况。

2月23日早班,两组工人分别在6103回顺650米处、970米处进行顶板补强支护。两组工人在施工时均未采取临时支护措施。

2月23日14时30分,紫×公司值班矿领导、安全副矿长杨某2、探放水队队长王某5组织工人召开中班班前会,当班任务是对6103回风顺槽顶板补强支护。6103回风顺槽共有10人作业,分成两组,每组5人。第一组在6103回风顺槽650~700米处处理顶板坠包,第二组在6103回风顺槽距开口970米处进行顶板补强支护。

第二组由安全巡监员刘某生带队,王某国和马某水(2人工种均为放炮员,属安全监察科管理)负责打锚索钻孔、安装锚索,张某2和梁某1(2人工种均为探水工)负责运送材料。17时左右,班中餐期间,梁某1与第一组的探放水队副队长王某4因送餐具交换岗位,梁某1到第一组工作,王某4到第二组工作。

20时15分许,张某2离开作业点去取水。此时,第二组已经打完3个锚索钻孔,并已安装锚索开始打第4个钻孔。

20时30分许,第4个钻孔还剩500毫米,王某4前往距打钻位置4米处拿工具。这时顶板突然冒落,将正在进行第4个钻孔作业的刘某生、马某水、王某国3人埋压。

事故发生后,探放水队副队王某4立即通过井下内部电话报告矿值班调度张某7,张某7随即报告矿长郭某杰、值班副矿长杨某2等矿领导。接报后代理董事长高某忠、法定代表人南某、杜某忠在调度室指挥救援，郭某杰带领其他人员下井实施救援。郭某杰、高某忠未按规定在一小时内上报事故。2月24日14时30分、25日6时30分、14时左右刘某生、马某水、王某国陆续升井，经医生在井口确认，3人均无生命体征，之后被送往榆次区殡仪馆。

2月24日，矿长郭某杰安排信息中心主任梁某2修改人员定位系统，关闭了工业视频，删除调度录音通讯、虹膜数据。

2月25日17时许，紫×公司纪检书记、党总支副书记高某忠(临时主持紫×公司董事会及党务日常事务)和矿长郭某杰组织召开煤矿管理层会议。会上郭某杰、高某忠、紫×公司安全生产技术总监南某为了瞒报事故，分别对伪造出入井数据，修改人员定位数据、销毁调度电话录音、删除视频监控资料、清理井下事故现场等事项进行了安排。

2月25日至3月3日，高某忠安排李某4、杜某忠、杨某2等代表紫×公司分别和遇难矿工刘某生妻子王某1、马某水妻子常某、王某国妻子张某1达成赔偿协议，赔偿款共计860万元，并安排遇难者家属配合矿方瞒报事故。

3月5日，榆次区政府组织对"今日头条"上发布题为"山西晋中紫×公司疑似瞒报三人死亡事故"进行核查，郭某杰、高某忠均否认事故发生，郭某杰、高某忠、南某继续安排煤矿有关工作人员瞒报事故。3月8日，紫×公司调度室通过电话向市公司、区应急局上报事故，上报主要内容为巡检人员走到6103回风顺槽970米处时，顶板突然冒落致人死亡的意外事故。上报的事故经过和原因与事实不符。

另查明，事故发生后，武某珍、杜某忠分别对6103措施和班前会议记录进行了篡改。2月23日22时左右，武某珍在井下安排王某伟"完善"措施内容。王某伟出井后在措施中增加了"顶板较完整区域补强支护期间采用单体支柱+铰接顶梁做临时支护，顶板不平整处使用方木垫平、木楔背楞紧实"和"临时支护安全技术措施"相关内容。

2月24日上午，武某珍安排王某伟在该措施中增加了"绞车运输安全技术措施"和"移动乳化液泵使用安全技术措施"等内容。

3月8日，杜某忠安排探放水队队长王某5在班前会记录中加上："先抽400米水"。当天晚上，安全矿长杨某2在班前会记录中加上"不准进尺，打好临时支护再作业"等内容。

经山西省人民政府同意，山西煤矿安全监察局于2020年3月9日组织成立事故调查组，对事故展开调查，经调查组认定：郭某杰对事故的发生负主要责任、对事故瞒报负直接责任；杜某忠、武某珍对事故发生负主要责任；高某忠对事故瞒报负直接责任；南某对事故瞒报负主要责任。

【裁判结果】

1. 高某忠犯不报、谎报安全事故罪，判处有期徒刑2年，缓刑3年。

2. 南某犯不报、谎报安全事故罪,判处有期徒刑1年6个月,缓刑2年。

3. 郭某杰犯重大责任事故罪,判处有期徒刑3年;犯不报、谎报安全事故罪,判处有期徒刑2年;数罪并罚决定执行有期徒刑4年。

4. 武某珍犯重大责任事故罪,判处有期徒刑3年。

【案件评析】

本案主要涉及的是企业管理人员在事故发生后没有向相关单位进行报告的行为,是否构成不报、谎报安全事故罪的问题。

最高人民检察院、公安部《关于公安机关管辖的刑事案件立案追诉标准的规定(一)的补充规定》第一条规定:"……在安全事故发生后,负有报告职责的人员不报或者谎报事故情况,贻误事故抢救,涉嫌下列情形之一的,应予立案追诉:(一)导致事故后果扩大,增加死亡1人以上,或者增加重伤3人以上,或者增加直接经济损失100万元以上的;(二)实施下列行为之一,致使不能及时有效开展事故抢救的:1. 决定不报、迟报、谎报事故情况或者指使、串通有关人员不报、迟报、谎报事故情况的;2. 在事故抢救期间擅离职守或者逃匿的;3. 伪造、破坏事故现场,或者转移、藏匿、毁灭遇难人员尸体,或者转移、藏匿受伤人员的;4. 毁灭、伪造、隐匿与事故有关的图纸、记录、计算机数据等资料以及其他证据的;(三)其他不报、谎报安全事故情节严重的情形。本条规定的'负有报告职责的人员',是指负有组织、指挥或者管理职责的负责人、管理人员、实际控制人、投资人,以及其他负有报告职责的人员。"根据最高人民检察院、公安部《关于公安机关管辖的刑事案件立案追诉标准的规定(一)》第十条的规定,安全生产设施或者安全生产条件不符合国家规定,造成死亡1人以上,或者重伤3人以上,应予立案追诉。

本案中,郭某杰、高某忠、南某作为负有报告职责的人员,在事故发生后不报、谎报事故情况,贻误事故抢救,情节严重,3人的行为均已构成不报、谎报安全事故罪。郭某杰、武某珍在生产、作业中违反有关安全管理的规定,因而发生重大伤亡事故,后果特别严重,2人的行为均已构成重大责任事故罪。

第三节　重大责任事故罪

一、罪名概述

1. 罪名简介

重大责任事故罪,是指在生产、作业中违反有关安全管理的规定,因而发生重大伤亡事故或者造成其他严重后果的行为。

2. 犯罪构成要件

(1)犯罪客体

本罪侵犯的客体是工厂、矿山、林场、建筑企业或者其他企业、事业单位的生产安全。

(2)犯罪客观方面

本罪在客观方面表现为行为人在生产、作业中违反有关安全管理的规定,因而发生重大伤亡事故或者造成其他严重后果的行为。本罪在客观方面需要满足以下 3 方面条件。

①在生产、作业中违反有关安全生产管理规定,此处的规定包括以下 3 种情形:

A. 国家颁布的各种有关安全生产的法律规定;

B. 企业、事业单位及其上级管理机关制定的反映安全生产客观规律的各种规章制度,包括工艺技术、生产操作、技术监督、劳动保护、安全管理等方面的规程、规则、章程、条例、办法和规章制度等规范性文件;

C. 虽无明文规定,但反映生产、科研、设计、施工的安全操作客观规律和要求,在实践中为相关从业人员所公认的、行之有效的操作习惯和惯例等。

②造成了重大伤亡事故或者其他严重后果。

③违反安全管理规定的行为与严重危害后果具有法律上的因果关系。

(3)犯罪主体

本罪的犯罪主体包括对生产、作业负有组织、指挥或者管理职责的负责人、管理人员、实际控制人、投资人等人员,以及直接从事生产、作业的人员。

(4)犯罪主观方面

本罪在主观方面表现为过失。这里的过失,是指应当预见自己的行为可能发生重大伤亡事故或者造成其他严重后果,因为疏忽大意而没有预见或者已经预见而轻信能够避免,以致发生重大伤亡事故或者造成其他严重后果的主观心理状态。

3. 入罪标准

根据最高人民法院、最高人民检察院《关于办理危害生产安全刑事案件适用法律若干问题的解释》第六条的规定,实施《刑法》第一百三十四条第一款规定的行为,因而发生安全事故,具有下列情形之一的,应予入罪:

(1)造成死亡 1 人以上,或者重伤 3 人以上的;

(2)造成直接经济损失 100 万元以上的;

(3)其他造成严重后果或者重大安全事故的情形。

4. 量刑标准

《刑法》第一百三十四条第一款规定:"在生产、作业中违反有关安全管理的规定,因而发生重大伤亡事故或者造成其他严重后果的,处三年以下有期徒刑或者拘役;情节特别恶劣的,处三年以上七年以下有期徒刑。”

根据最高人民法院、最高人民检察院《关于办理危害生产安全刑事案件适用法律若干问题的解释》第六条的规定,实施《刑法》第一百三十四条第一款规定的行为,因而发生安全事故,具有下列之一的,应当认定为“造成严重后果”或者“发生重大伤亡事故或者造成其他严重后果”,对相关责任人员,处3年以下有期徒刑或者拘役:

(1)造成死亡1人以上,或者重伤3人以上的;

(2)造成直接经济损失100万元以上的;

(3)其他造成严重后果或者重大安全事故的情形。

根据该解释第七条的规定,实施《刑法》第一百三十四条第一款规定的行为,因而发生安全事故,具有下列情形之一的,对相关责任人员,处3年以上7年以下有期徒刑:

(1)造成死亡3人以上或者重伤10人以上,负事故主要责任的;

(2)造成直接经济损失500万元以上,负事故主要责任的;

(3)其他造成特别严重后果、情节特别恶劣或者后果特别严重的情形。

根据该解释第十二条的规定,实施《刑法》第一百三十四条第一款的犯罪行为,具有下列情形之一的,从重处罚:

(1)未依法取得安全许可证件或者安全许可证件过期、被暂扣、吊销、注销后从事生产经营活动的;

(2)关闭、破坏必要的安全监控和报警设备的;

(3)已经发现事故隐患,经有关部门或者个人提出后,仍不采取措施的;

(4)1年内曾因危害生产安全违法犯罪活动受过行政处罚或者刑事处罚的;

(5)采取弄虚作假、行贿等手段,故意逃避、阻挠负有安全监督管理职责的部门实施监督检查的;

(6)安全事故发生后转移财产意图逃避承担责任的;

(7)其他从重处罚的情形。

根据该解释第十三条的规定,实施《刑法》第一百三十四条第一款的犯罪行为,在安全事故发生后积极组织、参与事故抢救,或者积极配合调查、主动赔偿损失的,可以酌情从轻处罚。

二、风险防范

1.重大责任事故很多是职工在操作中严重违规、违纪造成的,因此要加强从业人员、企业管理人员的安全思想教育与法治教育。

2.重大责任事故的发生,很大程度上是因为安全生产管理制度缺失。司法实践中,较多涉案企业没有建立安全生产管理制度,或者虽然建立了安全生产管理制度,明确了安全生产责任人,但制度执行不严格。因此,企业应当制定科学严谨的安全生产管理制度,并确保制度严格执行,对于违反安全管理制度的职工,应严格依规给予处罚。

3. 企业要时刻对自身内部企业安全管理工作、管理制度和监督制约机制等方面自查自纠,及时发现安全生产隐患并督促整改,将事故隐患消除在萌芽阶段。

4. 为职工提供符合标准的劳动用具、工服等劳动用品,保证其工作安全,并定期组织体检活动,保护职工的生命安全及身体健康。

三、典型案例

鞠某林重大责任事故案①

【案情简介】

鞠某林经营吉林市江×液化气有限公司(以下简称江×公司),并雇佣张某、宋某、刘某、冷某等人为临时工作人员,2019年8月27日14时58分,鞠某林授意工作人员违反工作程序,将未进行残气回收工作的钢瓶搬运至检验间,在检验间内排放残气,造成检验间内液化气浓度达到爆炸极限,工人张某在关闭空压机电源过程中产生电火花,空气中液化气遇电火花瞬间发生爆燃事故,造成张某死亡,宋某、刘某、冷某受伤。经鉴定:被害人张某的死亡与本次事故存在因果关系,本次事故的参与度为完全作用;被害人宋某,头面部煤气火焰烧伤,评定为重伤二级,颈部躯干及双上肢煤气火焰烧伤Ⅲ度,评定为轻伤二级;被害人刘某,整个面部色素沉着显著异常,评定重伤二级,其Ⅲ度烧伤体表面积大于5%以上,评定轻伤一级;被害人冷某,左肩锁关节脱位,并行切开复位内固定术,评定轻伤二级,左侧第2、3、4根肋骨骨折,评定轻伤二级。鞠某林于2020年7月24日主动到公安机关投案,并如实供述其犯罪事实。

另查明,案发后江×公司赔偿被害人张某经济损失共计人民币968 630元,赔偿宋某经济损失人民币10万元,赔偿刘某经济损失人民币9万元,赔偿冷某人民币64 161.69元。张某家属、宋某、刘某均对鞠某林予以谅解。冷某表示不追究鞠某林刑事责任。

【裁判结果】

鞠某林犯重大责任事故罪,判处有期徒刑1年8个月,缓刑2年。

【案件评析】

本案涉及的是企业经营者因违反安全管理规定导致发生重大伤亡事故的行为,是否构成重大责任事故罪的问题。

---

① 案号:(2020)吉0203刑初229号。

根据最高人民法院、最高人民检察院《关于办理危害生产安全刑事案件适用法律若干问题的解释》第六条的规定,实施《刑法》第一百三十四条第一款规定的行为,因而发生安全事故,造成死亡一人以上或者重伤三人以上的,应予立案追诉。《刑法》第一百三十四条第一款规定:“在生产、作业中违反有关安全管理的规定,因而发生重大伤亡事故或者造成其他严重后果的,处三年以下有期徒刑或者拘役;情节特别恶劣的,处三年以上七年以下有期徒刑。”

本案中,鞠某林作为吉林市江×公司的负责人,在生产、作业中未有效落实有关安全管理规定,致使工人缺少安全知识,安全意识淡薄,在生产中发生重大伤亡事故,造成1人死亡2人重伤1人轻伤的严重后果,其行为已构成重大责任事故罪。

第四节 消防责任事故罪

一、罪名概述

1. 罪名简介

消防责任事故罪,是指违反消防管理法规,经消防监督机构通知采取改正措施而拒绝执行,造成严重后果或特别严重后果的行为。

2. 犯罪构成要件

(1)犯罪客体

本罪侵犯的客体是国家的消防监督制度和公共安全。

(2)犯罪客观方面

本罪在客观方面表现为违反消防管理法规且经消防监督机构通知采取改正措施而拒绝执行的行为。违反消防管理法规而造成严重后果,是这种犯罪行为的本质特征。

(3)犯罪主体

本罪的犯罪主体为一般主体。行为人既包括自然人,即达到刑事责任年龄、具有刑事责任能力的人,也包括单位。

(4)犯罪主观方面

本罪在主观方面表现为过失。可以是疏忽大意的过失,也可以是过于自信的过失。这里所说的过失,是针对行为人对其所造成的危害结果的心理状态而言的。行为人主观上并不希望火灾事故发生,但就其违反消防管理法规,经消防机构通知采取改正措施而拒绝执行而言,是明知故犯的。行为人明知违反了消防管理法规,但却未想到会因此产生严重后果,或者轻信能够避免,以致发生严重后果。

3. 入罪标准

根据最高人民法院、最高人民检察院《关于办理危害生产安全刑事案件适用法律若干问题的解释》第六条的规定,实施《刑法》第一百三十九条规定的行为,因而发生安全事故,具有下列情形之一的,应予入罪:

(1)造成死亡1人以上,或者重伤3人以上的;

(2)造成直接经济损失100万元以上的;

(3)其他造成严重后果或者重大安全事故的情形。

4. 量刑标准

《刑法》第一百三十九条规定:"违反消防管理法规,经消防监督机构通知采取改正措施而拒绝执行,造成严重后果的,对直接责任人员,处三年以下有期徒刑或者拘役;后果特别严重的,处三年以上七年以下有期徒刑。"

根据最高人民法院、最高人民检察院《关于办理危害生产安全刑事案件适用法律若干问题的解释》第六条的规定,实施《刑法》第一百三十九条规定的行为,因而发生安全事故,具有下列之一的,应当认定为"造成严重后果"或者"发生重大伤亡事故或者造成其他严重后果",对相关责任人员,处三年以下有期徒刑或者拘役:

(1)造成死亡1人以上,或者重伤3人以上的;

(2)造成直接经济损失100万元以上的;

(3)其他造成严重后果或者重大安全事故的情形。

根据该解释第七条的规定,实施《刑法》第一百三十九条规定的行为,因而发生安全事故,具有下列情形之一的,对相关责任人员,处3年以上7年以下有期徒刑:

(1)造成死亡3人以上或者重伤10人以上,负事故主要责任的;

(2)造成直接经济损失500万元以上,负事故主要责任的;

(3)其他造成特别严重后果、情节特别恶劣或者后果特别严重的情形。

根据该解释第十二条的规定,实施《刑法》第一百三十九条的犯罪行为,具有下列情形之一的,从重处罚:

(1)未依法取得安全许可证件或者安全许可证件过期、被暂扣、吊销、注销后从事生产经营活动的;

(2)关闭、破坏必要的安全监控和报警设备的;

(3)已经发现事故隐患,经有关部门或者个人提出后,仍不采取措施的;

(4)一年内曾因危害生产安全违法犯罪活动受过行政处罚或者刑事处罚的;

(5)采取弄虚作假、行贿等手段,故意逃避、阻挠负有安全监督管理职责的部门实施监督检查的;

(6)安全事故发生后转移财产意图逃避承担责任的;

(7)其他从重处罚的情形。

根据最高人民法院、最高人民检察院《关于办理危害生产安全刑事案件适用法律若干问题的解释》第十三条的规定，实施《刑法》第一百三十九条的犯罪行为，在安全事故发生后积极组织、参与事故抢救，或者积极配合调查、主动赔偿损失的，可以酌情从轻处罚。

二、风险防范

1. 企业应配备符合法律规定和企业需求的消防设施，且确保消防设施由专人或企业有关部门进行日常管理。

2. 企业应制定消防安全应急机制，明确各部门职责，做到权责统一。另外，企业应定期开展消防演练，使全体员工熟知消防应急措施及处置方案。

3. 企业应积极配合消防监督机关的检查，不得想方设法逃避，甚至阻挠。企业履行消防职责的相关情况要如实报告，不得瞒报、谎报。对监督机关下达的整改通知，务必按要求积极整改。

4. 当消防事故发生后，企业应当迅速采取有效措施组织抢救，以防发生重大伤亡事故或者造成其他严重后果。

三、典型案例

郑某某消防责任事故案①

【案情简介】

青岛某纺织有限公司（以下简称某公司）成立于2009年7月27日，住所胶州市，法定代表人、实际管理人为郑某某。2018年至2019年，胶州市张应派出所在消防监督检查中，发现某公司存在疏散通道堵塞、安全出口堵塞、疏散指示标志缺少、应急照明缺少、未设置室内消火栓、灭火器缺少、无消防审核验收备案手续等消防安全违法行为，并分别于2018年6月4日、2019年1月17日、2019年4月16日向某公司送达责令改正通知书，责令其改正，某公司拒绝执行。2019年6月23日12时许，某公司车间内发生火灾，发现起火后，郑某某、公司员工被害人郑某、刘某1等人进行初期扑救，发现未起到作用后，郑某某组织人员撤离，被害人郑某、刘某2、刘某1未能及时撤离。火灾造成郑某、刘某2、刘某1死亡，郑某某、公司员工被害人郝某受伤，某公司织布车间、整理车间和倒纱车间等建（构）筑物及车间内生产设备、产品等不同程度受损。

---

① 案号：(2021)鲁0281刑初72号。

经青岛市消防救援支队认定,起火原因为在生产期间,某公司2号织布车间西侧自北至南第二排自西向东第三台剑杆织布机中轴传动组件运转中摩擦产生的火花或高温引燃积聚棉尘。

青岛胶州市青岛某纺织有限公司“6·23”较大火灾事故调查组出具调查报告,认定事故发生的间接原因为某公司安全生产主体责任不落实,消防及安全生产管理混乱,未落实国家消防和安全生产法律、法规规定,生产场所不符合各项安全技术标准,擅自投入使用,违法经营生产,存在大量安全隐患。经调查认定,胶州市青岛某纺织有限公司“6·23”较大火灾事故是一起较大生产安全责任事故。2020年4月14日,青岛市人民政府同意了事故调查组对事故性质的认定。

另查明,2019年6月23日,郑某某被从某公司传唤到案后,如实供述了其犯罪事实。

又查明,案发后,某公司一次性赔偿郑某的近亲属各项经济损失共计人民币1 898 756元,赔偿刘某2的近亲属各项经济损失共计人民币1 225 174元,赔偿刘某1的近亲属各项经济损失共计人民币736 000元,赔偿郝某各项经济损失共计人民币38 730.35元,上述赔偿款均已付清。郑某的近亲属、刘某1的近亲属、郝某对某公司及郑某某的行为表示谅解,请求对其从轻处罚。

【裁判结果】

1. 郑某某犯消防责任事故罪,判处有期徒刑3年,缓刑5年。
2. 禁止郑某某在缓刑考验期限内从事与安全生产相关联的特定活动。

【案件评析】

本案涉及的是企业经营者违反消防管理法规,经消防监督机构多次通知采取改正措施而拒绝执行,最终因发生火灾造成严重后果的行为,是否构成消防责任事故罪的问题。

根据最高人民检察院、公安部《关于公安机关管辖的刑事案件立案追诉标准的规定(一)》第十五条的规定,违反消防管理法规,经消防监督机构通知采取改正措施而拒绝执行,造成死亡1人以上,或者重伤3人以上的,应予立案追诉。

本案中,郑某某作为某公司的直接责任人员,违反消防管理法规,经消防监督机构通知采取改正措施而拒绝执行,因而发生较大生产安全责任事故,造成郑某、刘某2、刘某1死亡,后果特别严重,其行为已构成消防责任事故罪。

第五节 危险作业罪

一、罪名概述

1. 罪名简介

危险作业罪,是指在生产、作业中违反有关安全管理的规定,有刑法规定情形之一的,具有发生重大伤亡事故或者其他严重后果的现实危险的行为。

危险作业罪是《刑法修正案(十一)》新增的罪名,新增的目的在于打击在生产、作业中违反安全管理规定的行为。在生产作业中违反安全管理规定,不仅对生产作业人员,而且对其他不特定多数人的生命、健康和财产具有较大安全隐患。这种安全隐患一旦转化为安全生产事故,将造成难以估量的巨大损失。危险作业罪不要求实际发生安全生产作业事故,只要求具备现实危险,因此系危险犯。其罪名的核心在于预防,防患于未然,将安全生产关口前移以减少事故隐患。

2. 犯罪构成要件

(1)犯罪客体

本罪侵犯的客体是生产、作业的安全,即从事生产、作业的人员或不特定多数人的生命、健康安全和重大公私财产安全。

(2)犯罪客观方面

本罪在客观方面表现为在生产、作业中违反有关安全管理规定。这里的违反有关安全管理规定,是指违反有关生产安全的法律、法规、规章制度,主要表现在以下方面:

①关闭、破坏直接关系生产安全的监控、报警、防护、救生设备、设施,或者篡改、隐瞒、销毁其相关数据、信息;

②因存在重大事故隐患被依法责令停产停业,停止施工,停止使用有关设备、设施、场所或者立即采取排除危险的整改措施,而拒不执行;

③涉及安全生产的事项未经依法批准或者许可,擅自从事矿山开采、金属冶炼、建筑施工,以及危险物品生产、经营、储存等高度危险的生产作业活动。

(3)犯罪主体

本罪的犯罪主体为一般主体,主要是安全生产从业人员,包括对生产、作业负有组织、指挥或者管理职责的负责人、管理人员、实际控制人、投资人员,以及直接从事生产、作业的一线从业人员。

(4)犯罪主观方面

本罪在主观方面表现为过失。过失是针对行为人对所发生的后果而言的,而既违章又冒险则要求明知。

3. 立案追诉标准

对在生产、作业中违反有关安全管理的规定,具备《刑法》第一百三十四条之一规定且具有发生重大伤亡事故或者其他严重后果的现实危险的行为,应当予以立案追诉。

4. 量刑标准

《刑法》第一百三十四条之一规定,在生产、作业中违反有关安全管理的规定,有下列情形之一,具有发生重大伤亡事故或者其他严重后果的现实危险的,处1年以下有期徒刑、拘役或者管制:

(1)关闭、破坏直接关系生产安全的监控、报警、防护、救生设备、设施,或者篡改、隐瞒、销毁其相关数据、信息的;

(2)因存在重大事故隐患被依法责令停产停业、停止施工、停止使用有关设备、设施、场所或者立即采取排除危险的整改措施,而拒不执行的;

(3)涉及安全生产的事项未经依法批准或者许可,擅自从事矿山开采、金属冶炼、建筑施工,以及危险物品生产、经营、储存等高度危险的生产作业活动的。

最高人民法院、最高人民检察院《关于办理危害生产安全刑事案件适用法律若干问题的解释(二)》第三条规定,因存在重大事故隐患被依法责令停产停业、停止施工、停止使用有关设备、设施、场所或者立即采取排除危险的整改措施,有下列情形之一的,属于《刑法》第一百三十四条之一第二项规定的"拒不执行":

(1)无正当理由故意不执行各级人民政府或者负有安全生产监督管理职责的部门依法作出的上述行政决定、命令的;

(2)虚构重大事故隐患已经排除的事实,规避、干扰执行各级人民政府或者负有安全生产监督管理职责的部门依法作出的上述行政决定、命令的;

(3)以行贿等不正当手段,规避、干扰执行各级人民政府或者负有安全生产监督管理职责的部门依法作出的上述行政决定、命令的。

有前款第三项行为,同时构成《刑法》第三百八十九条行贿罪、第三百九十三条单位行贿罪等犯罪的,依照数罪并罚的规定处罚。

认定是否属于"拒不执行",应当综合考虑行政决定、命令是否具有法律、行政法规等依据,行政决定、命令的内容和期限要求是否明确、合理,行为人是否具有按照要求执行的能力等因素进行判断。

该解释第四条规定,《刑法》第一百三十四条之一第二项规定的"重大事故隐患",依照法律、行政法规、部门规章、强制性标准以及有关行政规范性文件进行认定。

《刑法》第一百三十四条之一第三项规定的“危险物品”，依照《安全生产法》第一百一十七条的规定确定。

对于是否属于“重大事故隐患”或者“危险物品”难以确定的，可以依据司法鉴定机构出具的鉴定意见、地市级以上负有安全生产监督管理职责的部门或者其指定的机构出具的意见，结合其他证据综合审查，依法作出认定。

最高人民法院、最高人民检察院《关于办理危害生产安全刑事案件适用法律若干问题的解释(二)》第五条规定，在生产、作业中违反有关安全管理的规定，有《刑法》第一百三十四条之一规定情形之一，因而发生重大伤亡事故或者造成其他严重后果，构成《刑法》第一百三十四条、第一百三十五条至第一百三十九条等规定的重大责任事故罪、重大劳动安全事故罪、危险物品肇事罪、工程重大安全事故罪等犯罪的，依照该规定定罪处罚。

二、风险防范

1. 制定安全生产的管理制度及加强安全生产培训，防止生产、作业的工作人员擅自危险作业。

2. 通过法院已判决的典型案例对负有组织、指挥或者管理生产、作业职责的负责人、管理人、实际控制人、投资人等人员进行普法教育，提醒不可有侥幸心理，在工作中务必要落实安全生产责任，防患于未然。

3. 鼓励员工敢于举报安全隐患事件，并给予奖励。对于瞒报、谎报或不遵守安全管理规定的失职人员，应予以严厉惩罚，保证生产、作业在符合安全生产管理规定的情况下进行。

4. 加大安全生产监管力度，对生产、作业的各个流程进行定期检查监督，及时发现安全隐患并采取应对措施。

5. 因存在重大事故隐患被行政机关责令停产停业、停止施工或停止使用有关设备、设施、场所的，应立即采取排除危险的整改措施。若拒不整改，将可能触犯本罪。

6. 企业应对照相关法律法规，审查自身涉及的生产作业活动是否属于必须事先经过相关部门批准或者许可的领域。尤其是从事矿山开采等高度危险的生产作业活动的企业，务必在依法经过许可或者批准后再施工，否则极可能触犯本罪。

三、典型案例

占某忠危险作业案[①]

【案情简介】

2021年5月底至6月初，占某忠身为杭州正×气体设备有限公司的实际经营者，明知其公司不具备储存危险化学品的资质，仍在海宁市长安镇东陈村芷泉组一处场所非法储存危险化学品，其中乙炔125瓶、丙烷36瓶、氧气70瓶、氩气86瓶、二氧化碳84瓶、氩气和二氧化碳混合气40瓶，共计441瓶。经浙江省化工产品质量检验站有限公司鉴定，上述441瓶气体均属于危险化学品。经调查分析，该储存场所存在未设置可燃气体泄漏检测报警装置、易燃气体乙炔和助燃气体氧气混放、有电瓶车充电且充电设施不防爆、与道路防火间距不符合要求等重大生产安全事故隐患以及未设置安全警示标志、灭火器材配备不足、集装箱与钢棚仓库未达耐火等级要求、与北侧高压线防火间距不符合要求、有人生活居住等其他生产安全事故隐患，发生事故风险等级较高，不具备安全储存危险化学品的条件，且该储存场所附近道路平常有人车经过、东南侧130余米处有住宅楼房，具有发生重大伤亡事故或者其他严重后果的现实危险。

案发后，公安机关对上述充装有危险化学品的441瓶气瓶予以扣押，封存于海宁市海×制氧有限责任公司、海宁市立×制氧有限公司。

【裁判结果】

1. 占某忠犯危险作业罪，判处有期徒刑7个月，缓刑1年。

2. 禁止占某忠在缓刑考验期限内从事危险化学品的储存活动。

3. 扣押的危险化学品，予以没收，由海宁市公安局依法处置。

【案件评析】

本案涉及的是企业经营者明知其公司不具备资质仍非法储存危险化学品的行为，是否构成危险作业罪的问题。

《刑法》第一百三十四条之一规定："在生产、作业中违反有关安全管理的规定，有下列情形之一，具有发生重大伤亡事故或者其他严重后果的现实危险的，处一年以下有期徒刑、拘役或者管制：(一)关闭、破坏直接关系生产安全的监控、报警、防护、救生设备、设施，或者篡改、隐瞒、销毁其相关数据、信息的；(二)因存在重大事故隐患被依法责令停产停业、停止施工、停止使用有关设备、设施、场所或者立即采取排除危险

---

① 案号：(2021)浙0481刑初520号。

的整改措施,而拒不执行的;(三)涉及安全生产的事项未经依法批准或者许可,擅自从事矿山开采、金属冶炼、建筑施工,以及危险物品生产、经营、储存等高度危险的生产作业活动的。”

本案中,占某忠在生产、作业中违反有关安全管理的规定,未经许可擅自从事危险化学品的储存活动,因储存场所附近道路平常有人车经过、东南侧130余米处有住宅楼房,故具有发生重大伤亡事故或者其他严重后果的现实危险,其行为已构成危险作业罪。

第五章

企业产品质量刑事法律风险及防范

第一节 生产、销售伪劣产品罪

一、罪名概述

1. 罪名简介

生产、销售伪劣产品罪，是指生产者、销售者在产品中掺杂、掺假，以假充真，以次充好或者以不合格产品冒充合格产品，销售金额达5万元以上的行为。

2. 犯罪构成要件

(1)犯罪客体

本罪侵犯的客体是复杂客体，包括国家有关产品质量管理制度、市场管理制度和消费者的合法权益。

《产品质量法》第二十六条第二款规定，产品质量应当符合下列要求：①不存在危及人身、财产安全的不合理的危险，有保障人体健康和人身、财产安全的国家标准、行业标准的，应当符合该标准；②具备产品应当具备的使用性能，但是，对产品存在使用性能的瑕疵作出说明的除外；③符合在产品或者其包装上注明采用的产品标准，符合以产品说明、实物样品等方式表明的质量状况。

(2)犯罪客观方面

本罪在客观方面表现为生产者、销售者违反国家的产品质量管理法律、法规，在产品中掺杂、掺假，以假充真，以次充好或者以不合格产品冒充合格产品，销售金额5万元以上的行为。

根据最高人民法院、最高人民检察院《关于办理生产、销售伪劣商品刑事案件具体应用法律若干问题的解释》第一条的规定，“在产品中掺杂、掺假”，是指在产品中掺入杂质或者异物，致使产品质量不符合国家法律、法规或者产品明示质量标准规定的质量要求，降低、失去应有使用性能的行为。“以假充真”，是指以不具有某种使用性能的产品冒充具有该种使用性能的产品的行为。“以次充好”，是指以低等级、低档次产品冒充高等级、高档次产品，或者以残次、废旧零配件组合、拼装后冒充正品或者新产品的行为。“不合格产品”，是指不符合《产品质量法》第二十六条第二款规定的质量要求的产品。对本条规定的上述行为难以确定的，应当委托法律、行政法规规定的产品质量检验机构进行鉴定。

(3)犯罪主体

本罪的犯罪主体为一般主体，一切达到刑事责任年龄、具有刑事责任能力的生产者、销售者，只要实施了生产、销售伪劣商品的行为均能构成本罪。单位也可以成为本罪的主体。

(4)犯罪主观方面

本罪在主观方面表现为故意，包括直接故意和间接故意，过失不构成本罪。

3. 立案追诉标准

最高人民检察院、公安部《关于公安机关管辖的刑事案件立案追诉标准的规定(一)》第十六条第一款规定，生产者、销售者在产品中掺杂、掺假，以假充真，以次充好或者以不合格产品冒充合格产品，涉嫌下列情形之一的，应予立案追诉：

(1)伪劣产品销售金额5万元以上的；

(2)伪劣产品尚未销售，货值金额15万元以上的；

(3)伪劣产品销售金额不满5万元，但将已销售金额乘以3倍后，与尚未销售的伪劣产品货值金额合计15万元以上的。

4. 量刑标准

《刑法》第一百四十条规定：“生产者、销售者在产品中掺杂、掺假，以假充真，以次充好或者以不合格产品冒充合格产品，销售金额五万元以上不满二十万元的，处二年以下有期徒刑或者拘役，并处或者单处销售金额百分之五十以上二倍以下罚金；销售金额二十万元以上不满五十万元的，处二年以上七年以下有期徒刑，并处销售金额百分之五十以上二倍以下罚金；销售金额五十万元以上不满二百万元的，处七年以上有期徒刑，并处销售金额百分之五十以上二倍以下罚金；销售金额二百万元以上的，处十五年有期徒刑或者无期徒刑，并处销售金额百分之五十以上二倍以下罚金或者没收财产。”

最高人民法院、最高人民检察院《关于办理生产、销售伪劣商品刑事案件具体应用法律若干问题的解释》第二条第四款规定：“多次实施生产、销售伪劣产品行为，未经处理的，伪劣产品的销售金额或者货值金额累计计算。”第九条规定：“知道或者应当知道他人实施生产、销售伪劣商品犯罪，而为其提供贷款、资金、账号、发票、证明、许可证件，或者提供生产、经营场所或者运输、仓储、保管、邮寄等便利条件，或者提供制假生产技术的，以生产、销售伪劣商品犯罪的共犯论处。”第十条规定：“实施生产、销售伪劣商品犯罪，同时构成侵犯知识产权、非法经营等其他犯罪的，依照处罚较重的规定定罪处罚。”第十二条规定:“国家机关工作人员参与生产、销售伪劣商品犯罪的,从重处罚。”

需要说明的是,货值金额以违法生产、销售的伪劣产品的标价计算;没有标价的,按照同类合格产品的市场中间价格计算;货值金额难以确定的,按照《扣押、追缴、没收物品估价管理办法》的规定,委托指定的估价机构确定。

最高人民法院、最高人民检察院《关于办理危害食品安全刑事案件适用法律若干问题的解释》第十五条规定,生产、销售不符合食品安全标准的食品添加剂,用于食品的包装材料、容器、洗涤剂、消毒剂,或者用于食品生产经营的工具、设备等,符合《刑法》第一百四十条规定的,以生产、销售伪劣产品罪定罪处罚。

生产、销售用超过保质期的食品原料、超过保质期的食品、回收食品作为原料的食品,或者以更改生产日期、保质期、改换包装等方式销售超过保质期的食品、回收食品,适用前款的规定定罪处罚。

实施前两款行为,同时构成生产、销售不符合安全标准的食品罪,生产、销售不符合安全标准的产品罪等其他犯罪的,依照处罚较重的规定定罪处罚。

二、风险防范

1. 企业的经营管理者应切实提高自身道德、法律素质,避免受利益驱动生产、销售伪劣产品。目前一些生产、销售企业的经营管理者为减少成本、提高利润,偷工减料,低价购进伪劣产品或材料。对此,企业的经营管理者应为自己设立一道违法红线,应切实提高道德、法律素质,避免受利益驱动生产、销售伪劣产品。

2. 企业应加强对一线生产技术工人的技能培训,不断提高他们的生产技术水平,切实提高产品质量,减少、避免生产不合格产品;加强对销售人员的培训,不断提高销售水平,减少、避免销售不合格产品;加强生产、销售人员的职业道德教育和培训,从思想上提高他们的产品质量意识。同时,应将教育培训的考核结果作为职工岗位安排的依据,为提高企业生产、销售合格、优质产品提供人力资源保障。

3. 企业应保证自身生产、销售的产品符合国家标准或行业标准。首先,企业要建立、完善产品质量监督管理规定,用制度管理生产和销售,让制度落实到生产的每一个环节;其次,要专门组建产品质量监督部门,负责产品质量的检查、监督和评估工作,切实加强对产品生产、销售的全方位监督。

4. 企业要规范、优化进货渠道,保证所购进的设备、产品和材料不出或少出质量问题。发现有质量问题的设备、产品和材料,应及时联系供货方予以退货。对于经常出现产品质量问题的供货方,应及时予以更换。

5. 企业触犯本罪的,生产经理与营销总监往往难脱干系,肯定要承担相应的法律责任。因此,生产经理与营销总监必须要对企业的生产线有一个清晰的掌握,至少在自己的职责职范围内严把质量关。

6. 生产者、销售者发现所生产、销售的产品存在质量问题时，应当召回并及时采取措施防止危害后果扩大，减轻民事赔偿责任，降低刑事犯罪的风险。

三、典型案例

陈某星生产、销售伪劣产品案①

【案情简介】

陈某星于2013年成立永康市××厂（个人独资企业），2019年10月至2022年6月，陈某星在明知国家对燃气灶安装熄火保护装置有强制性规定的情况下，为非法牟利，大量生产不含熄火保护装置的“老板×族”“莘帝×家”“科×”“革×”等品牌型号的家用燃气灶，并将上述不符合国家强制标准的燃气灶销售给在上海市嘉定区××镇经营燃气灶具的牛某（另案处理），涉案金额共计人民币17万余元。经上海市××中心有限公司检验，在牛某处查扣的陈某星生产的“莘帝×家”万腾130天然气单灶、天然气双灶；“老板×族”嵌入式双灶、天然气双灶；“科×”节能小高台单灶；“科×”天然气单灶、天然气双灶；“革×”王牌节能单灶；“科×”红中华单灶；“科×炊喜”单灶均因无熄火保护装置系不合格产品。公安机关经侦查，于2022年9月15日抓获陈某星，其到案后如实供述了上述犯罪事实。现陈某星已退缴全部违法所得。

【裁判结果】

1. 陈某星犯生产、销售伪劣产品罪，判处有期徒刑1年4个月，缓刑1年4个月，罚金人民币10万元；

2. 在案违法所得及犯罪工具，予以没收。

【案件评析】

本案涉及的是企业经营者故意生产不合格的燃气灶产品并进行销售的行为，是否构成生产、销售伪劣产品罪的问题。

根据最高人民检察院、公安部《关于公安机关管辖的刑事案件立案追诉标准的规定（一）》第十六条的规定，生产者、销售者在产品中掺杂、掺假，以假充真，以次充好或者以不合格产品冒充合格产品，伪劣产品销售金额5万元以上的，应予立案追诉。

本案中，陈某星在明知国家对燃气灶安装熄火保护装置有强制性规定的情况下，为非法牟利，大量生产不含熄火保护装置的家用燃气灶，并对外销售，销售金额共计17万余元，其行为已构成生产、销售伪劣产品罪。

---

① 案号：(2023)沪0114刑初16号。

第二节 生产、销售不符合安全标准的产品罪

一、罪名概述

1. 罪名简介

生产、销售不符合安全标准的产品罪，是指生产不符合保障人身、财产安全的国家标准、行业标准的电器、压力容器、易燃易爆产品或者其他不符合保障人身、财产安全的国家标准、行业标准的产品，或者销售明知是以上不符合保障人身、财产安全的国家标准、行业标准的产品，造成严重后果或特别严重后果的行为。

2. 犯罪构成要件

(1)犯罪客体

本罪的客体为双重客体，即国家对生产、销售电器、压力容器、易燃易爆产品等的安全监督管理制度和公民的健康权、生命权。

电器、压力容器、易燃易爆产品等必须达到安全标准，否则可能危及人身健康和人身、财产安全。为此，《产品质量法》第十三条第一款规定："可能危及人身健康和人身、财产安全的工业产品，必须符合保障人体健康和人身、财产安全的国家标准、行业标准；未制定国家标准、行业标准的，必须符合保障人体健康和人身、财产安全的要求。"国家还通过其他法律法规等规定了这些产品的国家标准和行业标准以及监督抽查的管理制度和生产、销售许可证制度。凡生产、销售不符合保障人身、财产安全标准的产品，即违反了国家对这类产品的监督管理制度。

(2)犯罪客观方面

本罪的客观方面表现为生产或者销售不符合保障人身、财产安全的国家标准、行业标准的电器、压力容器、易燃易爆产品或者其他不符合保障人身、财产安全的国家标准、行业标准的产品，并且造成严重后果或特别严重后果的行为。

本罪的犯罪对象是不符合保障人身、财产安全的国家标准、行业标准的电器、压力容器、易燃易爆产品或者其他产品。

①所谓电器，是指各种电讯、电力器材和家用电器，如电线、电缆、电热器、电饭锅、电视机、收录机、音响组合、录像机、电冰箱、洗衣机、空调器、电风扇等。

②所谓压力容器，是指储存高压物品的容器，如高压锅、压力机、氧气瓶、压力洗衣机等。

③所谓易燃易爆产品，是指容易引起燃烧或者爆炸的物品，如锅炉、闸门、发电机、煤气制造系统的煤气发生炉、煤气罐、炸药（包括黄色炸药、黑色炸药和化学炸

药)等。

④其他不符合保障人身、财产安全的国家标准、行业标准的产品,是指除上述电器、压力容器、易燃易爆产品以外的产品,如汽化油炉、汽水瓶、啤酒瓶等。这些产品都具有共同特点,即危险性、危害性、破坏性强,一旦发生事故,对人们的生命、健康及财产安全可能造成极大损失。正因如此,国家对这类产品制定了严格的保障人身、财产安全的国家标准、行业标准,而不仅仅是一般的质量标准。

这些产品是不符合保障人身、财产安全的国家标准、行业标准的产品。国家标准、行业标准,是指国家或者某一行业的主管部门围绕保障人身、财产安全而就某一类产品的质量所规定的具体指标,该标准因产品的不同而不同。

国家标准又称强制标准,是指具有全国性意义的统一技术标准。其必须由国务院有关主管部门(或专业标准化技术委员会)提出草案,根据不同专业的标准,分别由有关部门审批和发布。就本罪而言,产品均属工业产品及军民通用产品,因此,应当报国家标准化管理委员会审批和发布;特别重大的,则报国务院审批。行业标准又称部门标准、推荐标准或专业标准,是指全国性的各专业范围内的统一技术标准。其由国务院所属各主管部门组织制订、审批和发布,并报送国家标准化管理委员会备案。如果生产、销售的是没有有关保障人身、财产安全的国家标准或行业标准的一般性带有燃爆性质的产品,即只有企业标准的产品,就不构成本罪,但这并不排除其行为可能构成他罪,如生产、销售伪劣产品罪等。

本罪为结果犯,不仅要求有生产、销售上述不符合标准的产品的行为,而且还要求必须造成严重后果才可构成本罪。如果仅是具有上述行为,而没有严重的后果,即没有造成危害结果,或虽有危害结果但不是严重的危害结果,也不能构成本罪。本罪属选择性罪名,实施生产或者销售行为之一的,便可构成本罪。生产不符合安全标准的产品的,定生产不符合安全标准的产品罪;销售不符合安全标准的产品的,定销售不符合安全标准的产品罪;既生产又销售的,定生产、销售不符合安全标准的产品罪,不实行数罪并罚。

(3)犯罪主体

本罪的主体要件为一般主体,即达到刑事责任年龄、具有刑事责任能力的自然人或单位。

(4)犯罪主观方面

本罪在主观方面表现为故意。这种故意在生产环节上表现为,对所生产的电器、压力容器等产品是否符合标准采取放任的态度,或者明知所生产的产品不符合保障人身、财产安全的有关标准而仍然继续生产;在销售环节上表现为,明知所销售的产品不符合标准仍然予以出售。

3. 立案追诉标准

最高人民检察院、公安部《关于公安机关管辖的刑事案件立案追诉标准的规定(一)》第二十二条规定,生产不符合保障人身、财产安全的国家标准、行业标准的电器、压力容器、易燃易爆或者其他不符合保障人身、财产安全的国家标准、行业标准的产品,或者销售明知是以上不符合保障人身、财产安全的国家标准、行业标准的产品,涉嫌下列情形之一的,应予立案追诉:

(1)造成人员重伤或者死亡的;

(2)造成直接经济损失 10 万元以上的;

(3)其他造成严重后果的情形。

4. 量刑标准

《刑法》第一百四十六条规定:"生产不符合保障人身、财产安全的国家标准、行业标准的电器、压力容器、易燃易爆产品或者其他不符合保障人身、财产安全的国家标准、行业标准的产品,或者销售明知是以上不符合保障人身、财产安全的国家标准、行业标准的产品,造成严重后果的,处五年以下有期徒刑,并处销售金额百分之五十以上二倍以下罚金;后果特别严重的,处五年以上有期徒刑,并处销售金额百分之五十以上二倍以下罚金。"

二、风险防范

1. 企业应严格依据国家安全标准生产、销售相关产品,对于不符合国家安全标准的产品,坚决不生产、不销售。同时,对于国家行业出台的新标准或者标准的修订要及时关注,及时更新原材料或者生产技术,与标准契合起来。

2. 在企业生产销售过程中,要建立健全监督审查机制,对于生产的产品要定时、不定时、定量、不定量地进行抽样检查,发现不符合标准的产品要及时处理,如果已经流入市场要及时召回。

3. 对于生产企业来说,应从源头把关,在发货前做好质检工作,确保不符合安全标准的产品不进入流通领域。对于销售企业来说,销售产品的进货来源要严格把控,慎防不合格产品流入企业,再通过销售流入市场。

4. 本罪为结果犯,构成本罪不仅要求有生产、销售上述不符合标准的产品的行为,而且还必须造成严重后果。因此,如果产品已造成消费者人身损害的,企业应当迅速采取有效措施组织抢救,防止事故扩大,尽最大努力减少人员伤亡和财产损失。同时,对于消费者的损失,企业也应当积极予以赔偿,以负责任的态度积极面对处理。

三、典型案例

郑某、蒋某辉等生产、销售不符合安全标准的产品案①

【案情简介】

郑某是新干县联×运输有限公司、樟树市联×化工有限公司、新余市联×运输有限公司、新干县恒×化工有限公司的实际控制人、经营管理者，新干县联×运输有限公司的法定代表人；蒋某辉是新干县联×运输有限公司的车队长，负责车辆的调度；郭某是新干县恒×化工有限公司的业务员，负责硫酸的采购和销售，其个人所有的车辆挂靠在新干县联×运输有限公司；吴某、熊某珍是新干县联×运输有限公司的司机、押运员。赣D×××××重型半挂牵引车属于新干县联×运输有限公司所有，赣K×××××、赣K×××××重型罐式半挂车属于新余市联×运输有限公司所有。

2016年12月19日，郭某以新干县恒×化工有限公司的名义与紫×铜业有限公司签订《2017年度发烟硫酸销售合同》，约定：新干县恒×化工有限公司向紫×铜业有限公司购买发烟硫酸（104.5%）每月约2000吨，货物单价随行就市，具体以卖方发出的价格通知函为准，质量标准为符合国家标准GB/T 534—2002（一等品）。

2017年1月17日，郭某以新干县恒×化工有限公司的名义与江西三×化工有限公司（2017年9月1日变更为兴国兴×化工有限公司）签订《采购合同》，约定：江西三×化工有限公司向新干县恒×化工有限公司购买105%硫酸1000吨，单价470元/吨；产品品质标准必须符合中国最新国家或行业标准GB/T 534—2002，105%硫酸含量≥104.5%，砷含量低于0.0001%；2017年1月25日前均衡交货。

2016年12月24日，江西三×化工有限公司与江西省众×化工有限公司签订《采购合同》，约定：江西三×化工有限公司向江西省众×化工有限公司购买98%硫酸500吨，单价350元/吨，产品品质标准必须符合中国最新国家或行业标准GB/T 534—2002，98%硫酸含量≥98%，砷含量低于0.0001%，2016年12月31日前均衡交货。

2017年1月12日，江西省众×化工有限公司与新干县恒×化工有限公司签订《产品销售合同》，约定：江西省众×化工有限公司向新干县恒×化工有限公司购买98%硫酸500吨，单价100元/吨，产品质量标准为硫酸含量98%。

新干县恒×化工有限公司与新余市联×运输有限公司、新干县联×运输有限公司签订《运输合同》各1份，由新余市联×运输有限公司、新干县联×运输有限公司承运新干县恒×化工有限公司配送货物运输事宜，有效期限2017年1月1日至12月

① 案号：（2018）赣07刑终405号。

31 日。合同签订后,新干县恒×化工有限公司开始向江西三×化工有限公司供应105%硫酸和98%硫酸。

2016 年 8 月 16 日,樟树市联×化工有限公司与乳源东×光电化厂签订《供销合同》,约定:樟树市联×化工有限公司向乳源东×光电化厂购买31%盐酸5000吨,单价随行就市。乳源东×光电化厂在生产二氯甲烷、三氯甲烷产品时会产生稀硫酸(工业废硫酸),该部分稀硫酸由该厂业务员找客户按每吨 1 元处理。乳源东×光电化厂营业执照上的经营范围中没有硫酸,不能办理购买备案证明和运输备案证明,乳源东×光电化厂在稀硫酸发货单上写的货物名称是盐酸并备注“XLS”。因樟树市联×化工有限公司与乳源东×光电化厂有多年的盐酸、液碱业务,为维护供销双方的关系,今后取得更多的业务,2017 年 1 月,郑某以新干县恒×化工有限公司的名义答应帮助乳源东×光电化厂处理两车工业废硫酸。

2017 年 1 月 19 日,郑某指使蒋某辉安排吴某、熊某珍驾驶赣D×××××重型半挂牵引车(赣K×××××重型罐式半挂车)从乳源东×光电化厂装运一车工业废硫酸,在郭某的安排下,以供货商为江西省众×化工有限公司的名义,该车29.59吨工业废硫酸冒充是韶关冶炼厂生产的98%硫酸运送到了江西三×化工有限公司,并卸入该公司98%硫酸2号、3号大储槽。

2017 年 1 月 20 日,郑某又指使蒋某辉安排吴某、熊某珍驾驶赣D×××××重型半挂牵引车(赣K×××××重型罐式半挂车)从乳源东×光电化厂装运一车工业废硫酸停放在韶关停车场。2017 年 1 月 24 日,蒋某辉通知吴某,叫吴某和郭某联系,听郭某的安排就可以,郭某叫吴某将工业废硫酸运到江西三×化工有限公司,同时告诉吴某赣K×××××的车子会在江西三×化工有限公司门口等,吴某要跟着赣K×××××的车子后面进去,进厂就登记105%的硫酸,过磅时如果被问是哪里的硫酸就说是福建紫×铜业的硫酸。当日下午6时左右,吴某、熊某珍驾驶赣D×××××重型半挂牵引车(赣K×××××重型罐式半挂车)跟在从紫×铜业有限公司拉105%硫酸的赣K×××××的车子后面,从紫×铜业有限公司拉105%硫酸的赣K×××××的车子跟在赣D×××××重型半挂牵引车后面进入江西三×化工有限公司。江西三×化工有限公司于2016年3月,对105%硫酸进行每车全检,之后为了便于生产,减少检测周期,降低检测成本,将检测方案变更为每个供应商厂家每天抽检一批次(实际操作仅对第一车进行抽样检测)。江西三×化工有限公司对新干县恒×化工有限公司赣K×××××车子销售的硫酸进行了抽样检测,化验结果为104.78%,属合格品,但未对后两车赣D×××××和赣K×××××装运的硫酸进行抽样检测。当晚8时左右,江西三×化工有限公司将赣D×××××重型半挂牵引车装运的33.41吨工业废硫酸卸入该公司105%硫酸1号、2号大储槽的过程中发生放热反应事故。事故造成曾某2、邓某3二人经送医院抢救无效死亡,59人入院治疗,江西三×化工有限公司为此支付医疗费、误工费、护理费、居民财产损失费、赔偿款等费用共计人民币14 338 820.48元。

事故发生后,江西三×化工有限公司要求装运硫酸的车辆返回该公司,郭某为掩盖赣D×××××重型半挂牵引车(赣K×××××重型罐式半挂车)是从乳源东×光电化厂装运的工业废硫酸的事实,与蒋某辉商量将赣K×××××重型罐式半挂车(空罐)替换了赣K×××××重型罐式半挂车,并从赣K×××××的车上取了些剩余的浓硫酸灌到赣K×××××重型罐式半挂车上。同时为编造赣D×××××重型半挂牵引车是从紫×铜业有限公司拉的105%硫酸,伪造了赣D×××××重型半挂牵引车于2017年1月24日到紫×铜业有限公司装运105%硫酸的过磅单一张。郑某为推卸责任,经商议,由郭某一人去承担事故责任,郑某一年给郭某200万元人民币。

事故发生后,赣州市人民政府、×××兴国县委、兴国县人民政府成立了江西三×化工有限公司"1·24"事故调查组,开展事故调查工作。2017年2月21日,中国广州分析测试中心做出检测报告,赣K×××××重型罐式半挂车内硫酸(样品批号3#)分析检测结果为:定性结果一氯甲烷、光气、二氯甲烷、三氯甲烷、四氯化碳、三氯乙烯、四氯乙烯;分析项目检测结果为:总酸78.5%、氯离子<0.02%、水分23.1%、四氯化碳0.20%。2017年2月24日,江西三×化工有限公司"1·24"事故调查技术组出具《关于江西三×化工有限公司"1·24"新进原材料发烟硫酸入罐时发生放热反应产生光气等烟气的技术原因分析》,根据中国广州分析测试中心检测分析报告,对照工业硫酸执行标准(GB/T 534—2014),赣K×××××重型罐式半挂车内硫酸送检结果应为含有氯代烷烃、氯代烯烃的废稀硫酸,不符合发烟硫酸(105%硫酸)或浓硫酸(98%硫酸)的产品标准。结论:随着温度的升高,废硫酸中的四氯化碳与105%硫酸中的三氧化硫反应产生的光气与三氧化硫、水蒸气一起扩散,造成人员中毒。2017年3月7日,经赣南医学院司法鉴定中心鉴定:曾某2符合有毒气体中毒致多器官功能衰竭死亡。

2017年5月5日,赣州市江西三×化工有限公司"1·24"事故调查组做出事故调查报告,载明事故直接原因是新干县恒×化工有限公司实际控制人郑某指使他人蓄意从乳源东×光电化厂购买运输生产使用过的,且不符合合同约定的硫酸,故意冒充105%硫酸销售并卸入江西三×化工有限公司105%硫酸1号、2号大储罐。因硫酸浓度不够,在卸入105%硫酸储罐时产生放热反应。又因硫酸中含有氯代烷烃、氯代烯烃等杂质,其中的四氯化碳与105%硫酸储罐中的游离三氧化硫在一定的温度条件下发生化学反应产生光气,光气与放热反应产生的酸雾(三氧化硫、水蒸气)一并外泄扩散,造成人员中毒。事故间接原因是郭某在南康区唐江镇将赣D×××××(车罐号:赣K×××××)危化品运输车辆进行调换隐藏,至1月28日晚才交待,延误医院救治方案的确定和事故救援、伤员抢救的最佳时机;江西三×化工有限公司对供应商变更的风险评估、风险控制不足,安全管理制度存在漏洞;广东乳源东×光电化厂以销售盐酸的名义销售含有氯代烷烃、氯代烯烃等杂质的稀硫酸。

江西三×化工有限公司法定代表人于某远于2017年1月29日向兴国县公安局报案,兴国县公安局于同日立案侦查。2017年1月29日,公安机关电话传唤蒋某辉、郭某、吴某、熊某珍到案,2017年1月31日,公安机关电话传唤郑某到案,5人归案后均如实交待了自己的主要犯罪事实。

【裁判结果】

1. 郑某犯销售不符合安全标准的产品罪,判处有期徒刑6年6个月,并处罚金人民币5万元。

2. 蒋某辉犯销售不符合安全标准的产品罪,判处有期徒刑5年,并处罚金人民币4万元。

3. 郭某犯销售不符合安全标准的产品罪,判处有期徒刑5年6个月,并处罚金人民币4万元。

4. 吴某犯销售不符合安全标准的产品罪,判处有期徒刑1年6个月,并处罚金人民币26 000元。

5. 熊某珍犯销售不符合安全标准的产品罪,判处有期徒刑1年6个月,并处罚金人民币26 000元。

【案件评析】

本案涉及的是企业销售不符合安全标准的产品且造成严重后果的行为,是否构成销售不符合安全标准的产品罪的问题。

最高人民检察院、公安部《关于公安机关管辖的刑事案件立案追诉标准的规定(一)》第二十二条规定:"生产不符合保障人身、财产安全的国家标准、行业标准的电器、压力容器、易燃易爆或者其他不符合保障人身、财产安全的国家标准、行业标准的产品,或者销售明知是以上不符合保障人身、财产安全的国家标准、行业标准的产品,涉嫌下列情形之一的,应予立案追诉:(一)造成人员重伤或者死亡的;(二)造成直接经济损失十万元以上的;(三)其他造成严重后果的情形。"

本案中,郑某、蒋某辉、郭某、吴某、熊某珍明知所销售的硫酸是工业废硫酸,不符合保障人身、财产安全的产品标准,仍销售给江西三×化工有限公司导致发生放热反应事故,导致曾某2、邓某3二人经医院抢救无效死亡,59人入院治疗,江西三×化工有限公司为此事故支付医疗费、居民财产损失费等共计人民币14 338 820.48元,后果特别严重,其行为均已构成销售不符合安全标准的产品罪。

第三节 生产、销售有毒、有害食品罪

一、罪名概述

1. 罪名简介

生产、销售有毒、有害食品罪，是指生产者、销售者违反国家食品卫生管理法规，故意在生产、销售的食品中掺入有毒、有害的非食品原料或者销售明知掺有有毒、有害的非食品原料的食品的行为。

2. 犯罪构成要件

(1)犯罪客体

本罪侵犯的客体是复杂客体，即国家对食品卫生的管理制度以及不特定多数人的身体健康权利。国家为保障人民群众的生命健康，颁布了一系列关于食品卫生的法律、法规，建立了对食品卫生的管理制度。而生产、销售有毒、有害食品，就是对这一制度的侵犯；同时，在生产、销售的食品中掺入有毒、有害的非食品原料，无疑会对消费者的生命健康造成很大威胁，因而，这种行为也侵犯了消费者的生命健康权利。

(2)犯罪客观方面

本罪在客观方面表现为行为人违反国家食品卫生管理法规，在生产销售的食品中掺入有毒、有害的非食品原料或者销售明知掺有有毒、有害的非食品原料的食品的行为。

最高人民法院、最高人民检察院《关于办理危害食品安全刑事案件适用法律若干问题的解释》第九条规定，下列物质应当认定为《刑法》第一百四十四条规定的“有毒、有害的非食品原料”：①因危害人体健康，被法律、法规禁止在食品生产经营活动中添加、使用的物质；②因危害人体健康，被国务院有关部门列入《食品中可能违法添加的非食用物质名单》《保健食品中可能非法添加的物质名单》和国务院有关部门公告的禁用农药、《食品动物中禁止使用的药品及其他化合物清单》等名单上的物质；③其他有毒、有害的物质。

(3)犯罪主体

本罪的主体为一般主体，任何单位以及达到刑事责任年龄、具有刑事责任能力的自然人都可以构成本罪，既包括合法的食品生产者、销售者，也包括非法的食品生产者、销售者。

(4)犯罪主观方面

本罪在主观方面表现为故意，一般是出于获取非法利润的目的。过失不构成本罪。故意内容为行为人明知其掺入食品中的是有毒、有害的非食品原料或明知其销售的是掺有有害的非食品原料的食品，并且其行为可能会造成食物中毒事故或其他食源性疾患，却对此危害结果采取放任的心理态度，但造成食物中毒事故或其他食源性疾患并非行为人的犯罪目的，如果行为人对其结果作为犯罪目的积极追求，则构成其他性质的犯罪。因此，在认定销售有毒、有害食品罪时，要注意查明行为人主观上必须是"明知"。最高人民法院、最高人民检察院《关于办理危害食品安全刑事案件适用法律若干问题的解释》第十条规定："刑法第一百四十四条规定的'明知'，应当综合行为人的认知能力、食品质量、进货或者销售的渠道及价格等主、客观因素进行认定。具有下列情形之一的，可以认定为刑法第一百四十四条规定的'明知'，但存在相反证据并经查证属实的除外：(一)长期从事相关食品、食用农产品生产、种植、养殖、销售、运输、贮存行业，不依法履行保障食品安全义务的；(二)没有合法有效的购货凭证，且不能提供或者拒不提供销售的相关食品来源的；(三)以明显低于市场价格进货或者销售且无合理原因的；(四)在有关部门发出禁令或者食品安全预警的情况下继续销售的；(五)因实施危害食品安全行为受过行政处罚或者刑事处罚，又实施同种行为的；(六)其他足以认定行为人明知的情形。"

3. 立案追诉标准

最高人民检察院、公安部《关于公安机关管辖的刑事案件立案追诉标准的规定(一)的补充规定》第四条第一款至第四款规定，在生产、销售的食品中掺入有毒、有害的非食品原料的，或者销售明知掺有有毒、有害的非食品原料的食品的，应予立案追诉。

在食品加工、销售、运输、贮存等过程中，掺入有毒、有害的非食品原料，或者使用有毒、有害的非食品原料加工食品的，应予立案追诉。

在食用农产品种植、养殖、销售、运输、贮存等过程中，使用禁用农药、兽药等禁用物质或者其他有毒、有害物质的，应予立案追诉。

在保健食品或者其他食品中非法添加国家禁用药物等有毒、有害物质的，应予立案追诉。

4. 量刑标准

《刑法》第一百四十四条规定："在生产、销售的食品中掺入有毒、有害的非食品原料的，或者销售明知掺有有毒、有害的非食品原料的食品的，处五年以下有期徒刑，并处罚金；对人体健康造成严重危害或者有其他严重情节的，处五年以上十年以下有期徒刑，并处罚金；致人死亡或者有其他特别严重情节的，依照本法第一百四十一条的规定处罚。"

根据最高人民法院、最高人民检察院《关于办理危害食品安全刑事案件适用法律若干问题的解释》第六条的规定，生产、销售有毒、有害食品，具有以下情形之一的，应当认定为《刑法》第一百四十四条规定的“对人体健康造成严重危害”。

(1)造成轻伤以上伤害的;

(2)造成轻度残疾或者中度残疾的;

(3)造成器官组织损伤导致一般功能障碍或者严重功能障碍的;

(4)造成10人以上严重食物中毒或者其他严重食源性疾病的;

(5)其他对人体健康造成严重危害的情形。

该解释第七条规定,生产、销售有毒、有害食品,具有下列情形之一的,应当认定为《刑法》第一百四十四条规定的“其他严重情节”:

(1)生产、销售金额20万元以上不满50万元的;

(2)生产、销售金额10万元以上不满20万元,有毒、有害食品数量较大或者生产、销售持续时间6个月以上的;

(3)生产、销售金额10万元以上不满20万元,属于特殊医学用途配方食品、专供婴幼儿的主辅食品的;

(4)生产、销售金额10万元以上不满20万元,且在中小学校园、托幼机构、养老机构及周边面向未成年人、老年人销售的;

(5)生产、销售金额10万元以上不满20万元,曾因危害食品安全犯罪受过刑事处罚或者2年内因危害食品安全违法行为受过行政处罚的;

(6)有毒、有害的非食品原料毒害性强或者含量高的;

(7)其他情节严重的情形。

根据该解释第八条的规定,生产、销售有毒、有害食品,生产、销售金额50万元以上,或者具有以下情形之一的,应当认定为《刑法》第一百四十四条规定的“其他特别严重情节”:

(1)造成重度残疾以上的;

(2)造成3人以上重伤、中度残疾或者器官组织损伤导致严重功能障碍的;

(3)造成10人以上轻伤、5人以上轻度残疾或者器官组织损伤导致一般功能障碍的;

(4)造成30人以上严重食物中毒或者其他严重食源性疾病的;

(5)其他特别严重的后果。

最高人民法院、最高人民检察院《关于办理危害食品安全刑事案件适用法律若干问题的解释》第十一条规定,在食品生产、销售、运输、贮存等过程中,掺入有毒、有害的非食品原料,或者使用有毒、有害的非食品原料生产食品的,依照《刑法》第一百四十四条的规定以生产、销售有毒、有害食品罪定罪处罚。

在食用农产品种植、养殖、销售、运输、贮存等过程中,使用禁用农药、食品动物中禁止使用的药品及其他化合物等有毒、有害的非食品原料,适用前款的规定定罪处罚。

在保健食品或者其他食品中非法添加国家禁用药物等有毒、有害的非食品原料的,适用第一款的规定定罪处罚。

根据该解释第十四条的规定,明知他人生产、销售有毒、有害食品,具有下列情形之一的,以生产、销售有毒、有害食品罪的共犯论处:

(1)提供资金、贷款、账号、发票、证明、许可证件的;

(2)提供生产、经营场所或者运输、贮存、保管、邮寄、销售渠道等便利条件的;

(3)提供生产技术或者食品原料、食品添加剂、食品相关产品或者有毒、有害的非食品原料的;

(4)提供广告宣传的;

(5)提供其他帮助行为的。

二、风险防范

1. 企业生产、销售的食品,应达到国家标准或行业标准;对于标准不明确的,应当做到不得危及他人身体健康;对于特殊的食品生产,要事先了解特定的法律法规,在生产前做好风险防控。

2. 加强对食品原材料的监管,严格审查供应商的资质与证照,规范供应渠道。规范食品原材料的检验,对检验中发现问题的食品原材料,应与供应商沟通,尽快销毁,从源头控制有毒、有害食品原料的流入。

3. 做好售后服务。对于消费者的食品反馈意见,应加以高度重视,及时查找原因并整改,以避免触犯本罪。

三、典型案例

郑某冰等生产、销售有毒、有害食品案①

【案情简介】

2015 年 4 月,郑某冰、王某艳共同出资成立并实际经营管理广州市归×科技有限公司(以下简称归×公司)。肇庆金×花博士医药有限公司(以下简称金×花公司),由谢某具体负责公司经营管理。

2017 年 12 月至 2018 年 1 月,郑某冰联系他人购入粉末状原料,后与王某艳合谋,二人在明知该原料中含有有毒、有害的非食品原料的情况下,仍欲将其加工并进

① 案号:(2020)苏 02 刑终 178 号。

行销售。2018 年 1 月 14 日，郑某冰经与谢某联络，归×公司与金×花公司签订《产品加工合同》，约定由归×公司提供原料，金×花公司将上述原料压片包装，制作成“健×鸟”能量糖后交付给归×公司，归×公司支付 1 元/粒的加工费。之后，归×公司提供样品 500 克给金×花公司用于第三方检测，并支付了检测费用，金×花公司因无法确认来料与样品是否一致而暂未送检。2018 年 4 月，金×花公司收到归×公司交付的原料后按照合同约定进行了生产，制成“健×鸟”能量糖共计 94 264 粒。与此同时，金×花公司于同年 4 月 16 日从原料中抽样送检，同月 26 日送检的压片糖果中检测出他达拉非成分。谢某获知检测结果后即告知郑某冰，并在明知产品中含有有毒、有害的非食品原料的情况下，继续将尚未交付的“健×鸟”能量糖 2.8 万余粒交付给郑某冰进行销售。

2018 年 5 月 3 日，归×公司亦将收到的“健×鸟”能量糖抽样送交检测，同月 9 日送检的“健×鸟”能量糖中检出他达拉非成分。

2018 年 4 月至 7 月，经王某艳等人具体操作，归×公司通过微信等途径对“健×鸟”能量糖进行宣传，并采用快递方式邮寄销售给唐某、张某某等人，销售价格人民币 15～100 元/粒不等。

公安机关于 2018 年 7 月 13 日抓获郑某冰、王某艳，后从郑某冰处查获尚未销售的“健×鸟”能量糖 6 万余粒。郑某冰、王某艳归案后，如实供述了购买原料后加工销售“健×鸟”能量糖的事实，但否认其明知原料中可能掺有有毒、有害的非食品原料。经公安机关通知，谢某至公安机关投案并如实供述了自己的罪行。

【裁判结果】

1. 以生产、销售有毒、有害食品罪，分别判处归×公司罚金人民币 150 万元；判处郑某冰有期徒刑 11 年，并处罚金人民币 50 万元；判处王某艳有期徒刑 10 年，并处罚金人民币 50 万元。

2. 金×花公司犯销售有毒、有害食品罪，判处罚金人民币 30 万元；谢某犯销售有毒、有害食品罪，判处有期徒刑 7 个月，并处罚金人民币 10 万元。

【案件评析】

本案涉及的是行为人明知食品原料中含有有毒、有害的非食品原料，仍将其加工并进行销售的行为，是否构成生产、销售有毒、有害食品罪的问题。

最高人民检察院、公安部《关于公安机关管辖的刑事案件立案追诉标准的规定(一)的补充规定》第四条第一款规定，在生产、销售的食品中掺入有毒、有害的非食品原料的，或者销售明知掺有有毒、有害的非食品原料的食品的，应予立案追诉。

本案中，归×公司伙同金×花公司在生产的食品中掺入有毒、有害的非食品原料，并由归×公司进行销售，郑某冰、王某艳系归×公司直接负责的主管人员，谢某系金×花公司直接负责的主管人员。归×公司、郑某冰、王某艳的行为已构成生产、销售有毒、有害食品罪，且系单位犯罪、部分系共同犯罪。金×花公司、谢某的行为亦构成生产有毒、有害食品罪，且系单位犯罪、共同犯罪。

第四节 生产、销售不符合安全标准的食品罪

一、罪名概述

1. 罪名简介

生产、销售不符合安全标准的食品罪，指生产、销售不符合安全标准的食品，足以造成严重食物中毒事故或者其他严重食源性疾病、对人体健康造成严重危害或者有其他严重情节，以及后果特别严重的行为。

2. 犯罪构成要件

(1)犯罪客体

本罪侵犯的客体是双重客体，即国家食品卫生管理制度和公民的生命权、健康权。

(2)犯罪客观方面

本罪在客观方面表现为违反食品卫生管理法规，生产、销售不符合卫生标准的食品，并足以造成严重食物中毒事故或其他严重食源性疾病，严重危害人体健康的行为。

(3)犯罪主体

本罪的犯罪主体为达到刑事责任年龄、具有刑事责任能力的自然人或单位。

(4)犯罪主观方面

本罪在主观方面表现为故意，即行为人明知生产、销售的食品不符合卫生标准仍故意予以生产、销售。如果行为人生产、销售食品以导致他人食物中毒为目的，也就是说其主观目的不是营利，则其有可能构成其他犯罪，不应当以本罪论处。

3. 立案追诉标准

最高人民检察院、公安部《关于公安机关管辖的刑事案件立案追诉标准的规定(一)的补充规定》第三条规定，生产、销售不符合食品安全标准的食品，涉嫌下列情形之一的，应予立案追诉：

(1)食品含有严重超出标准限量的致病性微生物、农药残留、兽药残留、重金属、污染物质以及其他危害人体健康的物质的；

(2)属于病死、死因不明或者检验检疫不合格的畜、禽、兽、水产动物及其肉类、肉类制品的；

(3)属于国家为防控疾病等特殊需要明令禁止生产、销售的食品的;

(4)婴幼儿食品中生长发育所需营养成分严重不符合食品安全标准的;

(5)其他足以造成严重食物中毒事故或者严重食源性疾病的情形。

在食品加工、销售、运输、贮存等过程中,违反食品安全标准,超限量或者超范围滥用食品添加剂,足以造成严重食物中毒事故或者其他严重食源性疾病的,应予立案追诉。

在食用农产品种植、养殖、销售、运输、贮存等过程中,违反食品安全标准,超限量或者超范围滥用添加剂、农药、兽药等,足以造成严重食物中毒事故或者其他严重食源性疾病的,应予立案追诉。

4. 量刑标准

《刑法》第一百四十三条规定:"生产、销售不符合食品安全标准的食品,足以造成严重食物中毒事故或者其他严重食源性疾病的,处三年以下有期徒刑或者拘役,并处罚金;对人体健康造成严重危害或者有其他严重情节的,处三年以上七年以下有期徒刑,并处罚金;后果特别严重的,处七年以上有期徒刑或者无期徒刑,并处罚金或者没收财产。"

最高人民法院、最高人民检察院《关于办理危害食品安全刑事案件适用法律若干问题的解释》第一条规定,生产、销售不符合食品安全标准的食品,具有下列情形之一的,应当认定为《刑法》第一百四十三条规定的"足以造成严重食物中毒事故或者其他严重食源性疾病":

(1)含有严重超出标准限量的致病性微生物、农药残留、兽药残留、生物毒素、重金属等污染物质以及其他严重危害人体健康的物质的;

(2)属于病死、死因不明或者检验检疫不合格的畜、禽、兽、水产动物肉类及其制品的;

(3)属于国家为防控疾病等特殊需要明令禁止生产、销售的;

(4)特殊医学用途配方食品、专供婴幼儿的主辅食品营养成分严重不符合食品安全标准的;

(5)其他足以造成严重食物中毒事故或者严重食源性疾病的情形。

该解释第二条规定,生产、销售不符合食品安全标准的食品,具有下列情形之一的,应当认定为《刑法》第一百四十三条规定的"对人体健康造成严重危害":

(1)造成轻伤以上伤害的;

(2)造成轻度残疾或者中度残疾的;

(3)造成器官组织损伤导致一般功能障碍或者严重功能障碍的;

(4)造成10人以上严重食物中毒或者其他严重食源性疾病的;

(5)其他对人体健康造成严重危害的情形。

最高人民法院、最高人民检察院《关于办理危害食品安全刑事案件适用法律若干问题的解释》第三条规定，生产、销售不符合食品安全标准的食品，具有下列情形之一的，应当认定为《刑法》第一百四十三条规定的“其他严重情节”：

(1)生产、销售金额20万元以上的；

(2)生产、销售金额10万元以上不满20万元，不符合食品安全标准的食品数量较大或者生产、销售持续时间6个月以上的；

(3)生产、销售金额10万元以上不满20万元，属于特殊医学用途配方食品、专供婴幼儿的主辅食品的；

(4)生产、销售金额10万元以上不满20万元，且在中小学校园、托幼机构、养老机构及周边面向未成年人、老年人销售的；

(5)生产、销售金额10万元以上不满20万元，曾因危害食品安全犯罪受过刑事处罚或者2年内因危害食品安全违法行为受过行政处罚的；

(6)其他情节严重的情形。

该解释第四条规定，生产、销售不符合食品安全标准的食品，具有下列情形之一的，应当认定为《刑法》第一百四十三条规定的“后果特别严重”：

(1)致人死亡的；

(2)造成重度残疾以上的；

(3)造成3人以上重伤、中度残疾或者器官组织损伤导致严重功能障碍的；

(4)造成10人以上轻伤、5人以上轻度残疾或者器官组织损伤导致一般功能障碍的；

(5)造成30人以上严重食物中毒或者其他严重食源性疾病的；

(6)其他特别严重的后果。

该解释第五条规定，在食品生产、销售、运输、贮存等过程中，违反食品安全标准，超限量或者超范围滥用食品添加剂，足以造成严重食物中毒事故或者其他严重食源性疾病的，依照《刑法》第一百四十三条的规定以生产、销售不符合安全标准的食品罪定罪处罚。

在食用农产品种植、养殖、销售、运输、贮存等过程中，违反食品安全标准，超限量或者超范围滥用添加剂、农药、兽药等，足以造成严重食物中毒事故或者其他严重食源性疾病的，适用前款的规定定罪处罚。

根据该解释第十四条的规定，明知他人生产、销售不符合食品安全标准的食品，具有下列情形之一的，以生产、销售不符合安全标准的食品罪的共犯论处：

(1)提供资金、贷款、账号、发票、证明、许可证件的；

(2)提供生产、经营场所或者运输、贮存、保管、邮寄、销售渠道等便利条件的；

(3)提供生产技术或者食品原料、食品添加剂、食品相关产品或者有毒、有害的非食品原料的；

(4)提供广告宣传的；

(5)提供其他帮助行为的。

二、风险防范

1. 食品生产者、销售者应严格依据国家安全标准生产、销售食品。对于不符合国家安全标准的食品，企业应拒绝销售，做到生产、销售严格依法。对于已过期食品，企业应坚决不销售或召回，并督促人员予以销毁。

2. 加强对食品原材料的监管，严格审查供应商的资质与证照，规范供应渠道，确保食品原材料来源合法。

3. 在生产的食品出现问题时要注意保存证据并尽快请律师介入。如果企业已谨慎履行查验义务、严格执行食品生产全流程的质量把控程序要求等，并且能证明不存在"明知"，则可避免触犯本罪。食品已造成消费者食物中毒的，企业应迅速采取有效措施组织抢救，防止事故扩大，减少人员伤亡和财产损失。

4. 组织企业职工学习国家已制定的一系列食品卫生法律法规，了解食品卫生监督管理的一系列制度和卫生标准，使企业的生产有据可依、有法可查，从根本上杜绝本罪的发生。

三、典型案例

谭某豪、谭某水、谭某生等生产、销售不符合安全标准的食品案①

【案情简介】

2016年11月，谭某豪与刘某明、周某敏租下茂名市茂南区公×镇食品有限公司(以下简称公×食品公司)的一部分屠宰场，成立了茂名市宏×食品有限公司(以下简称宏×食品公司)经营淘汰种猪。2017年6月20日，由谭某豪独资经营，公司法人代表变更为其儿子即谭某峰。此后谭某豪先后雇用了孔某和郭某东负责杀猪，梁某发负责打包装，谭某生负责财务，谭某水负责销售，周某政负责开车。自2017年6月20日，宏×食品公司开始收购茂名地区群众黎某、黄某威、黄某庚、何某成、莫某胜等人送来的淘汰种猪或瘸腿、瘫痪的生猪，并将淘汰种猪或瘸腿、瘫痪的生猪屠宰分类加工成冻猪肉产品销往外地。

2017年11月底，谭某水与谭某峰驾车到东莞市××信立农贸城推销宏×食品公

---

① 案号：(2020)粤0902刑初521号。

司的冻猪肉产品。过后在该农贸城经营冻猪肉的贺某玲联系到谭某水，并来到宏×食品公司进行考察，认为宏×食品公司生产的猪肉成色和价格都合适，并且手续齐全。于是向宏×食品公司订购了共五批冻猪肉产品，茂名市茂南区动物卫生监督所对该五批冻猪肉产品出具了相关合格证明。贺某玲将货物运至东莞后，东莞市动物卫生监督所出具了相关合格回执单。之后贺某玲将货物储存在东莞市三×冷链仓储有限公司（以下简称三×仓储公司）和在其经营的东莞市大岭山永×冻肉贸易行（以下简称永×贸易行）内出售。

公安机关接到线索举报后，于2018年2月6日对宏×食品公司进行查处，当场抓获了谭某豪、谭某水、谭某生、梁某发、郭某东、孔某、周某政、谭某峰及其他相关涉案人员，并在屠宰间现场扣押到病死猪共计17头，重量共计3740斤。其中4头已死亡，10头见不同程度跛行，基本不能站立行走，经检疫检验属检疫不合格生猪，分割车间内有已屠宰开膛分边的6边猪胴体（3只），胴体脂肪出现少量黄染，肌肉放血不良，内脏变黑明显，肝、心、肾内脏等出现瘀血及坏死等病理变化，经检疫检验属不合格肉品。在宏×食品公司冷库内扣押到冻猪肉产品13.225吨，经抽样检验其中4.14吨不符合《动物性食品中兽药最高残留限量》要求，检验结论为不合格猪产品，在港源冷库内扣押到宏×食品公司的冻猪肉产品154.995吨，经抽样检验，其中7.24吨不符合《动物性食品中兽药最高残留限量》要求，检验结论为不合格猪肉产品。

2018年3月2日，公安机关在东莞市××信立农贸城冻品区横七路47号永×贸易行内扣押到宏×食品公司的冻猪肉产品1.14吨，经抽样检验均为合格猪肉产品；在三×仓储公司扣押到宏×食品公司的猪产品38.16吨，经抽样检验，其中1.2吨不符合《动物性食品中兽药最高残留限量》要求，检验结论为不合格猪肉产品。

经茂名市茂南区发展改革和统计局价格认证中心认定，涉案的抽样基数检验为不合格的猪肉产品共计价值人民币231 938.50元，其中现场扣押的14头不合格种猪及已开膛的6边猪胴体价值人民币8540元。

另查明，在审理过程中，茂名市茂南区人民检察院以证据不足为由，于2020年12月16日申请撤回对贺某玲的起诉，茂名市茂南区人民法院于2020年12月17日作出裁定准许茂名市茂南区人民检察院撤回对贺某玲的起诉。

再查明，谭某水曾因犯生产、销售不符合安全标准的食品罪于2014年6月17日被茂名市茂南区人民法院判处有期徒刑1年，缓刑2年，并处罚金人民币1万元。

【裁判结果】

1.谭某豪犯生产、销售不符合安全标准的食品罪，判处有期徒刑3年，并处罚金人民币50万元。

2.谭某水犯生产、销售不符合安全标准的食品罪，判处有期徒刑1年4个月，并处罚金人民币5000元。

3. 谭某生犯生产、销售不符合安全标准的食品罪,判处有期徒刑1年3个月,并处罚金人民币5000元。

4. 梁某发犯生产、销售不符合安全标准的食品罪,判处有期徒刑1年3个月,并处罚金人民币5000元。

5. 郭某东犯生产、销售不符合安全标准的食品罪,判处有期徒刑1年3个月,并处罚金人民币5000元。

6. 孔某犯生产、销售不符合安全标准的食品罪,判处有期徒刑1年3个月,并处罚金人民币5000元。

7. 周某政犯生产、销售不符合安全标准的食品罪,判处有期徒刑1年3个月,并处罚金人民币5000元。

8. 谭某峰犯生产、销售不符合安全标准的食品罪,判处有期徒刑1年2个月,并处罚金人民币5000元。

9. 对扣押到的12.58吨不合格冻猪肉产品,由公安机关依法予以销毁;扣押到的谭某豪涉案款项人民币32 712元予以没收,上缴国库。

10. 对扣押到谭某生持有的人民币950元、手机1台,扣押到孔某持有的手机1台,扣押到周某政持有的手机1台,扣押到谭某峰持有的手机1台,扣押到谭某水持有的手机1台,扣押到贺某玲持有的手机2台,人民币8580元,因未查明与犯罪行为有关,由扣押机关依法返还给各持有人。

11. 对扣押到的其余未随案移送的证据物品,由公安机关依法处理。

【案件评析】

本案涉及的是生产、销售不合格的冻猪肉产品,是否构成生产、销售不符合安全标准的食品罪的问题。

根据最高人民检察院、公安部《关于公安机关管辖的刑事案件立案追诉标准的规定(一)的补充规定》第三条第一款的规定,生产、销售不符合食品安全标准的食品,涉嫌下列情形之一的,应予立案追诉:(1)食品含有严重超出标准限量的致病性微生物、农药残留、兽药残留、重金属、污染物质以及其他危害人体健康的物质的;(2)属于病死、死因不明或者检验检疫不合格的畜、禽、兽、水产动物及其肉类、肉类制品的;(3)属于国家为防控疾病等特殊需要明令禁止生产、销售的食品的;(4)婴幼儿食品中生长发育所需营养成分严重不符合食品安全标准的;(5)其他足以造成严重食物中毒事故或者严重食源性疾病的情形。

本案中,谭某豪、谭某水、谭某生、梁某发、郭某东、孔某、周某政、谭某峰违反国家食品安全法的规定,生产、销售检验检疫不合格的冻猪肉产品12.58吨,数额价值人民币231 938.50元,该8人的行为均已构成生产、销售不符合安全标准的食品罪。

第五节 生产、销售、提供假药罪

一、罪名概述

1. 罪名简介

生产、销售、提供假药罪，指生产、销售、提供假药的行为。

2. 犯罪构成要件

(1)犯罪客体

本罪侵犯的客体是复杂客体，既侵犯了国家对药品的管理制度，又侵犯了不特定多数人的身体健康权利。

(2)犯罪客观方面

本罪在客观方面表现为生产者、销售者、药品使用单位的人员违反国家的药品管理法律、法规，生产、销售、提供假药的行为。

违反国家的药品管理法律、法规主要是指违反《药品管理法》《药品管理法实施条例》等国家制定的有关药品管理方面的法律、法规。

根据最高人民法院、最高人民检察院《关于办理危害药品安全刑事案件适用法律若干问题的解释》第六条的规定，以生产、销售、提供假药、劣药为目的，合成、精制、提取、储存、加工炮制药品原料，或者在将药品原料、辅料、包装材料制成成品过程中，进行配料、混合、制剂、储存、包装的，应当认定为《刑法》第一百四十一条规定的"生产"。药品使用单位及其工作人员明知是假药、劣药而有偿提供给他人使用的，应当认定为《刑法》第一百四十一条规定的"销售"；无偿提供给他人使用的，应当认定为《刑法》第一百四十一条规定的"提供"。

(3)犯罪主体

本罪的犯罪主体为个人和单位，表现为假药的生产者、销售者、提供者。

(4)犯罪主观方面

本罪在主观方面表现为故意。行为人的主观故意主要表现为有意制造、销售、提供假药，即认识到假药足以危害人体健康而对此持希望或放任的态度；在销售领域内必须具有明知是假药而售卖的心理状态，不知道是假药而销售的不构成销售假药罪。

3. 立案追诉标准

根据最高人民检察院、公安部《关于公安机关管辖的刑事案件立案追诉标准的规定(一)的补充规定》第二条的规定，生产、销售假药的，应予立案追诉。但销售少量根据民间传统配方私自加工的药品，或者销售少量未经批准进口的国外、境外药品，没有造成他人伤害后果或者延误诊治，情节显著轻微危害不大的除外。

该条规定的“假药”，是指依照《药品管理法》的规定属于假药和按假药处理的药品、非药品。是否属于假药难以确定的，可以根据地市级以上药品监督管理部门出具的认定意见等相关材料进行认定。必要时，可以委托省级以上药品监督管理部门设置或者确定的药品检验机构进行检验。

4. 量刑标准

《刑法》第一百四十一条规定：“生产、销售假药的，处三年以下有期徒刑或者拘役，并处罚金；对人体健康造成严重危害或者有其他严重情节的，处三年以上十年以下有期徒刑，并处罚金；致人死亡或者有其他特别严重情节的，处十年以上有期徒刑、无期徒刑或者死刑，并处罚金或者没收财产。药品使用单位的人员明知是假药而提供给他人使用的，依照前款的规定处罚。”

最高人民法院、最高人民检察院《关于办理危害药品安全刑事案件适用法律若干问题的解释》第一条规定，生产、销售、提供假药，具有下列情形之一的，应当酌情从重处罚：

(1)涉案药品以孕产妇、儿童或者危重病人为主要使用对象的；

(2)涉案药品属于麻醉药品、精神药品、医疗用毒性药品、放射性药品、生物制品，或者以药品类易制毒化学品冒充其他药品的；

(3)涉案药品属于注射剂药品、急救药品的；

(4)涉案药品系用于应对自然灾害、事故灾难、公共卫生事件、社会安全事件等突发事件的；

(5)药品使用单位及其工作人员生产、销售假药的；

(6)其他应当酌情从重处罚的情形。

该解释第二条规定，生产、销售、提供假药，具有下列情形之一的，应当认定为《刑法》第一百四十一条规定的“对人体健康造成严重危害”：

(1)造成轻伤或者重伤的；

(2)造成轻度残疾或者中度残疾的；

(3)造成器官组织损伤导致一般功能障碍或者严重功能障碍的；

(4)其他对人体健康造成严重危害的情形。

最高人民法院、最高人民检察院《关于办理危害药品安全刑事案件适用法律若干问题的解释》第三条规定，生产、销售、提供假药，具有下列情形之一的，应当认定为《刑法》第一百四十一条规定的“其他严重情节”：

(1)引发较大突发公共卫生事件的；

(2)生产、销售、提供假药的金额 20 万元以上不满 50 万元的；

(3)生产、销售、提供假药的金额 10 万元以上不满 20 万元，并具有本解释第一条规定情形之一的；

(4)根据生产、销售、提供的时间、数量、假药种类、对人体健康危害程度等，应当认定为情节严重的。

该解释第四条规定，生产、销售、提供假药，具有下列情形之一的，应当认定为《刑法》第一百四十一条规定的"其他特别严重情节"：

(1)致人重度残疾以上的；

(2)造成3人以上重伤、中度残疾或者器官组织损伤导致严重功能障碍的；

(3)造成5人以上轻度残疾或者器官组织损伤导致一般功能障碍的；

(4)造成10人以上轻伤的；

(5)引发重大、特别重大突发公共卫生事件的；

(6)生产、销售、提供假药的金额50万元以上的；

(7)生产、销售、提供假药的金额20万元以上不满50万元，并具有本解释第一条规定情形之一的；

(8)根据生产、销售、提供的时间、数量、假药种类、对人体健康危害程度等，应当认定为情节特别严重的。

二、风险防范

1. 药品企业生产药品时应严格按《药品管理法》的标准进行生产。同时，应建立药品质量监督部门，负责药品质量的检查、评估工作，对于不符合要求的药品，应立即销毁。

2. 药品销售企业对于自己销售的药品要进行严格审查，对于没有药品生产、销售批文的产品，应当拒绝销售。

3. 药品使用单位的人员应坚守底线，不得贪图非法利益而将假药提供给他人使用。

三、典型案例

郑某欣生产、销售假药案①

【案情简介】

2014年至2019年11月，郑某欣向河南省濮阳市自称王某的人，通过邮寄购入标示为山东德×堂药业有限公司的"(华×牌)筋骨宁"及河南健×堂药业有限公司的

① 案号：(2021)黑0805刑初44号。

"(华×牌)高效骨痛康"、"(华×牌)咳喘灵"(又名蛤蚧咳喘胶囊),并对到货的少部分没有包装的药品,进行贴标、装盒。其间,郑某欣陆续通过边某1银行账户向王某指定收款人转账共计人民币712 775元,并依托黑龙江省宝×医药连锁经营有限公司松江分店对外进行加价直销或利用微信邮寄销售。经佳木斯市市场监督管理局查询,国家食品药品监督管理总局网站数据中无上述药品生产厂家,所用药品批号早已废止,故对上述三种药品认定为假药。

另查明,黑龙江省宝×医药连锁经营有限公司松江分店登记负责人为边某2,实际经营者为郑某欣。截至案发,绝大部分假药已被销售,服用患者身体未出现较大不良反应。公安机关对剩余的咳喘灵33盒、筋骨宁外包装盒162个、防伪标识516个、筋骨宁商标215张、筋骨宁说明书251张、骨痛康说明书23张、骨痛康商标2张、筋骨宁快递外包装盒6个、手机1部及被害人持有的部分假药予以扣押。郑某欣于2019年12月16日被公安机关抓获,并主动退缴违法所得人民币10万元。

【裁判结果】

1. 郑某欣犯生产、销售假药罪,判处有期徒刑10年,并处罚金人民币145万元。

2. 涉案扣押的郑某欣违法所得人民币10万元及手机1部予以没收,上缴国库。

3. 涉案扣押的咳喘灵33盒、筋骨宁外包装盒162个、防伪标识516个、筋骨宁商标215张、筋骨宁说明书251张、骨痛康说明书23张、骨痛康商标2张、筋骨宁快递外包装盒6个及被害人持有的部分假药,由扣押机关予以没收。

【案件评析】

本案涉及的是行为人购买假药在自营药店销售的行为,是否构成生产、销售假药罪的问题。

最高人民检察院、公安部《关于公安机关管辖的刑事案件立案追诉标准的规定(一)的补充规定》第二条规定,生产、销售假药的,应予立案追诉。但销售少量根据民间传统配方私自加工的药品,或者销售少量未经批准进口的国外、境外药品,没有造成他人伤害后果或者延误诊治,情节显著轻微危害不大的除外。该条规定的"假药",是指依照《药品管理法》的规定属于假药和按假药处理的药品、非药品。是否属于假药难以确定的,可以根据地市级以上药品监督管理部门出具的认定意见等相关材料进行认定。必要时,可以委托省级以上药品监督管理部门设置或者确定的药品检验机构进行检验。

本案中,郑某欣所售药品,经佳木斯市市场监督管理局查询,国家食品药品监督管理总局网站数据中无上述药品生产厂家,所用药品批号早已废止,故其所出售药品被认定为假药。郑某欣无视人民群众生命健康安全,通过非法渠道从私人手中购销假药进行包装、销售,且犯罪情节特别严重,已构成生产、销售假药罪。

第六章

企业市场交易刑事法律风险及防范

第一节　合同诈骗罪

一、罪名概述

1. 罪名简介

合同诈骗罪，是指以非法占有为目的，在签订、履行合同过程中，采取虚构事实或者隐瞒真相等欺诈手段，骗取对方当事人财物，数额较大、数额巨大或者数额特别巨大的行为。

2. 犯罪构成要件

(1)犯罪客体

本罪侵犯的客体是复杂客体，既侵犯了合同他方当事人的财产所有权，又违反了市场秩序。

(2)犯罪客观方面

本罪在客观方面表现为行为人在签订、履行合同过程中，以虚构事实或者隐瞒真相的方法，骗取对方当事人财物，数额较大、数额巨大或者数额特别巨大的行为。

司法实践中，一般认定本罪的诈骗行为表现为下列5种形式：

①以虚构单位或者冒用他人名义签订合同的。

②以伪造、变造、作废的票据或者其他虚假的产权证明作担保的。这里所称的票据，主要指能作为担保凭证的金融票据，即汇票、本票、支票等。所谓其他产权证明，包括土地使用权证、房屋所有权证以及能证明动产、不动产的各种有效证明文件。

③没有实际履行能力，以先履行小额合同或者部分履行合同的方法，诱骗对方当事人继续签订和履行合同的。

④收受对方当事人给付的货物、货款、预付款或者担保财产后逃匿的。

⑤以其他方法骗取对方当事人财物的。这里所说的其他方法，是指在签订、履行

经济合同过程中使用的上述4种方法以外,以经济合同为手段,以骗取合同约定的由对方当事人交付的货物、货款、预付款,或者定金以及其他担保财物为目的的一切手段。

(3)犯罪主体

本罪的犯罪主体为一般主体,个人或单位均可构成本罪的主体。

(4)犯罪主观方面

本罪在主观方面表现为故意,且须以非法占有为目的。

3. 立案追诉标准

最高人民检察院、公安部《关于公安机关管辖的刑事案件立案追诉标准的规定(二)》第六十九条规定:"以非法占有为目的,在签订、履行合同过程中,骗取对方当事人财物,数额在二万元以上的,应予立案追诉。"

4. 量刑标准

《刑法》第二百二十四条规定,以非法占有为目的,在签订、履行合同过程中,骗取对方当事人财物,数额较大的,处3年以下有期徒刑或者拘役,并处或者单处罚金;数额巨大或者有其他严重情节的,处3年以上10年以下有期徒刑,并处罚金;数额特别巨大或者有其他特别严重情节的,处10年以上有期徒刑或者无期徒刑,并处罚金或者没收财产。

单位触犯本罪的,对单位判处罚金,并对其直接负责的主管人员和其他直接责任人员,依照上述规定处罚。

二、风险防范

1. 企业应当建立健全合同风控、管理制度,加强合同风险培训,提高合同风险意识,降低企业签订、履行合同的风险。

2. 企业不能以虚构的单位或者冒用他人名义签订合同;不能在没有实际履行能力的情况下骗取对方当事人签订和履行合同;不能以伪造、变造、作废的票据或者其他虚假的产权证明作担保。

3. 企业签订合同时应当秉持诚信原则,不得故意虚假陈述或者隐瞒事实真相,诱骗对方陷入错误认识签订合同,避免在己方出现履行不能的情况下,被认为具有非法占有目的,防止民事纠纷转化为刑事案件。企业在履行合同过程中,应当根据合同约定履行合同义务,当实际经营过程中出现暂时的资金短缺、无法如期付款或交货等暂时履行不能的情况时,要及时与合同相对方进行沟通,协商解决办法、积极创造条件继续履行,不得藏匿躲避、携款潜逃、挥霍货款。同时,对合同履行产生争议或者由于客观原因需要改变合同内容时,企业应主动积极协商,避免出现无正当理由故意不履行合同义务,又不退还货物、货款、预付款等行为。

4. 企业应组建专门的合同管理部门，从合规角度对合同进行全面规范。有条件的企业可以聘请专业的法律顾问对各种经营合同进行评估、把关。

三、典型案例

唐某珠、付某云合同诈骗案[①]

【案情简介】

2012 年 1 月至 2014 年 10 月，罪犯潘某陆续以其实际控制的香港通×国际控股集团有限公司等多家公司名义与相关政府部门洽谈合作项目。潘某在上述项目均无实质进展且其公司无实际履约能力的情况下，通过租用豪华写字楼作为洽谈地点、谎称其公司已与政府实质合作且公司有央企背景、实力雄厚等手段，以重庆通×投资有限公司、重庆一×丹霞生态旅游开发有限公司及深圳市通×投资有限公司等公司名义与邵某等多名被害人及多家被害单位签订项目施工、监理或借款合同，以收取保证金、诚意金及借款等为由骗取款项共计人民币 6724.3731 万元。

其中，唐某珠受潘某指使，以深圳市通×投资有限公司副总裁的名义参与所谓的广东华×文化大观园建设项目，并以该项目名义招揽不明真相的多名被害人承建项目，鼓动被害人交纳"工程保证金"，使多名被害人损失巨额资金。其参与诈骗被害人邵某、陶某、张某、蒋某，诈骗数额 620 万元。

付某云曾投资 300 万元欲参与潘某所谓的工程项目迟迟未果，投资款也没有拿回，遂到潘某公司任职，以深圳市通×投资有限公司副总裁的名义招揽不明真相的被害人周某、李某承建所谓重庆一×丹霞生态旅游开发项目和云南威镇高速公路建设工程项目，鼓动被害人交纳"工程保证金"，使被害人损失巨额资金。其参与诈骗被害人周某、李某，诈骗数额 860 万元。

【裁判结果】

1. 唐某珠犯合同诈骗罪，判处有期徒刑 4 年，并处罚金人民币 20 万元。

2. 付某云犯合同诈骗罪，判处有期徒刑 3 年，并处罚金人民币 10 万元。

3. 追缴唐某珠（以人民币 620 万元为限）、付某云（以人民币 860 万元为限）违法所得赃款，按比例返还各被害人及被害单位。

【案件评析】

本案涉及的是行为人以非法占有为目的，在明知项目无实质进展且其公司无实际履约能力的情况下骗取合同相对方"工程保证金"的行为，是否构成合同诈骗罪的

---

① 案号：(2019)粤刑终 1292 号。

问题。

最高人民检察院、公安部《关于公安机关管辖的刑事案件立案追诉标准的规定(二)》(2010年)第七十七条规定:"以非法占有为目的,在签订、履行合同过程中,骗取对方当事人财物,数额在二万元以上的,应予立案追诉。"

本案中,唐某珠、付某云无视国家法律,参与潘某的诈骗活动,以非法占有为目的,在签订、履行合同过程中骗取他人财物,唐某珠诈骗数额620万元,付某云诈骗数额860万元,远远超出法定的追诉金额,其行为均已构成合同诈骗罪。

第二节　签订、履行合同失职被骗罪

一、罪名概述

1. 罪名简介

签订、履行合同失职被骗罪,是指国有公司、企业、事业单位直接负责的主管人员,在签订、履行合同过程中,因严重不负责任而被诈骗,致使国家利益遭受重大损失或特别重大损失的行为。

2. 犯罪构成要件

(1)犯罪客体

本罪侵犯的客体是国有公司、企业、事业单位的财产权益和社会市场经济秩序。国有公司、企业、事业单位在社会经济生活中担负着举足轻重的作用。国有公司、企业、事业单位的主管人员背离市场活动的基本原则,玩忽职守严重不负责任,被诈骗,必然会使国有公司、企业、事业单位的正常活动遭到破坏,使国家和人民的利益受到损害。

(2)犯罪客观方面

本罪在客观方面表现为签订、履行合同的过程中,因严重不负责任,致使国家利益遭受重大损失或特别重大损失的行为。

(3)犯罪主体

本罪的犯罪主体为特殊主体,只有国有公司、企业、事业单位的直接负责的主管人员才能构成本罪,其他主体不构成本罪。所谓直接负责的主管人员,是在国有公司、企业、事业单位中对该合同的签订、履行负领导责任的人员。

(4)犯罪主观方面

本罪在主观方面表现为过失。行为人对签订、履行合同过程中被诈骗,并造成重大损失或特别重大损失的危害后果,不能抱希望或放任其发生的心理态度,只能是其过失造成的;故意的行为人不构成本罪。

3. 立案追诉标准

最高人民检察院、公安部《关于公安机关管辖的刑事案件立案追诉标准的规定(二)》(2010年)第十四条规定:“国有公司、企业、事业单位直接负责的主管人员,在签订、履行合同过程中,因严重不负责任被诈骗,涉嫌下列情形之一的,应予立案追诉:(一)造成国家直接经济损失数额在五十万元以上的;(二)造成有关单位破产,停业、停产六个月以上,或者被吊销许可证和营业执照、责令关闭、撤销、解散的;(三)其他致使国家利益遭受重大损失的情形。金融机构、从事对外贸易经营活动的公司、企业的工作人员严重不负责任,造成一百万美元以上外汇被骗购或者逃汇一千万美元以上的,应予立案追诉。本条规定的‘诈骗’,是指对方当事人的行为已经涉嫌诈骗犯罪,不以对方当事人已经被人民法院判决构成诈骗犯罪作为立案追诉的前提。”但该规定已于2022年修订《关于公安机关管辖的刑事案件立案追诉标准的规定(二)》时被删除。

4. 量刑标准

《刑法》第一百六十七条规定:“国有公司、企业、事业单位直接负责的主管人员,在签订、履行合同过程中,因严重不负责任被诈骗,致使国家利益遭受重大损失的,处三年以下有期徒刑或者拘役;致使国家利益遭受特别重大损失的,处三年以上七年以下有期徒刑。”

关于“重大损失”或“特别重大损失”的认定,我国法律及相关司法解释没有明确规定,但可参照陕西省高级人民法院《关于适用刑法有关条款数额、情节标准的意见》的“第167条签订、履行合同失职被骗罪”中的规定,具体为:“重大损失:1. 造成国家直接经济损失数额在五十万元以上的;2. 造成有关单位破产,停业、停产六个月以上,或者被吊销许可证和营业执照、责令关闭、撤销、解散的;3. 其他致使国家利益遭受重大损失的情形。金融机构、从事对外贸易经营活动的公司、企业的工作人员严重不负责任,造成一百万美元以上外汇被骗购或者逃汇一千万美元以上的。特别重大损失:1. 造成国家直接经济损失数额在二百万元以上的;2. 金融机构、从事对外贸易经营活动的公司、企业的工作人员严重不负责任,造成三百万美元以上外汇被骗购或者逃汇三千万美元以上的。”

二、风险防范

1. 国有公司、企业应完善企业合同管理制度,对合同的签订、履行、解除等全过程实施风险防控,并制定相关管理制度,保证每一份合同的签订和履行都能按相关制度规定进行操作。

2. 国有公司、企业的领导、管理者在签订合同或者作出决策时,要树立合规意识。司法实践中,较多企业管理人员存在“钱不入腰包不犯罪”“失职没有什么大不了”的错误心态，因此在工作中放任、散漫、严重不负责任，在给公司、企业造成重大损失时，已触犯本罪而浑然不觉。对于重大合同，建议通过投票等方式实行集体决策，减少个人拍板的局限性、降低被骗的风险。

3. 国有公司、企业按照国家有关要求，应当聘请专业律师作为法律顾问，在签订重要合同时，由法律顾问出具专业法律意见书。涉及专业技术问题的，请专业机构出具鉴定意见，避免专业上的失误。

4. 如果发现被骗，应当及时采取措施予以补救，尽最大努力将损失降到最小。如果最后造成的实际损失未达到“重大损失”的程度，则可以避免刑事责任。

三、典型案例

宋某签订、履行合同失职被骗案①

【案情简介】

中×集团有限公司是国有独资的有限责任公司，中×供应链有限公司是中×集团有限公司的全资子公司；中×东方贸易有限公司的前身是中国建×装备有限公司，2011年更名为中×东方贸易有限公司，是中×集团有限公司实际控制的上市公司中国中×国际工程股份有限公司的全资子公司。中×供应链有限公司和中×东方贸易有限公司的办公地点均位于北京市海淀区三里河路21号甘家口大厦十层。宋某任中×供应链有限公司商贸物流事业部总经理、中×东方贸易有限公司商贸物流部副部长，两部门均负责钢材等大宗货物采购、销售及已签署合同的跟踪执行，宋某作为两部门最高领导，负责签订合同、部门管理等。

2012年7月至9月，冯某担任法定代表人的浩×贸易有限公司与中×供应链有限公司、中×东方贸易有限公司签订合同，委托涉案单位向恒×贸易有限公司采购钢材。宋某作为商贸物流部门负责人，在签订、履行合同过程中未认真审核浩×贸易有限公司的资产状况、履约能力，放任其部门员工在浩×贸易有限公司未提供任何担保或采取任何保障措施、未审核恒×贸易有限公司出具的代领承兑汇票委托书是否真实的情况下，将本应交给合同相对方恒×贸易有限公司的多张巨额银行承兑汇票，交由浩×贸易有限公司员工转交，致使冯某以伪造恒×贸易有限公司印章的方式将其持有的汇票承兑，骗取中×供应链有限公司人民币1.16亿元。

2012年7月至8月，周某任总经理的宏×金属材料有限公司与中×供应链有限公司、中×东方贸易有限公司签订合同，委托涉案单位向国×南京有限公司采购钢

① 案号：(2016)京0108刑初373号。

材。宋某作为商贸物流部门的负责人,未发现国×南京有限公司与周某存在关联关系,致使周某以隐瞒与国×南京有限公司不存在真实货物交易,将货物款占为己有的方式,骗取中×供应链有限公司人民币8004万元。

2015年4月17日,宋某在公司人员陪同下到公安机关投案。

【裁判结果】

宋某犯签订、履行合同失职被骗罪,判处有期徒刑3年。

【案件评析】

本案涉及的是国有公司管理人员在签订、履行合同过程中,因严重不负责任而被诈骗的行为,是否构成签订、履行合同失职被骗罪的问题。

最高人民检察院、公安部《关于公安机关管辖的刑事案件立案追诉标准的规定(二)》(2010年)第十四条规定:"国有公司、企业、事业单位直接负责的主管人员,在签订、履行合同过程中,因严重不负责任被诈骗,涉嫌下列情形之一的,应予立案追诉:(一)造成国家直接经济损失数额在五十万元以上的;(二)造成有关单位破产,停业、停产六个月以上,或者被吊销许可证和营业执照、责令关闭、撤销、解散的;(三)其他致使国家利益遭受重大损失的情形。金融机构、从事对外贸易经营活动的公司、企业的工作人员严重不负责任,造成一百万美元以上外汇被骗购或者逃汇一千万美元以上的,应予立案追诉……"

本案中,宋某身为国有公司直接负责的主管人员,在签订、履行合同过程中,因严重不负责任被诈骗1.9604亿元,致使国家利益遭受特别重大损失,其行为已构成签订、履行合同失职被骗罪。

第三节　强迫交易罪

一、罪名概述

1. 罪名简介

强迫交易罪,是指以暴力、威胁手段强买强卖商品,强迫他人提供服务或者强迫他人接受服务,强迫他人参与或者退出投标、拍卖,强迫他人转让或者收购公司、企业的股份、债券或者其他资产,强迫他人参与或退出特定的经营活动,情节严重或者特别严重的行为。

2. 犯罪构成要件

(1)犯罪客体

本罪侵犯的客体是交易相对方的合法权益及商品交易市场秩序。商品交易是在平等民事主体之间发生的法律关系，应当遵循市场交易中的自愿与公平原则。但在现实生活中，交易双方强买强卖、强迫他人提供服务或者强迫他人接受服务的现象时有发生，这种行为违背了市场交易原则，破坏了市场交易秩序，侵害了消费者或经营者的合法权益。如果行为人以暴力、威胁手段强行交易，就具有了严重的社会危害性，情节严重的，应依法追究刑事责任。

(2)犯罪客观方面

本罪在客观方面表现为以暴力、威胁手段强买强卖商品，强迫他人提供服务或者强迫他人接受服务，强迫他人参与或者退出投标、拍卖，强迫他人转让或者收购公司、企业的股份、债券或者其他资产，强迫他人参与或退出特定的经营活动，情节严重或者特别严重的行为。其行为主要表现为：强买强卖商品；强迫他人提供或者接受服务等。所谓情节严重，主要是指多次强迫交易；实施强迫交易非法获得数额较大；结伙实行强迫交易并造成恶劣影响的；手段恶劣；强迫外国人交易；强迫交易内容低劣等。

(3)犯罪主体

本罪的犯罪主体为一般主体，凡是达到刑事责任年龄、具有刑事责任能力的自然人均可构成本罪。单位也可成为本罪的主体。

(4)犯罪主观方面

本罪在主观方面表现为直接故意，间接故意与过失不构成本罪。

3. 立案追诉标准

最高人民检察院、公安部《关于公安机关管辖的刑事案件立案追诉标准的规定(一)的补充规定》第五条规定，以暴力、威胁手段强买强卖商品，强迫他人提供服务或者接受服务，涉嫌下列情形之一的，应予立案追诉：

(1)造成被害人轻微伤的；

(2)造成直接经济损失2000元以上的；

(3)强迫交易3次以上或者强迫3人以上交易的；

(4)强迫交易数额1万元以上，或者违法所得数额2000元以上的；

(5)强迫他人购买伪劣商品数额5000元以上，或者违法所得数额1000元以上的；

(6)其他情节严重的情形。

以暴力、威胁手段强迫他人参与或者退出投标、拍卖，强迫他人转让或者收购公司、企业的股份、债券或者其他资产，强迫他人参与或者退出特定的经营活动，具有多次实施、手段恶劣、造成严重后果或者恶劣社会影响等情形之一的，应予立案追诉。

4. 量刑标准

《刑法》第二百二十六条规定，以暴力、威胁手段，实施下列行为之一，情节严重的，处3年以下有期徒刑或者拘役，并处或者单处罚金；情节特别严重的，处3年以上

7 年以下有期徒刑,并处罚金:

(1)强买强卖商品的;

(2)强迫他人提供或者接受服务的;

(3)强迫他人参与或者退出投标、拍卖的;

(4)强迫他人转让或者收购公司、企业的股份、债券或者其他资产的;

(5)强迫他人参与或者退出特定的经营活动的。

最高人民检察院、公安部《关于公安机关管辖的刑事案件立案追诉标准的规定(一)的补充规定》第五条,对于强迫交易罪具体规定了立案追诉标准,如强迫交易罪的“情节严重”的认定标准主要有直接经济损失、强迫交易的次数和人数、强迫交易数额和违法所得数额、造成被害人轻微伤或者其他严重后果等,该规定对“情节严重”具体认定进行了细化,但目前对于“情节特别严重”的标准尚未有相关法律法规或司法解释作出具体的规定。

严格按照法律条文的字面解释,“情节特别严重”主要是指采用强迫交易的手段特别恶劣、非法牟利数额特别巨大、造成特别严重后果等情形,但在司法实践中缺乏现实可操作性,影响法律适用的统一性。为了保持裁判尺度的统一性,多地法院结合自身的经济发展水平和司法实践需要,纷纷出台了关于强迫交易罪“情节特别严重”的认定标准作为办案的参考和依据。以下是部分省份对“情节特别严重”的认定标准:

浙江省高级人民法院《关于部分罪名定罪量刑情节及数额标准的意见》第 60 条关于“情节特别严重”的规定,具体如下:(1)造成直接经济损失 1 万元以上的;(2)强迫交易 10 次以上或者强迫 10 人以上交易的;(3)强迫交易数额 10 万元以上,或者违法所得数额 2 万元以上的;(4)强迫他人购买伪劣商品数额 5 万元以上,或者违法所得数额 1 万元以上的;(5)情节特别严重的其他情形。

陕西省高级人民法院《关于适用刑法有关条款数额、情节标准的意见》第 226 条关于“情节特别严重”的规定,具体如下:(1)造成直接经济损失 1 万元以上的;(2)强迫交易 10 次以上或者强迫 10 人以上交易的;(3)强迫交易数额 5 万元以上,或者违法所得数额 1 万元以上的;(4)强迫他人购买伪劣商品数额 2 万元以上,或者违法所得数额 5000 元以上的。

河南省高级人民法院、河南省人民检察院、河南省公安厅《关于印发〈关于我省适用新刑法有关条款中犯罪数额、情节规定的座谈纪要〉的通知》关于“第二百二十六条强迫交易罪‘情节特别严重’”的规定,具体如下:(1)造成被害人重伤或者其他特别严重后果的;(2)造成直接经济损失 2 万元以上的;(3)强迫交易 30 次以上或者强迫 30 人以上交易的;(4)强迫交易数额 10 万元以上,或者违法所得数额 2 万元以上的;(5)强迫他人购买伪劣商品数额 5 万元以上,或者违法所得数额 1 万元以上的;

(6)其他情节特别严重的情形。

江西省高级人民法院、江西省人民检察院、江西省公安厅《关于确定部分经济犯罪的数额及情节认定标准的会议纪要》第26条关于“情节特别严重”的规定，具体如下：(1)造成被害人轻伤的；(2)造成经济损失2万元以上的；(3)强迫交易10次以上或者强迫10人以上交易的；(4)强迫交易数额10万元以上，或者违法所得数额2万元以上的；(5)强迫他人购买伪劣商品数额5万元以上，或者违法所得数额1万元以上的；(6)其他情节特别严重的情形。

二、风险防范

1. 企业应定期开展普法教育，让每位管理人员及普通员工都意识到强迫交易行为所带来的严重后果，使其对法律有敬畏，从而有效规避刑事风险、预防犯罪的发生。

2. 企业应当建立良好的员工管理制度，提高员工的职业素养，避免员工通过强买强卖等不法手段进行牟利活动。

3. 在招投标等商业行为中，企业不宜采取威胁手段达成商业目的。如果手段强度过大，给其他市场主体造成威胁、强迫的压力，则会有触犯本罪的风险。

三、典型案例

孙某、陵县泰×液化气有限公司强迫交易案①

【案情简介】

孙某系陵县泰×液化气有限公司(以下简称泰×公司)法定代表人、总经理，2016年10月左右该公司成立市场部，张某系市场部负责人，高某、赵某、谷某系市场部职工。

2016年夏至2017年年底，孙某令泰×公司市场部职工以巡查、蹲守、拦截、搜查等方式对液化气零售商贩运输、出售非“泰×”液化气的情况进行检查，发现液化气零售商贩运输、出售非“泰×”液化气或者破坏自主产权气瓶的，以扭送至公安机关或没收保证金等方式相威胁，私自扣押液化气零售商贩气瓶等，强迫德州市陵城区范围内的液化气商贩至泰×公司充装液化气。

1. 2016年夏的一天，杨某在德州市陵城区附近发现顾某运输的液化气不是泰×公司的，将其车及车上的28个10公斤规格的液化气钢瓶查扣。次日，杨某让顾某缴纳2000元后返还其车和钢瓶。

---

① 案号：(2019)鲁14刑终158号。

2.2016年夏的一天,杨某到孙某3位于德州市陵城区的门市中进行检查,发现非“泰×”液化气瓶,对其罚款1000元,并占为已有。

3.2016年秋冬季节的一天,张某等人在许某的带领下以检查液化气零售商是否存在销售非“泰×”液化气为名,先后到董某位于德州市陵城区赵某位于李某村的门市中进行检查,没有发现非“泰×”液化气钢瓶。

4.2017年3月1日下午,张某、高某、谷某等人驾车巡查时,在德州市陵城区关小羔羊饭店门口发现褚某、程某夫妻在销售非“泰×”液化气。高某将其夫妻二人带回泰×公司途中,因褚某夫妻拒不配合,高某等人报警。程某因非法运输危险物质被行政拘留5日。

5.2017年3月4日,高某、谷某等人驾车巡查时,在德州市陵城区宏祥集团门口的莱芜炒鸡店门前发现王某1销售非“泰×”液化气,将王某1驾驶的农用三轮车及液化气钢瓶查扣。次日,孙某让王某1出具保证书并扣押其两个50公斤规格的液化气钢瓶。

6.2017年夏的一天,赵某、谷某等人驾车巡查时,在德州市陵城区安德街道办事处地鑫锦园小区门口发现王某1销售非“泰×”液化气,将王某1驾驶的农用三轮车上的4个10公斤规格的液化气钢瓶查扣。

7.2017年11月15日,赵某、谷某等人驾车巡查时,在德州市陵城区路口附近发现王某1驾驶的电动三轮车载着非泰×液化气公司钢瓶,将王某1的三轮车截停,并将其电动三轮车及液化气钢瓶带至德州市陵城区泰×公司院内。按照孙某的安排,高某责令王某1书写保证书、并没收3个50公斤规格的液化气钢瓶。

8.2017年3月5日,高某等人驾车巡查时,在德州市陵城区黎明集团附近发现崔某销售非“泰×”液化气,将其带回德州市陵城区泰×公司,并查扣了两个50公斤规格的液化钢瓶,后崔某出具一份保证书。

9.2017年4月13日上午10时许,高某、张某、谷某等人驾车巡查时,在德州市陵城区发现魏某1正在罐装液化气,下车准备对其进行检查。魏某1发现后翻进居民家中,插上大门翻墙逃跑。高某等人将魏某1的三轮车和两个50公斤规格的液化气钢瓶、气泵等物品带回泰×公司扣押。当天下午,魏某1到泰×公司找孙某协商,孙某扣押其两个50公斤规格的液化气钢瓶,并让魏某1出具一份保证书,保证只在陵城区泰×公司充装液化气售卖。

10.2017年四五月的一天,赵某在德州市陵城区与德城区赵宅乡路口发现李某1运输的液化气不是泰×公司的,称要将其交由泰×公司处理。后李某1托人向赵某说情,赵某同意让其交4000元,不再交由泰×公司处理,也未扣押李某1的液化气钢瓶。

11.2017年夏的一天,赵某等人驾车巡查时,在德州市陵城区发现李某1销售非

"泰×"液化气，欲将李某1交到公安机关处理，李某1不同意，经协商查扣其一个50公斤规格的液化气钢瓶。

12. 2017年7月的一天，高某等人驾车巡查时，在德州市陵城区附近发现崔某销售非"泰×"液化气，将其堵至一胡同内，并欲将其送至公安机关，崔某向孙某求情自愿到德州市陵城区泰×公司土桥服务站点处理，后被查扣2个50公斤规格的液化气钢瓶。

13. 2017年7月一天，谷某等人驾车巡查时，发现崔某销售液化气，尾随至德州市陵城区谷神餐厅，崔某因其销售的是泰×公司的液化气与谷某等人发生口角，经周围群众劝解，谷某等人驾车离去。

14. 2017年8月9日21时许，高某、赵某、谷某等人驾车巡查时，在德州市车管所附近发现张某3运输的液化气不是泰×公司的，并将张某3的车辆截停，卸下车内钢瓶。后张某2、张某1带人到达现场阻拦，张某1手持棍子将高某、赵某、谷某所驾轿车前发动机盖砸坏。因张某2、张某1、张某3等人阻拦，赵某等人未能将其车辆和气罐扣押并报警。张某1因故意毁坏财物被行政拘留12日，并处1000元罚款。

15. 2017年夏的一天，张某、高某、谷某等人在杨某的带领下以检查液化气零售商是否存在销售非"泰×"液化气为名，先后到德州市陵城区对蒋某位于徽王庄镇蒋庄村的家中、赵某1位于徽王街的门市部、豆某山位于窦庄村的家中、王某林位于王集村的家中、张某军位于郭家村的家中进行搜查。并查扣蒋某3个50公斤规格的液化气钢瓶，查扣豆某山的2个50公斤规格的液化气钢瓶，途中查扣顾某1个10公斤规格的液化气钢瓶。杨某以蒋某、窦某2、赵某1售卖非"泰×"液化气为由，欲对该3人分别罚款1000元，蒋某缴纳罚款，豆某山并未缴纳，赵某1请杨某吃饭后免于罚款。杨某将1000元罚款占为己有。

16. 2017年10月的一天，赵某、谷某等人驾车巡查时，在德州市陵城区发现王某平销售非"泰×"液化气，将其1个50公斤规格的液化气钢瓶扣押。

17. 2017年11月的一天，赵某、谷某等人驾车巡查时，在德州市陵城区发现李某7销售非"泰×"液化气，并尾随李某7，在王蛮村的一个闲置院落，将李某7的5个50公斤规格的液化气钢瓶查扣。

另查明，2019年4月24日，杨某家属退还蒋某1000元、退还孙某31 000元、退还顾某2000元，蒋某、孙某3、顾某对杨某的行为表示谅解。2019年4月29日，赵某家属退还李某14 000元，李某1对赵某的行为表示谅解。

【裁判结果】

1. 泰×公司犯强迫交易罪，判处罚金人民币3万元。

2. 孙某犯强迫交易罪，判处有期徒刑2年3个月，并处罚金人民币3万元。

3. 张某犯强迫交易罪，判处有期徒刑2年，缓刑3年，并处罚金人民币2万元。

4. 高某犯强迫交易罪，判处有期徒刑2年，缓刑3年，并处罚金人民币2万元。

5. 赵某犯强迫交易罪，判处有期徒刑1年6个月，缓刑2年，并处罚金人民币1万元。

6. 谷某犯强迫交易罪，判处有期徒刑1年6个月，缓刑2年，并处罚金人民币1万元。

7. 杨某犯强迫交易罪，判处有期徒刑1年缓刑1年，并处罚金人民币5000元。

【案件评析】

本案涉及的是企业采取威胁手段强卖液化气的行为，是否构成强迫交易罪的问题。

最高人民检察院、公安部《关于公安机关管辖的刑事案件立案追诉标准的规定（一）的补充规定》第五条规定："……以暴力、威胁手段强买强卖商品，强迫他人提供服务或者接受服务，涉嫌下列情形之一的，应予立案追诉：（一）造成被害人轻微伤的；（二）造成直接经济损失2000元以上的；（三）强迫交易3次以上或者强迫3人以上交易的；（四）强迫交易数额1万元以上，或者违法所得数额2000元以上的；（五）强迫他人购买伪劣商品数额5000元以上，或者违法所得数额1000元以上的；（六）其他情节严重的情形。以暴力、威胁手段强迫他人参与或者退出投标、拍卖，强迫他人转让或者收购公司、企业的股份、债券或者其他资产，强迫他人参与或者退出特定的经营活动，具有多次实施、手段恶劣、造成严重后果或者恶劣社会影响等情形之一的，应予立案追诉。"

本案中，泰×公司以扭送至公安机关或没收保证金等威胁手段强迫德州市陵城区范围内的液化气商贩至其公司充装液化气，其行为已构成强迫交易罪。孙某、张某、高某、赵某、谷某、杨某系直接负责的主管人员和其他直接责任人员，其行为亦构成强迫交易罪。

第四节　串通投标罪

一、罪名概述

1. 罪名简介

串通投标罪，是指投标人相互串通投标报价，损害招标人或者其他投标人利益，或者投标人与招标人串通投标，损害国家、集体、公民的合法权益，情节严重的行为。

2. 犯罪构成要件

（1）犯罪客体

本罪侵犯的是复杂客体，既侵犯其他投标人或国家、集体的合法权益，又侵犯社会主义市场经济的公平竞争秩序。

招标、投标是一种竞争性很强的市场交易方式，其优越性在于优胜劣汰，使整个社会的人力、物力、财力资源得到更好配置，其本身应当遵循公开、公平、公正和诚实信用的原则。如果当事人通过串通投标的不正当手段排斥他人的正当竞争，就会使招标投标活动丧失其原有功能，进而损害国家利益、社会公共利益和其他投标当事人的合法权益。实务中，招投标一般为大宗商品买卖或建设大型建筑工程时常常采用的一种交易方法。根据《招标投标法》第三条的规定，在中华人民共和国境内进行下列工程建设项目包括项目的勘察、设计、施工、监理以及与工程建设有关的重要设备、材料等的采购，必须进行招标：

①大型基础设施、公用事业等关系社会公共利益、公众安全的项目；

②全部或者部分使用国有资金投资或者国家融资的项目；

③使用国际组织或者外国政府贷款、援助资金的项目。

前款所列项目的具体范围和规模标准，由国务院发展计划部门会同国务院有关部门制订，报国务院批准。

法律或者国务院对必须进行招标的其他项目的范围有规定的，依照其规定。

(2)犯罪客观方面

本罪在客观方面表现为投标人之间或投标人与招标人之间相互串通投标，损害招标人或者其他投标人利益，情节严重的行为。本罪的具体行为方式表现如下。

①投标人相互串通，故意哄抬标价，迫使招标人不得不在过高的标价上选择，增加成本，从而给招标人造成重大的经济损失。主要表现如下：

A. 投标人之间约定，一致抬高投标报价；

B. 投标人之间约定，一致压低投标报价；

C. 投标人之间约定，在类似项目中轮流以高价位或低价位中标。

②投标者与招标者串通投标。这里的串通投标，是指招标者与特定投标者在招标投标活动中，以不正当手段从事私下交易，使公开招标投标流于形式，共同损害国家、集体、其他投标者的利益的行为。主要表现如下：

A. 招标者故意泄露标底，即招标人有意向某一特定投标人透露其标底的行为；

B. 招标者私下启标泄露，即招标人在公开开标之前，私下开启投标人标书，并通告给尚未报送标书的投标人；

C. 招标者故意引导促使某人中标，即招标人在要求投标人就其标书作澄清事实时，故意做引导性提问，以促成该投标人中标；

D. 招标实行差别对待，即招标在审查、评选标书时，对同样的标书实行差别对待，或者对不同的投标者实施差别对待；

E. 招标者故意让不合格投标者中标，即招标者允许不符合投标资格的投标者参

加投标,并让其中标;

F. 投标者贿赂获密,即投标者通过贿赂手段,在公开开标之前,从招标者处获取投标者报价或其他投标条件的行为;

G. 投标者给招标者标外补偿,即投标人有意与招标人商定,在公开投标时压低标价,中标后再给招标人以额外补偿;

H. 招标者给投标者标外补偿金,即招标者与某投标者商定,在公开投标时,故意抬高标价,使标价高于通常价,而致其他投标者放弃。高价定标后,招标者按约定给故意抬高标价的投标者一定的补偿金。

需要说明的是,本罪只有情节严重才构成犯罪;情节不属严重,即使实施了串通投标,损害招标人或者其他投标人利益的行为,也不能以本罪论处。情节严重,主要是指采用卑劣手段串通投标的;多次实施串通投标行为的;给招标人或者其他投标人造成严重经济损失的;造成恶劣的影响的;等等。

(3)犯罪主体

本罪的犯罪主体是特殊主体,即组织或者参加投标竞争活动的投标人、招标人,既可以是自然人,也可以是单位。实践中,串通投标罪中,企业高层管理人员的涉案占比相对较大,在高层管理人员中,因发生串通投标被追究刑事责任的行为人主要有法定代表人、董事长、总经理、副总经理、分公司负责人、实际控制人、股东、监事、实际经营人等,而其中法定代表人、总经理、实际控制人、副总经理因实施串通投标行为被追究刑事责任的可能性明显要高于其他高级管理人员。

(4)犯罪主观方面

本罪在主观方面表现为故意,即行为人明知自己串通投标的行为会损害招标人或其他投标人的利益,但仍决意为之,并且希望或放任该危害结果的发生。过失不构成本罪。实务中,串通投标的动机多种多样,如有的为了获取不法利益而意欲中标;有的为了排挤、陷害其他投标人;有的碍于情面而相互串标;等等。需要说明的是,无论行为人动机如何,都不影响本罪成立。

3. 立案追诉标准

最高人民检察院、公安部《关于公安机关管辖的刑事案件立案追诉标准的规定(二)》第六十八条规定,投标人相互串通投标报价,或者投标人与招标人串通投标,涉嫌下列情形之一的,应予立案追诉:

(1)损害招标人、投标人或者国家、集体、公民的合法利益,造成直接经济损失数额在50万元以上的;

(2)违法所得数额在20万元以上的;

(3)中标项目金额在400万元以上的;

(4)采取威胁、欺骗或者贿赂等非法手段的;

(5)虽未达到上述数额标准,但2年内因串通投标受过2次以上行政处罚,又串通投标的;

(6)其他情节严重的情形。

4. 量刑标准

《刑法》第二百二十三条规定,投标人相互串通投标报价,损害招标人或者其他投标人利益,情节严重的,处3年以下有期徒刑或者拘役,并处或者单处罚金。

投标人与招标人串通投标,损害国家、集体、公民的合法利益的,依照前款的规定处罚。

二、风险防范

1. 企业应定期开展普法教育,让管理人员及普通员工都意识到串通投标行为所带来的严重后果,使其对法律有敬畏,从而有效规避刑事风险、预防犯罪的发生。

2. 招标人不得违反法律规定,为特定投标人提供便利,量身定制投标人资格条件,以明显不合理的要求排除其他潜在投标人,向特定投标人透露招标底价以帮助投标人串通投标。此种情况下,招标人与投标人构成串通投标罪的共犯,投标人应当根据其在串通投标行为中所起的作用,承担相应的刑事法律责任。另外,招标人在串通投标中收取中标人财物,构成受贿罪的,应当数罪并罚。

3. 招标人未招标先开工,事后补办招标程序,可能涉嫌串通投标。在部分工程建设中,工程已经开工建设或已经完工,工程承包商已经确定,但招标人为了“完善”招标程序,要求承包商配合其履行招标投标程序进行投标,在此过程中,为了确保承包商中标,招标人往往要求承包商寻找陪标单位进行陪标,甚至招标人直接为承包商安排陪标单位。对于依法应当招标的项目,未进行招标便选定承包商开工建设,已属于严重的违法行为,一旦被查处,相关责任人将承担行政责任;而招标人为了“完善”所谓招标程序,补办招标手续,虚假招标,属于更加严重的违法行为,甚至可能构成串通投标罪,承担刑事法律责任。

4. 投标人不得通过挂靠方式串通投标。实务中,投标人为提高中标率,通过挂靠两家或两家以上有资质的企业进行投标,甚至通过挂靠方式进行围标(所有投标人均为其挂靠单位)。此种情况属于典型的串通投标行为,情节严重的,投标人将构成犯罪。被挂靠单位如果明知挂靠人通过挂靠串通投标而对外挂靠的,可能构成串通投标罪的共犯。另外,挂靠行为本身属于严重的违法行为,挂靠人和被挂靠人均将承担相应的法律责任。

5. 企业应当建立投标内部审核制度,严格审查投标文件的合法性、真实性、客观性,拒绝所谓的“合作邀请”“陪标”“围标”,防止在利益的诱惑下进行串标活动。实务中,部分企业或个人刑事法律风险防范意识不强,往往出于人情或其他利益的驱使,接受他人的邀请,参与陪标。在陪标过程中,陪标人往往不实际参与投标活动,投标文件全部由实际投标人编制,陪标人的投标目的并非中标,而是为实际投标人串通投标提供帮助,陪标人的此种行为不仅仅是严重的违法行为,还可能构成串通投标罪,承担刑事法律责任。

6.企业可以依据有关法律法规的规定,建立与投标工作相关的制度,规范员工实施投标工作的行为,避免因个别人员实施的行为触犯法律法规而给企业带来严重损失。

三、典型案例

林某、王某等串通投标案[①]

【案情简介】

2016年至2017年,林某、王某、胡某龙、陈某生与黄某群、叶某生(另案处理)等人为牟取利益,时分时合,在中山市多个工程项目招投标过程中,利用各自控制或合作的多家公司以组团的方式联合操纵投标报价进行围标,对参与围标的投标人给予中标价2%~6%的经济补偿。已查明,王某以上述方法串通投标金额合计人民币64 055 143.74元,林某以上述方法串通投标金额人民币35 891 151.81元,胡某龙、陈某生以上述方法串通投标金额人民币28 163 991.93元,具体犯罪事实如下:

1.2016年4月,中山市板芙镇湖州小学新校区工程(一期)公开招标。林某、王某与黄某群、叶某生等人利用江西省建×安装工程有限公司、赣阳建×集团有限公司、广东捷×建设工程有限公司、广东开平建×集团有限公司、东莞南×建设工程有限公司、广东新×建工程有限公司、江西金×水利建筑工程有限公司中山分公司等公司以上述方式进行串通投标。该项目由林某控制的赣阳建×集团有限公司中标,中标金额人民币35 891 151.81元。中标后,林某向参与围标的黄某群等人支付了约定的经济补偿,将部分工程项目转包给何永林(另案处理)并收取工程转包费用200多万元。

2.2017年8月,中山市汽车总站人行立体过街及相应市政道路拓宽改造工程公开招标。王某、胡某龙、陈某生等人利用贵州钢×工程有限公司、河南青×建设投资集团有限公司、进行百×特建设工程有限公司、沈阳中×建设工程有限公司、河南千×环境产业发展有限公司、广西贵港建×集团有限公司、浙江九×环境股份有限公司、河南省第×建设集团有限公司、广西盛×建设集团有限公司、宇×建业集团有限公司、广州市八×工程有限公司、新余市渝×建筑工程有限公司等公司以上述方式进

① 案号:(2022)粤2071刑初2916号。

行串通投标。该项目由王某控制的广州市八×工程有限公司中标，中标金额人民币28 163 991.93元。中标后，王某向参与围标的陈某生、胡某龙等人支付了约定的经济补偿。

2021年12月2日，林某在中山市东区被抓获归案。2022年2月15日，王某在中山市东区被抓获归案。2022年3月1日，胡某龙在中山市东区被抓获归案。同日，陈某生在中山市石岐区被抓获归案。归案后，林某、王某、胡某龙、陈某生如实供述上述事实并自愿认罪认罚，在律师见证下签署了《认罪认罚具结书》。

【裁判结果】

1. 林某犯串通投标罪，判处有期徒刑1年，并处罚金人民币18万元，与其之前所犯虚开发票罪判处的有期徒刑1年，并处罚金人民币3万元实行并罚。总和刑期有期徒刑2年，并处罚金人民币21万元，决定执行有期徒刑2年，并处罚金人民币21万元。

2. 王某犯串通投标罪，判处有期徒刑1年2个月，缓刑1年8个月，并处罚金人民币30万元。

3. 陈某生犯串通投标罪，判处有期徒刑9个月，缓刑1年3个月，并处罚金人民币15万元。

4. 被告人胡某龙犯串通投标罪，判处有期徒刑9个月，缓刑1年1个月，并处罚金人民币10万元。

5. 缴获的电脑主机4台、笔记本电脑1台及文件资料1批，依法予以没收。串通投标罪，是指投标人相互串通投标报价，损害招标人或者其他投标人利益，或者投标人与招标人串通投标，损害国家、集体、公民的合法权益，情节严重的行为。

【案件评析】

本案涉及的是行为人为牟取利益，利用各自控制或合作的多家公司以组团的方式联合操纵投标报价进行围标的行为，是否构成串通投标罪的问题。

最高人民检察院、公安部《关于公安机关管辖的刑事案件立案追诉标准的规定(二)》(2010年)第七十六条规定："投标人相互串通投标报价，或者投标人与招标人串通投标，涉嫌下列情形之一的，应予立案追诉：(一)损害招标人、投标人或者国家、集体、公民的合法利益，造成直接经济损失数额在五十万元以上的；(二)违法所得数额在十万元以上的；(三)中标项目金额在二百万元以上的；(四)采取威胁、欺骗或者贿赂等非法手段的；(五)虽未达到上述数额标准，但两年内因串通投标，受过行政处罚二次以上，又串通投标的；(六)其他情节严重的情形。"

本案中，林某、王某、胡某龙、陈某生无视国家法律，结伙串通投标报价，王某串通投标金额64 055 143.74元，林某串通投标金额35 891 151.81元，胡某龙、陈某生串通投标金额人民币28 163 991.93元，损害招标人及其他投标人利益，情节严重，其行为均已构成串通投标罪。

第七章

企业融资刑事法律风险及防范

第一节　非法吸收公众存款罪

一、罪名概述

1. 罪名简介

非法吸收公众存款罪，是指违反国家金融管理法律法规非法吸收公众（包括单位或个人）存款或变相吸收公众存款，扰乱金融秩序的行为。

根据《商业银行法》第十一条的规定，未经国务院银行业监督管理机构批准，任何单位和个人不得从事吸收公众存款等商业银行业务，这是判断吸收公众存款行为合法与非法的基本法律依据。任何单位或个人，包括非银行金融机构，未经国务院银行业监督管理机构批准，面向社会吸收公众存款或者变相吸收公众存款均属非法。

最高人民法院《关于审理非法集资刑事案件具体应用法律若干问题的解释》第一条规定，违反国家金融管理法律规定，向社会公众（包括单位和个人）吸收资金的行为，同时具备下列4个条件的，除刑法另有规定的以外，应当认定为《刑法》第一百七十六条规定的"非法吸收公众存款或者变相吸收公众存款"：（1）未经有关部门依法许可或者借用合法经营的形式吸收资金；（2）通过网络、媒体、推介会、传单、手机信息等途径向社会公开宣传；（3）承诺在一定期限内以货币、实物、股权等方式还本付息或者给付回报；（4）向社会公众即社会不特定对象吸收资金。未向社会公开宣传，在亲友或者单位内部针对特定对象吸收资金的，不属于非法吸收或者变相吸收公众存款。

该解释第二条规定，实施下列行为之一，符合本解释第一条第一款规定的条件的，应当依照《刑法》第一百七十六条的规定，以非法吸收公众存款罪定罪处罚：（1）不具有房产销售的真实内容或者不以房产销售为主要目的，以返本销售、售后包租、约定回购、销售房产份额等方式非法吸收资金的;(2)以转让林权并代为管护等方式非法吸收资金的;(3)以代种植(养殖)、租种植(养殖)、联合种植(养殖)等方式非法吸收资金的;(4)不具有销售商品、提供服务的真实内容或者不以销售商品、提供服务为主要目的,以商品回购、寄存代售等方式非法吸收资金的;(5)不具有发行股票、债券的真实内容,以虚假转让股权、发售虚构债券等方式非法吸收资金的;(6)不具有募集基金的真实内容,以假借境外基金、发售虚构基金等方式非法吸收资金的;(7)不具有销售保险的真实内容,以假冒保险公司、伪造保险单据等方式非法吸收资金的;(8)以网络借贷、投资入股、虚拟币交易等方式非法吸收资金的;(9)以委托理财、融资租赁等方式非法吸收资金的;(10)以提供"养老服务"、投资"养老项目"、销售"老年产品"等方式非法吸收资金的;(11)利用民间"会""社"等组织非法吸收资金的;(12)其他非法吸收资金的行为。

2. 犯罪构成要件

(1)犯罪客体

本罪侵犯的客体是国家金融管理制度和金融管理秩序。

(2)犯罪客观方面

本罪在客观方面表现为行为人实施了非法吸收公众存款或变相吸收公众存款、扰乱金融秩序的行为。

(3)犯罪主体

本罪的犯罪主体为一般主体,即达到刑事责任年龄、具有刑事责任能力的自然人或单位。

(4)犯罪主观方面

本罪在主观方面表现为故意;过失不构成本罪。也就是说,行为人必须明知自己非法吸收公众存款的行为会造成扰乱金融秩序的危害结果,而希望或放任这种结果发生。

3. 立案追诉标准

最高人民检察院、公安部《关于公安机关管辖的刑事案件立案追诉标准的规定(二)》第二十三条规定,非法吸收公众存款或者变相吸收公众存款,扰乱金融秩序,涉嫌下列情形之一的,应予立案追诉:

(1)非法吸收或者变相吸收公众存款数额在 100 万元以上的;

(2)非法吸收或者变相吸收公众存款对象 150 人以上的;

(3)非法吸收或者变相吸收公众存款,给集资参与人造成直接经济损失数额在 50 万元以上的。

非法吸收或者变相吸收公众存款数额在 50 万元以上或者给集资参与人造成直接经济损失数额在 25 万元以上,同时涉嫌下列情形之一的,应予立案追诉:

(1)因非法集资受过刑事追究的;

(2)2 年内因非法集资受过行政处罚的;

(3)造成恶劣社会影响或者其他严重后果的。

4. 量刑标准

《刑法》第一百七十六条规定:“非法吸收公众存款或者变相吸收公众存款,扰乱金融秩序的,处三年以下有期徒刑或者拘役,并处或者单处罚金;数额巨大或者有其他严重情节的,处三年以上十年以下有期徒刑,并处罚金;数额特别巨大或者有其他特别严重情节的,处十年以上有期徒刑,并处罚金。单位犯前款罪的,对单位判处罚金,并对其直接负责的主管人员和其他直接责任人员,依照前款的规定处罚。有前两款行为,在提起公诉前积极退赃退赔,减少损害结果发生的,可以从轻或者减轻处罚。”

最高人民法院《关于审理非法集资刑事案件具体应用法律若干问题的解释》第四条规定,非法吸收或者变相吸收公众存款,具有下列情形之一的,应当认定为《刑法》第一百七十六条规定的“数额巨大或者有其他严重情节”:

(1)非法吸收或者变相吸收公众存款数额在 500 万元以上的;

(2)非法吸收或者变相吸收公众存款对象 500 人以上的;

(3)非法吸收或者变相吸收公众存款,给存款人造成直接经济损失数额在 250 万元以上的。

非法吸收或者变相吸收公众存款数额在 250 万元以上或者给存款人造成直接经济损失数额在 150 万元以上,同时具有本解释第三条第二款第三项情节的,应当认定为“其他严重情节”。

该解释第五条规定,非法吸收或者变相吸收公众存款,具有下列情形之一的,应当认定为《刑法》第一百七十六条规定的“数额特别巨大或者有其他特别严重情节”:

(1)非法吸收或者变相吸收公众存款数额在 5000 万元以上的;

(2)非法吸收或者变相吸收公众存款对象 5000 人以上的;

(3)非法吸收或者变相吸收公众存款,给存款人造成直接经济损失数额在 2500 万元以上的。

非法吸收或者变相吸收公众存款数额在 2500 万元以上或者给存款人造成直接经济损失数额在 1500 万元以上,同时具有本解释第三条第二款第三项情节的,应当认定为“其他特别严重情节”。

该解释第六条规定,非法吸收或者变相吸收公众存款的数额,以行为人所吸收的资金全额计算。在提起公诉前积极退赃退赔,减少损害结果发生的,可以从轻或者减轻处罚;在提起公诉后退赃退赔的,可以作为量刑情节酌情考虑。

非法吸收或者变相吸收公众存款,主要用于正常的生产经营活动,能够在提起公诉前清退所吸收资金，可以免予刑事处罚；情节显著轻微危害不大的，不作为犯罪处理。

对依法不需要追究刑事责任或者免予刑事处罚的，应当依法将案件移送有关行政机关。

该解释第九条第一款规定："犯非法吸收公众存款罪，判处三年以下有期徒刑或者拘役，并处或者单处罚金的，处五万元以上一百万元以下罚金；判处三年以上十年以下有期徒刑的，并处十万元以上五百万元以下罚金；判处十年以上有期徒刑的，并处五十万元以上罚金。"

二、风险防范

1. 企业应通过正规渠道筹集发展资金，如通过银行贷款或依据公司法、证券法等以增资扩股的方式筹集资金。迫不得已走向民间借贷的，也应该首先向亲朋好友、企业内部寻求帮助，或按照相应法律规定进行集资。在向亲友、员工借款时要在借款协议或者收条上写明资金的真实用途，企业若能做到严格按约定使用借款，即使未来出现无法偿还的情况，也属于正常的民事纠纷，通常不会被追究刑事责任。

2. 企业融资时要考虑偿还能力，量力而行。同时，融资时应避免通过媒体、推介会、传单、手机短信等途径向社会公开宣传。

3. 企业急需资金时，往往会有较多融资中介或"资金掮客"为其出谋划策。如果企业"红线意识"不足，想当然地拍脑袋决策，有可能会触犯非法吸收公众存款罪。据此，在重大涉众型融资、筹资之前，建议聘请专业律师进行刑事法律风险把关。

4. 如果企业已向社会不特定公众集资筹款，则务必将借款用于公司经营并及时偿还。根据我国法律规定，非法吸收或变相吸收公众存款，主要用于正常的生产经营活动，能够及时清退所吸收资金的，可以免予刑事处罚；情节显著轻微的，不作为犯罪处理。因此，如果企业将集资款项用于企业的生产经营活动，在参与集资的人员要求退还款项时，企业也应当千方百计筹措资金及时清退，尽量避免触犯本罪被追究刑事责任。

5. 如果企业已向公众吸收存款且暂时无力偿还，此时应当尽力偿还部分借款，绝对不能携款潜逃，否则会被司法机关认定为"非法占有目的"，届时会由较轻的非法吸收公众存款罪转化为集资诈骗罪，刑事处罚会加重。

6. 企业对外借款时，如果借款行为存在刑事法律风险，为避免触犯本罪，应严格遵守"非法吸收公众存款罪的立案追诉标准"的规定。

三、典型案例

建湖县永×砖瓦有限公司、许某林非法吸收公众存款案[①]

【基本案情】

2011年1月至2016年2月，许某林在担任建湖县永×砖瓦有限公司（以下简称永×公司）法定代表人、执行董事期间，为维持单位的正常生产经营，在单位不具备吸收公众存款业务资格的情况下，以永×公司的名义，并以月息1.1211%至2.5%的高息为诱饵，通过他人介绍、口口相传的方式向社会公众非法吸收存款，先后向张某某、单某、朱某某、吴某某、陈某某、徐某某、高某、宋某某、许某、冯某某等人及阜宁县东沟镇富×农民资金互助合作社、阜宁县硕×兴农谷物专业合作社、阜宁县利×担保有限公司等单位，非法吸收公众存款合计人民币1061.9万元，用于永×公司的生产经营及偿还借款利息等，扣除已经归还给集资参与人及单位的本金和利息，造成集资参与人及单位实际损失3 196 069元。

许某林所有的坐落于盐城市新都街道办事处裕×社区清华学仕园沿街商业一幢01室、02室、03室、04室、05室因吴某军（吴某仁）诉许某林、嵇某某民间借贷纠纷案经拍卖，到账户（房款）3 456 000元，扣除支付退税467 129.2元、支付退租户房租53 500元、支付中国银行股份有限公司盐城亭湖支行抵押权优先受偿1 324 068.37元，账户尚余金额1 611 302.43元未分配。

许某林于2016年12月22日被阜宁县公安局民警抓获归案。归案后，永×公司及许某林如实供述自己的罪行。另查明，永×公司及许某林在案发后偿还集资参与人部分款项，二审审理期间，其亲友又代为退出尚未退还的剩余款项。

【判决结果】

1. 永×公司犯非法吸收公众存款罪，判处罚金人民币5万元。

2. 许某林犯非法吸收公众存款罪，判处有期徒刑3年，缓刑3年，并处罚金人民币5万元。

【案件评析】

本案涉及的是企业为维持正常生产经营，以高额利息向社会不特定的人借款的行为，是否构成非法吸收公众存款罪的问题。

最高人民检察院、公安部《关于公安机关管辖的刑事案件立案追诉标准的规定（二）》（2010年）第二十八条规定："非法吸收公众存款或者变相吸收公众存款，扰乱

① 案号：（2020）苏09刑终150号。

金融秩序,涉嫌下列情形之一的,应予立案追诉:(一)个人非法吸收或者变相吸收公众存款数额在二十万元以上的,单位非法吸收或者变相吸收公众存款数额在一百万元以上的;(二)个人非法吸收或者变相吸收公众存款三十户以上的,单位非法吸收或者变相吸收公众存款一百五十户以上的;(三)个人非法吸收或者变相吸收公众存款给存款人造成直接经济损失数额在十万元以上的,单位非法吸收或者变相吸收公众存款给存款人造成直接经济损失数额在五十万元以上的;(四)造成恶劣社会影响的;(五)其他扰乱金融秩序情节严重的情形。"

本案中,永×公司以生产经营需要资金为由,在许某林的管理下,违反金融管理法律规定,以高息为诱饵,通过口口相传的方式向社会不特定公众吸收存款,扰乱金融秩序,数额巨大,其行为已构成非法吸收公众存款罪。许某林作为永×公司原法定代表人,直接负责吸收存款的整个活动,系单位犯罪中的直接责任人,应当以非法吸收公众存款罪追究刑事责任。

第二节 集资诈骗罪

一、罪名概述

1. 罪名简介

集资诈骗罪,是指以非法占有为目的,违反有关金融法律、法规的规定,使用诈骗方法进行非法集资,扰乱国家正常金融秩序,侵犯公私财产所有权,且数额较大、数额巨大或者有其他严重情节的行为。

2. 犯罪构成要件

(1)犯罪客体

本罪侵犯的客体是复杂客体,其既侵犯了公私财产所有权,又侵犯了国家金融管理制度。犯罪对象是他人的资金。在市场经济社会,为企业发展融资是一种正常的商业行为,也是企业发展所必需的,融资形式也多种多样,如发行债券、股权融资、银行贷款、企业间借款、合作联营等,均可以筹集到相应资金,但如果未经法律法规许可,违反国家金融管理秩序进行集资,则属于违法行为。

(2)犯罪客观方面

本罪在客观方面表现为行为人以非占有为目的,违反有关金融法律、法规的规定,使用诈骗方法进行非法集资,数额较大、数额巨大或者有其他严重情节的行为。

(3)犯罪主体

本罪的犯罪主体为一般主体,凡是达到刑事责任年龄、具有刑事责任能力的自然人均可构成本罪。单位也可成为本罪的主体。

(4)犯罪主观方面

本罪在主观方面表现为故意,且以非法占有为目的。也就是说,犯罪行为人在主观上具有将非法募集的资金据为己有的目的。在通常情况下,这种目的具体表现为将非法募集的资金的所有权转归自己所有,该主观目的可以通过行为人是否任意挥霍募集资金、是否占有资金后携款潜逃等行为进行判断。

3. 立案追诉标准

最高人民检察院、公安部《关于公安机关管辖的刑事案件立案追诉标准的规定(二)》第四十四条规定:“以非法占有为目的,使用诈骗方法非法集资,数额在十万元以上的,应予立案追诉。”

4. 量刑标准

《刑法》第一百九十二条规定:“以非法占有为目的,使用诈骗方法非法集资,数额较大的,处三年以上七年以下有期徒刑,并处罚金;数额巨大或者有其他严重情节的,处七年以上有期徒刑或者无期徒刑,并处罚金或者没收财产。单位犯前款罪的,对单位判处罚金,并对其直接负责的主管人员和其他直接责任人员,依照前款的规定处罚。”

最高人民法院《关于审理非法集资刑事案件具体应用法律若干问题的解释》第八条规定:“集资诈骗数额在10万元以上的,应当认定为‘数额较大’;数额在100万元以上的,应当认定为‘数额巨大’。集资诈骗数额在50万元以上,同时具有本解释第三条第二款第三项情节的,应当认定为刑法第一百九十二条规定的‘其他严重情节’。集资诈骗的数额以行为人实际骗取的数额计算,在案发前已归还的数额应予扣除。行为人为实施集资诈骗活动而支付的广告费、中介费、手续费、回扣,或者用于行贿、赠与等费用,不予扣除。行为人为实施集资诈骗活动而支付的利息,除本金未归还可予折抵本金以外,应当计入诈骗数额。”

该解释第九条第二款规定:“犯集资诈骗罪,判处三年以上七年以下有期徒刑的,并处十万元以上五百万元以下罚金;判处七年以上有期徒刑或者无期徒刑的,并处五十万元以上罚金或者没收财产。”

二、风险防范

1. 企业应树立合法经营理念,在遇到资金“瓶颈”期时,应当严格按照法律的规定进行融资。作为融资来源,银行贷款是最为妥善的选择,其安全性高,程序较为便捷,手续费用也低。但有些时候,难免会出现银行信贷额度紧张、担保物不符合银行要求等情形,导致企业无法获得银行贷款。当出现这些问题时,企业可寻找出资人通过委托贷款的方式进行合法融资。

2. 企业融资时应避免夸大或虚假宣传。集资诈骗罪中行为人"使用诈骗的方法非法集资"骗取他人资金,其中的诈骗方法可能包括各种夸大或虚假宣传,或承诺给他人以高息或其他巨额回报以吸引他人投入资金。企业本来是想将融资金额用于弥补公司亏损,却编造各种子虚乌有的投资项目,或者隐瞒公司实际经营情况,进行夸大包装或虚假宣传,这些都可能被法院认定为"使用诈骗方法骗取集资款的证据",并以本罪被追究企业的刑事责任。

3. 企业集资后,如果不将或者只将少量资金用于企业投资或生产经营活动,并带着非法占有目的将大部分吸纳的资金用于个人消费或者挥霍,甚至用于其他非法目的,则可能触犯本罪。据此,企业应规范记账,使融资款项用途清晰可查,避免因集资款用途款不清而被推定为主观上具有"非法占有为目的"。

4. 企业在资金周转困难无法按期归还借款的情况下,要积极与出借人进行协商,请求给予宽限期,绝对不能携款潜逃,否则有可能使普通的民间借贷纠纷升级为刑事犯罪。

三、典型案例

河南龙×国际酒店有限公司集资诈骗案[①]

【案情简介】

2013 年 12 月底,为解决资金缺口,河南龙×国际酒店有限公司(以下简称龙×公司)法定代表人黄某敏与该公司股东黄某卫(已判刑)、田某爽(另案处理)预谋,由黄某卫招募人员以公司名义在商丘市筹集资金。后黄某卫在商丘市注册成立商丘市龙×实业有限公司,并以商丘龙×实业有限公司为担保人,龙×公司为借款人,以高息为诱饵,通过宣传推介、口口相传等方式,夸大公司经营实力、虚构资金用途,大肆向社会公众非法集资。所集资金除部分用于投资经营外,主要用于偿还个人债务、支付高息及业务经理提成、个人消费等,致使集资款不能偿还。经鉴定,2014 年 1 月至 9 月,龙×公司非法集资 1.9 亿余元,支付集资参与人利息及业务经理提成累计 2113 万余元,业务经理奖金及好处费 1017 万元,造成 517 名集资参与人未兑付资金 9693 万余元。

【裁判结果】

龙×公司犯集资诈骗罪,判处罚金人民币 40 万元。

---

① 案号:(2021)豫 14 刑终 534 号。

【案件评析】

本案涉及的是企业为解决资金缺口，以高息为诱饵，通过宣传推介、口口相传等方式向社会公众非法集资的行为，是否构成集资诈骗罪的问题。

最高人民检察院、公安部《关于公安机关管辖的刑事案件立案追诉标准的规定(二)》(2010年)第四十九条规定："以非法占有为目的，使用诈骗方法非法集资，涉嫌下列情形之一的，应予立案追诉：(一)个人集资诈骗，数额在十万元以上的；(二)单位集资诈骗，数额在五十万元以上的。"

本案中，龙×公司以非法占有为目的，使用诈骗的方法非法集资1.9亿余元，且集资后所集资金并未用于生产经营活动，而是用于偿还黄某卫等人个人债务，支付高息及业务经理提成等，致使集资款不能偿还，给集资参与人造成巨大损失，其行为已构成集资诈骗罪。

第三节　贷款诈骗罪

一、罪名概述

1. 罪名简介

贷款诈骗罪，是指行为人以非法占有为目的，编造引进资金、项目等虚假理由，使用虚假的经济合同、证明文件，使用虚假的产权证明作担保或者超出抵押物价值重复担保，以及以其他方法诈骗银行或者其他金融机构的贷款，数额较大、数额巨大或者有其他严重情节、数额特别巨大或者有其他特别严重情节的行为。

2. 犯罪构成要件

(1)犯罪客体

本罪侵犯的客体是复杂客体，主要客体是国家对金融机构的管理制度，次要客体是银行或者其他金融机构对贷款的所有权。

(2)犯罪客观方面

本罪在客观方面表现为行为人采用虚构事实、隐瞒真相的方法诈骗银行或者其他金融机构的贷款，数额较大、数额巨大或者有其他严重情节、数额特别巨大或者有其他特别严重情节的行为。

虚构事实，是指编造客观上不存在的事实，以骗取银行或者其他金融机构的信任；隐瞒真相，是指有意掩盖客观存在的某些事实，使银行或者其他金融机构产生错误认识。实务中，行为人使用的诈骗贷款方法主要如下：

①编造引进资金、项目等虚假理由，骗取银行或者其他金融机构的贷款。

②使用虚假的经济合同诈骗银行或者其他金融机构的贷款。

③使用虚假的证明文件诈骗银行或其他金融机构的贷款。

④使用虚假的产权证明作担保或超出抵押物价值重复担保，骗取银行或其他金融机构的贷款。这里的产权证明，是指能够证明行为人对房屋等不动产或者汽车、货币、可随时兑付的票据等动产具有所有权的一切文件。

⑤以其他方法诈骗贷款。如伪造单位公章、印鉴骗贷的；以假货币为抵押骗贷的；先借贷后采用欺诈手段拒不还贷的情况等。

(3)犯罪主体

本罪的犯罪主体为一般主体，任何年满十六周岁且具有刑事责任能力的自然人均可构成，单位不可以成为本罪的犯罪主体。

根据最高人民法院《关于印发〈全国法院审理金融犯罪案件工作座谈会纪要〉的通知》(以下简称《金融案件纪要》)的规定，单位不能构成贷款诈骗罪，即对于单位实施贷款诈骗行为的，不能以贷款诈骗罪定罪处罚，也不能以贷款诈骗罪追究直接负责的主管人员和其他责任人员的刑事责任。然而在实务中，贷款诈骗罪多以公司、企业等单位名义实施，由于单位不能成为本罪犯罪主体，故《金融案件纪要》规定，在司法实践中，对于单位十分明显地以非法占有为目的，利用签订、履行借款合同诈骗银行或其他金融机构贷款，符合《刑法》第二百二十四条规定的合同诈骗罪构成要件的，应当以合同诈骗罪定罪处罚。

特别指出的是，银行或其他金融机构的工作人员与贷款诈骗的犯罪行为人串通并为其诈骗贷款提供帮助的，依法应当以贷款诈骗罪的共犯论处。所谓串通，是指银行或者其他金融机构的工作人员与诈骗贷款的犯罪行为人在实施诈骗前或在诈骗行为实施的过程中，相互暗中勾结，共同商量或共同策划，与贷款诈骗犯罪行为人里应外合，为之提供帮助的行为。

(4)犯罪主观方面

本罪在主观方面表现为故意，且以非法占有为目的。至于行为人非法占有贷款的动机是挥霍享受，还是转移隐匿，都不影响本罪的构成。

3. 立案追诉标准

最高人民检察院、公安部《关于公安机关管辖的刑事案件立案追诉标准的规定(二)》第四十五条规定："以非法占有为目的，诈骗银行或者其他金融机构的贷款，数额在五万元以上的，应予立案追诉。"

4. 量刑标准

《刑法》第一百九十三条规定："有下列情形之一，以非法占有为目的，诈骗银行或者其他金融机构的贷款，数额较大的，处五年以下有期徒刑或者拘役，并处二万元以上二十万元以下罚金；数额巨大或者有其他严重情节的，处五年以上十年以下有期徒刑,并处五万元以上五十万元以下罚金;数额特别巨大或者有其他特别严重情节的,处十年以上有期徒刑或者无期徒刑,并处五万元以上五十万元以下罚金或者没收财产:(一)编造引进资金、项目等虚假理由的;(二)使用虚假的经济合同的;(三)使用虚假的证明文件的;(四)使用虚假的产权证明作担保或者超出抵押物价值重复担保的;(五)以其他方法诈骗贷款的。”

二、风险防范

1. 企业在贷款过程中需要向银行提交一系列的文件,企业相关人员应当确保提交的文件、证明材料、合同的真实性,否则一旦产生不良后果,这都有可能成为贷款诈骗行为的直接证据。

2. 企业应当建立规范的贷款筹措机制,就如何贷款、贷款用途事先制定好规范,实际中严格按照规范执行,并加强对贷款程序的监督。

3. 本罪与骗取贷款罪的最主要区别就是,行为人是否具有非法占有的目的。申请贷款要量力而行,不要超过自身的经济能力申请大额贷款;经营活动中要谨慎用款,将经营风险控制在可承受的范围内;一旦出现资金短缺情况,要首先筹措资金确保还款,之后再进行融资开展经营活动。当已经使用虚假材料骗取贷款后,在因客观原因无法按期归还银行贷款的情况下,除自首外,行为人要积极与银行协商解决办法,不要采取避而不见、不理不睬的方式逃避,更不要变更联系方式或办公地点,与银行工作人员失去联系,这样的处理方法会使借款具有非法占有目的,不仅不能解决问题,反而会跨越轻罪与重罪的红线,加重自己的罪行,从而面临严厉的刑事处罚。

4. 企业无法按照合同约定归还借款时,应积极与银行或其他金融机构充分协商解决,或通过法律途径处理违约问题,避免民事责任刑事化。

三、典型案例

黄某田贷款诈骗案[①]

【案情简介】

2014年6月,黄某田与原桂东县贝溪乡人民政府(现合并为沙田镇人民政府)协商洽谈租用贝溪乡兰岭林场林地种植茶叶事宜。经协商,2014年8月4日,黄某田以湖南省飞×食业股份有限公司(以下简称飞×公司)的名义与贝溪乡政府(甲方)签订了《林地承包经营权转包(租赁)合同》。合同签订后,黄某田按约定付了二年的租

① 案号:(2021)湘1081刑初306号。

金人民币17 152.50元。之后,在乡村二级干部多次催促下,黄某田一直未按协议种植茶叶,也未再付过租金。

2014年11月,黄某田虚构飞×公司在桂东县沙田镇兰岭有600余亩茶叶林的事实,以该虚构的茶叶林作为抵押财物向资兴市农村商业银行股份有限公司(以下简称资兴农商行)兴宁支行(原龙溪信用社)申请贷款人民币600万元,并伪造了他项权证提供给资兴农商行。2015年2月12日,资兴农商行发放人民币400万元贷款至黄某田个人账户。贷款期限自2015年2月11日起到2018年2月11日止。

2016年1月,黄某田以投资茶饮料生产线为由,虚构飞×公司在桂东县沙田镇里田有500余亩茶叶林的事实,以该虚构的茶叶林作为抵押财物向资兴农商行兴宁支行(原龙溪信用社)申请贷款人民币200万元,又伪造了他项权证提供给资兴农商行。2016年2月12日,资兴农商行发放人民币200万元贷款至黄某田个人账户。借款期限为36个月,自实际提款日起算。

2016年12月,黄某田虚构飞×公司在桂东县沙田镇里田有660余亩茶叶林的事实,以该虚构的茶叶林作为抵押财物,以飞×公司的名义向资兴农商行东江支行(原东江信用社)申请贷款人民币300万元,再次伪造了他项权证提供给资兴农商行。2017年1月26日,资兴农商行发放人民币300万元贷款至飞×公司账户,当天,该账户转出人民币200万元到黄某尾号为4011的账户(系黄某田使用),支票取现人民币20万元,转出人民币15万元到李某尾号为9197的账户(系黄某田使用)。2017年2月8日,该账户支票取现人民币696 000元。贷款期限自2017年1月23日起到2020年1月22日止。

黄某田骗得上述900万元人民币贷款后,没有按贷款用途使用贷款,仅支付了资兴农商行该900万元人民币贷款的利息共计人民币901 477.57元,其余贷款去向、用途不明。上述贷款到期后均未被归还。

【裁判结果】

1. 黄某田犯贷款诈骗罪,判处有期徒刑11年,并处罚金人民币30万元。

2. 责令黄某田退出违法所得人民币8 098 522.43元,发还给被害单位湖南资兴农商行。

【案件评析】

本案涉及的是行为人虚构抵押财物并使用虚假的产权证明作担保,诈骗银行的贷款行为,是否构成贷款诈骗罪的问题。

最高人民检察院、公安部《关于公安机关管辖的刑事案件立案追诉标准的规定(二)》(2010年)第五十条规定:“以非法占有为目的,诈骗银行或者其他金融机构的贷款,数额在二万元以上的,应予立案追诉。”

本案中,黄某田以非法占有为目的,虚构茶叶林作为抵押财物并伪造他项权证诈骗银行贷款900万元，数额特别巨大，远远超出法定的追诉金额，其行为已构成了贷款诈骗罪。

第四节 骗取贷款罪

一、罪名概述

1. 罪名简介

骗取贷款罪，是指以欺骗手段取得银行或者其他金融机构贷款，给银行或者其他金融机构造成重大损失、特别重大损失或者有其他严重情节的行为。

2. 犯罪构成要件

(1)犯罪客体

本罪侵犯的客体是双重客体，既侵犯了银行或者其他金融机构对贷款的所有权，又侵犯了国家金融管理制度。

(2)犯罪客观方面

本罪在客观方面表现为行为人违反国家法律、行政法规的有关规定，采用虚构事实、隐瞒真相的方法骗取银行或者其他金融机构的贷款，并给银行或者其他金融机构造成重大损失、特别重大损失或者其他特别严重情节的行为。

行为人欺骗银行或者其他金融机构的手段主要包括：通过虚构主体资格达到骗取贷款的目的；通过虚构贷款材料达到骗取贷款的目的。

(3)犯罪主体

本罪的犯罪主体是一般主体，包括达到刑事责任年龄、具有刑事责任能力的自然人和单位。

(4)犯罪主观方面

本罪在主观方面表现为直接故意，即行为人明知其向银行或者其他金融机构所作虚假陈述或提供虚假资料等欺诈手段，可能使银行或者其他金融机构陷入错误认识而错误放贷，但仍积极追求这一危害结果的发生。过失不构成本罪。

3. 立案追诉标准

最高人民检察院、公安部《关于公安机关管辖的刑事案件立案追诉标准的规定(二)》第二十二条规定："以欺骗手段取得银行或者其他金融机构贷款、票据承兑、信用证、保函等，给银行或者其他金融机构造成直接经济损失数额在五十万元以上的，应予立案追诉。"

4. 量刑标准

《刑法》第一百七十五条之一规定:“以欺骗手段取得银行或者其他金融机构贷款、票据承兑、信用证、保函等,给银行或者其他金融机构造成重大损失的,处三年以下有期徒刑或者拘役,并处或者单处罚金;给银行或者其他金融机构造成特别重大损失或者有其他特别严重情节的,处三年以上七年以下有期徒刑,并处罚金。单位犯前款罪的,对单位判处罚金,并对其直接负责的主管人员和其他直接责任人员,依照前款的规定处罚。”

二、风险防范

1. 企业向银行或者其他金融机构申请贷款时,应当遵守诚信原则,按照银行或者其他金融机构的要求如实填写借贷人情况和贷款用途,提交证明其基本情况、贷款用途、经营状况、偿还能力和贷款保证等方面的材料,不得虚构事实、隐瞒真相,采用编造虚假理由、使用虚假经济合同、使用虚假证明文件等欺骗手段,导致银行或者其他金融机构高估其资信现状而发放贷款。

2. 企业向银行或者其他金融机构提供贷款担保时,应当确保担保的真实性和有效性,保证抵押物、质物的权属和价值真实可靠,不要使用虚假的产权证明作担保,不要超出抵押物价值重复担保,以免因担保不实给金融机构造成损失。

3. 企业应当正确评估自身的经济实力、经营前景和市场风险,向银行或者其他金融机构申请贷款应当与企业经营范围和规模适配,将经营风险控制在可控制范围内,保证自身还款能力,及时还本付息。

4. 企业应规范经办人员的行为,建立贷款刑事风险警告机制,避免经办人员与银行或者其他金融机构工作人员串通勾结,侵犯国家财产,从而给企业带来刑事风险。

三、典型案例

双辽市秋×达粮贸有限公司骗取贷款案①

【案情简介】

双辽市秋×达粮贸有限公司(以下简称秋×达公司)于2008年12月注册登记成立,魏某秋为该公司法定代表人,系直接负责的主管人员。2016年4月9日,秋×达公司在双辽吉银村镇银行以企业联保的方式贷款300万元,贷款期限9个月,2017年1月8日贷款到期,贷款用途为公司粮食收购等经营周转活动。为能够获得银行贷

① 案号:(2020)吉0382刑初30号。

款，符合贷款条件，魏某秋隐瞒了其公司实际财务状况，向双辽吉银村镇银行提供了秋×达公司2013年度、2014年度、2015年度虚假的财务账目资料，从而取得了银行的贷款300万元。贷款到期后，秋×达公司未按照约定一次性还清贷款本息，至案发，尚欠银行本金2 698 773.32元，造成银行损失。魏某秋于2018年10月18日主动到公安机关投案。

【裁判结果】

1. 秋×达公司犯骗取贷款罪，判处罚金人民币30万元。

2. 魏某秋犯骗取贷款罪，判处有期徒刑2年，并处罚金人民币10万元。

3. 未退赔赃款继续追缴，并依法发还给被害单位双辽吉银村镇银行股份有限公司。

【案件评析】

本案涉及的是企业通过提供虚假的财务账目资料取得银行贷款的行为，是否构成贷款诈骗罪的问题。

最高人民检察院、公安部《关于公安机关管辖的刑事案件立案追诉标准的规定（二）》（2010年）第二十七条规定："以欺骗手段取得银行或者其他金融机构贷款、票据承兑、信用证、保函等，涉嫌下列情形之一的，应予立案追诉：（一）以欺骗手段取得贷款、票据承兑、信用证、保函等，数额在一百万元以上的；（二）以欺骗手段取得贷款、票据承兑、信用证、保函等，给银行或者其他金融机构造成直接经济损失数额在二十万元以上的；（三）虽未达到上述数额标准，但多次以欺骗手段取得贷款、票据承兑、信用证、保函等的；（四）其他给银行或者其他金融机构造成重大损失或者有其他严重情节的情形。"

本案中，秋×达公司隐瞒公司实际财务状况，向双辽吉银村镇银行提供2013年度、2014年度、2015年度虚假的财务账目资料，从而取得该银行的贷款300万元。至案发尚欠银行本金2 698 773.32元未归还，给银行造成重大损失，其行为已构成骗取贷款罪；魏某秋作为秋×达公司的法定代表人，是对该公司违法行为直接负责的主管人员，其行为亦构成骗取贷款罪。

第五节 高利转贷罪

一、罪名概述

1. 罪名简介

高利转贷罪,是指以转贷牟利为目的,套取金融机构信贷资金再高利转贷给他人,违法所得数额较大、数额巨大的行为。

2. 犯罪构成要件

(1)犯罪客体

本罪侵犯的客体是国家信贷资金的发放和利率管理秩序。

(2)犯罪客观方面

本罪在客观方面表现为以转贷牟利为目的,套取金融机构信贷资金高利转贷他人,违法所得数额较大、数额巨大的行为。

所谓套取金融机构信贷资金高利转贷他人,是指以虚假理由,从金融机构获得信贷资金后又以更高利息转贷给他人。要构成本罪,行为人转贷给他人的资金必须是金融机构的信贷资金,如果只是行为人将自己所有的资金借贷给他人,则不构成犯罪。行为人之所以这么做,是因为其转贷给他人的利息高于其从金融机构贷款的利息,其可以获得中间差额利息。

(3)犯罪主体

本罪主体为特殊主体,即借款人。达到刑事责任年龄、具有刑事责任能力的自然人以及经市场监督管理部门或主管机关核准的企(事)业法人、其他经济组织、个体工商户均可作为借款人。

(4)犯罪主观方面

本罪在主观方面表现为故意,过失不构成本罪。

3. 立案追诉标准

最高人民检察院、公安部《关于公安机关管辖的刑事案件立案追诉标准的规定(二)》第二十一条规定:"以转贷牟利为目的,套取金融机构信贷资金高利转贷他人,违法所得数额在五十万元以上的,应予立案追诉。"

4. 量刑标准

《刑法》第一百七十五条规定:"以转贷牟利为目的,套取金融机构信贷资金高利转贷他人,违法所得数额较大的,处三年以下有期徒刑或者拘役,并处违法所得一倍以上五倍以下罚金;数额巨大的,处三年以上七年以下有期徒刑,并处违法所得一倍以上五倍以下罚金。单位犯前款罪的,对单位判处罚金,并对其直接负责的主管人员和其他直接责任人员,处三年以下有期徒刑或者拘役。”

二、风险防范

1. 企业经营者应学习《中国人民银行法》《商业银行法》《贷款通则》等与贷款有关的法律法规,自觉防范风险,树立守法意识。

2. 企业应依法申请贷款并按约定的贷款用途使用贷款资金。对于从银行贷出的款项,不能随便转借给其他自然人或单位,即使转借也不能贪便宜赚利息差。

3. 企业经营者应监管好贷款的使用用途,避免财务管理人员不当使用贷款,引发本罪的刑事风险。

三、典型案例

重庆腾×建设工程集团有限公司、王某高利转贷案①

【案情简介】

王某系重庆腾×建设工程集团有限公司(以下简称腾×公司)董事长兼总经理。2013年8月7日,腾×公司、王某伪造建材、劳务合同与重庆农村商业银行股份有限公司潼南支行签订流动资金贷款合同,并以王某、王某1、王某2所有的估值人民币4686.56万元的房产作为抵押从重庆农村商业银行股份有限公司潼南支行贷款人民币2900万元。重庆农村商业银行股份有限公司潼南支行放款后,王某委托该行按其伪造的合同将款项支付给合同相对方。2013年8月9日,王某与王某3达成借款协议,约定王某以月利率4%借款3000万元给王某3,借款12个月,按月支付利息,到期后还本或决定是否续借。协议达成后,王某让伪造合同的收款各方将腾×公司从银行套出的2900万元贷款转给王某3,然后再将个人的100万元借给王某3。王某3借款后于2013年9月至2014年4月先后8次支付王某借款利息共计人民币960万元,其中因2900万元获取的利息共计928万元。2017年9月29日,王某以个人资产及抵押房产向重庆农村商业银行股份有限公司潼南支行还清了2900万元贷款本金,支付了利息578.797016万元,违法所得共计人民币349.202984万元。

2018年11月23日,王某被民警抓获,其到案后如实供述了自己的罪行。

【裁判结果】

1. 腾×公司犯高利转贷罪,判处罚金人民币350万元。

---

① 案号:(2019)渝0152刑初226号。

2. 王某犯高利转贷罪,判处有期徒刑 1 年,缓刑 1 年。

3. 对腾×公司违法所得人民币 349.202984 万元,予以追缴。

【案件评析】

本案涉及的是企业以转贷牟利为目的套取金融机构信贷资金再高利转贷给他人的行为,是否构成高利转贷罪的问题。

最高人民检察院、公安部《关于公安机关管辖的刑事案件立案追诉标准的规定(二)》(2010 年)第二十六条规定:"以转贷牟利为目的,套取金融机构信贷资金高利转贷他人,涉嫌下列情形之一的,应予立案追诉:(一)高利转贷,违法所得数额在十万元以上的;(二)虽未达到上述数额标准,但两年内因高利转贷受过行政处罚二次以上,又高利转贷的。"

本案中,腾×公司以牟利为目的,套取金融机构信贷资金高利转贷他人,违法所得人民币 340 余万元,远远超出法定的追诉金额,其行为已构成高利转贷罪;王某作为该单位直接负责的主管人员,其行为亦已构成高利转贷罪。

第六节　擅自发行股票、公司、企业债券罪

一、罪名概述

1. 罪名简介

擅自发行股票、公司、企业债券罪,是指未经国家有关主管部门批准,擅自发行股票,公司、企业债券,数额巨大、后果严重或者有其他严重情节的行为。

2. 犯罪构成要件

(1)犯罪客体

本罪侵犯的客体是国家对股票和公司、企业债券的发行管理制度。我国《公司法》明确规定,股份有限公司的设立,必须具备一定的条件。未经国务院证券管理部门批准,股份有限公司的发起人不得向社会公开募集股份。已获准成立的公司发行新股,经股东大会作出决议后,董事会必须向国务院授权的部门或者省级人民政府申请批准;属于向社会公开募集的,须经国务院证券管理部门批准;公司债券的发行规模由国务院确定。违反上述规定发行股票、债券的,均属"擅自发行"。

(2)犯罪客观方面

本罪在客观方面表现为不具有发行股票、债券的主体资格,或者虽然主体资格合法,但未经法定程序由本公司股东会议作出决议,或者未经依法报请国家有关主管部门批准,或者虽经依法申报,但未获批准,而擅自发行股票、公司、企业债券,数额巨

大、造成严重后果或者有其他严重情节的行为。

(3)犯罪主体

本罪的犯罪主体为一般主体,凡达到刑事责任年龄并具备刑事责任能力的自然人均能构成本罪。单位也可成为本罪的主体。

(4)犯罪主观方面

本罪在主观方面表现为故意,并且一般具有非法募集资金的目的,为个人或者单位谋取经济利益。

3. 立案追诉标准

最高人民检察院、公安部《关于公安机关管辖的刑事案件立案追诉标准的规定(二)》第二十九条规定,未经国家有关主管部门批准或者注册,擅自发行股票或者公司、企业债券,涉嫌下列情形之一的,应予立案追诉:

(1)非法募集资金金额在100万元以上的;

(2)造成投资者直接经济损失数额累计在50万元以上的;

(3)募集的资金全部或者主要用于违法犯罪活动的;

(4)其他后果严重或者有其他严重情节的情形。

该条规定的“擅自发行股票或者公司、企业债券”,是指向社会不特定对象发行、以转让股权等方式变相发行股票或者公司、企业债券,或者向特定对象发行、变相发行股票或者公司、企业债券累计超过200人的行为。

4. 量刑标准

《刑法》第一百七十九条规定:“未经国家有关主管部门批准,擅自发行股票或者公司、企业债券,数额巨大、后果严重或者有其他严重情节的,处五年以下有期徒刑或者拘役,并处或者单处非法募集资金金额百分之一以上百分之五以下罚金。单位犯前款罪的,对单位判处罚金,并对其直接负责的主管人员和其他直接责任人员,处五年以下有期徒刑或者拘役。”

最高人民法院《关于审理非法集资刑事案件具体应用法律若干问题的解释》第十条规定,未经国家有关主管部门批准,向社会不特定对象发行、以转让股权等方式变相发行股票或者公司、企业债券,或者向特定对象发行、变相发行股票或者公司、企业债券累计超过200人的,应当认定为《刑法》第一百七十九条规定的“擅自发行股票或者公司、企业债券”。构成犯罪的,以擅自发行股票、公司、企业债券罪定罪处罚。

二、风险防范

1. 企业应认真学习与股票、债券发行相关的法律法规,掌握股票、债券发行的条件、程序等,严格依法发行股票、债券。需要注意的是,股票、债券发行是否获得国家有关主管部门批准是判断罪与非罪的关键。企业并不是有资格发行股票、债券就不能构成本罪,有资格发行但没有依照《证券法》的相关规定,没有经过国家有关主管部门的批准而擅自发行的,也构成本罪。

2. 企业发行股票和债券时,应严格按批准的内容发行证券,不得故意超额、超期发行证券,也不得故意发行与批准内容不相符的其他种类的证券。

3. 注意"以非法占有为目的"的关卡,防止触犯更为严重的集资诈骗罪。擅自发行股票、公司、企业债券罪的法定刑为5年以下有期徒刑或者拘役,而集资诈骗罪最高可被判处10年以上有期徒刑或者无期徒刑,两罪的法定刑的差异,应当引起高度重视。两罪主要区别在于是否具有非法占有的目的。因此,切忌在实施擅自发行股票、公司、企业债券的行为后,出现可能会被认定为"以非法占有为目的"的行为。

4. 企业应规范经办人员的行为,加强内部监督,避免因经办人员的不当行为触犯本罪。

三、典型案例

江苏奥×船舶配件有限公司等擅自发行股票、公司、企业债券案①

【案情简介】

江苏奥×船舶配件有限公司(以下简称奥×公司)成立于2009年4月,张某良担任奥×公司法定代表人兼总经理,并实际控制该公司。

2015年6月至2017年,奥×公司先后委托多家证券公司、律师事务所等单位筹备在全国中小企业股份转让系统挂牌的申请事宜,但均未成功。同期,因奥×公司经营困难、资金短缺,张某良决定在未经国家有关主管部门批准的情况下,通过对外公开出售公司股权的方式筹集资金。为此,张某良隐瞒奥×公司连年亏损的事实,以奥×公司即将在全国中小企业股份转让系统挂牌、投资人可获取高额回报、许诺两年内挂牌无果就全额回购并支付高额利息等为由,通过自行招揽或者委托上海××管理中心(有限合伙)、上海C有限公司、Z公司、上海D有限公司、上海E有限公司、上海F有限公司等中介机构采用电话推销、口口相传等手段,向131名投资人转让奥×公司股权,共计获得1.48亿余元。

2018年1月19日,张某良经公安机关电话通知后到案,并如实供述了上述犯罪事实。案发后,奥×公司分别退还投资人阎某10万元、陈某10万元、周某30万元、翁某2万元、徐某3万元、顾某210万元、张某38万元、张某4100万元、姚某100万元,还将3 423 489.6元债权转让给投资人许某1。

---

① 案号:(2019)沪01刑初40号。

【裁判结果】

1. 奥×公司犯擅自发行股票罪,判处罚金人民币450万元。

2. 张某良犯擅自发行股票罪,判处有期徒刑4年。

3. 向奥×公司、张某良追缴违法所得,不足部分责令退赔,所得款项发还投资人。

【案件评析】

本案涉及的是企业未经国家有关主管部门批准,通过对外公开出售公司股权的方式筹集资金的行为,是否构成擅自发行股票罪的问题。

最高人民检察院、公安部《关于公安机关管辖的刑事案件立案追诉标准的规定(二)》(2010年)第三十四条规定:"未经国家有关主管部门批准,擅自发行股票或者公司、企业债券,涉嫌下列情形之一的,应予立案追诉:(一)发行数额在五十万元以上的;(二)虽未达到上述数额标准,但擅自发行致使三十人以上的投资者购买了股票或者公司、企业债券的;(三)不能及时清偿或者清退的;(四)其他后果严重或者有其他严重情节的情形。"

本案中,奥×公司及其直接负责的主管人员张某良未经国家有关主管部门批准,以奥×公司即将在全国中小企业股份转让系统挂牌、投资人可获取高额回报、许诺两年内挂牌无果就全额回购并支付高额利息等为由,采用电话推销、口口相传等手段,擅自向社会不特定对象以转让股权等方式变相发行股票,共筹集资金1.48亿余元,远远超出法定的追诉金额,其行为已构成擅自发行股票罪。

第八章

企业财税管理刑事法律风险及防范

第一节 隐匿、故意销毁会计凭证、会计账簿、财务会计报告罪

一、罪名概述

1. 罪名简介

隐匿、故意销毁会计凭证、会计账簿、财务会计报告罪,是指故意隐匿、故意销毁有法定保存义务的会计凭证和账簿、财务报告,情节严重的行为。

2. 犯罪构成要件

(1)犯罪客体

本罪侵犯的客体是国家对公司、企业的财务管理制度。

(2)犯罪客观方面

本罪在客观方面表现为隐匿或者故意销毁依法应当保存的会计凭证、会计账簿、财务会计报告,情节严重的行为。

根据《会计档案管理办法》第六条的规定,会计凭证包括原始凭证、记账凭证;会计账簿包括总账、明细账、日记账、固定资产卡片及其他辅助性账簿;财务会计报告包括月度、季度、半年度、年度财务会计报告;其他会计资料,包括银行存款余额调节表、银行对账单、纳税申报表、会计档案移交清册、会计档案保管清册、会计档案销毁清册、会计档案鉴定意见书及其他具有保存价值的会计资料。行为人隐匿、故意销毁上述资料均构成犯罪。具体行为情形如下:

①隐匿依法应当保存的会计凭证、会计账簿、财务会计报告。隐匿,是指故意隐藏的行为。在有关行政主管部门依法实施会计监督时,将应当提供出来接受检查的会计凭证、会计账簿、财务会计报告隐藏起来拒不提供,或者将应当接受社会监督的会计凭证、会计账簿、财务会计报告隐藏起来拒不提供,都构成隐匿。

②故意销毁依法应当保存的会计凭证、会计账簿、财务会计报告。故意销毁,是

指将明知按照会计档案管理的有关规定或者国家统一会计制度的规定应当存档或者保存的会计凭证、会计账簿、财务会计报告予以销毁的行为。

(3)犯罪主体

本罪的犯罪主体为一般主体,凡达到刑事责任年龄、具有刑事责任能力的自然人均可构成本罪。单位也可成为本罪的主体。

(4)犯罪主观方面

本罪在主观方面表现为故意,过失不构成本罪。

3. 立案追诉标准

最高人民检察院、公安部《关于公安机关管辖的刑事案件立案追诉标准的规定(二)》第八条规定,隐匿或者故意销毁依法应当保存的会计凭证、会计账簿、财务会计报告,涉嫌下列情形之一的,应予立案追诉:

(1)隐匿、故意销毁的会计凭证、会计账簿、财务会计报告涉及金额在50万元以上的;

(2)依法应当向监察机关、司法机关、行政机关、有关主管部门等提供而隐匿、故意销毁或者拒不交出会计凭证、会计账簿、财务会计报告的;

(3)其他情节严重的情形。

4. 量刑标准

《刑法》第一百六十二条之一规定:"隐匿或者故意销毁依法应当保存的会计凭证、会计账簿、财务会计报告,情节严重的,处五年以下有期徒刑或者拘役,并处或者单处二万元以上二十万元以下罚金。单位犯前款罪的,对单位判处罚金,并对其直接负责的主管人员和其他直接责任人员,依照前款的规定处罚。"

二、风险防范

1. 企业应当谨慎保管会计凭证、会计账簿、财务会计报告等资料,做到专人监管,避免出现上述资料被隐匿或销毁的风险。企业工作人员在会计凭证、会计账簿等的保管过程中应该注意的事项:会计凭证在制作装订后应及时加贴封条、防止被他人抽换凭证;原始凭证不可以进行外借,如果有其他单位和个人需要审阅会计凭证,需要经过本单位领导的批准,并需要填写"会计档案调阅表",上面要注明调阅会计凭证的名称、调阅的日期、调阅人姓名以及其调阅理由、归还日期等;严格遵守会计凭证的保管期限要求,期满前不得任意销毁;如果不慎遗失外部取得的原始凭证,需要找原开出单位,并取得单位盖有公章的证明,证明当中需要包含遗失原始凭证的号码,发生的金额和经纪业务内容等。

2. 企业应建立健全财务管理制度,对财务管理、财务内容、部门设置及人员管理作出明确规定,加强对财务活动的监管,使之满足企业的正常运营需要。

3. 加强财务人员的教育培训，提高职业素养。在夯实财务基础知识的情况下，应加强对财务人员的专项培训，使之有能力应对司法机关、行政机关或有关监管部门的监督检查工作。

三、典型案例

庄某立隐匿、故意销毁会计凭证、会计账簿、财务会计报告案①

【案情简介】

2016年7月，庄某立和唐某（另案处理）、黄某合股经营海丰县皇×水都休闲会所。每月的营业额约100万元。按税务纳税规定，应以每月实际收入报账缴税，但庄某立为了达到少纳税的目的，在审核完该会所财务的当月账目后即交待周某在公司用碎纸机将该会所相关会计资料进行销毁；然后再指令该会所会计陈某另造一套假账目，虚报公司的实际收入，以达到少缴税的目的。2018年9月10日上午，海丰县公安局在海丰县海城镇新园社区皇×水都休闲会所传唤庄某立到案接受讯问。

【裁判结果】

1. 庄某立犯故意销毁会计凭证、会计账簿、财务会计报告罪，判处有期徒刑1年，并处罚金人民币50 000元。

2. 本案缴获的手机4部、碎纸机1部、电脑主机3部、人民币6472元，予以没收，上缴国库；缴获的"海丰县皇×水都休闲会所财务专用章"1枚，由公安机关依法处理。

【案件评析】

本案涉及的是企业经营者为达到少纳税的目的，要求财务人员销毁真实的会计资料的行为，是否构成故意销毁会计凭证、会计账簿、财务会计报告罪的问题。

最高人民检察院、公安部《关于公安机关管辖的刑事案件立案追诉标准的规定（二）》（2010年）第八条规定："隐匿或者故意销毁依法应当保存的会计凭证、会计账簿、财务会计报告，涉嫌下列情形之一的，应予立案追诉：（一）隐匿、故意销毁的会计凭证、会计账簿、财务会计报告涉及金额在五十万元以上的；（二）依法应当向司法机关、行政机关、有关主管部门等提供而隐匿、故意销毁或者拒不交出会计凭证、会计账簿、财务会计报告的；（三）其他情节严重的情形。"

本案中，庄某立无视国家法律，故意销毁依法应当保存的会计凭证、会计账簿、财务会计报告等相关会计资料。海丰县皇×水都休闲会所每月的营业额约100万元，

---

① 案号：（2019）粤1521刑初417号。

这表明涉案金额在50万元以上，其行为已构成故意销毁会计凭证、会计账簿、财务会计报告罪。

第二节 虚开增值税专用发票、用于骗取出口退税、抵扣税款发票罪

一、罪名概述

1. 罪名简介

虚开增值税专用发票、用于骗取出口退税、抵扣税款发票罪，是指违反国家税收征管法规，为他人虚开、为自己虚开、让他人为自己虚开、介绍他人虚开增值税专用发票或者用于骗取出口退税、抵扣税款的其他发票的行为。

2. 犯罪构成要件

(1)犯罪客体

本罪侵犯的客体是国家对增值税专用发票和可用于出口退税、抵扣税款的其他发票的监督管理制度。

根据《增值税专用发票使用规定》第十一条的规定，专用发票应按下列要求开具：①项目齐全，与实际交易相符；②字迹清楚，不得压线、错格；③发票联和抵扣联加盖财务专用章或者发票专用章；④按照增值税纳税义务的发生时间开具。对不符合上列要求的专用发票，购买方有权拒收。

(2)犯罪客观方面

本罪在客观方面表现为行为人实施了虚开增值税专用发票或者用于骗取出口退税、抵扣税款的其他发票的行为。

增值税专用发票，是指以商品或者劳动增值额为征税对象，具有直接抵扣税款功能的专门用于增值税的发票；其他发票，是指具有与增值税专用发票相同功能的用于出口退税、抵扣税款的其他非增值税发票。根据最高人民法院、最高人民检察院《关于办理危害税收征管刑事案件适用法律若干问题的解释》第十条第一款的规定："具有下列情形之一的，应当认定为刑法第二百零五条第一款规定的'虚开增值税专用发票或者虚开用于骗取出口退税、抵扣税款的其他发票'：(一)没有实际业务，开具增值税专用发票、用于骗取出口退税、抵扣税款的其他发票的；(二)有实际应抵扣业务，但开具超过实际应抵扣业务对应税款的增值税专用发票、用于骗取出口退税、抵扣税款的其他发票的；(三)对依法不能抵扣税款的业务，通过虚构交易主体开具增值税专用发票、用于骗取出口退税、抵扣税款的其他发票的；(四)非法篡改增值税专用发

票或者用于骗取出口退税、抵扣税款的其他发票相关电子信息的;(五)违反规定以其他手段虚开的。”

本罪行为方式具体包括以下 4 种表现形式:①为他人虚开增值税专用发票或者用于骗取出口退税、抵扣税款的其他发票;②为自己虚开增值税专用发票或者用于骗取出口退税、抵扣税款的其他发票;③让他人为自己虚开增值税专用发票或者用于骗取出口退税、抵扣税款的其他发票;④介绍他人虚开增值税专用发票或者用于骗取出口退税、抵扣税款的其他发票。

(3)犯罪主体

本罪的犯罪主体为一般主体,即年满 16 周岁且具有刑事责任能力的自然人或单位。

(4)犯罪主观方面

本罪在主观方面表现为故意,过失不构成本罪。

3. 立案追诉标准

最高人民检察院、公安部《关于公安机关管辖的刑事案件立案追诉标准的规定(二)》第五十六条规定:“虚开增值税专用发票或者虚开用于骗取出口退税、抵扣税款的其他发票,虚开的税款数额在十万元以上或者造成国家税款损失数额在五万元以上的,应予立案追诉。”

4. 量刑标准

《刑法》第二百零五条第一款、第二款规定:“虚开增值税专用发票或者虚开用于骗取出口退税、抵扣税款的其他发票的,处三年以下有期徒刑或者拘役,并处二万元以上二十万元以下罚金;虚开的税款数额较大或者有其他严重情节的,处三年以上十年以下有期徒刑,并处五万元以上五十万元以下罚金;虚开的税款数额巨大或者有其他特别严重情节的,处十年以上有期徒刑或者无期徒刑,并处五万元以上五十万元以下罚金或者没收财产。单位犯本条规定之罪的,对单位判处罚金,并对其直接负责的主管人员和其他直接责任人员,处三年以下有期徒刑或者拘役;虚开的税款数额较大或者有其他严重情节的,处三年以上十年以下有期徒刑;虚开的税款数额巨大或者有其他特别严重情节的,处十年以上有期徒刑或者无期徒刑。”

最高人民法院、最高人民检察院《关于办理危害税收征管刑事案件适用法律若干问题的解释》第十条第二款规定,为虚增业绩、融资、贷款等不以骗抵税款为目的,没有因抵扣造成税款被骗损失的,不以本罪论处,构成其他犯罪的,依法以其他犯罪追究刑事责任。

该解释第十一条规定:“虚开增值税专用发票、用于骗取出口退税、抵扣税款的其他发票,税款数额在十万元以上的,应当依照刑法第二百零五条的规定定罪处罚;虚开税款数额在五十万元以上、五百万元以上的,应当分别认定为刑法第二百零五条第一款规定的'数额较大'、'数额巨大'。具有下列情形之一的,应当认定为刑法第二百零五条第一款规定的'其他严重情节':(一)在提起公诉前,无法追回的税款数额达到三十万元以上的;(二)五年内因虚开发票受过刑事处罚或者二次以上行政处罚,又虚开增值税专用发票或者虚开用于骗取出口退税、抵扣税款的其他发票,虚开税款数额在三十万元以上的;(三)其他情节严重的情形。具有下列情形之一的,应当认定为刑法第二百零五条第一款规定的'其他特别严重情节':(一)在提起公诉前,无法追回的税款数额达到三百万元以上的;(二)五年内因虚开发票受过刑事处罚或者二次以上行政处罚,又虚开增值税专用发票或者虚开用于骗取出口退税、抵扣税款的其他发票,虚开税款数额在三百万元以上的;(三)其他情节特别严重的情形。以同一购销业务名义,既虚开进项增值税专用发票、用于骗取出口退税、抵扣税款的其他发票,又虚开销项的,以其中较大的数额计算。以伪造的增值税专用发票进行虚开,达到本条规定标准的,应当以虚开增值税专用发票罪追究刑事责任。"

二、风险防范

1. 企业经营者与财务人员应积极学习我国关于发票的法律法规和国家政策,树立依法开具发票的合规意识,从源头上筑起第一道防火墙,消除侥幸心理。我国税务部门的增值税防伪税控系统拥有超强的信息比对功能,它可以通过大数据和云计算技术,自动化比对可疑企业的进项和销项信息,在品名、数量、金额间进行大量计算,追踪异常行为。一旦发现违法行为,税务部门将会同多部门严厉打击虚开骗税行为。因此,"虚开发票"是企业的高压红线,企业应加强发票开具与使用的合规管理,切莫触碰法律雷区。

2. 企业应建立健全发票登记使用制度,在经营过程中防范取得虚开的增值税专用发票,避免因上游企业虚开行为受到牵连涉刑。取得虚开增值税专用发票时,要注意收集证据证明"善意取得",以避免刑事责任。实务中,善意取得需要从以下 4 个方面证明:提供交易真实存在的证据;确定取得的增值税专用发票注明的销售方名称、印章、货物数量、金额及税额等全部内容与实际相符;销售方使用的是其所在省的增值税专用发票;没有证据表明购货方知道销售方提供的专用发票是以非法手段获得的。

3. 企业财务人员应加强对取得的增值税专用发票的审核,特别是发票的出票地是否与开票方实际经营地一致,注明的销售方名称、印章、货物数量、金额及税额等方面需要重点审核,确保增值税专用发票的全部内容与实际交易情形相符。对已经取得的存在疑点的发票,应当谨慎对待,建议暂缓抵扣有关进项税额,并及时向税务部门求助、查证,包括向供货方企业所在地的税务机关求助、查证,请税务机关帮助调查、核实发票的性质、来源和业务的真实性。

4. 企业应保留交易过程中的各类资料凭证，使各项具体业务可以追根溯源，如果后续发现问题可以给税务机关甚至侦查机关调查提供依据。在税务机关对虚开发票违法行为进行行政处罚时，企业要高度重视，积极应对，及时补缴税款或滞纳金。同时企业应积极主动进行整改，避免行政违法上升为刑事案件。

5. 企业采购货物时，尽量通过银行账户将货款划拨到交易对方的银行账户内，最好不要用现金交易，也不要将货款支付到业务员个人账户。

6. 企业应重视对财务人员的教育和培训，建立完善的监督制度，防止部分财务人员为一己之利为他人代开发票或进行其他违法活动。

三、典型案例

刘某宇、温州洁×鞋业有限公司等虚开增值税专用发票案①

【案情简介】

刘某宇系温州洁×鞋业有限公司（以下简称温州洁×公司）的法定代表人、实际控制人，同时系湖南洁×鞋业有限公司（以下简称湖南洁×公司）的实际控制人，负责两家公司的日常经营。

2017 年至 2020 年，刘某宇在温州洁×公司没有真实货物交易的情况下，通过伪造购销合同、资金流的方式，为温州方×国际贸易有限公司、温州汉×国际贸易有限公司、温州展×国际贸易有限公司、温州瓯×贸易有限公司公司虚开增值税专用发票 154 份，计税金额人民币（币种下同）13 306 945.41 元，税额 1 911 277.83 元，价税合计 15 218 223.24 元，非法获利 1 120 081.92 元。

2016 年间，刘某宇在湖南洁×公司没有真实货物交易的情况下，通过伪造购销合同、资金流的方式，为温州展×国际贸易有限公司虚开增值税专用发票 9 份，计税金额 820 897.44 元，税额 139 552.56 元，价税合计 960 450 元，非法获利 67 231.5 元。

案发后，刘某宇主动投案，代温州洁×公司、湖南洁×公司分别退出全部违法所得 1 120 081.92 元、67 231.5 元，并代两公司分别预缴罚金 150 000 元、50 000 元。

【裁判结果】

1. 温州洁×公司犯虚开增值税专用发票罪，判处罚金人民币 150 000 元。

2. 湖南洁×公司犯虚开增值税专用发票罪，判处罚金人民币 50 000 元。

3. 刘某宇犯虚开增值税专用发票罪，判处有期徒刑 2 年 2 个月，缓刑 2 年 8 个月。

---

① 案号：(2022) 浙 0305 刑初 132 号。

4. 追缴温州洁×公司、湖南洁×公司已退出违法所得共计人民币 1 187 313.42 元,予以没收,上缴国库。

【案件评析】

本案涉及的是企业经营者在没有真实货物交易的情况下,通过伪造购销合同、资金流的方式为他人虚开增值税专用发票非法牟利的行为,是否构成虚开增值税专用发票罪的问题。

最高人民检察院、公安部《关于公安机关管辖的刑事案件立案追诉标准的规定(二)》(2010 年)第六十一条规定:"虚开增值税专用发票或者虚开用于骗取出口退税、抵扣税款的其他发票,虚开的税款数额在一万元以上或者致使国家税款被骗数额在五千元以上的,应予立案追诉。"

本案中,温州洁×公司、湖南洁×公司、刘某宇为温州展×国际贸易有限公司、温州方×国际贸易有限公司、温州汉×国际贸易有限公司、温州瓯×贸易有限公司虚开增值税专用发票共计 163 份,虚开的税款数额远远超出法定的追诉金额,其行为已构成虚开增值税专用发票罪。

第三节　虚开发票罪

一、罪名概述

1. 罪名简介

虚开发票罪,是指为了牟取非法经济利益,违反国家发票管理规定,虚开增值税专用票和用于骗取出口退税、抵扣税款发票以外的发票的行为。

2. 犯罪构成要件

(1)犯罪客体

本罪侵犯的客体是国家对发票的监督管理制度。国家的发票管理制度,具体包括《发票管理办法》和《发票管理办法实施细则》的有关规定和其他涉及发票管理的法律法规。发票是企业记账和国家税收的重要凭证,虚开发票是对国家发票管理制度的挑战与亵渎,会导致市场经济的混乱,对经济发展造成严重的不利影响。

(2)犯罪客观方面

本罪在客观方面表现为虚开增值税专用发票和用于骗取出口退税、抵扣税款发票以外的发票,情节严重或情节特别严重的行为。

最高人民法院、最高人民检察院《关于办理危害税收征管刑事案件适用法律若干问题的解释》第十二条规定:"具有下列情形之一的,应当认定为刑法第二百零五条之一第一款规定的'虚开刑法第二百零五条规定以外的其他发票':(一)没有实际业务而为他人、为自己、让他人为自己、介绍他人开具发票的;(二)有实际业务,但为他人、为自己、让他人为自己、介绍他人开具与实际业务的货物品名、服务名称、货物数量、金额等不符的发票的;(三)非法篡改发票相关电子信息的;(四)违反规定以其他手段虚开的。"

(3)犯罪主体

本罪的犯罪主体为一般主体,自然人和单位均可构成本罪。

(4)犯罪主观方面

本罪在主观方面表现为故意,过失不构成本罪。

3. 立案追诉标准

最高人民检察院、公安部《关于公安机关管辖的刑事案件立案追诉标准的规定(二)》第五十七条规定,虚开《刑法》第二百零五条规定以外的其他发票,涉嫌下列情形之一的,应予立案追诉:

(1)虚开发票金额累计在50万元以上的;

(2)虚开发票100份以上且票面金额在30万元以上的;

(3)5年内因虚开发票受过刑事处罚或者2次以上行政处罚,又虚开发票,数额达到第一、二项标准60%以上的。

4. 量刑标准

《刑法》第二百零五条之一规定:"虚开本法第二百零五条规定以外的其他发票,情节严重的,处二年以下有期徒刑、拘役或者管制,并处罚金;情节特别严重的,处二年以上七年以下有期徒刑,并处罚金。单位犯前款罪的,对单位判处罚金,并对其直接负责的主管人员和其他直接责任人员,依照前款的规定处罚。"

最高人民法院、最高人民检察院《关于办理危害税收征管刑事案件适用法律若干问题的解释》第十三条规定:"具有下列情形之一的,应当认定为刑法第二百零五条之一第一款规定的'情节严重':(一)虚开发票票面金额五十万元以上的;(二)虚开发票一百份以上且票面金额三十万元以上的;(三)五年内因虚开发票受过刑事处罚或者二次以上行政处罚,又虚开发票,票面金额达到第一、二项规定的标准60%以上的。具有下列情形之一的,应当认定为刑法第二百零五条之一第一款规定的'情节特别严重':(一)虚开发票票面金额二百五十万元以上的;(二)虚开发票五百份以上且票面金额一百五十万元以上的;(三)五年内因虚开发票受过刑事处罚或者二次以上行政处罚,又虚开发票,票面金额达到第一、二项规定的标准60%以上的。以伪造的发票进行虚开,达到本条第一款规定的标准的,应当以虚开发票罪追究刑事责任。"

二、风险防范

1. 虚开发票罪是《刑法修正案(八)》新增加的罪名,在《刑法》第二百零五条规定“虚开增值税专用发票、用于骗取出口退税、抵扣税款发票罪”的基础上,将虚开“增值税专用发票或者用于骗取出口退税、抵扣税款的其他发票”以外的其他发票,也纳入刑法的规范范围。

2. 虽然“虚开发票罪”与“虚开增值税专用发票、用于骗取出口退税、抵扣税款发票罪”的主要区别在于犯罪对象不同,但是涉及“虚开增值税专用发票、用于骗取出口退税、抵扣税款发票罪”风险防控的建议,基本上也适用于“虚开发票罪”,在此不再赘述。

三、典型案例

海南泓×建筑设计有限公司陵水分公司、海南泓×建筑设计有限公司陵水审图分公司等虚开发票案[①]

【案情简介】

蔡某和系海南泓×建筑设计有限公司陵水分公司(以下简称泓×陵水分公司)、海南泓×建筑设计有限公司陵水审图分公司(以下简称泓×陵水审图分公司)的实际负责人。2016年11月至12月,泓×陵水分公司、泓×陵水审图分公司为逃避缴纳企业所得税,公司实际负责人蔡某和让他人虚开增值税普通发票,发票面额共计人民币2 463 500元。

2016年11月至12月,在泓×陵水分公司与深圳市品×居建筑工程设计有限公司(以下简称品×居公司)、深圳市德×园建设工程设计有限公司(以下简称德×园公司)没有实际业务交易的情况下,蔡某和委托“卓工”(身份不清)让品×居公司、德×园公司为泓×陵水分公司虚开增值税普通发票共18张,价税合计1 767 000元,蔡某和将以上发票用于申报税款。

2016年12月,在泓×陵水审图分公司与德×园公司没有实际业务交易的情况下,蔡某和委托“卓工”让德×园公司为泓×陵水审图分公司虚开增值税普通发票7张,价税合计696 500元,蔡某和将以上发票用于申报税款。

2018年12月19日,蔡某和经电话通知后,主动到公安机关投案。2018年12月

① 案号:(2020)琼9028刑初102号。

13 日,蔡某和已向陵水县税务局补缴泓×陵水分公司、泓×陵水审图分公司的企业所得税、滞纳金共计845 293.99 元。

【裁判结果】

1. 泓×陵水分公司犯虚开发票罪,判处罚金人民币20 000 元。

2. 泓×陵水审图分公司犯虚开发票罪,判处罚金人民币10 000 元。

3. 蔡某和犯虚开发票罪,判处有期徒刑 8 个月,缓刑 1 年,并处罚金人民币20 000元。

【案件评析】

本案涉及的是企业为逃避缴纳企业所得税,让他人虚开增值税普通发票用于申报税款的行为,是否构成虚开发票罪的问题。

最高人民检察院、公安部《关于公安机关管辖的刑事案件立案追诉标准的规定(二)的补充规定》(2011 年)第二条规定:"……虚开刑法第二百零五条规定以外的其他发票,涉嫌下列情形之一的,应予立案追诉:(一)虚开发票一百份以上或者虚开金额累计在四十万元以上的;(二)虽未达到上述数额标准,但五年内因虚开发票行为受过行政处罚二次以上,又虚开发票的;(三)其他情节严重的情形。"

本案中,泓×陵水分公司、泓×陵水审图分公司违反国家税收征管法律、法规,让品×居公司、德×园公司为自己虚开增值税普通发票共25 张,价税合计共2 463 500元,远远超出法定的追诉金额,其行为已构成虚开发票罪;蔡某和作为上述公司的直接负责的主管人员,应当以虚开发票罪追究其刑事责任。

第四节　非法购买增值税专用发票、购买伪造的增值税专用发票罪

一、罪名概述

1. 罪名简介

非法购买增值税专用发票、购买伪造的增值税专用发票罪,是指违反国家发票管理法规,非法购买增值税专用发票,或者购买伪造的增值税专用发票的行为。

2. 犯罪构成要件

(1)犯罪客体

本罪侵犯的客体是国家有关发票管理规范。

(2)犯罪客观方面

本罪在客观方面表现为违反国家发票管理法规,非法购买增值税专用发票,或者

购买伪造的增值税专用发票的行为。

购买增值税专用发票,是指行为人以一定价格用货币或者其他利益从他人处换回增值税专用发票的行为。非法购买,是指违反国家法律、法规有关增值税专用发票购买规定的购买行为。

(3)犯罪主体

本罪的犯罪主体为一般主体,凡达到刑事责任年龄且具有刑事责任能力的自然人均可构成本罪。单位也可成为本罪的主体。

(4)犯罪主观方面

本罪在主观方面表现为故意。故意是指明知是非法购买增值税专用发票的行为而有意实施或者明知是伪造的增值税专用发票而购买的主观心理状态。

3. 立案追诉标准

最高人民检察院、公安部《关于公安机关管辖的刑事案件立案追诉标准的规定(二)》第六十条规定,非法购买增值税专用发票或者购买伪造的增值税专用发票,涉嫌下列情形之一的,应予立案追诉:

(1)非法购买增值税专用发票或者购买伪造的增值税专用发票 20 份以上且票面税额在 10 万元以上的;

(2)票面税额累计在 20 万元以上的。

4. 量刑标准

《刑法》第二百零八条规定:"非法购买增值税专用发票或者购买伪造的增值税专用发票的,处五年以下有期徒刑或者拘役,并处或者单处二万元以上二十万元以下罚金。非法购买增值税专用发票或者购买伪造的增值税专用发票又虚开或者出售的,分别依照本法第二百零五条、第二百零六条、第二百零七条的规定定罪处罚。"

最高人民法院、最高人民检察院《关于办理危害税收征管刑事案件适用法律若干问题的解释》第十六条规定:"非法购买增值税专用发票或者购买伪造的增值税专用发票票面税额二十万元以上的,或者二十份以上且票面税额十万元以上的,应当依照刑法第二百零八条第一款的规定定罪处罚。非法购买真、伪两种增值税专用发票的,数额累计计算,不实行数罪并罚。购买伪造的增值税专用发票又出售的,以出售伪造的增值税专用发票罪定罪处罚;非法购买增值税专用发票用于骗取抵扣税款或者骗取出口退税款,同时构成非法购买增值税专用发票罪与虚开增值税专用发票罪、骗取出口退税罪的,依照处罚较重的规定定罪处罚。"

二、风险防范

1. 企业应严格依照法定程序向税务机关申请开具发票,不能因贪图利益或因自身资格瑕疵而以非法方式购买增值税专用发票或者购买伪造的增值税专用发票。

2. 企业应要求财务人员对企业财务凭证定期进行核查,以防企业财务凭证中混杂不合法的票据。

3. 成立本罪要求主体具有故意性,企业在不知情的情况下无意中持有虚假发票,发现后要及时销毁,绝不能存在侥幸心理,否则有可能符合本罪要求的主观故意,从而触犯本罪。

三、典型案例

石嘴山市浩×嘉源工贸有限公司、王某平非法购买增值税专用发票案[①]

【案情简介】

王某平实际经营控制石嘴山市浩×嘉源工贸有限公司(以下简称浩×公司)。2019 年 3 月 15 日,王某平在未有实际业务往来的情况下,以浩×公司名义从他人处购买销售方为“鄂尔多斯市国×矿业开发有限责任公司”的增值税专用发票 5 张,价税合计 5 756 140 元,税额 793 950.34 元,王某平向对方支付购买发票费用 748 303.2 元。经查明,王某平购买的 5 张增值税专用发票均系伪造。

【裁判结果】

1. 浩×公司犯非法购买增值税专用发票罪,判处罚金 6 万元。

2. 王某平犯非法购买增值税专用发票罪,判处有期徒刑 1 年 6 个月,缓刑 2 年,并处罚金 3 万元。

【案件评析】

本案涉及的是企业从他人处购买增值税专用发票的行为,是否构成非法购买增值税专用发票罪的问题。

最高人民检察院、公安部《关于公安机关管辖的刑事案件立案追诉标准的规定(二)》(2010 年)第六十四条规定:“非法购买增值税专用发票或者购买伪造的增值税专用发票二十五份以上或者票面额累计在十万元以上的,应予立案追诉。”

本案中,浩×公司违反国家增值税专用发票管理规定,非法从无出售权的个人处购买增值税专用发票 5 张,票面额累计 5 756 410 元,远远超出法定的追诉金额,其行为已构成非法购买增值税专用发票罪。王某平作为浩×公司实际经营人,具体实施非法购买增值税专用发票行为,也构成非法购买增值税专用发票罪。

---

① 案号:(2022)宁 0205 刑初 30 号。

第五节 非法出售增值税专用发票罪

一、罪名概述

1. 罪名简介

非法出售增值税专用发票罪,是指违反国家有关发票管理法规,故意非法出售增值税专用发票的行为。

2. 犯罪构成要件

(1)犯罪客体

本罪侵犯的客体是国家有关发票管理法规。

(2)犯罪客观方面

本罪在客观方面表现为违反有关发票管理法规,非法出售增值税专用发票的行为。

增值税专用发票是增值税抵扣税款的凭证,是计征增值税的依据。增值税专用发票由国家税务机关依照规定发售,任何单位和个人不得出售。非法出售增值税专用发票,首先是以持有这种发票为条件的,他们已得的这种发票,有的是从合法渠道领取的,有的是与税务人员勾结非法取得的,有的是以盗窃、骗取或者其他犯罪手段从增值税专用发票持有者手中非法取得的。但非法出售的增值税专用发票的来源是否合法,并不影响本罪的成立。需要说明的是,本罪名所指的发票,必须是国家统一印制的增值税专用发票,而不是伪造的。

(3)犯罪主体

本罪的犯罪主体为一般主体,凡达到刑事责任年龄且具有刑事责任能力的自然人均可构成本罪。单位也可成为本罪的主体。

(4)犯罪主观方面

本罪在主观方面表现为故意,过失不构成本罪。

3. 立案追诉标准

最高人民检察院、公安部《关于公安机关管辖的刑事案件立案追诉标准的规定(二)》第五十九条规定,非法出售增值税专用发票,涉嫌下列情形之一的,应予立案追诉:

(1)票面税额累计在10万元以上的;

(2)非法出售增值税专用发票10份以上且票面税额在6万元以上的;

(3)非法获利数额在1万元以上的。

4. 量刑标准

《刑法》第二百零七条规定:“非法出售增值税专用发票的,处三年以下有期徒刑、拘役或者管制,并处二万元以上二十万元以下罚金;数量较大的,处三年以上十年以下有期徒刑,并处五万元以上五十万元以下罚金;数量巨大的,处十年以上有期徒刑或者无期徒刑,并处五万元以上五十万元以下罚金或者没收财产。”

根据最高人民法院、最高人民检察院《关于办理危害税收征管刑事案件适用法律若干问题的解释》第十五条的规定,非法出售增值税专用发票票面税额 50 万元以上的,或者 50 份以上且票面税额 30 万元以上的,应当认定为“数量较大”。非法出售增值税专用发票票面税额 500 万元以上的,或者 500 份以上且票面税额 300 万元以上的,应当认定为“数量巨大”。

二、风险防范

1. 企业经营者与财务人员应当认真学习税务法规,了解非法出售增值税专用发票的法律风险及后果,做到不因贪图利益而触犯本罪。

2. 企业应建立健全财务管理制度,对财务管理、财务内容、部门设置及人员管理作出明确规定,加强财务活动的监管,防止财务人员通过非法出售增值税专用发票牟利。

三、典型案例

北京天×博朗商贸有限公司等非法出售增值税专用发票案①

【案情简介】

2007 年 1 月,北京城×建设集团有限责任公司(以下简称北京城×集团)山东分公司成立,赵某任经理,2013 年 11 月北京城×集团免去赵某的山东分公司经理职务。在赵某任北京城×集团山东分公司经理期间,赵某负责自找业务、自我管理、自负盈亏。

2010 年 8 月,北京城×集团山东分公司与山东黄×集团签订合作开发协议,合作开发山东黄×时代广场项目。双方约定各自承担 50% 的开发成本及费用,各自分得两个楼座;后又签订施工协议等,由北京城×集团山东分公司负责建设山东黄×时代广场。

为解决山东黄×时代广场的建设资金问题,赵某与中国诚×公司的李某 1、刘某

---

① 案号:(2019)京 02 刑终 113 号。

商议决定由中国诚×公司通过贸易方式为北京城×集团山东分公司融资。方式为：北京城×集团山东分公司向中国诚×公司购买钢材并以货款名义开具商业承兑汇票，利用中国诚×公司在银行的信用将汇票贴现，再由中国诚×公司向赵某实际控制的合×伟业公司购买钢材以货款名义将贴现款转给合×伟业公司，合×伟业公司收到款后再以往来款名义转给北京城×集团山东分公司或直接购买钢材交给北京城×集团山东分公司用于建设。汇票到期后由北京城×集团山东分公司将应到期归还的钱款还给中国诚×公司，中国诚×公司再归还给银行。

具体交易过程为：

1. 赵某以北京城×集团山东分公司或北京城×集团名义与中国诚×公司于2012年4月至8月，先后签订5份钢材销售合同，合同涉及金额人民币1.88亿余元（以下币种均为人民币），北京城×集团山东分公司以支付货款名义给中国诚×公司开具金额合计1.88亿余元的5张商业承兑汇票，中国诚×公司给北京城×集团山东分公司开具增值税普通发票。

2. 中国诚×公司与刘某洋任法定代表人的天×博朗公司签订1份采购协议，以支付货款名义给天×博朗公司开具1500万元商业承兑汇票，天×博朗公司给中国诚×公司开具增值税专用（进项）发票。天×博朗公司贴现后将其中1400万元以支付货款名义转给合×伟业公司，合×伟业公司给天×博朗公司开具增值税专用（进项）发票。

中国诚×公司与北京城×集团山东分公司、合×伟业公司签订8份三方采购协议，以支付货款名义将北京城×集团山东分公司承兑汇票贴息款转给合×伟业公司。此外，2012年9月，中国诚×公司与合×伟业公司签订采购合同，以支付货款名义给合×伟业公司开具6张商业承兑汇票。合×伟业公司因此于2012年6月至2014年1月间给中国诚×公司开具增值税专用（进项）发票1298份，涉及发票金额共计1.2亿余元。

3. 合×伟业公司将上述直接从中国诚×公司或经天×博朗公司取得的款项部分转给北京城×集团山东分公司，并将收到的中国诚×公司开具的6张商业承兑汇票直接背书给北京城×集团山东分公司，用于项目建设。

在上述贸易融资过程中，合×伟业公司因给中国诚×公司开具了1.2亿余元的增值税专用（进项）发票，合×伟业公司因此留下了相应金额的增值税专用（销项）发票，需要缴纳相应的增值税。为此，合×伟业公司找到刘某洋任法定代表人的天×博朗公司和恩×泽公司，由天×博朗公司于2012年8月至2013年3月，给合×伟业公司开具增值税专用（进项）发票103份，税额合计16 150 052.28元，价税合计111 150 360.6元；恩×泽公司于2012年11月，给合×伟业公司开具增值税专用（进项）发票52份，税额合计661 797.47元，价税合计4 554 724.1元。合×伟业公司将上述天×博朗公司和恩×泽公司开具的进项发票全部认证抵扣。在此过程中,合×伟业公司以支付货款名义转给天×博朗公司90 241 794.78元,经恩×泽公司后转回合×伟业公司85 491 794.78元;2012年12月25日,合×伟业公司支付恩×泽公司4 554 724.1元,当日全部转回合×伟业公司。天×博朗公司、恩×泽公司在给合×伟业公司虚开增值税专用(进项)发票交易过程中,获取非法利益共计475万元。

赵某、刘某洋分别于2017年1月10日、2016年9月19日被北京市公安局丰台分局抓获归案。

【裁判结果】

1. 天×博朗公司犯非法出售增值税专用发票罪,判处罚金人民币15万元。
2. 恩×泽公司犯非法出售增值税专用发票罪,判处罚金人民币5万元。
3. 刘某洋犯非法出售增值税专用发票罪,判处有期徒刑3年。
4. 合×伟业公司犯非法购买增值税专用发票罪,判处罚金人民币15万元。
5. 赵某犯非法购买增值税专用发票罪,判处有期徒刑2年6个月。
6. 继续追缴天×博朗公司、恩×泽公司人民币475万元作为违法所得予以没收。

【案件评析】

本案涉及的是企业故意出售增值税专用发票非法牟利的行为,是否构成非法出售增值税专用发票罪的问题。

最高人民检察院、公安部《关于公安机关管辖的刑事案件立案追诉标准的规定(二)》(2010年)第六十三条规定:"非法出售增值税专用发票二十五份以上或者票面额累计在十万元以上的,应予立案追诉。"

本案中,刘某洋作为天×博朗公司和恩×泽公司的法定代表人,为单位谋取非法利益,向合×伟业公司非法出售增值税专用发票共计155份,价税合计共115 705 084.7元,远远超出法定的追诉金额,天×博朗公司、恩×泽公司和刘某洋均已构成非法出售增值税专用发票罪。赵某作为合×伟业公司的主管人员,为单位谋取非法利益,向他人非法购买增值税专用发票,合×伟业公司及赵某亦构成非法购买增值税专用发票罪。

第六节　持有伪造的发票罪

一、罪名概述

1. 罪名简介

持有伪造的发票罪,是指明知是伪造的发票而持有,并且数量较大或者数量巨大的行为。

2. 犯罪构成要件

(1)犯罪客体

本罪侵犯的客体是国家的发票管理制度。犯罪对象是伪造的发票,既包括增值税专用发票,用于骗取出口退税、抵扣税款的其他发票,也包括普通发票。

(2)犯罪客观方面

本罪在客观方面表现为明知是伪造的发票而持有,数量较大或者数量巨大的行为。持有,是指行为人实际支配、控制数量较大或者数量巨大的假发票的一种持续状态,既可以随身携带、放置或藏匿在某一地点,也可以委托他人保管,只要在行为人控制之下即可。

(3)犯罪主体

本罪的犯罪主体为一般主体,达到刑事责任年龄、具有刑事责任能力的自然人以及单位均可成为本罪主体。

(4)犯罪主观方面

本罪在主观方面表现为故意,即明知是伪造的发票而持有。过失不构成本罪。

3. 立案追诉标准

最高人民检察院、公安部《关于公安机关管辖的刑事案件立案追诉标准的规定(二)》第六十五条规定:"明知是伪造的发票而持有,涉嫌下列情形之一的,应予立案追诉:(一)持有伪造的增值税专用发票或者可以用于骗取出口退税、抵扣税款的其他发票五十份以上且票面税额累计在二十五万元以上的;(二)持有伪造的增值税专用发票或者可以用于骗取出口退税、抵扣税款的其他发票票面税额累计在五十万元以上的;(三)持有伪造的第一项规定以外的其他发票一百份以上且票面金额在五十万元以上的;(四)持有伪造的第一项规定以外的其他发票票面金额累计在一百万元以上的。"

4. 量刑标准

《刑法》第二百一十条之一规定:"明知是伪造的发票而持有,数量较大的,处二年以下有期徒刑、拘役或者管制,并处罚金;数量巨大的,处二年以上七年以下有期徒刑,并处罚金。单位犯前款罪的,对单位判处罚金,并对其直接负责的主管人员和其他直接责任人员,依照前款的规定处罚。"

最高人民法院、最高人民检察院《关于办理危害税收征管刑事案件适用法律若干问题的解释》第十八条规定:"具有下列情形之一的,应当认定为刑法第二百一十条之一第一款规定的'数量较大':(一)持有伪造的增值税专用发票或者可以用于骗取出口退税、抵扣税款的其他发票票面税额五十万元以上的;或者五十份以上且票面税额二十五万元以上的;(二)持有伪造的前项规定以外的其他发票票面金额一百万元以上的,或者一百份以上且票面金额五十万元以上的。持有的伪造发票数量、票面税额或者票面金额达到前款规定的标准五倍以上的,应当认定为刑法第二百一十条之一第一款规定的'数量巨大'。"

二、风险防范

1. 企业经营者与财务人员应积极学习我国关于发票的法律法规和国家政策,树立不得持有伪造发票的合规意识,从源头上筑起第一道防火墙,消除侥幸心理。

2. 企业应要求财务人员对企业财务凭证定期进行核查,严防企业财务凭证中混杂不合法的发票。对于交易对方提供的发票,如果存在疑问,务必及时核查并妥善处理。

3. 企业在不知情的情况下无意持有虚假发票的,应及时销毁,不得作为财务报销凭证,切勿怀有侥幸心理。

三、典型案例

四川某有限公司、张某某持有伪造的发票案①

【案情简介】

四川某有限公司成立于1996年8月6日,法定代表人为涂某某,实际控制人为单位副总经理张某某。2018年以来,四川某有限公司为获得四川省2018年省级工业发展资金项目补助,由张某某委托苟某(另案处理)为该公司编制技术改造项目资金补助申报资料,获批补助资金120万元,已拨付资金100万元。2018年年底,为顺利通过项目验收获得剩余补贴资金,张某某联系苟某制作验收报告并补齐所缺发票,按票面金额的1.2%支付苟某购票款。2019年,苟某以四川某有限公司为购买方,以票面金额0.08%的价格从制售假发票的李某(另案处理)处购买了32份伪造的机械设备方面的重庆增值税普通发票,发票金额为14 543 689.33元,税额为436 310.67元。票面价税合计14 980 000元,并将发票转卖给张某某,张某某支付苟某购票款15万元,余款3万元未支付。张某某在明知发票系伪造的情况下,仍将该32份发票存放于某公司。2021年2月18日,经高县税务局查验,该32份增值税普通发票均系伪造的发票。

另查明,2021年2月1日,张某某经宜宾市公安局民警口头通知后于当日18时主动到宜宾市公安局接受调查。

---

① 案号:(2021)川1503刑初72号。

【裁判结果】

1. 四川某有限公司犯持有伪造的发票罪，判处罚金人民币 5 万元。

2. 张某某犯持有伪造的发票罪，判处有期徒刑 1 年，缓刑 2 年，并处罚金人民币 1 万元。

【案件评析】

本案涉及的是企业经营者明知发票系伪造仍将其存放于公司的行为，是否构成持有伪造的发票罪的问题。

最高人民检察院、公安部《关于公安机关管辖的刑事案件立案追诉标准的规定（二）的补充规定》（2011 年）第三条规定："……明知是伪造的发票而持有，具有下列情形之一的，应予立案追诉：（一）持有伪造的增值税专用发票五十份以上或者票面额累计在二十万元以上的，应予立案追诉；（二）持有伪造的可以用于骗取出口退税、抵扣税款的其他发票一百份以上或者票面额累计在四十万元以上的，应予立案追诉；（三）持有伪造的第（一）项、第（二）项规定以外的其他发票二百份以上或者票面额累计在八十万元以上的，应予立案追诉。"

本案中，四川某有限公司明知是伪造的发票而持有，票面价税合计 14 980 000 元，远远超出法定的追诉金额，张某某作为四川某有限公司直接负责的主管人员，二者均已构成持有伪造的发票罪。

第七节 逃税罪

一、罪名概述

1. 罪名简介

逃税罪，是指纳税人采取欺骗、隐瞒手段进行虚假纳税申报或者不申报，逃避缴纳税款数额较大或者数额巨大的行为；扣缴义务人采取欺骗、隐瞒等手段，不缴或者少缴已扣、已收税款，数额较大或者因逃税受到两次行政处罚又逃税的行为。

2. 犯罪构成要件

（1）犯罪客体

本罪侵犯的客体是我国的税收征收管理制度。

（2）客观方面

本罪的客观方面表现为纳税人采取欺骗、隐瞒手段，进行虚假纳税申报或者不申报，逃避缴纳税款数额较大、数额巨大或扣缴义务人采取上述手段不缴或者少缴已扣、已收税款，数额较大的行为。

根据最高人民法院、最高人民检察院《关于办理危害税收征管刑事案件适用法律若干问题的解释》第一条的规定，纳税人进行虚假纳税申报，具有下列情形之一的，应当认定为《刑法》第二百零一条第一款规定的“欺骗、隐瞒手段”：

①伪造、变造、转移、隐匿、擅自销毁账簿、记账凭证或者其他涉税资料的；

②以签订“阴阳合同”等形式隐匿或者以他人名义分解收入、财产的；

③虚列支出、虚抵进项税额或者虚报专项附加扣除的；

④提供虚假材料，骗取税收优惠的；

⑤编造虚假计税依据的；

⑥为不缴、少缴税款而采取的其他欺骗、隐瞒手段。

具有下列情形之一的，应当认定为《刑法》第二百零一条第一款规定的“不申报”：

①依法在登记机关办理设立登记的纳税人，发生应税行为而不申报纳税的；

②依法不需要在登记机关办理设立登记或者未依法办理设立登记的纳税人，发生应税行为，经税务机关依法通知其申报而不申报纳税的；

③其他明知应当依法申报纳税而不申报纳税的。

扣缴义务人采取第一、二款所列手段，不缴或者少缴已扣、已收税款，数额较大的，依照《刑法》第二百零一条第一款的规定定罪处罚。扣缴义务人承诺为纳税人代付税款，在其向纳税人支付税后所得时，应当认定扣缴义务人“已扣、已收税款”。

该解释第四条第一款至第三款规定，《刑法》第二百零一条第一款规定的“逃避缴纳税款数额”，是指在确定的纳税期间，不缴或者少缴税务机关负责征收的各税种税款的总额。“应纳税额”，是指应税行为发生年度内依照税收法律、行政法规规定应当缴纳的税额，不包括海关代征的增值税、关税等及纳税人依法预缴的税额。“逃避缴纳税款数额占应纳税额的百分比”，是指行为人在一个纳税年度中的各税种逃税总额与该纳税年度应纳税总额的比例；不按纳税年度确定纳税期的，按照最后一次逃税行为发生之日前一年中各税种逃税总额与该年应纳税总额的比例确定。纳税义务存续期间不足一个纳税年度的，按照各税种逃税总额与实际发生纳税义务期间应纳税总额的比例确定。

(3)犯罪主体

本罪的犯罪主体为特殊主体，包括负有纳税义务的自然人，也包括负有纳税义务的单位，还包括扣缴义务人。

(4)犯罪主观方面

本罪在主观方面表现为故意，即行为人明知自己的行为是违反税收法律法规、逃避缴纳税款的行为，并且希望、追求这种结果发生。过失不构成本罪。

3. 立案追诉标准

最高人民检察院、公安部《关于公安机关管辖的刑事案件立案追诉标准的规定（二）》第五十二条规定，逃避缴纳税款，涉嫌下列情形之一的，应予立案追诉：

（1）纳税人采取欺骗、隐瞒手段进行虚假纳税申报或者不申报，逃避缴纳税款，数额在 10 万元以上并且占各税种应纳税总额 10% 以上，经税务机关依法下达追缴通知后，不补缴应纳税款、不缴纳滞纳金或者不接受行政处罚的；

（2）纳税人 5 年内因逃避缴纳税款受过刑事处罚或者被税务机关给予 2 次以上行政处罚，又逃避缴纳税款，数额在 10 万元以上并且占各税种应纳税总额 10% 以上的；

（3）扣缴义务人采取欺骗、隐瞒手段，不缴或者少缴已扣、已收税款，数额在 10 万元以上的。

纳税人在公安机关立案后再补缴应纳税款、缴纳滞纳金或者接受行政处罚的，不影响刑事责任的追究。

4. 量刑标准

《刑法》第二百零一条规定："纳税人采取欺骗、隐瞒手段进行虚假纳税申报或者不申报，逃避缴纳税款数额较大并且占应纳税额百分之十以上的，处三年以下有期徒刑或者拘役，并处罚金；数额巨大并且占应纳税额百分之三十以上的，处三年以上七年以下有期徒刑，并处罚金。扣缴义务人采取前款所列手段，不缴或者少缴已扣、已收税款，数额较大的，依照前款的规定处罚。对多次实施前两款行为，未经处理的，按照累计数额计算。有第一款行为，经税务机关依法下达追缴通知后，补缴应纳税款，缴纳滞纳金，已受行政处罚的，不予追究刑事责任；但是，五年内因逃避缴纳税款受过刑事处罚或者被税务机关给予二次以上行政处罚的除外。"

最高人民法院、最高人民检察院《关于办理危害税收征管刑事案件适用法律若干问题的解释》第二条规定，纳税人逃避缴纳税款 10 万元以上、50 万元以上的，应当分别认定为《刑法》第二百零一条第一款规定的"数额较大""数额巨大"。

扣缴义务人不缴或者少缴已扣、已收税款"数额较大""数额巨大"的认定标准，依照前款规定。

该解释第三条规定："纳税人有刑法第二百零一条第一款规定的逃避缴纳税款行为，在公安机关立案前，经税务机关依法下达追缴通知后，在规定的期限或者批准延缓、分期缴纳的期限内足额补缴应纳税款，缴纳滞纳金，并全部履行税务机关作出的行政处罚决定的，不予追究刑事责任。但是，五年内因逃避缴纳税款受过刑事处罚或者被税务机关给予二次以上行政处罚的除外。纳税人有逃避缴纳税款行为，税务机关没有依法下达追缴通知的，依法不予追究刑事责任。"

该解释第四条第四款、第五款规定："逃税行为跨越若干个纳税年度，只要其中一个纳税年度的逃税数额及百分比达到刑法第二百零一条第一款规定的标准，即构成逃税罪。各纳税年度的逃税数额应当累计计算，逃税额占应纳税额百分比应当按照各逃税年度百分比的最高值确定。刑法第二百零一条第三款规定的'未经处理'，包括未经行政处理和刑事处理。"

二、风险防范

1. 企业经营者应积极学习与税务有关的法律法规、国家政策，树立依法纳税意识，摒弃逃税、偷税邪念。

2. 企业经营者与财务管理人员应熟悉企业应缴纳的税目和各税目的税率，并且应当了解缴税的时间节点，做到不遗漏、不迟延；如有疑问，及时向税务主管部门或者税务专业人士咨询。

3. 企业应制定完善的财务管理制度，依法进行税务登记，如发生变更事项的应及时做好税务变更。同时，企业应建立真实准确的财务账簿，对于涉及税务方面的内容要做到科学记录、严格保存。

4. 积极应对行政处罚，避免转化为刑事案件。一般情况下，企业采取欺骗、隐瞒手段进行虚假纳税申报或者不申报，并不会立即触犯刑法，还需要经过税务机关追缴程序；因此，企业收到税务机关下达的追缴税款通知后，应当高度重视，认真核查是否存在未依法足额纳税的情形；经核查，如果企业确实存在未依法足额纳税的情形，则应当积极面对，及时采取补救措施，依法补缴应纳税款、缴纳滞纳金以及依法接受行政处罚，切不可继续逃避、抗拒依法缴纳税款，导致不必要的刑事风险。

5. 因逃避缴纳税款受过刑事处罚或者行政处罚的，应当吸取教训，不要再犯；尤其值得注意的是，因逃避缴纳税款受过刑事处罚或者被税务机关给予二次以上行政处罚，在之后的 5 年内，如果再次逃避缴纳税款，无须经过税务机关追缴程序，即可直接认定构成逃税罪。

三、典型案例

白城宏×供电安装有限责任公司、宋某学逃税案①

【案情简介】

2013 年 3 月 28 日至 2016 年 4 月 18 日，白城宏×供电安装有限责任公司（以下简称宏×公司，此期间宋某学担任法定代表人）接到白城新城区建设关于电力方面的

---

① 案号：(2021) 吉 0802 刑初 211 号。

工程,2014 年 4 月 29 日到 2016 年 1 月 18 日新×集团分 22 次转给宏×公司工程款共计 12 283 960 元,宏×公司收到的每笔工程款均未申报税款,经国家税务总局白城市税务稽查局审查,宏×公司未缴纳税款 436 581.40 元,占各税种应纳税总额 10% 以上。经税务机关多次催缴,法定期间内未缴纳相应税款。

【裁判结果】

1. 宏×公司犯逃税罪,判处罚金人民币 5 万元。

2. 宋某学犯逃税罪,判处有期徒刑 1 年,缓刑 1 年,并处罚金人民币 3 万元。

【案件评析】

本案涉及的是企业在收到工程款后未申报税款,经税务机关多次催缴仍不缴纳的行为,是否构成逃税罪的问题。

最高人民检察院、公安部《关于公安机关管辖的刑事案件立案追诉标准的规定(二)》(2010 年)第五十七条规定:“逃避缴纳税款,涉嫌下列情形之一的,应予立案追诉:(一)纳税人采取欺骗、隐瞒手段进行虚假纳税申报或者不申报,逃避缴纳税款,数额在五万元以上并且占各税种应纳税总额百分之十以上,经税务机关依法下达追缴通知后,不补缴应纳税款、不缴纳滞纳金或者不接受行政处罚的;(二)纳税人五年内因逃避缴纳税款受过刑事处罚或者被税务机关给予二次以上行政处罚,又逃避缴纳税款,数额在五万元以上并且占各税种应纳税总额百分之十以上的;(三)扣缴义务人采取欺骗、隐瞒手段,不缴或者少缴已扣、已收税款,数额在五万元以上的。纳税人在公安机关立案后再补缴应纳税款、缴纳滞纳金或者接受行政处罚的,不影响刑事责任的追究。”

本案中,宏×公司违反国家税收管理制度,收到的每笔工程款均未申报税款,偷逃税款 436 581.40 元,逃税比例占各税种应纳税总额 10% 以上,经税务机关依法下达追缴通知后仍不缴纳税款,宋某学系该公司法定代表人,系直接负责的主管人员,二者行为均已构成逃税罪。

第八节　逃避追缴欠税罪

一、罪名概述

1. 罪名简介

逃避追缴欠税罪,是指纳税义务人欠缴应纳税款,采取转移或者隐匿财产的手段,致使税务机关无法追缴欠缴的税款,数额在 1 万元以上的行为。

2. 犯罪构成要件

(1)犯罪客体

本罪侵犯的客体是国家的税收管理制度。

(2)犯罪客观方面

本罪在客观方面表现为纳税义务人欠缴应纳税款,采取转移或者隐匿财产的手段,致使税务机关无法追缴欠缴的税款,数额在1万元以上的行为。本罪的行为主要表现为以下几种情形:

①行为人应有欠税的事实存在。欠税是指纳税义务人超过税务机关核定的纳税期限,未按时足额缴纳税款的行为。根据《税收征收管理法》第三十一条的规定,纳税人因有特殊困难,不能按期缴纳税款的,经省、自治区、直辖市国家税务局、地方税务局批准,可以延期缴纳税款,但是最长不得超过3个月。未经批准的欠税行为,均是违法行为。

②行为人必须有实际的采取转移或隐匿财产的行为。

③由于行为人的逃避行为,税务机关无法追缴。

④无法追缴的税款数额达到1万元人民币以上。

根据最高人民法院、最高人民检察院《关于办理危害税收征管刑事案件适用法律若干问题的解释》第六条的规定,纳税人欠缴应纳税款,为逃避税务机关追缴,具有下列情形之一的,应当认定为《刑法》第二百零三条规定的"采取转移或者隐匿财产的手段":放弃到期债权的;无偿转让财产的;以明显不合理的价格进行交易的;隐匿财产的;不履行税收义务并脱离税务机关监管的;以其他手段转移或者隐匿财产的。

(3)犯罪主体

本罪的犯罪主体是特殊主体,即法律规定负有纳税义务的单位和个人。不具有纳税义务的单位和个人不能构成本罪的主体。

(4)犯罪主观方面

本罪在主观方面表现为故意,并且具有逃避缴纳应缴纳税款而非法获利的目的,其故意主要表现为行为人为达到最终逃避纳税的目的而故意转移或者隐匿财产,致使税务机关无法追缴其欠缴的税款。过失不构成本罪。

3. 立案追诉标准

最高人民检察院、公安部《关于公安机关管辖的刑事案件立案追诉标准的规定(二)》第五十四条规定:"纳税人欠缴应纳税款,采取转移或者隐匿财产的手段,致使税务机关无法追缴欠缴的税款,数额在一万元以上的,应予立案追诉。"

4. 量刑标准

《刑法》第二百零三条规定:"纳税人欠缴应纳税款,采取转移或者隐匿财产的手段,致使税务机关无法追缴欠缴的税款,数额在一万元以上不满十万元的,处三年以下有期徒刑或者拘役，并处或者单处欠缴税款一倍以上五倍以下罚金；数额在十万元以上的，处三年以上七年以下有期徒刑，并处欠缴税款一倍以上五倍以下罚金。”

该法第二百一十一条规定：“单位犯本节第二百零一条、第二百零三条、第二百零四条、第二百零七条、第二百零八条、第二百零九条规定之罪的，对单位判处罚金，并对其直接负责的主管人员和其他直接责任人员，依照各该条的规定处罚。”

该法第二百一十二条规定：“犯本节第二百零一条至第二百零五条规定之罪，被判处罚金、没收财产的，在执行前，应当先由税务机关追缴税款和所骗取的出口退税款。”

二、风险防范

1. 企业经营者应认真学习税务法规，树立依法纳税意识，摒弃逃避缴纳税款的邪念。

2. 企业应设置真实、科学、完整的会计账簿，不能采取虚构成本、虚设债务、企业资产不入账等手段转移或者隐匿财产欠缴应纳税款。

3. 当企业存在欠税事实时，要积极补缴，任何情况下都不得通过转移、隐匿公司财产的行为进行逃税。只要是为了逃避税款，不论是转移、隐匿财产后欠税，还是欠税后开始转移、隐匿财产，均构成本罪。根据《税收征收管理法》第三十一条第二款的规定，纳税人因有特殊困难，不能按期缴纳税款的，经省、自治区、直辖市国家税务局、地方税务局批准，可以延期缴纳税款，但是最长不得超过 3 个月。据此，当企业确实存在特殊困难不能按时缴税时，可与税务部门积极沟通，争取延期缴纳税款。

三、典型案例

东莞市华×五金有限公司、向某红逃避追缴欠税案①

【案情简介】

东莞市华×五金有限公司（以下简称华×公司）成立于2010年11月16日，向某红系公司的法定代表人兼实际经营者，负责公司日常事务及财务事项的管理。2015年4月及2016年4月，税务机关经审查，发现华×公司已用于抵扣税款的增值税专用发票存在问题，便先后于2015年4月20日、2016年4月26日出具《税务处理决定书》2份，向华×公司追缴已抵扣税款共计456 693.62元，并将上述文书送达华×公

① 案号：(2021)粤1972刑初3851号。

司。向某红收到《税务处理决定书》后,并未向税务部门补缴相应税款,并多次将公司对公账户收取的资金转移到其个人账户内,逃避税务机关的追缴。

2021年5月7日零时许,民警经侦查抓获向某红。至案发之日止,华×公司欠缴税款456 693.62元,滞纳金456 693.62元。案发后,向某红的家属已代华×公司补缴税款456 693.62元及滞纳金10 000元。

另查明,向某红的家属已于庭后2022年1月19日代补缴了全部滞纳金。

【裁判结果】

1. 华×公司犯逃避追缴欠税罪,判处罚金46万元。

2. 向某红犯逃避追缴欠税罪,判处有期徒刑3年,缓刑3年,并处罚金46万元。

【案件评析】

本案涉及的是企业经营者采取转移财产的手段致使税务机关无法追缴欠缴的税款的行为,是否构成逃避追缴欠税罪的问题。

最高人民检察院、公安部《关于公安机关管辖的刑事案件立案追诉标准的规定(二)》(2010年)第五十九条规定:"纳税人欠缴应纳税款,采取转移或者隐匿财产的手段,致使税务机关无法追缴欠缴的税款,数额在一万元以上的,应予立案追诉。"

本案中,华×公司欠缴应纳税款,采取转移财产的手段致使税务机关无法追缴欠缴的税款,至案发之日止,华×公司欠缴税款共计456 693.62元,远远超出法定的追诉金额,向某红作为直接负责的主管人员及直接责任人员,二者行为均已构成逃避追缴欠税罪。

第九节 骗取出口退税罪

一、罪名概述

1. 罪名简介

骗取出口退税罪,是指故意违反税收法规,采取假报出口等欺骗手段,骗取国家出口退税款,数额较大、数额巨大或者有其他严重情节,以及数额特别巨大或者有其他特别严重情节的行为。

2. 犯罪构成要件

(1)犯罪客体

本罪侵犯的客体是国家出口退税管理制度和国家财产权。

(2)客观方面

本罪在客观方面表现为行为人以假报出口或者其他欺骗手段,骗取国家出口退税款,数额较大、数额巨大或者有其他严重情节,以及数额特别巨大或者有其他特别严重情节的行为。

最高人民法院、最高人民检察院《关于办理危害税收征管刑事案件适用法律若干问题的解释》第七条规定:"具有下列情形之一的,应当认定为刑法第二百零四条第一款规定的'假报出口或者其他欺骗手段':(一)使用虚开、非法购买或者以其他非法手段取得的增值税专用发票或者其他可以用于出口退税的发票申报出口退税的;(二)将未负税或者免税的出口业务申报为已税的出口业务的;(三)冒用他人出口业务申报出口退税的;(四)虽有出口,但虚构应退税出口业务的品名、数量、单价等要素,以虚增出口退税额申报出口退税的;(五)伪造、签订虚假的销售合同,或者以伪造、变造等非法手段取得出口报关单、运输单据等出口业务相关单据、凭证,虚构出口事实申报出口退税的;(六)在货物出口后,又转入境内或者将境外同种货物转入境内循环进出口并申报出口退税的;(七)虚报出口产品的功能、用途等,将不享受退税政策的产品申报为退税产品的;(八)以其他欺骗手段骗取出口退税款的。"

(3)犯罪主体

本罪的犯罪主体为一般主体,凡达到刑事责任年龄且具备刑事责任能力的自然人均能成为本罪的主体。单位亦能构成本罪。通常来说,这里的"单位"主要是具有出口经营权的单位。根据我国税法的规定,享有出口退税权的单位有以下 3 种:①享有独立对外出口经营权的中央和地方的外贸企业、工业贸易公司以及部分工业生产企业。②特定出口退税企业,如外轮供应公司、对外承包工程公司等。③委托出口企业。

(4)犯罪主观方面

本罪在主观方面表现为故意,并且具有骗取出口退税的目的。行为人明知自己的行为会骗取国家税款,并且希望危害结果的发生。过失不构成本罪,如由于企业员工失误,或者产品出口以后由于质量等原因又被退回,造成税务机关多退税款的,由于没有骗税的犯罪故意,因此不构成本罪,一般只能由税务机关责令企业限期退回其多退的税款。

3. 立案追诉标准

最高人民检察院、公安部《关于公安机关管辖的刑事案件立案追诉标准的规定(二)》第五十五条规定:"以假报出口或者其他欺骗手段,骗取国家出口退税款,数额在十万元以上的,应予立案追诉。"

4. 量刑标准

《刑法》第二百零四条规定:"以假报出口或者其他欺骗手段,骗取国家出口退税款,数额较大的,处五年以下有期徒刑或者拘役,并处骗取税款一倍以上五倍以下罚金;数额巨大或者有其他严重情节的,处五年以上十年以下有期徒刑,并处骗取税款一倍以上五倍以下罚金;数额特别巨大或者有其他特别严重情节的,处十年以上有期徒刑或者无期徒刑,并处骗取税款一倍以上五倍以下罚金或者没收财产。”

最高人民法院、最高人民检察院《关于办理危害税收征管刑事案件适用法律若干问题的解释》第八条规定:“骗取国家出口退税款数额十万元以上、五十万元以上、五百万元以上的,应当分别认定为刑法第二百零四条第一款规定的‘数额较大’、‘数额巨大’、‘数额特别巨大’。具有下列情形之一的,应当认定为刑法第二百零四条第一款规定的‘其他严重情节’:(一)两年内实施虚假申报出口退税行为三次以上,且骗取国家税款三十万元以上的;(二)五年内因骗取国家出口退税受过刑事处罚或者二次以上行政处罚,又实施骗取国家出口退税行为,数额在三十万元以上的;(三)致使国家税款被骗取三十万元以上并且在提起公诉前无法追回的;(四)其他情节严重的情形。具有下列情形之一的,应当认定为刑法第二百零四条第一款规定的‘其他特别严重情节’:(一)两年内实施虚假申报出口退税行为五次以上,或者以骗取出口退税为主要业务,且骗取国家税款三百万元以上的;(二)五年内因骗取国家出口退税受过刑事处罚或者二次以上行政处罚,又实施骗取国家出口退税行为,数额在三百万元以上的;(三)致使国家税款被骗取三百万元以上并且在提起公诉前无法追回的;(四)其他情节特别严重的情形。”

该解释第九条规定:“实施骗取国家出口退税行为,没有实际取得出口退税款的,可以比照既遂犯从轻或者减轻处罚。从事货物运输代理、报关、会计、税务、外贸综合服务等中介组织及其人员违反国家有关进出口经营规定,为他人提供虚假证明文件,致使他人骗取国家出口退税款,情节严重的,依照刑法第二百二十九条的规定追究刑事责任。”

二、风险防范

1. 企业应遵守与税务、海关有关的法律法规,诚信经营,依法办理出口退税。对于可能触犯税务、海关法律的出口业务,应及时向退税部门咨询,请退税专业人员把关有无出口退税风险,以便及时依法采取对策,确保相关操作合法。对于新颁布的出口退税政策、法律法规,如果有不明白的地方,也应及时向相关部门咨询。对税务机关提出的退税问题,应当及时沟通、自查,确认相关事实并向税务机关反馈报告,最大限度化解、消灭税务风险。

2. 企业应建立合理的出口退税核算及审批制度。为避免触犯本罪,对于出口退税事项的办理,应当经过严格的审批,并指定专人负责管理。同时,应加强对合同、出口货物报关单、出口收汇核销单、出口货物专用缴款书等有关出口退税单据、凭证、增值税专用发票等资料的管理。

3. 企业应避免从事“四自三不见”业务。“四自三不见”指的是在不见出口商品、不见供货货主、不见外商的情况下，允许或者放任他人自带客户、自带货源、自带汇票、自行报关，这种行为通常是利用出口企业骗取出口退税，退税后出口企业与实际出口方分享退税款。如果案发，出口企业就会被卷入行政乃至刑事风险之中。

4. 企业应当妥善保存能够证明自身存在真实货物交易、真实出口的证明材料。如因过失导致多退税，应及时配合税务机关补缴。

三、典型案例

江苏达×智能纺织科技有限公司、吴某堆骗取出口退税案[①]

【案情简介】

2018年以来，江苏达×智能纺织科技有限公司（以下简称达×公司）的实际负责人吴某堆为完成公司销售出口数据，向黄某广（已判决）购买出口数据，将上述数据虚构成达×公司生产出口的数据并进行申报出口退税。根据税务部门提供的资料，达×公司已成功退税317 567.5元，申报未退税金额83 902.78元。

2020年11月11日，吴某堆主动向义乌市公安局投案，并退出人民币317 567.5元由公安机关扣押在案。2021年4月6日，吴某堆向福建省晋江市公安局提供河南省博爱县公安局上网逃犯林某1的线索，晋江市公安局因此抓获林某1并移交河南省博爱县公安局。目前该案尚在公安侦查阶段。2021年8月24日，吴某堆向福建省晋江市公安局举报犯罪嫌疑人林某2介绍卖淫，现林某2已被抓获并被批准逮捕。

【裁判结果】

1. 达×公司犯骗取出口退税罪，判处罚金人民币20万元。

2. 吴某堆犯骗取出口退税罪，判处有期徒刑2年2个月，缓刑2年6个月，并处罚金人民币15万元。

3. 吴某堆退出的人民币317 567.5元予以没收，由扣押单位上缴国库。

【案件评析】

本案涉及的是企业购买出口数据并进行申报出口退税的行为，是否构成骗取出口退税罪的问题。

最高人民检察院、公安部《关于公安机关管辖的刑事案件立案追诉标准的规定（二）》（2010年）第六十条规定："以假报出口或者其他欺骗手段，骗取国家出口退税款，数额在五万元以上的，应予立案追诉。"

---

① 案号：（2021）浙0782刑初1409号。

本案中,达×公司为完成销售出口数据,将购买的出口数据虚构成达×公司生产出口的数据并进行申报出口退税,其行为属于以欺骗手段骗取国家出口退税。至案发日止,成功退税317 567.5元,吴某堆作为公司直接负责的主管人员,二者行为均已构成骗取出口退税罪。

第九章

企业知识产权刑事法律风险及防范

第一节　假冒注册商标罪

一、罪名概述

1. 罪名简介

假冒注册商标罪，是指违反国家商标管理法规，未经注册商标所有人许可，在同一种商品、服务上使用与其注册商标相同的商标，情节严重、情节特别严重的行为。

根据最高人民法院、最高人民检察院《关于办理侵犯知识产权刑事案件具体应用法律若干问题的解释（三）》第一条的规定，具有下列情形之一的，可以认定为《刑法》第二百一十三条规定的"与其注册商标相同的商标"：(1)改变注册商标的字体、字母大小写或者文字横竖排列，与注册商标之间基本无差别的；(2)改变注册商标的文字、字母、数字等之间的间距，与注册商标之间基本无差别的；(3)改变注册商标颜色，不影响体现注册商标显著特征的；(4)在注册商标上仅增加商品通用名称、型号等缺乏显著特征要素，不影响体现注册商标显著特征的；(5)与立体注册商标的三维标志及平面要素基本无差别的；(6)其他与注册商标基本无差别、足以对公众产生误导的商标。

2. 犯罪构成要件

(1)犯罪客体

本罪侵犯的客体是国家商标管理制度以及注册商标所有人所拥有的商标专用权。商标是指生产经营者在生产、制造、加工、拣选或者经销的商品或者对其提供的服务项目上采用的，为了区别商品或服务来源、具有显著特征的标志，一般由文字、图形或者其组合构成。注册商标是指在国家商标局进行注册申请并已经商标局审查通过的商标。我国对商标专用权的取得采用注册原则，即按申请注册的先后来确定商标权的归属，即谁先申请商标注册，商标权就授予谁。需要说明的是，只有注册商标才受《商标法》保护，没有注册的商标不在保护之列。

(2)犯罪客观方面

本罪在客观方面表现为行为人未经注册商标所有人许可，在同一种商品上使用与其注册商标相同的商标，情节严重的行为。具体来讲，需要注意以下几点：

①关于"同一种商品"的理解。同一种商品并不要求商品的名称、功能完全一致。根据最高人民法院、最高人民检察院、公安部《关于办理侵犯知识产权刑事案件适用法律若干问题的意见》第五条第一款的规定，名称相同的商品以及名称不同但指同一事物的商品，可以认定为"同一种商品"。"名称"是指国家知识产权局商标局在商标注册工作中对商品使用的名称，通常即《商标注册用商品和服务国际分类》中规定的商品名称。"名称不同但指同一事物的商品"是指在功能、用途、主要原料、消费对象、销售渠道等方面相同或者基本相同，相关公众一般认为是同一种事物的商品。

②关于"与他人注册商标相同的商标"的认定。根据最高人民法院、最高人民检察院、公安部《关于办理侵犯知识产权刑事案件适用法律若干问题的意见》第六条的规定，具有下列情形之一，可以认定为"与其注册商标相同的商标"：

A. 改变注册商标的字体、字母大小写或者文字横竖排列，与注册商标之间仅有细微差别的；

B. 改变注册商标的文字、字母、数字等之间的间距，不影响体现注册商标显著特征的；

C. 改变注册商标颜色的；

D. 其他与注册商标在视觉上基本无差别、足以对公众产生误导的商标。

③关于"使用"的认定。"使用"是指将注册商标或者假冒的注册商标用于商品、商品包装或者容器以及产品说明书、商品交易文书，或者将注册商标或者假冒的注册商标用于广告宣传、展览以及其他商业活动等行为。

④关于"未经注册商标所有人许可"的理解。根据《商标法》第四十三条第一款的规定，商标注册人可以通过签订商标使用许可合同，许可他人使用其注册商标。可见，经过注册商标所有人许可后，在同一种商品上使用该注册商标是合法行为，不构成本罪。需要说明的是，许可他人使用其注册商标的，应当到商标局办理备案手续，并由商标局公告。未办理备案手续的，不得对抗善意第三人。

(3)犯罪主体

本罪的犯罪主体为一般主体，即达到刑事责任年龄、具有刑事责任能力的自然人或单位。

(4)主观方面

本罪的主观方面表现为故意，即明知是他人注册商标，却未经他人许可，在相同商品上使用,并希望或者放任他人注册商标权受损。过失不构成本罪,即行为人确实不知道所使用的商标是他人已注册的商标,则不构成本罪,可以按一般的商标侵权行为处理。

3. 入罪标准

根据《刑法》第二百一十三条以及最高人民法院、最高人民检察院《关于办理侵犯知识产权刑事案件具体应用法律若干问题的解释》第一条的规定,未经注册商标所有人许可,在同一种商品、服务上使用与其注册商标相同的商标,具有下列情形之一的,应予入罪:

(1)非法经营数额在5万元以上或者违法所得数额在3万元以上的;

(2)假冒两种以上注册商标,非法经营数额在3万元以上或者违法所得数额在2万元以上的;

(3)其他情节严重的情形。

4. 量刑标准

《刑法》第二百一十三条规定:"未经注册商标所有人许可,在同一种商品、服务上使用与其注册商标相同的商标,情节严重的,处三年以下有期徒刑,并处或者单处罚金;情节特别严重的,处三年以上十年以下有期徒刑,并处罚金。"

根据最高人民法院、最高人民检察院《关于办理侵犯知识产权刑事案件具体应用法律若干问题的解释》第一条的规定,"未经注册商标所有人许可,在同一种商品上使用与其注册商标相同的商标,具有下列情形之一的,属于刑法第二百一十三条规定的'情节严重',应当以假冒注册商标罪判处三年以下有期徒刑或者拘役,并处或者单处罚金:(一)非法经营数额在五万元以上或者违法所得数额在三万元以上的;(二)假冒两种以上注册商标,非法经营数额在三万元以上或者违法所得数额在二万元以上的;(三)其他情节严重的情形。具有下列情形之一的,属于刑法第二百一十三条规定的'情节特别严重',应当以假冒注册商标罪判处三年以上七年以下有期徒刑,并处罚金:(一)非法经营数额在二十五万元以上或者违法所得数额在十五万元以上的;(二)假冒两种以上注册商标,非法经营数额在十五万元以上或者违法所得数额在十万元以上的;(三)其他情节特别严重的情形"。

根据最高人民法院、最高人民检察院、公安部《关于办理侵犯知识产权刑事案件适用法律若干问题的意见》第十五条的规定,明知他人实施侵犯知识产权犯罪,而为其提供生产、制造侵权产品的主要原材料、辅助材料、半成品、包装材料、机械设备、标签标识、生产技术、配方等帮助,或者提供互联网接入、服务器托管、网络存储空间、通讯传输通道、代收费、费用结算等服务的,以侵犯知识产权犯罪的共犯论处。

需要说明的是,多次实施侵犯知识产权行为,未经行政处理或者刑事处罚的,非法经营数额、违法所得数额或者销售金额累计计算。

二、风险防范

1. 企业对于自己生产的产品，应当建立有效的监管机制，确保企业的商品不存在侵害他人注册商标的情形。

2. 企业未经注册商标所有人许可，不得在同一种商品上使用与其注册商标完全相同或在视觉上基本无差别、足以误导公众的商标，不得用于商品、商品包装、容器、产品说明书、商品交易文书，或用于广告宣传、展览以及其他商业活动。

3. 企业在选择使用商标前，应当查清拟使用的商标是否已被他人注册，如果拟选用的商品已被他人注册，则不能使用。如果企业经营者十分看好这个商标的市场价值，可以通过注册商标转让、使用许可等方式合法使用他人注册商标，以免引起不必要的刑事风险。

4. 企业明知他人实施假冒注册商标等侵犯知识产权犯罪的，不得为其提供贷款、资金、账号、发票、证明、许可证件，或者提供生产、经营场所或者运输、储存、代理进出口等更便利的条件、帮助，以免构成共同犯罪。

三、典型案例

中山市盈×新材料有限公司、王某轩等假冒注册商标案①

【案情简介】

2014年，住所地在中山市石岐区的中山市太×家庭用品制造有限公司（后于2021年更名为广东太×科技集团股份有限公司，以下简称太×公司）注册了“×××”商标，核定使用范围是第16类商品，注册有效期自2014年9月28日~2024年9月27日。

2020年4月，广东亿×优品商贸有限公司（以下简称亿×公司）实际负责人陈某龙（另案处理）联系中山市盈×新材料有限公司（以下简称盈×公司）业务经理黄某玲，欲委托盈×公司生产标示“×××”注册商标及“压×力”牌的真空压缩袋、真空保鲜袋。黄某玲向盈×公司的总经理王某轩汇报后，二人与陈某龙洽谈达成协议，遂在未获得“×××”注册商标所有人许可的情况下，为陈某龙生产销售了共计人民币291 396.7元的标注有“×××”商标标识的收纳拉链袋、真空压缩袋。此外，盈×公司还收取了亿×公司制作“×××”外包装袋的版费人民币20 475元。

2022年3月4日，王某轩、黄某玲分别在盈×公司、中山市中医院被抓获，归案后均如实供述了自己的罪行。公安机关在盈×公司缴获假冒“×××”注册商标的收

---

① 案号：(2023)粤2071刑初75号。

纳拉链袋、真空压缩袋一批(货值人民币251 850.46元)。同年7月4日,太×公司收到盈×公司赔偿款人民币30万元后,对盈×公司及王某轩、黄某玲表示谅解。王某轩、黄某玲自愿认罪认罚并在律师见证下签署《认罪认罚具结书》。

经查明,已扣押的上述收纳拉链袋、真空压缩袋上使用的"×××"标识和太×公司的注册商标进行比对,二者在视觉上基本无差别,会使相关公众误认为均是太×公司的注册商标。

经鉴定,缴获的涉案收纳拉链袋、真空压缩袋均为假冒注册商标的产品。

【裁判结果】

1.盈×公司犯假冒注册商标罪,判处罚金人民币16万元。

2.王某轩犯假冒注册商标罪,判处有期徒刑3年,缓刑5年,并处罚金人民币4万元。

3.黄某玲犯假冒注册商标罪,判处有期徒刑3年,缓刑5年,并处罚金人民币2万元。

4.缴获的假冒注册商标拉链收纳袋、真空压缩袋等一批,予以没收。

【案件评析】

本案涉及的是企业受他人委托生产假冒注册商标的产品的行为,是否构成假冒注册商标罪的问题。

根据《刑法》第二百一十三条以及最高人民法院、最高人民检察院《关于办理侵犯知识产权刑事案件具体应用法律若干问题的解释》第一条的规定,未经注册商标所有人许可,在同一种商品、服务上使用与其注册商标相同的商标,具有下列情形之一的,应予入罪:(1)非法经营数额在5万元以上或者违法所得数额在3万元以上的;(2)假冒两种以上注册商标,非法经营数额在3万元以上或者违法所得数额在2万元以上的;(3)其他情节严重的情形。

本案中,盈×公司未经注册商标所有人许可,在同一种商品上使用与其注册商标相同的商标,非法经营数额在5万元以上,王某轩、黄某玲作为盈×公司的直接负责的主管人员和直接责任人员,其行为均已构成假冒注册商标罪。

第二节　销售假冒注册商标的商品罪

一、罪名概述

1.罪名简介

销售假冒注册商标的商品罪,是指销售明知是假冒注册商标的商品,违法所得数额较大或者有其他严重情节、违法所得数额巨大或者有其他特别严重情节的行为。

2. 犯罪构成要件

(1)犯罪客体

本罪侵犯的客体是国家商标管理制度和他人注册商标的专用权。

商标专用权是商标权人依法对自己已注册商标的专有使用权,我国《商标法》明确规定保护商标专用权。对商标专用权的侵害,不仅表现为生产或制造假冒注册商标的商品,也表现为销售假冒注册商标的商品。假冒注册商标的商品,即必须是未经注册商标所有人许可,在同一种商品上使用与其注册商标相同的商标的商品。如果故意销售的商品是假冒非注册商标的商品,或者与注册商标的商品不属于同一种,就不能构成故意销售假冒注册商标的商品罪。

(2)犯罪客观方面

本罪在客观方面表现为行为人销售明知是假冒注册商标的商品,违法所得数额较大或者有其他严重情节的行为。

(3)犯罪主体

本罪的犯罪主体要件为一般主体,达到刑事责任年龄、具有刑事责任能力的自然人或单位均能构成本罪的主体。

(4)犯罪主观方面

本罪的主观方面表现为故意,即明知是假冒注册商标的商品,而故意销售给他人。需要说明的是,过失不能构成本罪。

最高人民法院、最高人民检察院《关于办理侵犯知识产权刑事案件具体应用法律若干问题的解释》第九条第二款规定:"具有下列情形之一的,应当认定为属于刑法第二百一十四条规定的'明知':(一)知道自己销售的商品上的注册商标被涂改、调换或者覆盖的;(二)因销售假冒注册商标的商品受到过行政处罚或者承担过民事责任、又销售同一种假冒注册商标的商品的;(三)伪造、涂改商标注册人授权文件或者知道该文件被伪造、涂改的;(四)其他知道或者应当知道是假冒注册商标的商品的情形。"

3. 入罪标准

根据《刑法》第二百一十四条,最高人民法院、最高人民检察院《关于办理侵犯知识产权刑事案件具体应用法律若干问题的解释》第二条与最高人民法院、最高人民检察院、公安部《关于办理侵犯知识产权刑事案件适用法律若干问题的意见》第八条的规定,销售明知是假冒注册商标的商品,具有下列情形之一的,应予入罪:

(1)销售金额在 5 万元以上的;

(2)假冒注册商标的商品尚未销售,货值金额在 15 万元以上的;

(3)假冒注册商标的商品部分销售,已销售金额不满 5 万元,但与尚未销售的假冒注册商标的商品的货值金额合计在 15 万元以上的。

4. 量刑标准

《刑法》第二百一十四条规定："销售明知是假冒注册商标的商品，违法所得数额较大或者有其他严重情节的，处三年以下有期徒刑，并处或者单处罚金；违法所得数额巨大或者有其他特别严重情节的，处三年以上十年以下有期徒刑，并处罚金。"单位犯此罪的，对单位判处罚金，并对其直接负责的主管人员和其他直接责任人员，依照上述条文规定进行处罚。

最高人民法院、最高人民检察院《关于办理侵犯知识产权刑事案件具体应用法律若干问题的解释》第二条规定："销售明知是假冒注册商标的商品，销售金额在五万元以上的，属于刑法第二百一十四条规定的'数额较大'，应当以销售假冒注册商标的商品罪判处三年以下有期徒刑或者拘役，并处或单处罚金；销售金额在二十五万元以上的，属于刑法第二百一十四条规定的'数额巨大'，应当以销售假冒注册商标的商品罪判处三年以上七年以下有期徒刑，并处罚金。"

最高人民法院、最高人民检察院、公安部《关于办理侵犯知识产权刑事案件适用法律若干问题的意见》第八条规定："销售明知是假冒注册商标的商品，具有下列情形之一的，依照刑法第二百一十四条的规定以销售假冒注册商标的商品罪（未遂）定罪处罚：（一）假冒注册商标的商品尚未销售，货值金额在十五万元以上的；（二）假冒注册商标的商品部分销售，已销售金额不满五万元，但与尚未销售的假冒注册商标的商品的货值金额合计在十五万元以上的。假冒注册商标的商品尚未销售，货值金额分别达到十五万元以上不满二十五万元、二十五万元以上的，分别依照刑法第二百一十四条规定的各法定刑幅度定罪处罚。销售金额和未销售货值金额分别达到不同的法定刑幅度或者均达到同一法定刑幅度的，在处罚较重的法定刑或者同一法定刑幅度内酌情从重处罚。"

二、风险防范

1. 企业对自己销售的产品，应当建立有效的监管机制，确保所售商品不存在侵害他人注册商标的行为。

2. 企业应当严把进货渠道，对于一些来源不明、权属不明的商品，应抵制进货，不让假冒商品流入市场。

3. 根据《商标法》第六十四条第二款的规定，销售不知道是侵犯注册商标专用权的商品，能证明该商品是自己合法取得并说明提供者的，不承担赔偿责任。由此可见，销售者在不知情的情况下销售了侵犯注册商标专用权的商品，如果有合法来源的抗辩证据，可以不承担赔偿责任。因此，企业在进货时务必做好以下防范措施，保留合法来源的证明材料：要求供应商提供营业执照、商标注册证或授权证书；送货单上要注明进货的物品名称、型号等，单据要有供应商的盖章；进货时应和供应商签订正规合同，事先对于可能产生的知识产权争议进行约定；保管好进货合同、送货单、发票等证据原件。

4. 企业发现员工私自销售假冒注册商标的商品时，应及时阻止员工的销售行为，并将仓库的假冒产品退回给供应商或销毁。

三、典型案例

上海某贸易有限公司等销售假冒注册商标的商品案①

【案情简介】

2005 年 2 月 5 日，贾某注册成立上海某贸易有限公司，法定代表人为贾某，企业法人营业执照载明经营范围为“服装服饰，针纺织品，工艺品，办公用品，建材，计算机软硬件，五金交电，日用百货，销售；劳务咨询（除经纪）”。2012 年 1 ~ 5 月，贾某为销售服装，先后租赁本市雁荡路 × 号、仙霞路 × 号、长乐路 × 号、南昌路 × 弄 × 号、复兴中路 × 号、瑞金二路 × 号、茂名南路 × 号等 7 处场地，开设门店，另租赁本市南昌路 × 号作为货物配送中心。其间，贾某聘用向某担任公司督导员，负责人员录用、纪律督察等事项；聘用郑某担任货品配货主管，负责门店货物配送；聘用王某、王某某、肖某、张某某、乐某、余某（另行处理）、蒋某（另行处理）、韩某（另案处理）等 8 人，分别担任上述门店店长、营业员，负责按标价对外销售商品。

2012 年 5 月 10 日，公安人员在上述门店、配送中心处查获大量标注有“ERMENEGILDOZEGNA”“BURBERRY”“LACOSTE”“MIUMIU”“GIVENCHY”“TOMMYHILFIGER”等系列注册商标的服装、围巾等商品，共计 6043 件，按标价总计金额 2 277 445 元，查获各门店尚未销售假冒注册商标的商品的事实如下：（1）韩某系雁荡路 × 号门店店长，王某系店员，该门店查获 1187 件，标价计 414 080 元；（2）乐某系仙霞路 × 号门店店长，该门店查获 541 件，标价计 176 560 元；（3）王某某系长乐路 × 号门店店长，肖某系店员，该门店查获 393 件，标价计 175 510 元；（4）张某某系复兴中路 × 号门店店员，该门店查获 440 件，标价计 152 190 元；（5）茂名南路 × 号门店查获 367 件，标价计 150 200 元；（6）南昌路 × 弄 × 号门店查获 419 件，标价计 163 690 元；（7）瑞金二路 × 号门店查获 396 件，标价计 151 325 元；（8）南昌路 × 号货物配送中心查获 2300 件，标价计 893 890 元。当日，公安机关在本市南昌路 × 弄 × 号抓获贾某、向某、郑某，在各家门店分别抓获王某、王某某、肖某、张某某，乐某在家中接到电话通知后，即回到公司主动接受公安机关的调查。

---

① 案号：（2013）黄浦刑（知）初字第 1 号。

经商标权利人出具鉴定意见：上述查获的标明为"ERMENEGILDOZEGNA""BURBERRY""LACOSTE""MIUMIU""GIVENCHY""TOMMYHILFIGER"系列注册商标的商品，共计6043件均系侵犯相关注册商标专用权的假冒商品。

【裁判结果】

1. 上海某贸易有限公司犯销售假冒注册商标的商品罪，判处罚金人民币100万元。

2. 贾某犯销售假冒注册商标的商品罪，判处有期徒刑3年，并处罚金人民币3万元。

3. 向某犯销售假冒注册商标的商品罪，判处有期徒刑1年，缓刑1年6个月，并处罚金人民币1万元。

4. 郑某犯销售假冒注册商标的商品罪，判处有期徒刑1年，并处罚金人民币1万元。

5. 王某犯销售假冒注册商标的商品罪，判处拘役6个月，缓刑1年，并处罚金人民币5000元。

6. 王某某犯销售假冒注册商标的商品罪，判处拘役6个月，缓刑1年，并处罚金人民币5000元。

7. 肖某犯销售假冒注册商标的商品罪，免予刑事处罚。

8. 张某某犯销售假冒注册商标的商品罪，免予刑事处罚。

9. 乐某犯销售假冒注册商标的商品罪，判处拘役4个月，缓刑4个月，并处罚金人民币3000元。

10. 缴获的涉案假冒注册商标的商品予以没收。

【案件评析】

本案涉及的是企业销售明知是假冒注册商标的商品的行为，是否构成销售假冒注册商标的商品罪的问题。

根据《刑法》第二百一十四条，最高人民法院、最高人民检察院《关于办理侵犯知识产权刑事案件具体应用法律若干问题的解释》第二条与最高人民法院、最高人民检察院、公安部《关于办理侵犯知识产权刑事案件适用法律若干问题的意见》第八条的规定，销售明知是假冒注册商标的商品，具有下列情形之一的，应予入罪：(1)销售金额在5万元以上的；(2)假冒注册商标的商品尚未销售，货值金额在15万元以上的；(3)假冒注册商标的商品部分销售，已销售金额不满5万元，但与尚未销售的假冒注册商标的商品的货值金额合计在15万元以上的。

本案中，上海某贸易有限公司明知是假冒注册商标的商品仍予以销售，且公安机关查获尚未销售假冒注册商标的商品的金额达2 277 445元，远远超出法定的追诉金额，其行为已构成销售假冒注册商标的商品罪；贾某、向某、郑某分别作为单位犯罪中直接负责的主管人员，共同销售明知是假冒注册商标的商品，应依法对单位犯罪的货值金额巨大承担相应的刑事责任；王某、王某某、肖某、张某某、乐某系单位犯罪中的直接责任人员，共同销售明知是假冒注册商标的商品，其中王某参与尚未销售商品的金额达41万余元，货值金额巨大，王某某、肖某、张某某、乐某参与尚未销售商品金额分别为15万~17万余元，货值金额较大，其行为均已构成销售假冒注册商标的商品罪。

第三节 假冒专利罪

一、罪名概述

1. 罪名简介

假冒专利罪，是指违反国家专利法规，假冒他人专利，情节严重的行为。

2. 犯罪构成要件

(1)犯罪客体

本罪侵犯的客体是复杂客体，既侵害了国家专利管理部门的正常活动，也侵害了单位或者个人的专利权利。

专利法定分类为3类：发明专利、实用新型专利和外观设计专利。专利这种知识产权，是一种无形的财产权，在国际上被列为工业产权中最重要的一种权利。国家对专利统一管理，形成专利制度，用以保护技术发明权利，鼓励发明创造，促使技术发明推广应用。假冒他人专利的行为，不仅侵害了国家的专利制度，也侵害了专利权人的利益。

(2)犯罪客观方面

本罪在客观方面表现为违反国家专利管理法规，在法律规定的专利有效期内，假冒他人被授予的专利，情节严重的行为。

根据最高人民法院、最高人民检察院《关于办理侵犯知识产权刑事案件具体应用法律若干问题的解释》第十条的规定，实施下列行为之一的，属于《刑法》第二百一十六条规定的“假冒他人专利”的行为：

①未经许可，在其制造或者销售的产品、产品的包装上标注他人专利号的；

②未经许可，在广告或者其他宣传材料中使用他人的专利号，使人将所涉及的技术误认为是他人专利技术的；

③未经许可，在合同中使用他人的专利号，使人将合同涉及的技术误认为是他人专利技术的；

④伪造或者变造他人的专利证书、专利文件或者专利申请文件的。

需要说明的是，《专利法》第四十二条第一款规定：“发明专利权的期限为二十年,实用新型专利权的期限为十年,外观设计专利权的期限为十五年,均自申请日起计算。"专利期限届满后,该项发明创造不再作为专利给予保护,也不存在对该项发明创造假冒处理的问题。

(3)犯罪主体

本罪的犯罪主体要件为一般主体,达到刑事责任年龄、具有刑事责任能力的自然人或单位均能构成本罪的主体。

(4)犯罪主观方面

本罪的主观方面表现为故意,即明知自己假冒他人专利、侵犯他人专利权而仍故意实施该行为。本罪犯罪动机多种多样,包括为了获利、损坏他人信誉等,但无论动机如何,都不影响本罪的成立。

3. 入罪标准

根据《刑法》第二百一十六条和最高人民法院、最高人民检察院《关于办理侵犯知识产权刑事案件具体应用法律若干问题的解释》第四条的规定,假冒他人专利,具有下列情形之一的,应予入罪:

(1)非法经营数额在 20 万元以上或者违法所得数额在 10 万元以上的;

(2)给专利权人造成直接经济损失 50 万元以上的;

(3)假冒两项以上他人专利,非法经营数额在 10 万元以上或者违法所得数额在 5 万元以上的;

(4)其他情节严重的情形。

4. 量刑标准

《刑法》第二百一十六条规定:"假冒他人专利,情节严重的,处三年以下有期徒刑或者拘役,并处或者单处罚金。"单位犯此罪的,对单位判处罚金,并对其直接负责的主管人员和其他直接责任人员,依照上述条文规定进行处罚。

最高人民法院、最高人民检察院《关于办理侵犯知识产权刑事案件具体应用法律若干问题的解释》第四条规定:"假冒他人专利,具有下列情形之一的,属于刑法第二百一十六条规定的'情节严重',应当以假冒专利罪判处三年以下有期徒刑或者拘役,并处或者单处罚金:(一)非法经营数额在二十万元以上或者违法所得数额在十万元以上的;(二)给专利权人造成直接经济损失五十万元以上的;(三)假冒两项以上他人专利,非法经营数额在十万元以上或者违法所得数额在五万元以上的;(四)其他情节严重的情形。"

需要说明的是,明知他人实施假冒专利犯罪,而为其提供贷款、资金、账号、发票、证明、许可证件,或者提供生产、经营场所或者运输、储存、代理进出口等便利条件、帮助的,以假冒专利罪的共犯论处。另外,有以下情形之一的,本罪不适用缓刑:

(1)因侵犯知识产权被刑事处罚或者行政处罚后,再次侵犯知识产权犯罪的;

(2)不具有悔罪表现的;

(3)拒不交出违法所得的;

(4)其他不宜适用缓刑的情形。

二、风险防范

1.企业应严格遵守国家的专利制度,未经专利权人授权,不得使用他人专利。如发现已出售产品涉嫌假冒他人专利,应及时制止违法行为,避免进一步触犯本罪。需要注意的是,本罪的构成需要达到情节严重的标准,但并不意味着在情节严重的标准以下可以实行假冒专利的行为,一般的假冒专利行为虽然不构成犯罪但仍是民事侵权行为,此时专利权人或者利害关系人可以请求专利管理机关进行处理或者直接向人民法院起诉。专利管理机关处理假冒他人专利案件,有权责令侵权人停止侵权行为,并赔偿损失。人民法院受理专利权人或者利害关系人起诉的侵害专利权的案件,可以判决或者裁定停止侵害、赔偿损失,还可以予以收缴进行侵害的工具和非法所得,并可以依照法律规定予以罚款、拘留。

2.企业应组织研发人员对涉及专利方面的法律法规进行系统学习,以确保新研发的产品不侵犯他人的专利权。企业在研发新产品的过程中,如果确实遇到了无法绕开的专利障碍,可以根据需要,向专利权人寻求专利技术的许可或者转让。

3.企业与他人合作进行新产品研发,应严格审查合作伙伴开发的技术成果是否侵犯他人的专利权。合作前双方要签订书面协议,约定好彼此的权利与义务。

三、典型案例

熊某假冒专利案①

【案情简介】

熊某于2012年7月20日注册成立北京德×视贸易有限公司,后于2013年3月8日以该公司名义在天猫商城注册成立“某旗舰店”并开始销售眼镜。某旗舰店由熊某独自经营,经营收入由其个人支配。为了提升某旗舰店的眼镜销量,熊某于2015年6月1日至11月4日,未经专利权人某(漳州)光学科技有限公司授权许可,盗用该公司“一种防蓝光光学镜片”的专利申请文件,将专利号“X1”篡改为“X2”,并用于某旗舰店销售的防蓝光眼镜产品广告宣传页面,误导消费者。经厦门诚联兴会计师事务所有限公司审计鉴定:某旗舰店于2015年6月1日至11月4日销售防蓝光眼镜

① 案号:(2016)闽0603刑初139号。

产品经营数额为人民币883 273.93元。

另查明,熊某为了提升某旗舰店的信誉,得到消费者的好评,以此增加眼镜的销量,获取利润,于2015年7~11月,分别在"聚者良品""众划算"第三方网络平台开展"0元购""6.9元购"的虚假刷单交易。消费者通过第三方网络平台在某旗舰店购买眼镜后,熊某实际发送给消费者的物品为小礼品或廉价眼镜,而非本案中假冒专利的眼镜。消费者在予以好评后,将获得现金返还。该部分虚假刷单的交易数额共计人民币298 410元。

2015年11月4日,熊某在济南被抓获,到案后如实供述上述犯罪事实。2016年1月29日,熊某赔偿某(漳州)光学科技有限公司经济损失人民币3万元并取得谅解。审理期间,熊某向法院预缴相关款项人民币150 000元。

【裁判结果】

熊某犯假冒专利罪,判处有期徒刑1年,缓刑2年,并处罚金人民币30万元。

【案件评析】

本案涉及的是企业未经专利权人许可,在天猫商城"某旗舰店"广告宣传页面使用他人的发明专利号误导消费者的行为,是否构成假冒专利罪的问题。

根据《刑法》第二百一十六条和最高人民法院、最高人民检察院《关于办理侵犯知识产权刑事案件具体应用法律若干问题的解释》第四条的规定,假冒他人专利,具有下列情形之一的,应予入罪:(1)非法经营数额在20万元以上或者违法所得数额在10万元以上的;(2)给专利权人造成直接经济损失50万元以上的;(3)假冒两项以上他人专利,非法经营数额在10万元以上或者违法所得数额在5万元以上的;(4)其他情节严重的情形。

本案中,熊某为牟取非法利益,违反国家专利管理法规,未经专利权人许可,擅自篡改专利权人某(漳州)光学科技有限公司的专利号,变造专利申请文件并在其销售的产品宣传资料上使用,侵害了某(漳州)光学科技有限公司的合法权益,非法经营数额达584 863.93元,其行为已构成假冒专利罪。

第四节　侵犯著作权罪

一、罪名概述

1.罪名简介

侵犯著作权罪,是指以营利为目的,违反著作权管理法律法规,未经著作权人许可,侵犯他人的著作权,违法所得数额较大或者有其他严重情节、违法所得数额巨大或者有其他特别严重情节的行为。

2. 犯罪构成要件

(1)犯罪客体

本罪侵犯的客体是国家的著作权管理制度以及他人的著作权和与著作权有关的权益。

(2)犯罪客观方面

本罪在客观方面表现为以营利为目的,违反著作权管理法律法规,未经著作权人许可,侵犯他人的著作权,违法所得数额较大或者有其他严重情节、违法所得数额巨大或者有其他特别严重情节的行为。

根据《著作权法》第十条的规定,著作权包括人身权和财产权。具体来说,包括以下17种权利:发表权,即决定作品是否公之于众的权利;署名权,即表明作者身份,在作品上署名的权利;修改权,即修改或者授权他人修改作品的权利;保护作品完整权,即保护作品不受歪曲、篡改的权利;复制权,即以印刷、复印、拓印、录音、录像、翻录、翻拍、数字化等方式将作品制作一份或者多份的权利;发行权,即以出售或者赠与方式向公众提供作品的原件或者复制件的权利;出租权,即有偿许可他人临时使用视听作品、计算机软件的原件或者复制件的权利,计算机软件不是出租的主要标的的除外;展览权,即公开陈列美术作品、摄影作品的原件或者复制件的权利;表演权,即公开表演作品,以及用各种手段公开播送作品的表演的权利;放映权,即通过放映机、幻灯机等技术设备公开再现美术、摄影、视听作品等的权利;广播权,即以有线或者无线方式公开传播或者转播作品,以及通过扩音器或者其他传送符号、声音、图像的类似工具向公众传播广播的作品的权利,但不包括《著作权法》第十条第一款第十二项规定的权利;信息网络传播权,即以有线或者无线方式向公众提供,使公众可以在其选定的时间和地点获得作品的权利;摄制权,即以摄制视听作品的方法将作品固定在载体上的权利;改编权,即改编作品,创作出具有独创性的新作品的权利;翻译权,即将作品从一种语言文字转换成另一种语言文字的权利;汇编权,即将作品或者作品的片段通过选择或者编排,汇集成新作品的权利;应当由著作权人享有的其他权利。

侵犯著作权罪即是对上述著作权和与著作权有关权益的侵犯。

根据最高人民法院、最高人民检察院、公安部《关于办理侵犯知识产权刑事案件适用法律若干问题的意见》第十条的规定,除销售外,具有下列情形之一的,可以认定为“以营利为目的”:①以在他人作品中刊登收费广告、捆绑第三方作品等方式直接或者间接收取费用的;②通过信息网络传播他人作品,或者利用他人上传的侵权作品,在网站或者网页上提供刊登收费广告服务,直接或者间接收取费用的;③以会员制方式通过信息网络传播他人作品,收取会员注册费或者其他费用的;④其他利用他人作品谋利的情形。

该意见第十一条规定,“未经著作权人许可”一般应当依据著作权人或者其授权的代理人、著作权集体管理组织、国家著作权行政管理部门指定的著作权认证机构出具的涉案作品版权认证文书,或者证明出版者、复制发行者伪造、涂改授权许可文件或者超出授权许可范围的证据,结合其他证据综合予以认定。

在涉案作品种类众多且权利人分散的案件中,上述证据确实难以一一取得,但有证据证明涉案复制品系非法出版、复制发行的,且出版者、复制发行者不能提供获得著作权人许可的相关证明材料的,可以认定为“未经著作权人许可”。但是,有证据证明权利人放弃权利、涉案作品的著作权不受我国《著作权法》保护,或者著作权保护期限已经届满的除外。

(3)犯罪主体

本罪的主体为一般主体,既包括达到刑事责任年龄,并具有刑事责任能力的自然人,也包括经国家批准和未经国家批准从事出版、发行活动的单位。

(4)犯罪主观方面

本罪在主观方面表现为故意,并且具有营利的目的。

3. 立案追诉标准

最高人民检察院、公安部《关于公安机关管辖的刑事案件立案追诉标准的规定(一)》第二十六条规定:“以营利为目的,未经著作权人许可,复制发行其文字作品、音乐、电影、电视、录像作品、计算机软件及其他作品,或者出版他人享有专有出版权的图书,或者未经录音录像制作者许可,复制发行其制作的录音录像,或者制作、出售假冒他人署名的美术作品,涉嫌下列情形之一的,应予立案追诉:(一)违法所得数额三万元以上的;(二)非法经营数额五万元以上的;(三)未经著作权人许可,复制发行其文字作品、音乐、电影、电视、录像作品、计算机软件及其他作品,复制品数量合计五百张(份)以上的;(四)未经录音录像制作者许可,复制发行其制作的录音录像制品,复制品数量合计五百张(份)以上的;(五)其他情节严重的情形。以刊登收费广告等方式直接或者间接收取费用的情形,属于本条规定的‘以营利为目的’。本条规定的‘未经著作权人许可’,是指没有得到著作权人授权或者伪造、涂改著作权人授权许可文件或者超出授权许可范围的情形。本条规定的‘复制发行’,包括复制、发行或者既复制又发行的行为。通过信息网络向公众传播他人文字作品、音乐、电影、电视、录像作品、计算机软件及其他作品,或者通过信息网络传播他人制作的录音录像制品的行为,应当视为本条规定的‘复制发行’。侵权产品的持有人通过广告、征订等方式推销侵权产品的,属于本条规定的‘发行’。本条规定的‘非法经营数额’,是指行为人在实施侵犯知识产权行为过程中,制造、储存、运输、销售侵权产品的价值。已销售的侵权产品的价值,按照实际销售的价格计算。制造、储存、运输和未销售的侵权产品的价值,按照标价或者已经查清的侵权产品的实际销售平均价格计算。侵权产品没有标价或者无法查清其实际销售价格的,按照被侵权产品的市场中间价格计算。”

4. 量刑标准

《刑法》第二百一十七条规定:“以营利为目的,有下列侵犯著作权或者与著作权有关的权利的情形之一,违法所得数额较大或者有其他严重情节的,处三年以下有期徒刑,并处或者单处罚金;违法所得数额巨大或者有其他特别严重情节的,处三年以上十年以下有期徒刑,并处罚金:(一)未经著作权人许可,复制发行、通过信息网络向公众传播其文字作品、音乐、美术、视听作品、计算机软件及法律、行政法规规定的其他作品的;(二)出版他人享有专有出版权的图书的;(三)未经录音录像制作者许可,复制发行、通过信息网络向公众传播其制作的录音录像的;(四)未经表演者许可,复制发行录有其表演的录音录像制品,或者通过信息网络向公众传播其表演的;(五)制作、出售假冒他人署名的美术作品的;(六)未经著作权人或者与著作权有关的权利人许可,故意避开或者破坏权利人为其作品、录音录像制品等采取的保护著作权或者与著作权有关的权利的技术措施的。”

根据最高人民法院、最高人民检察院《关于办理侵犯知识产权刑事案件具体应用法律若干问题的解释》第五条的规定,以营利为目的,实施《刑法》第二百一十七条所列侵犯著作权行为之一,违法所得数额在 3 万元以上的,属于“违法所得数额较大”;以营利为目的,实施《刑法》第二百一十七条所列侵犯著作权行为之一,违法所得数额在 15 万元以上的,属于“违法所得数额巨大”。

根据最高人民法院、最高人民检察院《关于办理侵犯知识产权刑事案件具体应用法律若干问题的解释》第五条与最高人民法院、最高人民检察院《关于办理侵犯知识产权刑事案件具体应用法律若干问题的解释(二)》第一条、第七条的规定,具有下列情形之一的,属于“有其他严重情节”,应当以侵犯著作权罪判处 3 年以下有期徒刑或者拘役,并处或者单处罚金:

(1)非法经营数额在 5 万元以上的;

(2)未经著作权人许可,复制发行其文字作品、音乐、电影、电视、录像作品、计算机软件及其他作品,复制品数量合计在 500 张(份)以上的;

(3)其他严重情节的情形。

具有下列情形之一的,属于“有其他特别严重情节”,应当以侵犯著作权罪判处 3 年以上 7 年以下有期徒刑,并处罚金:

(1)非法经营数额在 25 万元以上的;

(2)未经著作权人许可,复制发行其文字作品、音乐、电影、电视、录像作品、计算机软件及其他作品,复制品数量合计在 2500 张(份)以上的;

(3)其他特别严重情节的情形。

需要注意的是,最高人民法院、最高人民检察院、公安部《关于办理侵犯知识产权刑事案件适用法律若干问题的意见》第十三条关于通过信息网络传播侵权作品行为的定罪处罚标准,对“其他严重情节”与“其他特别严重情节”有特别的规定,“以营利为目的,未经著作权人许可,通过信息网络向公众传播他人文字作品、音乐、电影、电视、美术、摄影、录像作品、录音录像制品、计算机软件及其他作品,具有下列情形之一的,属于刑法第二百一十七条规定的‘其他严重情节’:(一)非法经营数额在五万元以上的;(二)传播他人作品的数量合计在五百件(部)以上的;(三)传播他人作品的实际被点击数达到五万次以上的;(四)以会员制方式传播他人作品,注册会员达到一千人以上的;(五)数额或者数量虽未达到第(一)项至第(四)项规定标准,但分别达到其中两项以上标准一半以上的;(六)其他严重情节的情形。实施前款规定的行为,数额或者数量达到前款第(一)项至第(五)项规定标准五倍以上的,属于刑法第二百一十七条规定的‘其他特别严重情节’”。

二、风险防范

1. 企业应遵守有关著作权的法律法规,杜绝恶意侵犯他人著作权的行为。随着信息技术的发展,除了传统意义上的复制发行他人作品的行为外,未经授权许可,破解他人加密作品的“私服”“外挂”及深埋链接等行为都是对他人著作权的侵犯。

2. 随着在网络领域中对于侵犯著作权行为营利目的认定的扩张,侵犯著作权行为的入罪风险也会相应提升。因此,企业在经营活动中使用他人作品前应当主动合规,避免侵权,降低刑事风险。如果暂时无法确定自身经营行为是否存在侵犯著作权的情况,建议聘请专业律师进行风险评估,以控制刑事处罚的风险。

3. 在作品流入市场之前,企业应做好相应检索、调查工作,确保即将发表的作品不存在侵权行为。因不知情侵犯他人著作权的,应及时召回已流入市场的侵权产品,并采取相应的补救措施。

三、典型案例

聊城市鲁×印务有限公司、贾某双等侵犯著作权案[①]

【案情简介】

(一)聊城市鲁×印务有限公司、贾某双犯罪事实

聊城市鲁×印务有限公司(以下简称鲁×公司)系于2003年6月16日成立的有限责任公司,由贾某双实际负责经营。2018年12月~2019年8月,贾某双为了公司

---

① 案号:(2020)苏08刑初16号。

利益，明知曹某起委托印刷的“非常课课通”（语文学科三、四、五、六年级）图书无相关手续，仍然安排公司进行印刷生产，共计生产盗版“非常课课通”图书19万本，并通过物流发给曹某起。曹某起共计支付印刷费用95万元。

（二）曹某起的犯罪事实

2018年12月~2019年9月，曹某起以营利为目的，联系并提供“非常课课通”（语文学科三、四、五、六年级）图书电子文件给贾某双，通过鲁×公司印刷上述盗版图书19万本。同时，曹某起还以营利为目的，以5.5元每本的价格，从山东“王三”（身份不详）处购买盗版“非常课课通”（数学、英语学科，以及语文学科一、二年级）、“默写能手”等图书予以销售，其中以6元每本的价格，销售给刘某前述盗版课课通14 518本，销售给王某东前述盗版课课通12 000本，销售给涟某张（身份不详）前述盗版课课通2900本，另以960元的总价销售给王某学盗版“默写能手”300本，共计销售盗版图书29 718本，销售金额共计177 468元。

（三）刘某的犯罪事实

2018年12月~2019年2月，刘某以营利为目的，以每本6元的价格从曹某起处购进盗版“非常课课通”图书29 050本，后以平均每本约6.6元的价格共对外销售25 050本，销售金额约165 330元。剩余4000本中，被其当作废纸卖给废品收购站3000本，退给曹某起1000本。2019年9月5日，淮安市文化广电和旅游局在刘某经营的翔×书店查获“非常课课通”图书1922本，经鉴定，均为侵权盗版图书。该部分图书系刘某以销售营利为目的，于2019年7月从曹某起处购买。

（四）王某东的犯罪事实

2018年12月~2019年2月，王某东以营利为目的，以每本6元的价格从曹某起处购进盗版“非常课课通”图书22 400本，后以每本6.5~6.7元的价格予以销售，共计销售15 000本，销售金额为97 500~100 500元，剩余7000余本被其当作废纸卖给废品收购站。

（五）王某学的犯罪事实

2019年6~9月，王某学以营利为目的，以每本7~7.5元的价格销售给严某俊、赵某花、石某香盗版“非常课课通”图书3400本、305本、479本，共计销售4184本，销售金额为29 288~31 380元。2019年9月6日，淮安市淮阴区文化市场综合执法大队、淮安市公安局淮阴分局在淮安市淮阴区王家营街道营东居委会21号富华物流点查获王某学以销售营利为目的购买的“非常课课通”（语文学科三、四、五、六年级）图书1950本、“默写能手”图书300本、“课时作业本”图书880本，经鉴定，均为侵权盗版图书。

2019年10月9日，贾某双主动到公安机关投案。2019年11月4日，刘某主动到公安机关投案，并将王某东带至公安机关。2019年11月6日，王某东主动到公安机关投案。贾某双、曹某起、刘某、王某东、王某学归案后,能够如实供述犯罪事实。

贾某双、曹某起、刘某、王某东、王某学分别退还人民币35万元、4万元、3万元、1.5万元、5000元。

【裁判结果】

1. 鲁×公司犯侵犯著作权罪,判处罚金人民币35万元;

2. 贾某双犯侵犯著作权罪,判处有期徒刑2年,缓刑3年,并处罚金人民币35万元;

3. 曹某起犯侵犯著作权罪,判处有期徒刑3年,缓刑4年,并处罚金人民币60万元;

4. 刘某犯侵犯著作权罪,判处有期徒刑1年6个月,缓刑2年,并处罚金人民币3万元;

5. 王某东犯侵犯著作权罪,判处有期徒刑1年6个月,缓刑2年,并处罚金人民币1.5万元;

6. 王某学犯侵犯著作权罪,判处有期徒刑3年,缓刑4年,并处罚金人民币1.5万元;

7. 查扣的侵犯著作权的图书依法予以没收。

【案件评析】

本案主要涉及的是企业明知客户委托印刷的图书无相关手续,仍然安排进行印刷生产的行为,是否构成侵犯著作权罪的问题。

最高人民检察院、公安部《关于公安机关管辖的刑事案件立案追诉标准的规定(一)》第二十六条第一款规定:"以营利为目的,未经著作权人许可,复制发行其文字作品、音乐、电影、电视、录像作品、计算机软件及其他作品,或者出版他人享有专有出版权的图书,或者未经录音、录像制作者许可,复制发行其制作的录音、录像,或者制作、出售假冒他人署名的美术作品,涉嫌下列情形之一的,应予立案追诉:(一)违法所得数额三万元以上的;(二)非法经营数额五万元以上的;(三)未经著作权人许可,复制发行其文字作品、音乐、电影、电视、录像作品、计算机软件及其他作品,复制品数量合计五百张(份)以上的;(四)未经录音录像制作者许可,复制发行其制作的录音录像制品,复制品数量合计五百张(份)以上的;(五)其他情节严重的情形。"

本案中,鲁×公司、曹某起、刘某、王某东、王某学以营利为目的,未经著作权人许可复制发行他人文字作品,非法经营数额在5万元以上或复制品数量合计500份以上,其行为均已构成侵犯著作权罪;贾某双系鲁×公司直接负责的主管人员,其行为亦构成侵犯著作权罪。

第五节　销售侵权复制品罪

一、罪名概述

1. 罪名简介

销售侵权复制品罪，是指以营利为目的，销售明知是侵犯他人著作权、专有出版权的文字作品、音乐、电影、电视、录像、计算机软件、图书及其他作品以及假冒他人署名的美术作品，违法所得数额巨大或者有其他严重情节的行为。

2. 犯罪构成要件

（1）犯罪客体

本罪侵犯的客体是国家的著作权管理制度以及他人的著作权及与著作权有关的权益。

（2）犯罪客观方面

本罪在客观方面表现为销售侵权复制品，违法所得数额巨大或者有其他严重情节的行为。销售是本罪客观行为的具体内容，并且是重要的构成要件要素，非销售营利行为不能构成销售侵权复制品罪。如果行为人不是销售而是赠与、出借或收买自用等，均不成立本罪。

（3）犯罪主体

本罪的犯罪主体为一般主体，凡达到刑事责任年龄并具备刑事责任能力的自然人均能构成本罪，单位亦能成为本罪主体。

（4）犯罪主观方面

本罪在主观方面表现为故意，并且具有营利目的。如果行为人出于过失并不知道属于侵权复制品而予以销售，不构成本罪。

3. 立案追诉标准

最高人民检察院、公安部《关于公安机关管辖的刑事案件立案追诉标准的规定（一）》第二十七条规定："以营利为目的，销售明知是刑法第二百一十七条规定的侵权复制品，涉嫌下列情形之一的，应予立案追诉：（一）违法所得数额十万元以上的；（二）违法所得数额虽未达到上述数额标准，但尚未销售的侵权复制品货值金额达到三十万元以上的。"

4. 量刑标准

《刑法》第二百一十八条规定："以营利为目的，销售明知是本法第二百一十七条规定的侵权复制品，违法所得数额巨大或者有其他严重情节的，处五年以下有期徒刑,并处或者单处罚金。”

二、风险防范

1. 企业对自己销售的作品,应当做好市场调查,查明作品是否侵害他人的著作权。

2. 企业应建立进货渠道的规范制度,对于销售他人的作品,要进行严格审查,防止销售侵权产品。

3. 企业因不知情销售了侵权作品,应及时召回并采取相应补救措施。只要采取了积极有效的手段,将损失尽可能减少,侵权行为有可能就局限于民事责任。

三、典型案例

北京宏×润博文化传播有限公司、张某坤销售侵权复制品罪案[①]

【案情简介】

新×典文化股份有限公司享有《平凡的世界》《活着》《新参者》《牧羊少年奇幻之旅》《嫌疑人X的献身》《白夜行》《恶意》《解忧杂货店》《流星之绊》《幻夜》《窗边的小豆豆(绘本)》等11部作品在中国的专有或独占图书出版发行使用权。

北京宏×润博文化传播有限公司(以下简称宏×公司)成立于2009年3月5日,张某坤系宏×公司法定代表人与直接负责的主管人员。2018年8月~2019年1月,张某坤在担任宏×公司法定代表人期间,多次批量购买前述11部作品的盗版图书,在宏×公司下属的天猫网店销售。2018年12月,宏×公司以12 570元的价格向张家港市的季某出售盗版《牧羊少年奇幻之旅》《解忧杂货店》《嫌疑人X的献身》共计600本。

2019年1月17日,公安机关在天津市武清区旺源道12号共速达物流园2-1号宏×公司仓库内查获前述11部作品的盗版图书共计11 970本,货值金额为人民币314 205元。2019年1月18日,宏×公司、张某坤向北京市公安局大兴分局博兴路派出所投案,并如实供述了上述犯罪事实。

【裁判结果】

1. 宏×公司犯销售侵权复制品罪,判处罚金人民币15万元。

2. 张某坤犯销售侵权复制品罪,判处有期徒刑8个月,缓刑1年,并处罚金人民币10万元。

---

① 案号:(2020)苏0582刑初565号。

3. 张家港市公安局扣押的涉案盗版图书予以没收,由该局依法处理。

【案件评析】

本案涉及的是企业在天猫网店销售盗版图书的行为,是否构成销售侵权复制品罪的问题。

最高人民检察院、公安部《关于公安机关管辖的刑事案件立案追诉标准的规定(一)》第二十七条规定:"以营利为目的,销售明知是刑法第二百一十七条规定的侵权复制品,涉嫌下列情形之一的,应予立案追诉:(一)违法所得数额十万元以上的;(二)违法所得数额虽未达到上述数额标准,但尚未销售的侵权复制品货值金额达到三十万元以上的。"

本案中,宏×公司、张某坤作为宏×公司直接负责的主管人员,以营利为目的销售侵权复制品,尚未销售的侵权复制品货值金额达到30万元以上,其行为已构成销售侵权复制品罪。

第六节　侵犯商业秘密罪

一、罪名概述

1. 罪名简介

侵犯商业秘密罪,是指以盗窃、贿赂、欺诈、胁迫、电子侵入或者其他不正当手段获取权利人的商业秘密,披露、使用或者允许他人使用以前项手段获取的权利人的商业秘密,违反保密义务或者违反权利人有关保守商业秘密的要求披露、使用或者允许他人使用其所掌握的商业秘密,情节严重、情节特别严重的行为。

需要说明的是,《刑法修正案(十一)》第二十二条将2017年《刑法》第二百一十九条"给商业秘密的权利人造成重大损失的"修改为"情节严重的",将"造成特别严重后果的"修改为"情节特别严重的"。这意味着商业秘密的刑事保护维度得到了进一步的拓展,即以情节处断,而非以数额定罪。

2. 犯罪构成要件

(1)犯罪客体

本罪侵犯的客体既包括国家对商业秘密的管理制度,又包括商业秘密的权利人享有的合法权利。本罪的行为对象是权利人的商业秘密。我国《反不正当竞争法》第九条第四款规定:"本法所称的商业秘密,是指不为公众所知悉、具有商业价值并经权利人采取相应保密措施的技术信息、经营信息等商业信息。"

(2)犯罪客观方面

本罪在客观方面表现为行为人违反商业秘密保护法规,采取不正当手段侵犯他人的商业秘密,情节严重的行为。

(3)犯罪主体

本罪的犯罪主体为一般主体,任何达到刑事责任年龄、具有刑事责任能力的自然人都可以构成本罪,单位亦能成为本罪主体。

(4)犯罪主观方面

本罪的主观方面表现为故意,即行为人明知自己的行为侵犯了他人的商业秘密,会给权利人造成重大损失,并且希望或者放任这种结果发生。过失不构成本罪。实务中,本罪的犯罪动机主要表现为:

①为击败同业竞争对手而以盗窃、利诱、胁迫或者其他不正当手段获取商业秘密。

②为自己从事不正当竞争而使用商业秘密。

③为了交换利益而披露商业秘密。

④为报复或泄愤而披露商业秘密。

需要说明的是,行为人出于何种动机或目的而实施犯罪,不影响本罪的成立。

3. 立案追诉标准

根据最高人民检察院、公安部《关于修改侵犯商业秘密刑事案件立案追诉标准的决定》的规定,侵犯商业秘密,涉嫌下列情形之一的,应予立案追诉:

(1)给商业秘密权利人造成损失数额在30万元以上的;

(2)因侵犯商业秘密违法所得数额在30万元以上的;

(3)直接导致商业秘密的权利人因重大经营困难而破产、倒闭的;

(4)其他给商业秘密权利人造成重大损失的情形。

前款规定的造成损失数额或者违法所得数额,可以按照下列方式认定:

(1)以不正当手段获取权利人的商业秘密,尚未披露、使用或者允许他人使用的,损失数额可以根据该项商业秘密的合理许可使用费确定;

(2)以不正当手段获取权利人的商业秘密后,披露、使用或者允许他人使用的,损失数额可以根据权利人因被侵权造成销售利润的损失确定,但该损失数额低于商业秘密合理许可使用费的,根据合理许可使用费确定;

(3)违反约定、权利人有关保守商业秘密的要求,披露、使用或者允许他人使用其所掌握的商业秘密的,损失数额可以根据权利人因被侵权造成销售利润的损失确定;

(4)明知商业秘密是不正当手段获取或者是违反约定、权利人有关保守商业秘密的要求披露、使用、允许使用,仍获取、使用或者披露的,损失数额可以根据权利人因被侵权造成销售利润的损失确定;

(5)因侵犯商业秘密行为导致商业秘密已为公众所知悉或者灭失的,损失数额可以根据该项商业秘密的商业价值确定。商业秘密的商业价值,可以根据该项商业秘密的研究开发成本、实施该项商业秘密的收益综合确定;

(6)因披露或者允许他人使用商业秘密而获得的财物或者其他财产性利益,应当认定为违法所得。

前款第二项、第三项、第四项规定的权利人因被侵权造成销售利润的损失,可以根据权利人因被侵权造成销售量减少的总数乘以权利人每件产品的合理利润确定;销售量减少的总数无法确定的,可以根据侵权产品销售量乘以权利人每件产品的合理利润确定;权利人因被侵权造成销售量减少的总数和每件产品的合理利润均无法确定的,可以根据侵权产品销售量乘以每件侵权产品的合理利润确定。商业秘密系用于服务等其他经营活动的,损失数额可以根据权利人因被侵权而减少的合理利润确定。

商业秘密的权利人为减轻对商业运营、商业计划的损失或者重新恢复计算机信息系统安全、其他系统安全而支出的补救费用,应当计入给商业秘密的权利人造成的损失。

4. 量刑标准

《刑法》第二百一十九条规定:"有下列侵犯商业秘密行为之一,情节严重的,处三年以下有期徒刑,并处或者单处罚金;情节特别严重的,处三年以上十年以下有期徒刑,并处罚金:(一)以盗窃、贿赂、欺诈、胁迫、电子侵入或者其他不正当手段获取权利人的商业秘密的;(二)披露、使用或者允许他人使用以前项手段获取的权利人的商业秘密的;(三)违反保密义务或者违反权利人有关保守商业秘密的要求,披露、使用或者允许他人使用其所掌握的商业秘密的。明知前款所列行为,获取、披露、使用或者允许他人使用该商业秘密的,以侵犯商业秘密论。本条所称权利人,是指商业秘密的所有人和经商业秘密所有人许可的商业秘密使用人。"

二、风险防范

1. 企业应做好商业秘密合规管理制度,设置保密部门及相关人员,有效落实保密责任人,规范涉密人员管理制度,涉密载体管理制度、涉密网络管理制度、涉密场所管理制度等,建立完整的商业秘密合规管理制度体系。同时,树立合法的竞争理念,坚决抵制通过不法手段窃取他人商业秘密而进行的不正当竞争行为。如为获得某种必要技术,企业可以通过自主研发、合法购买等方式获取,不能以盗窃、利诱、胁迫或者其他不正当手段获取。

2. 企业管理人员与技术研发人员触犯本罪的风险更高,所以在企业内部应当加强对上述人群的监管和防范,建立有效的监管与问责机制。同时,应研究各类泄密案例并开展合规管理、警示教育，强化企业管理人员和技术研发人员的刑事风险意识。

3. 对于新入职的员工，尤其是在聘请核心技术骨干人员和高级管理人员之前，要全面了解其以前的任职信息、工作经历以及是否对第三方负有保密义务等背景信息。对于其带来的原工作单位的信息资料，要谨慎使用，避免因侵犯原工作单位的商业秘密而涉刑。

4. 侵犯商业秘密的犯罪嫌疑人有可能以合作、入股、并购等方式取得被害人的信任，在过程中逐步实施犯罪行为。由于存在刑民交叉的问题，被害人发现商业秘密被侵犯后，因双方存在民事行为，往往给刑事控告带来很大障碍，因此建议保密性强的高新科技企业，如果有条件可聘请专业的法律顾问，全方位、全流程、全环节规避法律风险，不给犯罪分子可乘之机。

三、典型案例

于某某、上海万×汽车天窗有限公司、贾某和侵犯商业秘密案[①]

【案情简介】

上海恩×华汽车部件有限公司（以下简称恩×华公司）经关联方授权，至迟于2013年获得涉案汽车天窗相关技术信息用于经营活动。其间，公司通过分级保密管理、与员工签订保密条款等措施对技术信息进行保密。经鉴定，上述技术信息中的汽车天窗机械组技术、遮阳帘驱动系统技术、后玻璃排水系统技术、汽车天窗技术图纸（含3D数据）等（以下简称涉案技术）均属于不为公众所知悉的技术信息。

2012年4月~2014年2月，于某某在恩×华公司担任产品工程师，参与天窗项目工作，曾接触上述技术信息。2014年3月12日，于某某离职，同日入职上海万×汽车天窗有限公司（以下简称万×公司），负责全景天窗的研发工作。其间，于某某借从境外个人处购买天窗技术图纸之名，违反与恩×华公司之间的保密约定，向万×公司提供了带有恩×华公司标识及项目代号的技术信息资料，用于产品研发。经万×公司实际经营负责人贾某和同意，根据于某某提交的英文信件、领款申请等向案外人王某个人名下账户支付人民币25万元（王某系于某某妻姐）。万×公司及贾某和明知于某某曾在恩×华公司任职，在未与境外主体签订购买协议，款项汇入境内个人账户，获取的图纸带有竞争对手商业标识，可能存在非法披露他人技术秘密的情况下，仍未予以谨慎审查，即将相关技术信息资料用于万×公司相关汽车天窗产品的研发及生产销售。后于某某、贾某和以共同研发人身份，对部分技术申请实用新型专利。

---

① 案号：（2018）沪0107刑初1289号。

经鉴定,万×公司部分汽车天窗产品与涉案技术信息实质相同或具有同一性。经司法会计鉴定,万×公司2015年9月~2018年6月销售上述相关天窗产品净利润为1298万余元。

【裁判结果】

1. 于某某犯侵犯商业秘密罪,判处有期徒刑5年,并处罚金人民币50万元。

2. 万×公司犯侵犯商业秘密罪,判处罚金人民币400万元。

3. 贾某和犯侵犯商业秘密罪,判处有期徒刑3年,缓刑3年,并处罚金人民币35万元。

4. 违法所得依法予以追缴。

【案件评析】

本案涉及的是企业允许员工使用前公司的商业秘密进行产品开发的行为,是否构成侵犯商业秘密罪的问题。

最高人民检察院、公安部《关于公安机关管辖的刑事案件立案追诉标准的规定(二)》(2010年)第七十三条规定:“侵犯商业秘密,涉嫌下列情形之一的,应予立案追诉:(一)给商业秘密权利人造成损失数额在五十万元以上的;(二)因侵犯商业秘密违法所得数额在五十万元以上的;(三)致使商业秘密权利人破产的;(四)其他给商业秘密权利人造成重大损失的情形。”

本案中,于某某违反权利人恩×华公司有关保守商业秘密的要求,披露、使用、允许万×公司使用其所掌握的商业秘密,万×公司应知于某某的前述行为,仍获取、使用、披露恩×华公司的商业秘密,侵权获利1298万余元,造成特别严重后果,其行为均已构成侵犯商业秘密罪。贾某和系万×公司的实际经营负责人,全面负责公司的经营管理活动,对犯侵犯商业秘密罪负直接责任的主管人员,亦应以侵犯商业秘密罪论处。

第十章

职务廉洁与商业贿赂刑事法律风险及防范

第一节 贪污罪

一、罪名概述

1. 罪名简介

贪污罪，是指国家工作人员利用职务上的便利，侵吞、窃取、骗取或者以其他手段非法占有公共财物的行为。

2. 犯罪构成要件

(1)犯罪客体

本罪侵犯的客体是公共财产的所有权和国家的廉政建设制度。侵犯的对象是公共财产。

(2)犯罪客观方面

本罪在客观方面表现为国家工作人员和受国家机关、国有公司、企业、事业单位、人民团体委托管理、经营国有财产的人员，利用职务上的便利，侵吞、窃取、骗取或者以其他手段非法占有公共财物的行为。

利用职务上的便利，是指行为人利用本人职务范围内主管、支配、使用和具体负责经营、管理公共财物所形成的便利条件。侵吞是指行为人将自己主管、经手、管理的公共财物，非法占为己有。窃取是指行为人利用职务上的便利，采取秘密手段，将自己主管、经手、管理的公共财物非法占为己有的行为，也就是通常所说的监守自盗。骗取是指行为人利用职务上的便利，通过虚构事实或隐瞒真相的手段，非法占有公共财物的行为。其他手段是指除了侵吞、盗窃、骗取外，其他非法占有公共财物的方法。

公共财物包括国有资产、劳动群众集体所有的财产、用于扶贫和其他公益事业的社会捐助或者专项基金的财产。在国家机关、国有公司、企业、集体企业和人民团体管理、使用或者运输中的私人财产，以公共财产论。

(3)犯罪主体

本罪的犯罪主体为特殊主体，即犯罪的主体是国家工作人员。根据《刑法》第九十三条的规定，其主要包括以下人员：国家机关工作人员；国有公司、企业、事业单位、人民团体中从事公务的人员；国家机关、国有公司、企业、事业单位委派到非国有公司、企业、事业单位、社会团体从事公务的人员；其他依照法律从事公务的人员。

(4)犯罪主观方面

本罪在主观方面表现为故意，并具有非法占有公共财物的目的。

3. 入罪标准

根据《刑法》第三百八十三条与最高人民法院、最高人民检察院《关于办理贪污贿赂刑事案件适用法律若干问题的解释》第一条的规定，贪污数额在 3 万元以上的，或者贪污数额在 1 万元以上不满 3 万元，具有下列情形之一的，应予入罪：

(1)贪污救灾、抢险、防汛、优抚、扶贫、移民、救济、防疫、社会捐助等特定款物的；

(2)曾因贪污、受贿、挪用公款受过党纪、行政处分的；

(3)曾因故意犯罪受过刑事追究的；

(4)赃款赃物用于非法活动的；

(5)拒不交待赃款赃物去向或者拒不配合追缴工作，致使无法追缴的；

(6)造成恶劣影响或者其他严重后果的。

4. 量刑标准

《刑法》第三百八十二条规定："国家工作人员利用职务上的便利，侵吞、窃取、骗取或者以其他手段非法占有公共财物的，是贪污罪。受国家机关、国有公司、企业、事业单位、人民团体委托管理、经营国有财产的人员，利用职务上的便利，侵吞、窃取、骗取或者以其他手段非法占有国有财物的，以贪污论。与前两款所列人员勾结，伙同贪污的，以共犯论处。"

《刑法》第三百八十三条规定："对犯贪污罪的，根据情节轻重，分别依照下列规定处罚：(一)贪污数额较大或者有其他较重情节的，处三年以下有期徒刑或者拘役，并处罚金。(二)贪污数额巨大或者有其他严重情节的，处三年以上十年以下有期徒刑，并处罚金或者没收财产。(三)贪污数额特别巨大或者有其他特别严重情节的，处十年以上有期徒刑或者无期徒刑，并处罚金或者没收财产；数额特别巨大，并使国家和人民利益遭受特别重大损失的，处无期徒刑或者死刑，并处没收财产。对多次贪污未经处理的，按照累计贪污数额处罚。犯第一款罪，在提起公诉前如实供述自己罪行、真诚悔罪、积极退赃，避免、减少损害结果的发生，有第一项规定情形的，可以从轻、减轻或者免除处罚；有第二项、第三项规定情形的，可以从轻处罚。犯第一款罪，有第三项规定情形被判处死刑缓期执行的，人民法院根据犯罪情节等情况可以同时决定在其死刑缓期执行二年期满依法减为无期徒刑后,终身监禁,不得减刑、假释。”

最高人民法院、最高人民检察院《关于办理贪污贿赂刑事案件适用法律若干问题的解释》第一条第一款规定:“贪污或者受贿数额在三万元以上不满二十万元的,应当认定为刑法第三百八十三条第一款规定的‘数额较大’,依法判处三年以下有期徒刑或者拘役,并处罚金。”第一条第二款规定:“贪污数额在一万元以上不满三万元,具有下列情形之一的,应当认定为刑法第三百八十三条第一款规定的‘其他较重情节’,依法判处三年以下有期徒刑或者拘役,并处罚金:(一)贪污救灾、抢险、防汛、优抚、扶贫、移民、救济、防疫、社会捐助等特定款物的;(二)曾因贪污、受贿、挪用公款受过党纪、行政处分的;(三)曾因故意犯罪受过刑事追究的;(四)赃款赃物用于非法活动的;(五)拒不交待赃款赃物去向或者拒不配合追缴工作,致使无法追缴的;(六)造成恶劣影响或者其他严重后果的。”

该解释第二条第一款规定:“贪污或者受贿数额在二十万元以上不满三百万元的,应当认定为刑法第三百八十三条第一款规定的‘数额巨大’,依法判处三年以上十年以下有期徒刑,并处罚金或者没收财产。”第二条第二款规定:“贪污数额在十万元以上不满二十万元,具有本解释第一条第二款规定的情形之一的,应当认定为刑法第三百八十三条第一款规定的‘其他严重情节’,依法判处三年以上十年以下有期徒刑,并处罚金或者没收财产。”

该解释第三条第一款规定:“贪污或者受贿数额在三百万元以上的,应当认定为刑法第三百八十三条第一款规定的‘数额特别巨大’,依法判处十年以上有期徒刑、无期徒刑或者死刑,并处罚金或者没收财产。”第三条第二款规定:“贪污数额在一百五十万元以上不满三百万元,具有本解释第一条第二款规定的情形之一的,应当认定为刑法第三百八十三条第一款规定的‘其他特别严重情节’,依法判处十年以上有期徒刑、无期徒刑或者死刑,并处罚金或者没收财产。”

该解释第四条规定:“贪污、受贿数额特别巨大,犯罪情节特别严重、社会影响特别恶劣、给国家和人民利益造成特别重大损失的,可以判处死刑。符合前款规定的情形,但具有自首,立功,如实供述自己罪行、真诚悔罪、积极退赃,或者避免、减少损害结果的发生等情节,不是必须立即执行的,可以判处死刑缓期二年执行。符合第一款规定情形的,根据犯罪情节等情况可以判处死刑缓期二年执行,同时裁判决定在其死刑缓期执行二年期满依法减为无期徒刑后,终身监禁,不得减刑、假释。”

二、风险防范

无论是国有企业还是民营企业的管理人员,都无法免除触犯贪污罪的风险,区别仅仅是以国家工作人员身份作为主犯,还是作为民营企业家被牵连成为共犯。企业在日常经营活动,特别是在中国根深蒂固的人情社会中,对于贪污犯罪的风险防范就

是必不可少的。为规避触犯本罪,建议如下:

1. 国有企业应建立岗位与岗位之间相互监督、互相制约的体制,避免造成部分重要岗位处于监督空白点,创造贪污机会。同时,应当加强廉政教育,定期组织职工开展典型案例的警示教育和学习,深入剖析违反廉洁纪律的原因,树立正确的廉洁观念与金钱观、权力观,提高廉洁意识。最后,建立贪污贿赂举报奖励制度,鼓励全体员工对董监高及其易滋生贪污腐败岗位的工作人员进行实时监督,杜绝贪污贿赂事件发生。

2. 首先,国有企业应当加强审计监督,定期聘请财务审计机构进行审计,防患于未然;发现问题、漏洞及时予以弥补。其次,国有企业应实行会计委派制度。财会人员因惧怕企业领导手中的"生杀"行政大权,因此在实际工作中经常为犯罪活动屡开绿灯,这实际上是纵容了领导干部的违法犯罪。针对此种现象,可让会计人员由政府某个职能部门直接委派,实行垂直管理,人事和工资均与企业脱钩。

3. 对于民营企业而言,企业经营者最重要的是需要把握与政务机关、国有企业等的经济交往尺度。与行贿不同,贪污罪的共犯并不需要输送己方财物,而是创造条件让国家工作人员实现贪污。很多企业经营者对此类"行个方便""配合一下"的行为所带来的风险是没有足够意识的,总觉得就算有后果也不应当是自己承担。但事实上,提供帮助是典型的共犯行为,因此,在被提出超出正常商业边界要求的时候,企业经营者需要对此提高警觉,守住底线。

4. 企业管理人员在无法确定相应的行为是否可能触犯贪污犯罪的情况下,应当提前做好法律风险防范规划,充分与公司法务人员或者外部律师进行沟通,在获取专业的法律意见后再决定采取措施。避免因为盲目或者大意,最终酿成悲剧。

三、典型案例

李某贪污案[①]

【案情简介】

2016~2017年,李某在任中国铁×股份有限公司贺州市分公司(以下简称铁×公司贺州市分公司)建设部兼维护部经理期间,通过虚报项目及在实际项目中加大工程量的方法,经广西壮族自治区通×产业服务有限公司贺州市分公司、润×股份有限公司、新×科技有限公司、广西坤×建设工程有限公司等,套取了包括实际施工项目费用在内的公款共6 032 264.08元。上述四个公司扣除税金及管理费后,将其中的

---

① 案号:(2020)桂11刑终185号。

5 019 094.35 元转至张某、朱某等人名下的银行账户;张某、朱某等人将该款项转移至李某银行账户及由李某控制并使用的李某银行账户。后李某将其中的实际施工项目费用支出 1 598 698 元分别支付给谢某 2、陀某、陆某等人,剩余的 3 420 396.35 元被其占为己有并归其个人使用。在中国铁×股份有限公司广西壮族自治区分公司进行审计、整改工作时,李某主动向该公司坦白其通过虚增项目的方式套取公款的事实,并从2019 年 2 月开始,李某通过上述四家公司归还 3 253 981.52 元至铁×公司贺州市分公司,余款 166 414.83 元于 2020 年 1 月 19 日退还并存入贺州市八步区监委廉政账户。

新×科技有限公司于 2020 年 1 月 20 日向贺州市八步区监察委员会清退款项 56 500 元,谢某 1(广西坤×建设工程有限公司)于 2020 年 1 月 20 日向贺州市八步区监察委员会清退款项 70 376.07 元,广西壮族自治区通×服务有限公司贺州市分公司于 2020 年 1 月 20 日向贺州市八步区监察委员会清退款项 84 348.72 元,润×股份有限公司于 2020 年 1 月 20 日向贺州市八步区监察委员会清退款项 63 063.95 元。上述四公司(个人)共计向贺州市八步区监察委员会退出 274 288.74 元。

法院审理查明,李某在铁×公司贺州市分公司担任建设部、维修部经理期间,具有国家工作人员的身份。

【裁判结果】

李某犯贪污罪,判处有期徒刑 6 年,并处罚金 60 万元。

【案件评析】

本案涉及的是国有企业管理人员通过虚报项目等方法侵吞公款的行为,是否构成贪污罪的问题。

根据《刑法》第三百八十三条与最高人民法院、最高人民检察院《关于办理贪污贿赂刑事案件适用法律若干问题的解释》第一条的规定,贪污数额在 3 万元以上的,或者贪污数额在 1 万元以上不满 3 万元,具有下列情形之一的,应予入罪:(1)贪污救灾、抢险、防汛、优抚、扶贫、移民、救济、防疫、社会捐助等特定款物的;(2)曾因贪污、受贿、挪用公款受过党纪、行政处分的;(3)曾因故意犯罪受过刑事追究的;(4)赃款赃物用于非法活动的;(5)拒不交待赃款赃物去向或者拒不配合追缴工作,致使无法追缴的;(6)造成恶劣影响或者其他严重后果的。

本案中,李某身为国家工作人员,利用职务上的便利,通过虚报项目及在实际施工项目中加大工程量的方法,套取中国铁×股份有限公司广西壮族自治区分公司的公款 3 420 396.35 元,远远超出法定的追诉金额,其行为已构成贪污罪。

第二节　职务侵占罪

一、罪名概述

1. 罪名简介

职务侵占罪，是指公司、企业或者其他单位的人员利用职务上的便利，将本单位财物非法占为己有，数额较大、数额巨大、数额特别巨大的行为。

2. 犯罪构成要件

(1)犯罪客体

本罪侵犯的客体是公司、企业或者其他单位的财产所有权。

本单位财物，包括动产和不动产，不仅指已在公司、企业、其他单位占有、管理之下的钱财，而且也包括本单位有权占有而未占有的财物，如公司、企业或其他单位拥有的债权。就财物的形态而言，犯罪对象包括有形物和无形物，如货币、厂房、设备、汽车、电力、煤气、天然气、库存商品、工业产权、非专利技术以及土地使用权，等等。

(2)犯罪客观方面

本罪在客观方面表现为行为人利用职务上的便利，将本单位财物非法据为己有，数额较大的行为。具体而言，包括以下 3 个方面：

①利用自己职务上的便利

利用职务上的便利，是指利用职权及与职务有关的便利条件。行为人之所以能够顺利实施该行为，是由于其职务上具有便利条件。职权是指本人职务、岗位范围内的权力。与职务有关的便利条件，是指虽然不是直接利用职务或岗位上的权限，但却利用了本人的职权或地位所形成的便利条件，或通过其他人员利用职务或地位上的便利条件。

②有将本单位财物非法占为己有的行为

实务中，“侵占行为”主要表现为采用侵吞、窃取、骗取等各种手段将本单位财物“化”为私有、己有。如公司董事长将自己占有的单位房屋、汽车等财产谎称自有，标价出售；公司经理以其具有审批使用公司财物的权力侵占公司财物；营销总监利用签订业务合同与对方相互串通，故意抬高合同标的价格，然后将钱款占为己有或私分；公司采购人员以少买多报占有购货款等，这些都是本罪的客观表现形式。需要提醒的是，非法占有的财物若不是本单位的，不构成本罪。如行为人利用职务上的便利，将本单位其他员工持有的本单位财物盗走而据为己有，不能按本罪处罚。

③非法占有的财物需达到数额较大的程度

“数额较大”,是指行为人侵占本单位财物行为的社会危害性已经达到应追究刑事责任的数额标准。如果仅有非法侵占公司、企业及其他单位财物的行为,但没有达到数额较大的标准,则也不能构成本罪。

(3)犯罪主体

本罪犯罪主体为特殊主体,包括公司、企业或者其他单位的非国家工作人员。公司是指有限责任公司和股份有限公司。企业是指除上述公司以外的其他依法设立的以获取经济利益为目的的具有法人资格的组织,如集体所有制企业、私营企业、中外合资经营企业、中外合作经营企业、外资企业等。“其他单位”是指除上述公司、企业以外的社会团体或经济组织。

具有国家工作人员身份的人,不能成为本罪的主体。凡具有国家工作人员身份的人员,利用职务或者工作上的便利,侵占本单位的财物的,应依照贪污罪的规定处罚。这里所说的“国家工作人员”是指在国家机关、国有企业、事业单位和其他依照法律法规从事公务并具有国家工作人员身份的人员,包括受国有公司、国有企业委派或者聘请,作为国有公司、国有企业代表,在中外合资经营企业、中外合作经营企业、股份制公司等非国有公司、企业中,从事公务的人员。

(4)犯罪主观方面

本罪的主观方面表现为直接故意,且具有非法占有的目的。行为人明知自己的行为会发生侵害单位财产的危害后果,并且希望这种危害后果的发生。如果行为人实际上虽然具有占有行为,但仅仅是非法出借或者短时间的暂时挪用,则不构成本罪。

3. 立案追诉标准

根据最高人民检察院、公安部《关于公安机关管辖的刑事案件立案追诉标准的规定(二)》第七十六条的规定,“公司、企业或者其他单位的人员,利用职务上的便利,将本单位财物非法占为己有,数额在三万元以上的,应予立案追诉”。

4. 量刑标准

《刑法》第二百七十一条规定:“公司、企业或者其他单位的工作人员,利用职务上的便利,将本单位财物非法占为己有,数额较大的,处三年以下有期徒刑或者拘役,并处罚金;数额巨大的,处三年以上十年以下有期徒刑,并处罚金;数额特别巨大的,处十年以上有期徒刑或者无期徒刑,并处罚金。国有公司、企业或者其他国有单位中从事公务的人员和国有公司、企业或者其他国有单位委派到非国有公司、企业以及其他单位从事公务的人员有前款行为的,依照本法第三百八十二条、第三百八十三条的规定定罪处罚。”

二、风险防范

1. 企业应当树立廉洁、忠诚的文化，提倡诚实、正直、透明，通过文化的树立和渗透防止腐败和欺诈。同时，建立举报奖励制度，鼓励全体员工对董监高及易滋生腐败的岗位的工作人员进行实时监督。

2. 完善企业合规管理制度，包括财务会计制度、人事管理制度、购销制度、奖惩制度等，对公司管理过程中的资金运用进行梳理，针对重点环节重点防范，将生产经营中的各个环节置于有效合规控制之中，互相制衡与监督，防微杜渐，驱除职务侵占的土壤。同时，应定期开展审计活动，避免公司财产被少部分业务人员掌控，出现公司管理失控、财产流失的局面。

3. 对公司的大额采购、大量产品销售等行为，应做到分权实施，监督到位。

4. 即使企业存在欠薪、无正当理由克扣工资的行为，员工也应通过仲裁、诉讼等合法方式解决，切勿私自侵占公司财物。

5. 对公司股东而言，切勿混淆公司财产与股东个人财产。股东完成出资后，其个人财产便转化为公司财产，其个人的投资权益必须经过法定的程序分配公司的净资产后才能变现，因此股东在公司中没有个人财产，股东利用职务便利处分其出资部分财产的可能构成本罪。尤其是公司出现财务危机、资不抵债时，刑事风险发生的可能性极大。

6. 案例是最好的教科书，也是最好的"清醒剂"，企业可组织高级管理人员旁听庭审，以"身边人"和"身边事"教育"旁听者"，让警示教育不再囿于会议室枯燥的宣讲，把传统"说教式"教育转变为生动"体验式"教育，以案释法、以案促改，提醒大家时刻保持头脑清醒，厚植廉洁土壤，防止类似事件再次发生。

三、典型案例

何某鹏、王某职务侵占案①

【案情简介】

2014 年 7 月 1 日，何某鹏与邵阳连×鞋业有限公司（以下简称连×公司）签订劳动合同，何某鹏在连×公司从事管理技术岗位，担任仓库管理员，负责仓库原材料的加工以及清点数量。2015 年 1 月，共同犯罪人严某华（已判决）在连×公司任业务部经理，负责根据公司所需材料制订采购计划给采购部门，并且对材料的用量基数制定

① 案号：(2019) 湘 0502 刑初 113 号。

数据。共同犯罪人严某华与何某鹏商量,由严某华将采购计划的订单数量改大后发给采购部门,由采购部门向原料供应商下订单,再与原料供应商联系,只送来实际需要的原材料,虚构的材料由何某鹏负责签收后,由严某华、何某鹏采取虚构加工出库与增大材料用量的方式平账,连×公司付货款给原料供应商后,虚构的原材料款扣除费用后,由严某华、何某鹏、原材料供应商分赃。

2014年,东莞市华×鞋材有限公司(以下简称华×公司)成为连×公司的材料供应商,严某华与华×公司王某商量以上述方式侵占货款,王某同意,在造了三次"飞单"后,王某不愿配合继续做"飞单",严某华、何某鹏联系了张某,由严某华将"飞单"下给华×公司,华×公司将货物报关后运回公司,由张某到华×公司将货物运走后售卖,所得货款由严某华、何某鹏、张某分赃。2016年年底,经张某介绍,严某华与东莞市嘉×鞋材贸易有限公司(以下简称嘉×公司)实际控制人郑某鹏认识后,张某加入嘉×公司,成为该公司业务员。2016年12月,嘉×公司成为连×公司的原材料供应商,严某华与郑某鹏、张某商量采取上述方式侵占货款。2017年1~12月,严某华、何某鹏与郑某鹏、业务员张某采取上述造"飞单"的方式侵占连×公司货款。连×公司后在核查时发现有问题,后续部分货款便未支付给嘉×公司。

经湖南天×联合会计师事务所鉴定,连×公司向华×公司采购材料金额为4 934 896.59元,连×公司向华×公司付款4 871 976.69元,连×公司实际接收材料金额为539 387.66元。连×公司向嘉×公司采购材料金额为6 641 622.71元,实际接收材料金额为1 638 479.15元,连×公司实际付款4 732 724.82元。

另查明,邵阳市双清区公安分局于2019年5月30日将何某鹏的一本不动产权证书扣押。2013年11月15日,何某鹏和其妻子李某敏与襄阳欣×房地产开发有限公司签订商品房买卖合同。

何某鹏退还赃款250 000元;王某退还赃款750 000元;连×公司分别于2019年6月6日、2018年8月9日出具收到上述两笔赃款的收据。连×公司于2019年1月28日向邵阳市双清区人民检察院出具谅解书,表示谅解共同犯罪人郑某鹏,请求双清区人民检察院不予追究郑某鹏刑事责任,对其从宽处理。共同犯罪人郑某鹏与连×公司于2019年1月29日签订关于赔偿内容的协议书。

2019年10月30日,王某与连×公司签订协议书,王某同意在签订协议时一次性赔偿连×公司经济损失人民币200万元,该款包含王某在公安侦查阶段已退还的75万元赃款。连×公司出具刑事谅解书,请求人民法院对王某依法从宽处罚。

【裁判结果】

1. 何某鹏犯职务侵占罪,判处有期徒刑5年。
2. 王某犯职务侵占罪,判处有期徒刑1年,缓刑1年。
3. 公安机关扣押何某鹏的一本不动产权证书依法予以退还。

【案件评析】

本案涉及的是仓库管理员利用职务便利与供应商合谋侵吞公司货款的行为，是否构成职务侵占罪的问题。

最高人民检察院、公安部《关于公安机关管辖的刑事案件立案追诉标准的规定(二)》(2010 年)第八十四条规定："公司、企业或者其他单位的人员，利用职务上的便利，将本单位财物非法占为己有，数额在五千元至一万元以上的，应予立案追诉。"

本案中，何某鹏、王某伙同他人利用职务上的便利，侵吞连×公司的货款远超法定的追诉金额，其行为均已构成职务侵占罪。

第三节 受贿罪

一、罪名概述

1. 罪名简介

受贿罪，指国家工作人员利用职务上的便利，索取他人财物，或者非法收受他人财物，为他人谋取利益的行为。

2. 犯罪构成要件

(1)犯罪客体

本罪侵犯的客体是复杂客体。主要客体是国家机关、国有公司、企事业单位、人民团体的正常管理活动；次要客体是国家工作人员职务行为的廉洁性。

(2)犯罪客观方面

本罪在客观方面表现为行为人具有利用职务上的便利，向他人索取财物，或者收受他人财物并为他人谋取利益的行为。行为人没有相应职务或没有利用职务上的便利收受财物则不构成受贿罪。

利用职务上的便利，是指利用本人职务范围内的权力，即自己职务上主管、负责或者承办某项公共事务的职权及其所形成的便利条件。收受他人财物，是指收取他人给予的财物或财产性利益。为他人谋取利益，是指允诺为他人谋取利益，允诺的方式有承诺、实施和实现，只要具有其中一个阶段的行为，就具备了为他人谋取利益的要件。利益既包括财产性利益，又包括非财产利益。

(3)犯罪主体

本罪的犯罪主体是特殊主体，要求是国家工作人员，包括在国有公司、企业或者其他国有单位中从事公务的人员和国有公司、企业或者其他国有单位委派到非国有公司、企业以及其他单位从事公务的人员等。

(4)犯罪主观方面

本罪在主观方面表现为故意,行为人必须具有利用职权便利索取或者收受他人财物的故意。如果行为人不知道是贿赂而收受,并且收受之后又未发现,或者收受之后便及时退还或上交组织,则不能认定行为具有犯罪故意,不构成受贿罪。

3. 入罪标准

根据《刑法》第三百八十六条与最高人民法院、最高人民检察院《关于办理贪污贿赂刑事案件适用法律若干问题的解释》第一条第一款、第三款的规定,受贿数额在3万元以上,或者受贿数额在1万元以上不满3万元,具有下列情形之一的,应予入罪:

(1)曾因贪污、受贿、挪用公款受过党纪、行政处分的;

(2)曾因故意犯罪受过刑事追究的;

(3)赃款赃物用于非法活动的;

(4)拒不交待赃款赃物去向或者拒不配合追缴工作,致使无法追缴的;

(5)造成恶劣影响或者其他严重后果的;

(6)多次索贿的;

(7)为他人谋取不正当利益,致使公共财产、国家和人民利益遭受损失的;

(8)为他人谋取职务提拔、调整的。

4. 量刑标准

《刑法》第三百八十六条规定:"对犯受贿罪的,根据受贿所得数额及情节,依照本法第三百八十三条的规定处罚。索贿的从重处罚。"

《刑法》第三百八十三条规定:"对犯贪污罪的,根据情节轻重,分别依照下列规定处罚:(一)贪污数额较大或者有其他较重情节的,处三年以下有期徒刑或者拘役,并处罚金。(二)贪污数额巨大或者有其他严重情节的,处三年以上十年以下有期徒刑,并处罚金或者没收财产。(三)贪污数额特别巨大或者有其他特别严重情节的,处十年以上有期徒刑或者无期徒刑,并处罚金或者没收财产;数额特别巨大,并使国家和人民利益遭受特别重大损失的,处无期徒刑或者死刑,并处没收财产。对多次贪污未经处理的,按照累计贪污数额处罚。犯第一款罪,在提起公诉前如实供述自己罪行、真诚悔罪、积极退赃,避免、减少损害结果的发生,有第一项规定情形的,可以从轻、减轻或者免除处罚;有第二项、第三项规定情形的,可以从轻处罚。犯第一款罪,有第三项规定情形被判处死刑缓期执行的,人民法院根据犯罪情节等情况可以同时决定在其死刑缓期执行二年期满依法减为无期徒刑后,终身监禁,不得减刑、假释。"

最高人民法院、最高人民检察院《关于办理贪污贿赂刑事案件适用法律若干问题的解释》第一条第一款规定:"贪污或者受贿数额在三万元以上不满二十万元的,应当认定为刑法第三百八十三条第一款规定的'数额较大',依法判处三年以下有期徒刑或者拘役，并处罚金。”第一条第三款规定：“受贿数额在一万元以上不满三万元，具有前款第二项至第六项规定①的情形之一，或者具有下列情形之一的，应当认定为刑法第三百八十三条第一款规定的‘其他较重情节’，依法判处三年以下有期徒刑或者拘役，并处罚金：（一）多次索贿的；（二）为他人谋取不正当利益，致使公共财产、国家和人民利益遭受损失的；（三）为他人谋取职务提拔、调整的。”

该解释第二条第一款规定：“贪污或者受贿数额在二十万元以上不满三百万元的，应当认定为刑法第三百八十三条第一款规定的‘数额巨大’，依法判处三年以上十年以下有期徒刑，并处罚金或者没收财产。”第二条第三款规定：“受贿数额在十万元以上不满二十万元，具有本解释第一条第三款规定的情形之一的，应当认定为刑法第三百八十三条第一款规定的‘其他严重情节’，依法判处三年以上十年以下有期徒刑，并处罚金或者没收财产。”“本解释第一条第三款规定的情形”应包括：(1)多次索贿的；(2)为他人谋取不正当利益，致使公共财产、国家和人民利益遭受损失的；(3)为他人谋取职务提拔、调整的。该条款援引的第一条第二款第二项至第六项规定的情形，“（二）曾因贪污、受贿、挪用公款受过党纪、行政处分的；（三）曾因故意犯罪受过刑事追究的；（四）赃款赃物用于非法活动的；（五）拒不交待赃款赃物去向或者拒不配合追缴工作，致使无法追缴的；（六）造成恶劣影响或者其他严重后果的”。

该解释第三条第一款规定：“贪污或者受贿数额在三百万元以上的，应当认定为刑法第三百八十三条第一款规定的‘数额特别巨大’，依法判处十年以上有期徒刑、无期徒刑或者死刑，并处罚金或者没收财产。”第三条第三款规定：“受贿数额在一百五十万元以上不满三百万元，具有本解释第一条第三款规定的情形之一的，应当认定为刑法第三百八十三条第一款规定的‘其他特别严重情节’，依法判处十年以上有期徒刑、无期徒刑或者死刑，并处罚金或者没收财产。本解释第一条第三款规定的情形”应包括：(1)多次索贿的；(2)为他人谋取不正当利益，致使公共财产、国家和人民利益遭受损失的；(3)为他人谋取职务提拔、调整的。该条款援引的第一条第二款第二项至第六项规定的情形，“（二）曾因贪污、受贿、挪用公款受过党纪、行政处分的；（三）曾因故意犯罪受过刑事追究的；（四）赃款赃物用于非法活动的；（五）拒不交待赃款赃物去向或者拒不配合追缴工作，致使无法追缴的；（六）造成恶劣影响或者其他严重后果的”。

该解释第四条规定：“贪污、受贿数额特别巨大，犯罪情节特别严重、社会影响特别恶劣、给国家和人民利益造成特别重大损失的，可以判处死刑。符合前款规定的情

---

① “（二）曾因贪污、受贿、挪用公款受过党纪、行政处分的；（三）曾因故意犯罪受过刑事追究的；（四）赃款赃物用于非法活动的；（五）拒不交待赃款赃物去向或者拒不配合追缴工作，致使无法追缴的；（六）造成恶劣影响或者其他严重后果的。”

形,但具有自首,立功,如实供述自己罪行、真诚悔罪、积极退赃,或者避免、减少损害结果的发生等情节,不是必须立即执行的,可以判处死刑缓期二年执行。符合第一款规定情形的,根据犯罪情节等情况可以判处死刑缓期二年执行,同时裁判决定在其死刑缓期执行二年期满依法减为无期徒刑后,终身监禁,不得减刑、假释。"

该解释第十五条规定:"对多次受贿未经处理的,累计计算受贿数额。国家工作人员利用职务上的便利为请托人谋取利益前后多次收受请托人财物,受请托之前收受的财物数额在一万元以上的,应当一并计入受贿数额。"

二、风险防范

1. 企业应当制定并完善公司内部监督制度,加大公司内部权力行使监督力度,尤其是企划、采购、销售、财务等重点部门、重点环节和重点人员。同时,积极推行账目核查、内部审计、项目追踪等制度,定期进行财务审核、检查、审计,及时发现和预防受贿等腐败问题。

2. 企业应当定期开展廉洁教育和法律培训,尤其是对于一些握有公司内部权力的管理人员,使其能够更好地认清自己的身份,摆正自己的位置,有效减少"官本位"思想的影响。同时,把廉洁、诚信、依法等理念融入公司文化建设中,切实增强廉洁意识、规矩意识、主人翁意识,提高拒腐防变的免疫力。

3. 警惕"假借款,真受贿"行为。根据《全国法院审理经济犯罪案件工作座谈会纪要》第三条第六款的规定,国家工作人员利用职务上的便利,以借为名向他人索取财物,或者非法收受财物为他人谋取利益的,应当认定为受贿。具体认定时,不能仅仅看是否有书面借款手续,应当根据以下因素综合判定:(1)有无正当、合理的借款事由;(2)款项的去向;(3)双方平时关系如何、有无经济往来;(4)出借方是否要求国家工作人员利用职务上的便利为其谋取利益;(5)借款后是否有归还的意思表示及行为;(6)是否有归还的能力;(7)未归还的原因等。

4. 注意"收钱不办事"也构成受贿。司法实践中,一些受贿的犯罪嫌疑人会以"收了钱,但未办事"为由否认犯罪。但根据相关司法判例,国家工作人员明知他人有请托事项而收受其财物,视为承诺"为他人谋取利益",是否已实际为他人谋取利益或谋取到利益,不影响受贿的认定,即"收钱不办事"也是受贿。

5. 注意特殊形态的受贿行为构成犯罪。根据刑法及相关司法解释规定,受贿行为的类型划分,除了直接受贿行为,利用职务上的便利索取他人财物,或者非法收受他人财物等外,现实中很多受贿行为并不是那么直接或明显,具有一定的隐蔽性,甚至行为人也没有意识到自己行为的严重性,以致触犯本罪。目前,最高人民法院和最高人民检察院颁布的《关于办理受贿刑事案件适用法律若干问题的意见》明确规定了几种变相的、构成受贿的行为,企业要高度重视,具体如下:交易型受贿;干股分红刑受贿;合作投资型受贿;委托理财型受贿;赌博型受贿;干薪型受贿;特定关系人收受型受贿;权属未变更型受贿;商业贿赂;涉及股票受贿案件。

6. 注意亲属等特定关系人"私自受贿"。如果特定关系人索取、收受他人财物,国家工作人员知道后未退还或者上交,根据法律规定可以直接认定国家工作人员具有受贿故意,构成受贿犯罪。

7. 加强企业文化建设,将反腐、反贿赂的理念发展为一项企业文化,深入员工观念,培养员工主人翁意识,在道德上使员工慢慢形成清廉的习惯,使得反腐倡廉在企业内部深入贯彻落实。

三、典型案例

卢某正受贿案①

【案情简介】

2013～2022 年,卢某正利用担任象州县住房和城乡建设局副局长、象州县汇×国有资产运营管理有限公司(以下简称汇×公司)总经理等职务上的便利,为私营企业主杨某、梁某等人在工程项目招标代理、项目设计、工程监理、项目施工、项目审批、款项拨付等事项上提供帮助,非法收受财物共计 47.5 万元。具体事实如下。

(一)收受杨某所送 30 万元的事实

2020 年下半年至 2021 年下半年,时任汇×公司总经理的卢某正利用对选定项目招标代理公司有最终决定权的职务便利,为华×建设工程项目管理有限责任公司来宾市项目管理分公司、广西龙×工程管理有限公司来宾分公司、广西祥×工程咨询有限责任公司来宾分公司等三家工程项目招投标代理公司的实际控制人杨某在获得汇×公司的象州县集贸市场改造和承包经营管理权项目等多个工程项目招标代理权等方面提供帮助,先后 6 次收受杨某所送人民币现金共计 30 万元。

(二)收受梁某 6 万元的事实

2018 年下半年至 2019 年,时任象州县住房和城乡建设局副局长的卢某正利用分管职务便利通过市场询价、班子会推荐的方式为华×设计(集团)有限公司柳州分院副总经理梁某在获得 2018 年象州县老狮岭公园工程设计项目(象州县超越酒店后城市绿地公园项目)、2019 年象州县某某局业务技术用房南面市政道路设计项目上提供帮助。2020 年,时任汇×公司总经理的卢某正利用对单位承接工程项目有最终决定权的职务便利,为梁某所在华蓝设计院挂靠的广西明×工程咨询有限公司获得象

---

① 案号:(2023)桂 1322 刑初 2 号。

州县工业园区石龙片区C区龙园五路汽配园道路工程的项目设计业务上提供帮助。于2018年年底、2020年春节前、2022年上半年，在柳州市柳南区、鱼峰区××，先后3次收受梁某所送人民币现金2万元、1万元、3万元，共计6万元。

(三)收受刘某6万元的事实

2018年，卢某正利用担任象州县住房和城乡建设局副局长分管职务上的便利，通过在班子会上推荐齐蓝公司选定的招标代理公司等方式，为广西齐×节能科技有限公司总经理刘某在获取象州县公共建筑节能改造项目(一期)的项目承揽、款项拨付等方面提供帮助，于2018年下半年，在象州县住房和城乡建设局附近，先后2次收受刘某所送现金2万元、4万元，共计6万元。

(四)收受吴某23万元的事实

2017年上半年至2020年，卢某正利用担任象州县住房和城乡建设局副局长分管职务上的便利，通过在班子会上推荐吴某2选定招标代理公司等方式，为吴某2挂靠的象州县第×建筑工程公司、广西瑞×路桥建筑工程有限公司在获得招标单位象州县住房和城乡建设局的王来河挡土墙工程象州政府段工程、柳梧高速公路引线和柳武高速公路引线交汇口停车场工程、柳梧高速公路引线和柳武高速公路引线交汇口排水沟工程等项目施工承揽等方面提供帮助。2021年，时任汇×公司总经理的卢某正利用对单位承接工程项目有最终决定权的职务便利，通过市场询价的方式为吴某2挂靠的象州县第×建筑工程公司在获得汇×公司的寺村莲花市场内部装修工程上提供帮助。于2018年、2019年、2021年的每年春节前，在象州县象州镇“四哥土鸡农庄”、象江国际附近路边等地，先后3次收受吴某2所送人民币现金各1万元，共计3万元。

(五)收受罗某11.5万元的事实

2013~2019年，卢某正利用担任象州县住房和城乡建设局副局长职务上的便利，通过市场询价、班子会上推荐等方式，为广西联睿建设工程项目管理有限公司象州分公司负责人罗某1在获得象州县平安公园停车场工程、象州县七里桥进城路口改造工程、象州县第三幼儿园配套道路及停车场工程等建设工程等监理业务上提供帮助，于2013~2019年每年中秋节、春节前在象州县住房和城乡建设局大院、象州县象州镇花山小苑小区等地，先后11次收受罗某1所送人民币现金共计1.5万元。

(六)收受岳某1万元的事实

2013~2014年，卢某正利用担任象州县住房和城乡建设局副局长职务上的便利，为柳州利×房地产开发有限责任公司象州分公司负责人岳某在快速获得象州县住房和城乡建设局审批的御象城项目建设工程规划许可证等项目审批方面提供帮助，于2013年、2014年的每年春节、中秋节前，在象州县象州镇御象城项目部先后4次收受岳某所送人民币现金0.3万元、0.2万元、0.3万元、0.2万元，共计1万元。

另查明，2021年10月27日，杨某被武宣县监察委员会立案调查。在获悉杨某被调查后，卢某正因害怕被牵扯，于2021年11月退还人民币现金28万元给杨某的妻子官某，并与官某约定，如被调查就说款项是2021年10月7日退还的，并让官某写了一张落款日期为2021年10月7日的收条。2022年7月，卢某正退还3万元给梁某。

再查明，卢某正于2011年5月12日~2020年4月26日任象州县住房和城乡建设局副局长；2020年4月26日至案发任象州县国有资产投资经营管理有限公司总经理。2022年象州县监察委员会根据武宣县监察委员会转来的违法案件线索，对卢某正违法线索进行初核，同年8月15日决定对卢某正立案调查，次日对其采取留置措施。卢某正归案后能如实交待调查部门已掌握其收受杨某送给其30万元的违法事实，并最终交待了其与杨某妻子官某攻守同盟的事实。同时还主动交待了象州县监察委员会尚未掌握其收受岳某1万元、罗某11.5万元、吴某23万元、刘某6万元、梁某6万元的违法事实。案发后，其亲属代其向象州县监察委员会退还违法所得款共计16.5万元；官某、梁某也分别退还28万元、3万元至象州县监察委员会。在本案审理过程中，卢某正主动向法院预缴罚金25万元。

【裁判结果】

1. 卢某正犯受贿罪，判处有期徒刑3年，并处罚金人民币25万元。

2. 对卢某正退缴的受贿款16.5万元及官某、梁某分别退还的赃款28万元、3万元予以没收，上缴国库。

【案件评析】

本案涉及的是国有企业管理人员利用职务便利，为他人在工程项目招标代理等事项上提供帮助并收受财物的行为，是否构成受贿罪的问题。

根据《刑法》第三百八十六条与最高人民法院、最高人民检察院《关于办理贪污贿赂刑事案件适用法律若干问题的解释》第一条的规定，受贿数额在3万元以上的，或者受贿数额在1万元以上不满3万元，具有下列情形之一的，应予入罪：(1)贪污救灾、抢险、防汛、优抚、扶贫、移民、救济、防疫、社会捐助等特定款物的；(2)曾因贪污、受贿、挪用公款受过党纪、行政处分的；(3)曾因故意犯罪受过刑事追究的；(4)赃款赃物用于非法活动的；(5)拒不交待赃款赃物去向或者拒不配合追缴工作，致使无法追缴的；(6)造成恶劣影响或者其他严重后果的。

本案中，卢某正身为国家工作人员，利用其职务上的便利，为他人谋取利益，多次非法收受他人财物共计47.5万元，远远超出法定的追诉金额，其行为已构成受贿罪。

第四节　单位受贿罪

一、罪名概述

1. 罪名简介

单位受贿罪，是指国家机关、国有公司、企业、事业单位、人民团体，索取、非法收受他人财物，为他人谋取利益，情节严重、情节特别严重，或者在经济往来中，在账外暗中收受各种名义的回扣、手续费的行为。

2. 犯罪构成要件

(1)犯罪客体

本罪侵犯的客体是国有单位正常管理活动和声誉，同时侵犯了国家机关、国有企业、事业单位、人民团体的正常活动以及职务的廉洁性。

(2)犯罪客观方面

本罪表现为索取、非法收受他人财物，为他人谋取利益，情节严重、情节特别严重的，或者在经济往来中，在账外暗中收受各种名义的回扣、手续费的行为。

(3)犯罪主体

本罪的犯罪主体是特殊主体，只能由国有单位构成，具体包括：国家机关、国有公司、企业、事业单位、人民团体。如果国有单位的内设机构利用国有单位职权，在行使职权过程中，索取、非法收受他人财物，并且该索取、非法收受的财物又归属于该内设机构所有或者支配的，同时为他人谋取利益或承诺为他人谋取利益，情节严重的，同样也可成为本罪的主体。根据《刑法》第三十一条的规定，单位犯本罪时，实行双罚制，既对单位判处罚金，并对其直接负责的主管人员和其他直接责任人员按相关条款规定判处刑罚。

(4)犯罪主观方面

本罪在主观方面表现为直接故意。但单位受贿罪的这种故意，必须是经由单位决策机构按相关程序决策，并经其授权或同意，再由相关直接负责的主管人员和其他责任人员故意收受或索取他人贿赂，相关直接负责的主管人员或其他责任人员的行为是单位集体意志的体现。

3. 立案追诉标准

根据最高人民检察院《关于人民检察院直接受理立案侦查案件立案标准的规定(试行)》第一条第四项的规定，涉嫌下列情形之一的，应予立案：

(1)单位受贿数额在10万元以上的；

(2)单位受贿数额不满 10 万元,但具有下列情形之一的:

①故意刁难、要挟有关单位、个人,造成恶劣影响的;

②强行索取财物的;

③致使国家或者社会利益遭受重大损失的。

4. 量刑标准

我国《刑法》第三百八十七条规定:“国家机关、国有公司、企业、事业单位、人民团体,索取、非法收受他人财物,为他人谋取利益,情节严重的,对单位判处罚金,并对其直接负责的主管人员和其他直接责任人员,处三年以下有期徒刑或者拘役;情节特别严重的,处三年以上十年以下有期徒刑。前款所列单位,在经济往来中,在帐外暗中收受各种名义的回扣、手续费的,以受贿论,依照前款的规定处罚。”

二、风险防范

1. 定期对企业职工进行廉洁性培训,学习国家有关受贿的法律法规,树立正确的价值观。企业廉风建设是个长久的过程,应融入企业治理和经营的各项制度,企业廉风建设不但对建设优秀的企业文化有良性的促进作用,还有利于提高企业形象和市场竞争力。

2. 设计合理的企业规章制度,尽量做到所有办事流程公开透明,减少人为作用,防止权力寻租,并且建立可行有效的监督检查机制,做到互相监督,互相制约。不断完善企业财务、人事、薪酬、奖惩等制度,定期对企业进行财务审计,规模较小的企业可以定期进行内部自查。

3. 在没有合法依据的情况下,不要收受他人财物,包括所谓的赞助、捐赠,特别是提供财物的一方与本单位有经济业务关系,有求于本单位时,如果接受了对方所谓的赞助、捐赠,就很难说没有为提供财物的一方谋取利益。在没有合法依据的情况下,以单位名义收受了他人数额较大的财物,离单位受贿罪就不远了。如果非法收受他人数额较大的财物,并为他人谋取利益,无论是否谋利成功,均构成单位受贿罪,单位及单位的直接负责的主管人员和其他直接责任人员就会受到刑事制裁。

4. 不在账外暗中收受各种名义的回扣、手续费。企业在经济往来中,可以收受回扣、手续费,但必须如实入账。如实入账,是指按照国家的财务管理制度入账,不是单位的“小金库”或账外账。如果单位收受数额较大的回扣、手续费不如实入账,则构成单位受贿罪。

三、典型案例

怀化中×房地产开发公司、陈某生单位受贿案①

【案情简介】

怀化中×房地产开发公司(曾用名称:中国房地产开发总公司怀×公司、中×集团怀化房地产开发公司,以下简称中×公司)成立于1987年8月25日,主管部门是原怀化市鹤城区建设局(现怀化市鹤城区住房和城乡建设局),经济性质为全民所有制。怀化市鹤城区城市建设综合开发公司(原怀化市城市建设综合开发公司)成立于1993年4月22日,主管部门是原怀化市鹤城区建设局(现怀化市鹤城区住房和城乡建设局),经济性质为全民所有制,系副局级事业单位。中×公司与怀化市鹤城区城市建设综合开发公司是怀化市鹤城区住房和城乡建设局主管的事业单位,为两块牌子一套人马。1997年12月,原怀化市城市建设综合开发公司(1998年怀化市撤地设市后更名为怀化市鹤城区城市建设综合开发公司)与陈某生签订《劳动合同书》;2001年3月,怀化市鹤城区城市建设综合开发公司聘用陈某生为经营科技术员;2004年2月9日,怀化市鹤城区城市建设综合开发公司任命陈某生为办公室副主任;2007年10月26日,怀化市鹤城区城市建设综合开发公司任命陈某生为办公室主任;2008年11月26日,×××怀化市鹤城区委组织部任命陈某生为怀化市鹤城区城市建设综合开发公司党支部副书记(试用期一年);2011年8月,陈某生任中×公司代理经理;2011年12月1日,中×公司法定代表人由石某辉变更为陈某生;2013年9月17日,怀化市鹤城区人民政府聘用陈某生为怀化市鹤城区城市建设综合开发公司经理(任职期间享受副科级待遇);2014年2月19日,怀化市鹤城区住房和城乡建设局任命陈某生兼任中×公司经理;2017年4月19日,怀化市鹤城区住房和城乡建设局任命陈某生为中×公司总经理,免去陈某生中×公司经理职务,不再担任该公司法定代表人;2018年8月16日,怀化市鹤城区住房和城乡建设局免去陈某生中×公司总经理职务;2018年11月8日,怀化市鹤城区人民政府免去陈某生怀化市鹤城区城市建设综合开发公司经理职务。

(一)单位受贿

2007年下半年至2008年年初,李某林为了能与怀化市五×化批发总公司(以下简称五×化公司)联合开发该公司原营业大楼所在地,遂想挂靠在中×公司(当时公司名称叫中×集团怀化房地产开发公司)名下,并于2008年1月26日与中×公司就

---

① 案号:(2020)湘12刑终189号。

“五×化公司合作开发项目”签订了《合作开发项目承包合同》，同日以中×公司的名义与五×化公司就该公司原营业大楼所在地签订了《合作开发合同书》。2009年10月10日，中×公司作为甲方与乙方李某林等人就“五×化公司合作开发项目”重新签订了《项目合作开发承包合同》，该合同中约定：“本项目全权委托乙方开发，乙方按工程造价的0.5%向甲方上缴利润，签订合同时缴人民币5000元，开工时交人民币3.5万元，余款在正式售楼时按售楼额和上缴比例结算”，“乙方可以以甲方的名义向银行申请房屋按揭、贷款等事宜，但甲方不提供任何担保，造成的一切后果由乙方完全负责。而在银行办理贷款时的一切合法手续甲方应提供”。2009年12月25日，中×公司作为甲方与乙方中×公司辰×财富项目部（李某林）就辰×财富项目（原五×化公司合作开发项目）签订《项目合作开发承包合同》，该合同中约定：“本项目全权委托乙方开发，乙方向总公司上缴技术服务费玖万元”，“乙方可以以甲方的名义向银行申请房屋按揭、贷款等事宜，但甲方不提供任何担保，造成的一切后果由乙方完全负责。而在银行办理贷款时的一切合法手续甲方应提供”，“合同生效后，双方于2008年元月六日签订的《合作开发项目承包合同》及2009年10月10日签订的《项目合作开发承包合同》自动解除，以本合同为准”。2013年年初，因辰×财富项目资金困难，李某林找到湖南神×杰思投资管理有限公司贷款，该公司答应贷款1亿元。由于辰×财富项目挂靠在中×公司名下，不具有法人主体资格，于是李某林找到时任中×公司法定代表人的陈某生，请求以中×公司的名义帮辰×财富项目贷款。陈某生同意了李某林的请求，并召集中×公司的管理人员集体讨论通过了帮辰×财富项目贷款一事，接着中×公司将以该公司名义帮辰×财富项目贷款一事上报了其主管单位怀化市鹤城区住房和城乡建设局，经怀化市鹤城区住房和城乡建设局领导审批同意后，陈某生代表中×公司于2013年6月5日与长沙某某杰思辰昱投资合伙企业（有限合伙）、兴业银行股份有限公司某分行签订1亿元的《委托贷款借款合同》。2013年6月26日，中×公司将从兴业银行股份有限公司某分行贷款的1亿元交由李某林使用。为感谢中×公司在贷款过程中提供的帮助，李某林承诺给中×公司40万元，并于2013年7月16日通过银行转账的方式向中×公司单位账户转入人民币20万元。2013年年底，中×公司因职工养老金返还事宜要向怀化市鹤城区机关社保局缴纳5万元工作经费，后陈某生联系李某林帮忙解决，李某林按照之前的承诺，根据陈某生的要求将人民币5万元现金交给时任中×公司副经理的贺某明，后贺某明将上述5万元现金以中×公司的名义交给怀化市鹤城区机关社保局。

截至案发前，李某林未将剩余15万元送给中×公司。

（二）个人受贿

2009年9月~2012年8月，陈某生在担任怀化市鹤城区城市建设综合开发公司办公室主任、中×公司法定代表人、代理经理期间，利用其职务上的便利，在负责协助相关单位及个人办理国土使用权手续过程中，索取相关单位及个人现金人民币共计75万元，为他人谋取利益，并将所得赃款用于个人日常开支。具体事实如下：

1.2008年9月20日，时任中×公司经理的石某辉授权委托李某华为该公司怀化市舞水路舞×广场项目（后更名为“凤凰城”）的代理人，以该公司名义参加该项目开发。2010年4月3日，中×公司作为甲方与乙方李某华就舞×广场项目补签了《项目开发合同》，并聘任李某华为中×公司舞×广场项目部经理全权负责舞×广场项目的开发，同时在合同中约定：“舞×广场项目使用的土地由李某华出资购买，该土地的产权、使用权和开发权归李某华所有，甲方承诺不以该地另行开发、抵押贷款，不参与舞×广场开发项目的利益分配；甲方负责协助乙方办理开发过程中的规划建设及国土、房产证等相关手续，直至整个项目完成，所发生的一切费用由乙方负责。”舞×广场项目所使用的土地系原怀化市房产公司和原怀化县怀化镇城建统建指挥部于1979年通过划拨方式取得的，当时未办理国有土地使用权证，后原怀化市房产公司、原怀化县怀化镇城建统建指挥部等因体制改变，上述土地资产移交给怀化市鹤城区城市建设综合开发公司。2009年，李某华为尽快推进舞×广场项目开发，找到石某辉商量启动土地招拍挂程序，尽快办理国有土地使用权证，后石某辉安排陈某生负责协助李某华办理舞×广场项目的相关国土手续。为尽快办理舞×广场项目的国土手续，李某华找到陈某生要他帮忙，陈某生表示可以帮其办理国土手续，并以办证费用的名义向李某华索要30万元的好处费，李某华表示同意。2009年9月16日，李某华在中×公司附近的马路边上，在其本人的黑色丰田皇冠轿车里，将事先准备好的现金人民币30万元送给陈某生，陈某生收受后用于其个人开支。

2.怀化丽×商贸有限公司（曾用名称：怀化佳×商贸股份有限公司、湖南怀化丽×商贸股份有限公司，以下简称丽×公司）成立于1993年5月5日，法定代表人是胡某平，怀化市供销贸易中心集体财产管理协会系该公司股东之一。1987年4月，原怀化市供销社贸易中心从中×公司开发的位于怀化市人民南路威虎山的“人民村居民点”项目中，购买了三栋房屋作为职工宿舍，取得了一本移交证。2011年4月1日，怀化市鹤城区城市建设综合开发公司作为甲方与乙方丽×公司就双方1987年人民村威虎山的地产买卖一事签订了《补充协议》。怀化市人民南路威虎山的“人民村居民点”项目所使用的土地系原怀化市城市建设综合开发公司（1998年怀化市撤地设市后更名为怀化市鹤城区城市建设综合开发公司）1998年通过划拨方式取得的，但一直未办理国有土地使用权证。为解决“人民村居民点”项目的土地办证及相关历史遗留问题，时任中×公司经理的石某辉安排陈某生专门负责该项目的办证事宜。后丽×公司原总经理胡某平为办理该公司购买的“人民村居民点”房屋的国有土地使用权分证，请求陈某生帮忙，陈某生同意帮忙并以办证费用的名义向丽×公司索要45万元的好处费，后胡某平指派丽×公司副经理范某分两次送给陈某生现金人民币共计45万元。其中2012年3月的一天,范某在怀化市鹤城区云集路和香洲路交叉口某小区内,送给陈某生现金人民币30万元;2012年8月的一天,范某在怀化市鹤城区丽都酒店斜对面的马路边,送给陈某生现金人民币15万元。上述共计45万元陈某生收受后用于其个人开支。

【裁判结果】

1. 中×公司犯单位受贿罪,判处罚金人民币20万元。

2. 陈某生犯单位受贿罪,判处有期徒刑1年6个月;犯受贿罪,判处有期徒刑4年4个月,并处罚金人民币30万元,决定执行有期徒刑5年6个月,并处罚金人民币30万元。

3. 中×公司所得赃款25万元以及陈某生所得赃款75万元,继续追缴到案后上缴国库。

【案件评析】

本案主要涉及的是国有企业非法收受他人财物,为他人谋取利益的行为,是否构成单位受贿罪的问题。

根据最高人民检察院《关于人民检察院直接受理立案侦查案件立案标准的规定(试行)》第一条第四项的规定,涉嫌下列情形之一的,应予立案追诉:(1)单位受贿数额在10万元以上的;(2)单位受贿数额不满10万元,但具有下列情形之一的:①故意刁难、要挟有关单位、个人,造成恶劣影响的;②强行索取财物的;③致使国家或者社会利益遭受重大损失的。

本案中,中×公司作为国有企业,利用其与辰×财富项目之间的挂靠关系,在为该项目贷款1亿元后,收取了李某林的财物共计人民币25万元,情节严重,其行为已构成单位受贿罪;陈某生作为中×公司直接负责的主管人员,依法应当追究其单位受贿罪的刑事责任。陈某生身为国家工作人员,利用职务上的便利,索取他人财物共计人民币75万元,数额巨大,为他人谋取利益,其行为已构成受贿罪。

第五节　非国家工作人员受贿罪

一、罪名概述

1. 罪名简介

非国家工作人员受贿罪,是指公司、企业或者其他单位的非国家工作人员,利用职务上的便利,索取他人财物或者非法收受他人财物,为他人谋取利益,数额较大、数额巨大或者有其他严重情节、数额特别巨大或者有其他特别严重情节的行为。

2. 犯罪构成要件

(1)犯罪客体

本罪侵犯的客体是国家对公司、企业以及非国有事业单位、其他组织的工作人员职务活动的管理制度。

(2)犯罪客观方面

本罪在客观方面表现为利用职务上的便利,索取他人财物或非法收受他人财物,为他人谋取利益,数额较大的行为。

利用职务上的便利,是指公司、企业或者其他单位的工作人员利用本人的领导、监督、管理等职权以及利用与上述职权有关的便利条件。

索取他人财物,是指主动向有求于行为人职务行为的请托人索要财物。非法收受他人财物是指为请托人办事,接受请托人主动送给的财物。为他人谋取利益,是指行为人索要或收受他人财物,利用职务之便为他人或允诺为他人实现某种利益。该利益是合法还是非法,该利益是否已谋取到,均不影响本罪的成立。

需要说明的是,受贿犯罪的本质是权钱交易,并非所有在工作中索取或收受他人财物的行为都构成受贿罪,关键是看该财物的获取是否利用了职务便利。如果在工作之余,没有利用职务便利为他人提供帮助,以劳费或酬谢费的名义收受他人财物,不构成本罪。

(3)犯罪主体

本罪的犯罪主体是非国家机关工作人员,即公司、企业或者其他单位的工作人员。

公司、企业的工作人员既包括国有公司、国有企业或其他国有单位,也包括非国有公司、非国有企业或其他非国有单位,如公司的董事、监事,公司、企业的经理、厂长、财会人员以及其他受公司、企业聘用从事相关事务的人员。需要说明的是,本罪不包括国有公司、企业或者其他国有单位中从事公务的人员和国有公司、企业或者其他国有单位委派到非国有公司、企业以及其他单位从事公务的人员。国有公司、企业或者其他国有单位中从事公务的人员,一般是指在国有公司、企业或者其他国有单位中具有一定组织、领导、监督、管理等工作的人员,包括董事长、监事会成员、经理等高级主管人员和从事管理、技术、财务等工作、由《公务员法》辖制的各类人员。

根据最高人民法院、最高人民检察院《关于办理商业贿赂刑事案件适用法律若干问题的意见》第二条的规定,《刑法》第一百六十三条、第一百六十四条规定的"其他单位",既包括事业单位、社会团体、村民委员会、居民委员会、村民小组等常设性的组织,也包括为组织体育赛事、文艺演出或者其他正当活动而成立的组委会、筹委会、工程承包队等非常设性的组织。

根据最高人民法院、最高人民检察院《关于办理商业贿赂刑事案件适用法律若干问题的意见》第四、五、六条的规定，以下特殊行业或组织中的工作人员有行贿受贿行为的，应按以下情况处理：

①医疗机构中的国家工作人员，在药品、医疗器械、医用卫生材料等医药产品采购活动中，利用职务上的便利，索取销售方财物，或者非法收受销售方财物，为销售方谋取利益，构成犯罪的，依照《刑法》第三百八十五条的规定，以受贿罪定罪处罚。

医疗机构中的非国家工作人员，有前款行为，数额较大的，依照《刑法》第一百六十三条的规定，以非国家工作人员受贿罪定罪处罚。

医疗机构中的医务人员，利用开处方的职务便利，以各种名义非法收受药品、医疗器械、医用卫生材料等医药产品销售方财物，为医药产品销售方谋取利益，数额较大的，依照《刑法》第一百六十三条的规定，以非国家工作人员受贿罪定罪处罚。

②学校及其他教育机构中的国家工作人员，在教材、教具、校服或者其他物品的采购等活动中，利用职务上的便利，索取销售方财物，或者非法收受销售方财物，为销售方谋取利益，构成犯罪的，依照《刑法》第三百八十五条的规定，以受贿罪定罪处罚。

学校及其他教育机构中的非国家工作人员，有前款行为，数额较大的，依照《刑法》第一百六十三条的规定，以非国家工作人员受贿罪定罪处罚。

学校及其他教育机构中的教师，利用教学活动的职务便利，以各种名义非法收受教材、教具、校服或者其他物品销售方财物，为教材、教具、校服或者其他物品销售方谋取利益，数额较大的，依照《刑法》第一百六十三条的规定，以非国家工作人员受贿罪定罪处罚。

③依法组建的评标委员会、竞争性谈判采购中谈判小组、询价采购中询价小组的组成人员，在招标、政府采购等事项的评标或者采购活动中，索取他人财物或者非法收受他人财物，为他人谋取利益，数额较大的，依照《刑法》第一百六十三条的规定，以非国家工作人员受贿罪定罪处罚。

依法组建的评标委员会、竞争性谈判采购中谈判小组、询价采购中询价小组中国家机关或者其他国有单位的代表有前款行为的，依照《刑法》第三百八十五条的规定，以受贿罪定罪处罚。

(4)犯罪主观方面

本罪的主观方面表现为故意，即公司、企业、其他单位人员故意利用其职务之便接受或索取贿赂，为他人谋取利益。

3. 立案追诉标准

最高人民检察院、公安部《关于公安机关管辖的刑事案件立案追诉标准的规定(二)》第十条规定："公司、企业或者其他单位的工作人员利用职务上的便利，索取他人财物或者非法收受他人财物，为他人谋取利益，或者在经济往来中，利用职务上的便利，违反国家规定，收受各种名义的回扣、手续费，归个人所有，数额在三万元以上的，应予立案追诉。”

4. 量刑标准

《刑法》第一百六十三条第一、二款规定：“公司、企业或者其他单位的工作人员，利用职务上的便利，索取他人财物或者非法收受他人财物，为他人谋取利益，数额较大的，处三年以下有期徒刑或者拘役，并处罚金；数额巨大或者有其他严重情节的，处三年以上十年以下有期徒刑，并处罚金；数额特别巨大或者有其他特别严重情节的，处十年以上有期徒刑或者无期徒刑，并处罚金。公司、企业或者其他单位的工作人员在经济往来中，利用职务上的便利，违反国家规定，收受各种名义的回扣、手续费，归个人所有的，依照前款的规定处罚。”

二、风险防范

1. 企业应对高级管理人员、采购人员等关键岗位人员开展廉洁教育和法律培训，提高其反腐抗变能力，保持职务的纯洁性。实务中，较多人误以为只有国家工作人员受贿才构成犯罪，企业员工收点回扣不会构成犯罪。因此，企业在培训时应重点对本罪的概念、立案追诉标准、量刑标准进行详细讲解，让所有员工意识到不仅国家工作人员要管住手，自己也要管住手，否则伸手必被捉。

2. 企业应当制定完善的监督制度，加大公司内部权力行使监督力度，尤其是企划、采购、销售、财务等重点部门、重点环节和重点人员。同时，积极推行账目核查、内部审计、项目追踪等制度，定期进行财务审核、检查、审计，及时发现和预防受贿等腐败问题。

3. 企业应当设计合理的办事流程，做到办事流程公开化、透明化，减少人为干预，防止权力寻租。

4. 加强企业文化建设，将反腐、反贿赂的理念发展为一项企业文化，深入员工观念，培养员工主人翁意识，在道德上使员工慢慢形成清廉的习惯，使得反腐倡廉在企业内部深入贯彻落实。

三、典型案例

张某非国家工作人员受贿案①

【案情简介】

2020 年 5 月 ~2022 年 10 月，张某在担任 × × 钼业有限公司集团总部全球供应链部采购经理、采购高级经理期间，利用其负责组织、实施、审核集团和部门设备、材

---

① 案号：(2023) 沪 7101 刑初 86 号。

料、服务采购管理工作以及对采购部人员人事安排建议的职务便利，在相关采购项目中，为供应商谋取利益，非法收受供应商黄某、杨某、王某、唐某给予的"好处费"共计人民币63万元。张某于2022年11月8日被××钼业有限公司廉政稽核部约谈，交待了部分受贿事实，次日被公安机关传唤到案，并对上述受贿事实供认不讳。公安机关同时从其处查获现金人民币33.14万元。

【裁判结果】

1. 张某犯非国家工作人员受贿罪，判处有期徒刑10个月，并处罚金人民币8万元。

2. 扣押在案及退出的赃款予以没收。

【案件评析】

本案涉及的是企业采购经理利用职务上的便利，为供应商谋取利益，非法收受供应商好处费的行为，是否构成非国家工作人员受贿罪的问题。

最高人民检察院、公安部《关于公安机关管辖的刑事案件立案追诉标准的规定（二）》（2010年）第十条规定："公司、企业或者其他单位的工作人员利用职务上的便利，索取他人财物或者非法收受他人财物，为他人谋取利益，或者在经济往来中，利用职务上的便利，违反国家规定，收受各种名义的回扣、手续费，归个人所有，数额在五千元以上的，应予立案追诉。"

本案中，张某身为××钼业有限公司采购经理，在相关采购项目中利用职务便利为供应商谋取利益，非法收受供应商黄某、杨某、王某、唐某给予的"好处费"63万元，远远超出法定的追诉金额，其行为已构成非国家工作人员受贿罪。

第六节　挪用资金罪

一、罪名概述

1. 罪名简介

挪用资金罪，是指公司、企业或者其他单位的工作人员利用职务上的便利，挪用本单位资金归个人使用或者借贷给他人，数额较大、超过3个月未还的；或者虽未超过3个月，但数额较大、进行营利活动的；或者进行非法活动的；或者挪用本单位资金数额巨大、数额特别巨大的行为。

2. 犯罪构成要件

（1）犯罪客体

本罪侵害的客体是公司、企业或者其他单位资金的使用收益权，对象则是本单位的资金。本单位的资金,是指由单位所有或实际控制、使用的一切以货币形式表现出来的财产。

(2)犯罪客观方面

本罪在客观方面表现为行为人利用职务上的便利,挪用本单位资金归个人使用或者借贷给他人,数额较大、超过3个月未还的行为;或者虽未超过3个月,但数额较大、进行营利活动的行为;或者进行非法活动的行为。具体地说,包含以下3种情况:

①挪用本单位资金归个人使用或者借贷给他人,数额较大、超过3个月未还的。

行为人挪用本单位资金的用途主要是归个人使用或者借贷给他人使用,由于未用于从事不正当的经济活动,因此这是一种相对较轻的挪用行为。实务中,行为人将挪用的资金用于个人使用,包括用于购房、购车、购买生活用品、偿还个人或家庭债务等情况。

②挪用本单位资金归个人使用或者借贷给他人,虽未超过3个月,但进行营利活动,且数额较大。

这种情况没有挪用时间是否超过3个月的限制,只要进行营利活动,且数额较大,就可构成本罪。实务中,"营利活动"主要是指进行经商、投资、购买股票或债券等活动。

③挪用本单位资金进行非法活动的。

这种情况也没有挪用时间是否超过3个月的限制,也没有数额较大的限制,只要挪用本单位资金进行了非法活动,就构成了本罪。"非法活动"就是指将挪用来的资金用于走私、赌博等违法犯罪活动。

行为人只要具备上述3种行为中的一种就可以构成本罪,而不是需要同时具备。

(3)犯罪主体

本罪的犯罪主体为企业或者其他单位中的非国家工作人员。

(4)犯罪主观方面

本罪的主观方面表现为直接故意,即行为人具有暂时挪用本单位资金归个人使用或借贷给他人使用的故意。需要说明的,触犯本罪的行为人并非为了永久占有或侵占单位资金,而是暂时取得单位资金的使用权,并打算以后归还。如果行为人一开始就没有归还打算,如通过做假账的方式掩盖资金缺口,则不构成本罪,而可能构成职务侵占罪。如果行为人一开始有归还打算但随着时间和情况的变化而产生非法占有的意图,不再归还,也可能会转化成职务侵占罪。

实务中,行为人挪用资金的犯罪动机多种多样,如解决家庭或个人生活需要、进行营利活动,等等。犯罪动机不影响本罪之刑法评价与判断。

3. 立案追诉标准

最高人民检察院、公安部《关于公安机关管辖的刑事案件立案追诉标准的规定

(二)》第七十七条规定:“公司、企业或者其他单位的工作人员,利用职务上的便利,挪用本单位资金归个人使用或者借贷给他人,涉嫌下列情形之一的,应予立案追诉:(一)挪用本单位资金数额在五万元以上,超过三个月未还的;(二)挪用本单位资金数额在五万元以上,进行营利活动的;(三)挪用本单位资金数额在三万元以上,进行非法活动的。具有下列情形之一的,属于本条规定的‘归个人使用’:(一)将本单位资金供本人、亲友或者其他自然人使用的;(二)以个人名义将本单位资金供其他单位使用的;(三)个人决定以单位名义将本单位资金供其他单位使用,谋取个人利益的。”

4. 量刑标准

《刑法》第二百七十二条规定:“公司、企业或者其他单位的工作人员,利用职务上的便利,挪用本单位资金归个人使用或者借贷给他人,数额较大、超过三个月未还的,或者虽未超过三个月,但数额较大、进行营利活动的,或者进行非法活动的,处三年以下有期徒刑或者拘役;挪用本单位资金数额巨大的,处三年以上七年以下有期徒刑;数额特别巨大的,处七年以上有期徒刑。国有公司、企业或者其他国有单位中从事公务的人员和国有公司、企业或者其他国有单位委派到非国有公司、企业以及其他单位从事公务的人员有前款行为的,依照本法第三百八十四条的规定定罪处罚。有第一款行为,在提起公诉前将挪用的资金退还的,可以从轻或者减轻处罚。其中,犯罪较轻的,可以减轻或者免除处罚。”

二、风险防范

1. 企业应加强对员工的法治教育,提高相关人员尤其是财务人员的自觉性和廉洁性。实践中,部分企业员工对挪用资金的性质缺乏正确的认识,认为只要能够把挪用的资金及时归还就不会构成犯罪。企业有必要聘请法律专家为员工进行培训,以便员工能够正确认识挪用资金的性质、法律责任和法律后果,对挪用资金的违法犯罪行为产生敬畏。

2. 企业应当建立和完善公司的财务管理制度,做到有人管理、有人负责、有人监督,明确责任、加强控制。

3. 企业应完善企业劳动合同管理制度,与经营管理人员签订劳动合同时,应将忠实以及勤勉义务订入合同条款,以起到强调和警示作用。同时,加强经营管理人员的离职管理,对离职人员均应执行离职审计,确定其无挪用资金等违法犯罪问题后方可准予离职。

4. 规范企业各项业务管理流程,让各项业务的执行都要有章可循,以防范经营管理人员利用业务管理衔接漏洞实施挪用资金的犯罪行为。

5. 股东、董事或高级管理人员因急事向公司借钱时,应经董事会或股东会会议表决同意，切勿利用职务便利擅自违规操作办理借款。

6. 在日常经营过程中，不要把个人财产和企业财产混同，不要通过个人银行账户进行企业款项收支、不要将公司款项用于私人开支，不要打着企业的名义将企业款项借给其他单位而从中谋取个人利益，以免触犯本罪。

三、典型案例

黎某挪用资金案[①]

【案情简介】

上海××房地产经纪有限公司赣州分公司和安徽××物业有限公司赣州市分公司都是××××物业服务集团有限公司的子公司，为方便管理，两家公司系由同一批财务人员处理财务相关事宜。黎某同时负责上海××房地产经纪有限公司赣州分公司和安徽××物业有限公司赣州市分公司财务出纳工作。2020年7月～2021年4月，黎某在担任公司出纳员期间，利用职务便利，采取伪造银行对账单等手段，私自将公司结算卡和支付宝账户内的资金转入其个人和其朋友的账户，挪用本单位资金共计人民币133 000元用于个人生活开支和归还网贷，超过3个月未归还。具体情况如下：

2020年9月1日～2021年2月28日，黎某将上海××房地产经纪有限公司赣州分公司的结算卡（中国银行卡，尾号3839）内资金私自转出21笔，共计人民币194 500元，案发前2020年11月30日归还结算卡资金人民币15 000元，2020年12月31日归还结算卡资金人民币28 000元，2021年4月2日归还结算卡资金人民币20 000元。案发后，2021年4月16日由黎某家属代其归还人民币131 500元。

2020年12月11日～2021年4月1日，黎某将安徽××物业有限公司赣州分公司支付宝账户内的资金私自转出18笔，共计人民币33 000元。案发后，2021年5月18日，由黎某家属代其归还人民币33 000元。

2021年4月2日，安徽××物业有限公司赣州市分公司报案后，黎某与本公司人员前往公安机关协助调查，2021年4月7日经电话传唤，黎某到公安机关接受讯问，并如实供述。

【裁判结果】

黎某犯挪用资金罪，判处拘役5个月。

---

① 案号：(2021)赣0702刑初409号。

【案件评析】

本案涉及的是公司出纳员利用职务便利，挪用公司资金用于个人生活开支和归还网贷的行为，是否构成挪用资金罪的问题。

最高人民检察院、公安部《关于公安机关管辖的刑事案件立案追诉标准的规定（二）》（2010年）第八十五条规定："公司、企业或者其他单位的工作人员，利用职务上的便利，挪用本单位资金归个人使用或者借贷给他人，涉嫌下列情形之一的，应予立案追诉：（一）挪用本单位资金数额在一万元至三万元以上，超过三个月未还的；（二）挪用本单位资金数额在一万元至三万元以上，进行营利活动的；（三）挪用本单位资金数额在五千元至二万元以上，进行非法活动的。具有下列情形之一的，属于本条规定的'归个人使用'：（一）将本单位资金供本人、亲友或者其他自然人使用的；（二）以个人名义将本单位资金供其他单位使用的；（三）个人决定以单位名义将本单位资金供其他单位使用，谋取个人利益的。"

本案中，黎某在担任公司出纳员期间，采取伪造银行对账单等手段，私自将公司结算卡和支付宝账户内的资金转入其个人和其朋友的账户，挪用公司资金133 000元且超过3个月未归还，其行为已构成挪用资金罪。

第七节　非法经营同类营业罪

一、罪名概述

1. 罪名简介

非法经营同类营业罪，是指国有公司、企业的董事、监事、高级管理人员，利用职务便利，自己经营或者为他人经营与其所任职公司、企业同类的营业，谋取非法利益，数额巨大、数额特别巨大的行为；以及其他公司、企业的董事、监事、高级管理人员违反法律、行政法规规定，实施上述行为，致使公司、企业利益遭受重大损失的行为。

2. 犯罪构成要件

（1）犯罪客体

本罪侵犯的客体是国有公司、企业的财产权益，国家对国有公司、企业的管理制度以及健康公平的市场秩序。

（2）犯罪客观方面

本罪在客观方面表现为国有公司、企业的董事、监事、高级管理人员利用职务便利，自己经营或者为他人经营与其所任职公司、企业同类的营业，获取非法利益，数额巨大的行为；以及其他公司、企业的董事、监事、高级管理人员利用职务便利，自己经营或者为他人经营与其所任职公司、企业同类的营业，获取非法利益，致使公司、企业利益遭受重大损失的行为。具体而言包括以下几个要素：

①行为人利用职务便利。利用职务便利，是指利用自己职务范围内的权力，包括利用本人的职务和地位所形成的便利条件，如主管、经管、经手的便利条件等。

②自己经营或者为他人经营与其所任职公司、企业同类的营业。这是客观方面的基本特征，包括两层含义：一是行为人要有为自己或为他人经营的行为；二是行为人的经营行为与其任职公司、企业的营业属于同类，当然包括同一种营业。同类营业，是指经营业务属于同一类别或者相似类别。如生产、销售同一类商品或者提供同一种服务，或者生产销售相似商品或者提供相似服务。

自己经营，是指为自己独资或担任股东的公司、企业或者其他经济组织进行经营。行为人参与经营活动的目的是获得经营收益或者参与利益分配，其是否在公司、企业中担任一定的职务或者参与日常的管理，不影响本罪的成立。为他人经营，是指自己虽非出资者，但为从中获取经营报酬的公司、企业或者其他经济组织进行经营。需要说明的是，本罪的认定中，只要具备“为自己经营”和“为他人经营”二者之一即可。

实务中，明目张胆以本人名义注册成立公司，从事竞业经营的情况比较少见，更多的是以亲友名义或者借用不相干人员的身份注册成立公司，而由本人实际暗中经营，以此规避法律风险。事实上，是否以本人名义注册成立公司并不是认定本罪的关键，本人是否实际参与经营才是罪与非罪的重点。因此，希望通过借名经营、隐名经营的方式来规避犯罪的做法是行不通的。

③对于国有公司、企业的董事、监事、高级管理人员，虽然获取了非法利益，但没有达到数额较大，不构成本罪。对于其他公司、企业的董事、监事、高级管理人员，致使公司、企业利益遭受重大损失才构成本罪，虽有经营行为，但没有致使公司、企业利益遭受重大损失，不构成本罪。

(3)犯罪主体

本罪的犯罪主体包括国有公司、企业与其他公司、企业的董事、监事、高级管理人员。

(4)犯罪主观方面

本罪的主观方面表现为故意，并且具有获取非法利益的目的。明知自己或为他人所经营的业务与自己所任职公司、企业经营的业务属于同类，出于非法谋取利益，仍决意进行经营。过失不能构成本罪。

3. 立案追诉标准

最高人民检察院、公安部《关于公安机关管辖的刑事案件立案追诉标准的规定(二)》(2010 年)第十二条规定：“国有公司、企业的董事、经理利用职务便利，自己经营或者为他人经营与其所任职公司、企业同类的营业，获取非法利益，数额在十万元以上的，应予立案追诉。”

2022 年 4 月，最高人民检察院、公安部联合发布修订后的《关于公安机关管辖的刑事案件立案追诉标准的规定（二）》，自 2022 年 5 月 15 日起施行。最高人民检察院、公安部《关于公安机关管辖的刑事案件立案追诉标准的规定（二）》对非法经营同类营业罪、为亲友非法牟利罪等 7 个罪名删除了追诉标准。由于非法经营同类营业罪，为亲友非法牟利罪，国有公司、企业、事业单位人员失职罪，国有公司、企业、事业单位人员滥用职权罪等渎职犯罪是监察机关与公安机关针对犯罪主体不同分别管辖的罪名。为此，2022 年 2 月国家监察委员会印发了《关于办理国有企业管理人员渎职犯罪案件适用法律若干问题的意见》，规定由国家监察委员会会同最高人民法院、最高人民检察院出台新的追诉标准，对新规定出台之前的案件可相应参照最高人民检察院、公安部《关于公安机关管辖的刑事案件立案追诉标准的规定（二）》（2010 年）把握。

4. 量刑标准

《刑法》第一百六十五条规定：“国有公司、企业的董事、监事、高级管理人员，利用职务便利，自己经营或者为他人经营与其所任职公司、企业同类的营业，获取非法利益，数额巨大的，处三年以下有期徒刑或者拘役，并处或者单处罚金；数额特别巨大的，处三年以上七年以下有期徒刑，并处罚金。其他公司、企业的董事、监事、高级管理人员违反法律、行政法规规定，实施前款行为，致使公司、企业利益遭受重大损失的，依照前款的规定处罚。”

关于“数额巨大”和“数额特别巨大”，我国法律及司法解释没有明文规定，但可参考陕西省高级人民法院《关于适用刑法有关条款数额、情节标准的意见》第一百六十五条关于非法经营同类营业罪的规定：数额巨大为 10 万元以上；数额特别巨大为 50 万元以上。

二、风险防范

1. 强化法律意识，公司、企业应当对董事、监事、高级管理人员定期进行法律培训，开展警示教育活动，引导并监督董事、经理忠实履行职务，维护企业合法权益。

2. 公司、企业的董事、监事、高级管理人员应当明晰权利边界，提升法律风险嗅觉敏锐性，不论是自己还是亲友，涉及参与、经营同类营业的，应当及时报告说明情况，及时撤资、撤股。

3. 加强监督制约，公司、企业应当建立多元化监督机制，实行上下级监督、同级监督、部门内部监督、跨部门互相监督等多种监督方式，明确并保障惩罚措施的实行，杜绝非法经营同类营业行为的发生。

三、典型案例

张某光非法经营同类营业案①

【案情简介】

2006 年 9 月,北京锐 × 邦国际商务咨询有限公司(以下简称锐 × 邦公司)成立,法定代表人为孙某,实为张某光管理、经营。经营范围为:经济贸易咨询、投资咨询、销售粮油定型包装食品、饲料货物进出口、代理进出口等。重庆 × × 油脂有限责任公司(以下简称重庆 × × 公司)系国有独资企业。重庆 × 甲粮油有限公司(以下简称 × 甲公司)系重庆 × × 公司的全资子公司。

2010 年 6 月 17 日,经重庆 × × 公司董事会研究决定,任命张某光为 × 甲公司总经理,组织开展油脂、油料、粮食及其制品的经营,开展粮油国际贸易。2010 年 8 月 11 日,重庆 × × 公司与张某光签订经营目标责任书,确定张某光负责 × 甲公司的组织管理、经营业绩及岗位职责,包括完成重庆 × × 公司交办的其他工作。

2011 年下半年,张某光接受重庆 × × 公司委托,在代表该公司销售大豆的过程中,利用职务上的便利,骗取重庆 × × 公司中介费人民币(以下币种均为人民币)5 183 350. 24 元。2010 年 12 月 ~2013 年 11 月,张某光利用职务上的便利,将 × 甲公司的粮油、菜粕销售给锐 × 邦公司再加价销售,或接受重庆 × × 公司委托,通过锐 × 邦公司购买大豆后加价销售,从中获取非法利益 2 775 287 元。

【裁判结果】

1. 张某光犯贪污罪,判处有期徒刑 10 年 6 个月,并处罚金 100 万元。犯非法经营同类营业罪,判处有期徒刑 3 年,并处罚金 20 万元,决定执行有期徒刑 12 年,并处罚金 120 万元。

2. 责令张某光将犯罪所得的 5 183 350. 24 元返还给重庆 × × 公司。

3. 对张某光犯罪所得的 2 775 287 元予以追缴。

【案件评析】

本案主要涉及的是企业高级管理人员利用职务便利,将单位产品销售给自己经营的公司并加价销售的行为,是否构成非法经营同类营业罪的问题。

国有公司、企业的董事、监事、高级管理人员利用职务便利,自己经营或者为他人经营与所任职公司、企业同类的营业,获取非法利益,数额在 10 万元以上的,应予立案追诉。

---

① 案号:(2018)渝 01 刑终 9 号。

本案中，张某光系国有公司中从事公务的人员，应以国家工作人员论；张某光作为×甲公司的总经理，其利用职务之便，骗取重庆××公司中介费5 183 350.24元，数额特别巨大，其行为构成贪污罪。其利用职务便利，自己经营与其任职公司同类的营业，获取非法利益2 775 287元，远远超出法定的追诉金额，其行为构成非法经营同类营业罪。

第八节　为亲友非法牟利罪

一、罪名概述

1. 罪名简介

为亲友非法牟利罪，是指国有公司、企业、事业单位的工作人员，利用职务便利，将本单位的盈利业务交由自己的亲友进行经营，或者以明显高于市场的价格从自己的亲友经营管理的单位采购商品、接受服务或者以明显低于市场的价格向自己的亲友经营管理的单位销售商品、提供服务，或者从自己的亲友经营管理的单位采购、接受不合格商品、服务的，致使国家利益遭受重大损失或特别重大损失的行为；以及其他公司、企业的工作人员违反法律、行政法规规定，实施上述行为，致使公司、企业利益遭受重大损失的行为。

2. 犯罪构成要件

(1)犯罪客体

本罪侵犯的客体是国有公司、企业、事业单位和其他公司、企业的财产权益。

(2)犯罪客观方面

本罪在客观方面表现为国有公司、企业、事业单位的工作人员利用职务便利，为自己的亲友进行经营活动，非法提供便利，致使国家利益遭受重大损失或特别重大损失的行为；以及其他公司、企业的工作人员利用职务便利，为自己的亲友进行经营活动，非法提供便利，致使公司、企业利益遭受重大损失的行为。

本罪的行为方式主要体现为以下3种具体的方式：

①将本单位的盈利业务交由自己的亲友进行经营。实务中，通常是行为人利用其负责的项目或购销往来掌握的经贸信息市场行情的职务便利，把明知是可以盈利且本应为本单位经营的业务交由自己的亲友去经营。

②以明显高于市场的价格从自己的亲友经营管理的单位采购商品、接受服务或者以明显低于市场的价格向自己的亲友经营管理的单位销售商品、提供服务。

③从自己的亲友经营管理的单位采购、接受不合格商品、服务。这里要求行为人

明知亲友经营管理单位的商品、服务属于不合格商品、服务而仍决意购买或接受。明知,既包括行为人确实知道是不合格商品或服务,又包括行为人可能知道是不合格商品或服务。如果确实不知道是不合格商品、服务而采购、接受,除非可以认定属于以明显高于市场的价格向自己的亲友经营管理的单位采购商品或接受服务的情况,否则不构成本罪。

(3)犯罪主体

本罪的犯罪主体为国有公司、企业、事业单位的工作人员与其他公司、企业的工作人员。

(4)犯罪主观方面

本罪的主观方面表现为故意,并具有非法牟利的目的;过失不构成本罪。

3. 立案追诉标准

最高人民检察院、公安部《关于公安机关管辖的刑事案件立案追诉标准的规定(二)》(2010 年)第十三条规定:"国有公司、企业、事业单位的工作人员,利用职务便利,为亲友非法牟利,涉嫌下列情形之一的,应予立案追诉:(一)造成国家直接经济损失数额在十万元以上的;(二)使其亲友非法获利数额在二十万元以上的;(三)造成有关单位破产,停业、停产六个月以上,或者被吊销许可证和营业执照、责令关闭、撤销、解散的;(四)其他致使国家利益遭受重大损失的情形。"

2022 年 4 月,最高人民检察院、公安部联合发布修订后的《关于公安机关管辖的刑事案件立案追诉标准的规定(二)》,自 2022 年 5 月 15 日起施行。最高人民检察院、公安部《关于公安机关管辖的刑事案件立案追诉标准的规定(二)》对非法经营同类营业罪、为亲友非法牟利罪等 7 个罪名删除了追诉标准。由于非法经营同类营业罪,为亲友非法牟利罪,国有公司、企业、事业单位人员失职罪,国有公司、企业、事业单位人员滥用职权罪等渎职犯罪是监察机关与公安机关针对犯罪主体不同分别管辖的罪名。为此,2022 年 2 月国家监察委员会印发了《关于办理国有企业管理人员渎职犯罪案件适用法律若干问题的意见》,规定由国家监察委员会会同最高人民法院、最高人民检察院出台新的追诉标准,对新规定出台之前的案件可相应参照最高人民检察院、公安部《关于公安机关管辖的刑事案件立案追诉标准的规定(二)》(2010 年)把握。

4. 量刑标准

《刑法》第一百六十六条规定,国有公司、企业、事业单位的工作人员,利用职务便利,有下列情形之一,致使国家利益遭受重大损失的,处 3 年以下有期徒刑或者拘役,并处或者单处罚金;致使国家利益遭受特别重大损失的,处 3 年以上 7 年以下有期徒刑,并处罚金:

(1)将本单位的盈利业务交由自己的亲友进行经营的;

(2)以明显高于市场的价格从自己的亲友经营管理的单位采购商品、接受服务或者以明显低于市场的价格向自己的亲友经营管理的单位销售商品、提供服务的;

(3)从自己的亲友经营管理的单位采购、接受不合格商品、服务的。

其他公司、企业的工作人员违反法律、行政法规规定,实施前款行为,致使公司、企业利益遭受重大损失的,依照前款的规定处罚。

二、风险防范

1. 公司、企业应组织职工认真学习与本罪相关的法律法规,让职工在思想上树立廉洁意识,并要求职工严格约束亲友。

2. 公司、企业的工作人员尽量避免与亲友发生业务往来,否则容易产生"背信经营"的嫌疑。如果交易对象的负责人或实际控制人碰巧是亲友,应当主动向公司申请回避;如果公司认为不需要回避,也应当更加规范和谨慎,否则容易埋下隐患。

3. 建立重要交易事项的集体审批制度,避免个别人利用自己的权力从事非法活动,从而导致本罪发生。

4. 建立严格的管理制度,在对外业务交往和企业内部管理过程中,保证程序正当,一视同仁,不区别对待,鼓励职工积极举报利用职权谋私利的不法行为。

三、典型案例

韩某权为亲友非法牟利案①

【案情简介】

(一)受贿事实

2016~2018年,韩某权任大×油田有限公司第十采油厂(以下简称采油十厂)器材供应站站长、财务资产部副主任(正科级)期间,利用职务上的便利,收受张某1所送现金共计人民币(以下币种同)55万元,并为其在物资采购计划方面谋取利益。2014~2018年,韩某权任采油十厂器材供应站站长、财务资产部副主任期间,利用职务上的便利,收受张某3所送现金共计10万元和让张某3支付装修费用3.081544万元,并为其在物资采购方面谋取利益。

(二)为亲友非法牟利事实

2013~2014年,韩某权在担任采油十厂器材供应站站长期间,利用其能够选择供应商的权力,帮助其亲属吴某、王某1借用的大庆万×石油技术开发有限公司(以下

① 案号:(2020)黑06刑终244号。

简称万×公司)和大庆庆丰仁×石油技术服务开发有限公司(以下简称庆丰仁×公司)成为采油十厂的物资供应商,并以高于市场的价格与采油十厂签订物资供应合同,造成国家损失47.403822万元。

【裁判结果】

韩某权犯受贿罪,判处有期徒刑3年6个月,并处罚金人民币30万元;犯为亲友非法牟利罪,判处有期徒刑10个月,并处罚金人民币5万元,决定执行有期徒刑3年10个月,并处罚金人民币35万元;对韩某权受贿违法所得28.081544万元及其孳息予以没收,上缴国库;对为亲友非法牟利违法所得47.403822万元及其孳息返还受害单位;其他扣押在案款项及其孳息并入罚金刑执行。

【案件评析】

本案主要涉及的是国有企业管理人员利用职务便利,帮助亲属以高于市场的价格与单位签订物资供应合同的行为,是否构成为亲友非法牟利罪的问题。

按照案发时的规定,国有公司、企业、事业单位的工作人员,利用职务便利,为亲友非法牟利,涉嫌下列情形之一的,应予立案追诉:(1)造成国家直接经济损失数额在10万元以上的;(2)使其亲友非法获利数额在20万元以上的;(3)造成有关单位破产,停业、停产6个月以上,或者被吊销许可证和营业执照、责令关闭、撤销、解散的;(4)其他致使国家利益遭受重大损失的情形。

本案中,韩某权作为国家工作人员,利用职务便利,非法收受他人财物,为他人谋取利益,数额巨大,其行为构成受贿罪。韩某权作为国有企业管理人员,利用职务上的便利,将本单位的盈利业务交由自己的亲友进行经营,为亲友非法牟利47.403822万元,使国家利益遭受重大损失,其行为构成为亲友非法牟利罪。

第九节 行贿罪

一、罪名概述

1.罪名简介

行贿罪,是指为谋取不正当利益,给予国家工作人员以财物的行为。

2.犯罪构成要件

(1)犯罪客体

本罪侵犯的客体是复杂客体。主要客体是国家工作人员职务的廉洁性,次要客体是国家经济管理的正常活动。犯罪对象是国家工作人员。

国家工作人员,是指国家机关中从事公务的人员。国有公司、企业、事业单位、人民团体中从事公务的人员和国家机关、国有公司、企业、事业单位委派到非国有公司、企业、事业单位、社会团体从事公务的人员，以及其他依照法律从事公务的人员，以国家工作人员论。

从事公务，是代表国家机关、国有公司、企业事业单位、人民团体等履行组织、领导、监督、管理等职责。公务主要表现为与职权相联系的公共事务以及监督、管理国有财产的职务活动。如国家机关工作人员依法履行职责，国有公司的董事、经理、监事、会计、出纳人员等管理、监督国有财产等活动，属于从事公务。那些不具备职权内容的劳务活动、技术服务工作，如售货员、售票员所从事的工作，一般不认为是公务。

(2)犯罪客观方面

本罪的客观方面表现为为谋取不正当利益，给予国家工作人员以财物，或者在经济往来中，给予国家工作人员以各种名义的回扣、手续费的行为。

(3)犯罪主体

本罪的犯罪主体为一般主体，凡是达到刑事责任年龄、具有刑事责任能力的人都可以构成本罪的犯罪主体。

(4)犯罪主观方面

本罪在犯罪主观方面表现为故意，即行贿人对于自己行贿行为的目的、性质都十分清楚，但为了谋取私利而仍然为之的故意行为。

3. 入罪标准

最高人民法院、最高人民检察院《关于办理贪污贿赂刑事案件适用法律若干问题的解释》第七条规定："为谋取不正当利益，向国家工作人员行贿，数额在三万元以上的，应当依照刑法第三百九十条的规定以行贿罪追究刑事责任。行贿数额在一万元以上不满三万元，具有下列情形之一的，应当依照刑法第三百九十条的规定以行贿罪追究刑事责任：(一)向三人以上行贿的；(二)将违法所得用于行贿的；(三)通过行贿谋取职务提拔、调整的；(四)向负有食品、药品、安全生产、环境保护等监督管理职责的国家工作人员行贿，实施非法活动的；(五)向司法工作人员行贿，影响司法公正的；(六)造成经济损失数额在五十万元以上不满一百万元的。"

4. 量刑标准

《刑法》第三百九十条规定，对犯行贿罪的，处3年以下有期徒刑或者拘役，并处罚金；因行贿谋取不正当利益，情节严重的，或者使国家利益遭受重大损失的，处3年以上10年以下有期徒刑，并处罚金；情节特别严重的，或者使国家利益遭受特别重大损失的，处10年以上有期徒刑或者无期徒刑，并处罚金或者没收财产。有下列情形之一的，从重处罚：

(1)多次行贿或者向多人行贿的；

(2)国家工作人员行贿的；

(3)在国家重点工程、重大项目中行贿的;

(4)为谋取职务、职级晋升、调整行贿的;

(5)对监察、行政执法、司法工作人员行贿的;

(6)在生态环境、财政金融、安全生产、食品药品、防灾救灾、社会保障、教育、医疗等领域行贿,实施违法犯罪活动的;

(7)将违法所得用于行贿的。

行贿人在被追诉前主动交待行贿行为的,可以从轻或者减轻处罚。其中,犯罪较轻的,对调查突破、侦破重大案件起关键作用的,或者有重大立功表现的,可以减轻或者免除处罚。

最高人民法院、最高人民检察院《关于办理贪污贿赂刑事案件适用法律若干问题的解释》第八条规定:"犯行贿罪,具有下列情形之一的,应当认定为刑法第三百九十条第一款规定的'情节严重':(一)行贿数额在一百万元以上不满五百万元的;(二)行贿数额在五十万元以上不满一百万元,并具有本解释第七条第二款第一项至第五项规定的情形之一的;(三)其他严重的情节。为谋取不正当利益,向国家工作人员行贿,造成经济损失数额在一百万元以上不满五百万元的,应当认定为刑法第三百九十条第一款规定的'使国家利益遭受重大损失'。"

该解释第九条规定:"犯行贿罪,具有下列情形之一的,应当认定为刑法第三百九十条第一款规定的'情节特别严重':(一)行贿数额在五百万元以上的;(二)行贿数额在二百五十万元以上不满五百万元,并具有本解释第七条第二款第一项至第五项规定的情形之一的;(三)其他特别严重的情节。为谋取不正当利益,向国家工作人员行贿,造成经济损失数额在五百万元以上的,应当认定为刑法第三百九十条第一款规定的'使国家利益遭受特别重大损失'。"

二、风险防范

1. 企业应定期对员工进行行贿风险教育,提高员工的法律意识和风险意识。企业经营者与重要岗位员工要树立正确的竞争观念,不得通过贿赂等非法手段谋取竞争优势。

2. 企业应建立健全内部控制制度,规范财务管理和行为准则,防止员工行贿。

3. 不要在账外暗中给予国家工作人员回扣、手续费,如果在正常经济往来中需要进行正常的商业返利,应当将这部分资金入账登记,并向公司汇报。

4. 把握普通馈赠与行贿罪的界限。馈赠行为在日常生活中非常普遍,这是人们传达感情的一种方式,其动机可能是加深情意、表述谢意等。但这种行为容易与行贿相混淆,甚至经常被利用,以馈赠之名行行贿之实。

司法实践中,区分贿赂与馈赠的界限主要结合以下因素全面分析、综合判断:发生财物往来的背景,如双方是否存在亲友关系及历史上交往的情形和程度;往来财物的价值;财物往来的缘由、时机和方式,提供财物方对于接受方有无职务上的请托;接受方是否利用职务上的便利为提供方谋取利益。因此,尽量不要给国家工人员赠送价值较大的财物。

5. 注意非货币的财物也属于商业贿赂的财物。根据最高人民法院、最高人民检察院《关于办理商业贿赂刑事案件适用法律若干问题的意见》第七条的规定,商业贿赂中的财物,既包括金钱和实物,也包括可以用金钱计算数额的财产性利益,如提供房屋装修、含有金额的会员卡、代币卡、旅游费用等,具体数额以实际支付的资费为准。

6. 把握时机积极挽救,避免责任加重。根据《刑法》第三百九十条第二款的规定,行贿人在被追诉前主动交待行贿行为的,可以从轻或者减轻处罚。其中,犯罪较轻的,对调查突破、侦破重大案件起关键作用的,或者有重大立功表现的,可以减轻或者免除处罚。因此,行贿人应争取在被诉前主动交待行贿行为,从而争取减轻处罚或者免除处罚的机会。

三、典型案例

李某全行贿案①

【案情简介】

2017 年 2 月至 2019 年春节,李某全为争取和感谢原某市某镇党委书记鲍某在其承接该镇街道整治工程、政府办公楼加层工程、政府整修工程过程中给予的关照,先后 5 次给予鲍某财物,共计人民币 312 万元。具体事实如下:

2017 年 2 月,李某全得知某市某镇要进行街道整治,遂在钟祥市某酒店停车场向时任钟祥市党委书记的鲍某表示想承接该工程,并送给鲍某 2 万元现金。同月,李某全再次向鲍某表示,若将上述工程交给其承接,承诺以利润提成的名义给予鲍某好处费,鲍某遂同意不具备工程建筑资质的李某全借用其他建筑施工企业的资质承接该工程,并拒绝他人承接。2017 年 7 月,该工程到招标投标环节,李某全为减少竞争,请鲍某找时任钟祥市某主任肖某做工作,将该工程的招标方式由线上招标改为线下招标。随后,李某全借用某公司资质并以该公司的名义中标该工程,中标价 2282.29 万元。2017 年 8 月,该工程施工合同签订之后,因李某全之前向鲍某承诺给其好处费,鲍某向李某全提出给予其 300 万元好处费,李某全表示同意。2017 年 10 月的一天,李某全在钟祥市沿江大道某公司楼后送给鲍某现金 100 万元。2018 年 2 月的一天,

---

① 案号:(2021)鄂 0881 刑初 28 号。

李某全在其位于钟祥市的家中送给鲍某现金100万元。2018年三四月的一天,李某全在其位于钟祥市的家中送给鲍某现金100万元。

2018年下半年,鲍某未经政府采购、招投标等程序将某市某镇政府办公楼加层工程、政府整修工程直接交给李某全施工。后李某全借用钟祥市某公司资质并以该公司的名义经竞争性谈判、招投标程序与某市某镇政府签订了上述两项工程的施工合同,合同造价分别为34.8万元、299.637万元。2019年春节前,李某全为争取鲍某在该镇街道整治工程、政府办公楼加层工程、政府整修工程工程款结算时予以关照,在钟祥市某小区门口送给鲍某现金10万元。

【裁判结果】

李某全犯行贿罪,判处有期徒刑5年,并处罚金人民币30万元。

【案件评析】

本案涉及的是企业经营者为承接政府工程给予国家工作人员以财物的行为,是否构成行贿罪的问题。

最高人民法院、最高人民检察院《关于办理贪污贿赂刑事案件适用法律若干问题的解释》第七条第一款规定:"为谋取不正当利益,向国家工作人员行贿,数额在三万元以上的,应当依照刑法第三百九十条的规定以行贿罪追究刑事责任。"

本案中,李某全为争取和感谢某镇党委书记鲍某在其承接该镇街道整治工程、政府办公楼加层工程、政府整修工程过程中给予的关照,先后5次给予鲍某财物312万元,远远超出法定的追诉金额,其行为已构成行贿罪。

第十节 单位行贿罪

一、罪名概述

1. 罪名简介

单位行贿罪,是指单位为谋取不正当利益而行贿,或者违反国家规定,给予国家工作人员以回扣、手续费,情节严重、情节特别严重的行为。

2. 犯罪构成要件

(1)犯罪客体

本罪侵犯的客体是国家机关、公司、企业、事业单位和团体的正常管理活动、职能活动的廉洁性及声誉,以及国家工作人员的职务廉洁性。

本罪的犯罪对象是财物。财物一般是公司、企业、事业单位、机关、团体的财物,而非某个人的财物。同时,也包括一些具有财产性质的利益,如国内外旅游等。

(2)犯罪客观方面

本罪在客观方面表现为单位为谋取不正当利益而行贿,或者违反国家规定,给予国家工作人员以"回扣""手续费",情节严重、情节特别严重的行为。

司法实践中,单位行贿常见行为主要有:经单位研究决定由有关人员实施的行贿行为;经单位主管人员批准,由有关人员实施的行贿行为;单位主管人员以法定代表人的身份实施的行贿行为;单位主管人员以非法定代表人的身份实施的,为单位谋取利益的行贿行为。

(3)犯罪主体

本罪的犯罪主体是特殊主体,只能是单位。单位根据《刑法》第三十条的规定,应包括公司、企业、事业单位、机关、团体。

(4)犯罪主观方面

本罪的主观方面表现为直接故意,并且具有为本单位谋取不正当利益的目的。过失不构成本罪。

3. 立案追诉标准

最高人民检察院《关于人民检察院直接受理立案侦查案件立案标准的规定(试行)》第一条第八项规定,涉嫌下列情形之一的,应予立案:

(1)单位行贿数额在20万元以上的。

(2)单位为谋取不正当利益而行贿,数额在10万元以上不满20万元,但具有下列情形之一的:

①为谋取非法利益而行贿的;

②向3人以上行贿的;

③向党政领导、司法工作人员、行政执法人员行贿的;

④致使国家或者社会利益遭受重大损失的。

因行贿取得的违法所得归个人所有的,依照本规定关于个人行贿的规定立案,追究其刑事责任。

4. 量刑标准

《刑法》第三百九十三条规定:"单位为谋取不正当利益而行贿,或者违反国家规定,给予国家工作人员以回扣、手续费,情节严重的,对单位判处罚金,并对其直接负责的主管人员和其他直接责任人员,处三年以下有期徒刑或者拘役,并处罚金;情节特别严重的,处三年以上十年以下有期徒刑,并处罚金。因行贿取得的违法所得归个人所有的,依照本法第三百八十九条、第三百九十条的规定定罪处罚。"

二、风险防范

1. 企业应当定期对董事、监事、高级管理人员开展法律培训,认真学习与单位行贿相关的法律法规与典型案例,树立正确的竞争意识,不得通过贿赂等非法手段谋取竞争优势。尤其是当企业出现经营困难时,作为企业的管理者、决策者,董监高绝不能用简单的送礼来解决问题。

2. 企业应健全财务制度,严格监控资金流向,定期对企业账目做审计,对于存疑资金应及时作出整改,并坚决抵制各部门私设小金库的违法行为。另外,企业应在职务权限、工作流程和利益归属方面进行相关制度建设,避免在不知情的情况下,因员工个人行贿卷入单位行贿而受到处罚。

3. 企业不得在账外暗中给予国家工作人员回扣、手续费,如果在正常经济往来中需要进行正常的商业返利,应当将这部分资金入账登记。

4. 掌握合理的馈赠尺度。行贿和馈赠的目的不同,馈赠的目的一般是加深双方感情,而行贿的目的是获取不正当利益、非法利益。馈赠行为容易与行贿相混淆,甚至经常被利用,以馈赠之名行行贿之实。司法实践中,区分贿赂与馈赠的界限主要结合以下因素全面分析、综合判断:发生财物往来的背景,如双方是否存在亲友关系及历史上交往的情形和程度;往来财物的价值;财物往来的缘由、时机和方式,提供财物方对于接受方有无职务上的请托;接受方是否利用职务上的便利为提供方谋取利益。因此,尽量不要给国家工作人员赠送价值较大的财物。

5. 注意非货币的财物也属于商业贿赂的财物。根据最高人民法院、最高人民检察院《关于办理商业贿赂刑事案件适用法律若干问题的意见》第七条的规定,商业贿赂中的财物,既包括金钱和实物,也包括可以用金钱计算数额的财产性利益,如提供房屋装修、含有金额的会员卡、代币卡、旅游费用等,具体数额以实际支付的资费为准。

6. 谨防企业被挂靠触犯本罪。挂靠过程中,如果挂靠企业按照其企业决策程序作出以被挂靠企业名义实施行贿的行为,被挂靠企业不仅经常被牵涉民事风险,也有可能伴随刑事风险。因此,企业应完善相应管理制度,尽量拒绝挂靠。

三、典型案例

广西×拓电子科技有限公司、沈某强单位行贿案①

【案情简介】

广西×拓电子科技有限公司(以下简称×拓公司)、沈某强为谋取不正当利益,2010~2020年给予国家工作人员财物共计人民币677.6331万元。具体事实如下:

1. 2010~2020年,沈某强作为×拓公司法定代表人,为使×拓公司能顺利承揽

① 案号:(2023)桂1322刑初1号。

广西金×基础工程视频会议系统采购项目等项目工程,请托时任广西壮族自治区经济信息中心电子政务部副主任、主任、广西壮族自治区信息中心大数据技术开发处负责人、处长李某1帮助×拓公司承揽项目工程,并许诺事成给予好处费。李某1答应请托后,利用职务便利,为×拓公司在承揽广西金×基础工程视频会议系统采购项目、广西投资项目管理系统设备采购项目等多个工程项目提供帮助。2011年上半年至2020年上半年,为感谢李某1的帮助,沈某强代表×拓公司先后8次送给李某1现金共计183万元。

2. 2015~2020年,×拓公司法定代表人沈某强,请托时任广西壮族自治区人民检察院行政财务装备处处长、钦州市人民检察院党组书记、检察长林某1(已判决)帮助×拓公司承揽项目工程。后林某1利用职务上的便利,为×拓公司承揽广西壮族自治区人民检察院、田东县人民检察院、田林县人民检察院、钦州市人民检察院的监控设备、网络设备、软件采购等工程项目提供帮助。为感谢林某1的帮助,沈某强和副总经理廖某1(另案处理)商量后,先后或单独或通过特定关系人共8次送给林某1现金共计233万元及价值17万元的大众CC轿车一辆。

3. 2018~2020年,×拓公司法定代表人沈某强为了获得承揽广西监狱系统的信息化建设项目,找到时任广西壮族自治区监狱管理局党组书记、局长李某5(已判刑)并提出请托,请求帮助×拓公司承揽项目工程。李某5答应请托并与沈某强约定通过抬高租金的方式送给李某5好处费。后李某5利用职务便利,为沈某强承揽全国司法加密网(广西监狱系统)信息化建设等7个项目提供帮助。×拓公司则通过抬高房屋租金及代交物业费、水电费的方式送给李某5244.6331万元(其中既遂89.6331万元,未遂155万元)。具体事实如下:

(1)2018年7月~2021年6月,沈某强向李某5及黄某8(李某5妻子)支付承租李某5及黄某8所有的南宁市五象新区××大厦××号写字楼租金共计190.5万元。经价格评估,该写字楼3年合理租金为105.0051万元,高于合理租金部分为85.4949万元,沈某强还为李某5及黄某8代交物业费、水电费等费用4.1382万元,上述两项共计89.6331万元。

(2)2020年5月,沈某强通过黄某8告知李某5,为感谢李某5的帮助,除了上述好处费外,再送给李某5155万元,李某5同意并通过黄某8要求沈某强继续以高于市场价格租金的方式进行支付。截至案发,×拓公司尚未向李某5支付该155万元。

另查明,象州县监察委员会调查人员在南宁吴圩机场抓获沈某强,沈某强到案后,积极配合调查组工作,在采取留置措施前主动向调查组交待象州县监察委员会尚未掌握的关于送给林某170万元人民币、送给李某1180多万元人民币以及承诺送给李某5150万元人民币的违法事实。如实交待象州县监察委员会已掌握的关于通过租赁李某5房产的形式送给其好处费的违法事实。在留置期间,主动交待象州县监察委员会尚未掌握的关于送给林某1163万元人民币和一辆大众CC小轿车的违法事实,如实供述通过租赁李某5房产的形式送给其好处费244.6331万元人民币的违法事实。经广西桂×明会计师事务所有限公司鉴定,2011年1月~2020年12月,广西×拓公司、广西领×公司通过投标方式中标的22个政府单位采购项目总收入139×××××××.20元;成本、税金等支出合计138 299 829.06元;账面利润总额为1 305 563.14元。案发后,×拓公司已将李某5受贿未遂的155万元及李某5退回的24.5万元、林某1退回的70万元上缴至广西壮族自治区纪律检查委员会。2022年2月22日,×拓公司主动退还违法所得100万元,暂扣于象州县监察委员会账户。2022年12月27日,×拓公司主动退还违法所得30.556314万元暂存于象州县人民检察院暂扣押款账户。在本案审理过程中,×拓公司主动预缴罚金100万元,沈某强主动预缴罚金50万元。

【裁判结果】

1.×拓公司犯单位行贿罪,判处罚金人民币100万元。

2.沈某强犯单位行贿罪,判处有期徒刑3年,缓刑3年6个月,并处罚金人民币50万元。

3.对×拓公司退缴的违法所得130.556314万元予以没收,由扣押机关上缴国库。

【案件评析】

本案涉及的是企业为谋取不正当利益给予国家工作人员财物的行为,是否构成单位行贿罪的问题。

根据最高人民检察院《关于人民检察院直接受理立案侦查案件立案标准的规定(试行)》第一条第八项的规定,单位行贿数额在20万元以上的,应予立案。

本案中,×拓公司为谋取不正当利益,在2010~2020年给予国家工作人员财物共计人民币677.6331万元,远远超出法定的追诉金额,其行为已构成单位行贿罪。沈某强作为×拓公司直接负责的主管人员,其行为亦构成单位行贿罪。

第十一节　对单位行贿罪

一、罪名概述

1.罪名简介

对单位行贿罪,是指为谋取不正当利益,给予国家机关、国有公司、企业、事业单位、人民团体以财物,或者在经济往来中,违反国家规定,给予上述单位各种名义的回扣、手续费的行为。

2. 犯罪构成要件

(1)犯罪客体

本罪侵犯的客体是国家机关、国有公司、企业、事业单位、人民团体等国有单位的正常管理活动。

(2)犯罪客观方面

本罪在客观方面表现为谋取不正当利益,给予国家机关、国有公司、企业、事业单位、人民团体以财物,或者在经济往来中,违反国家规定,给予上述单位各种名义的回扣、手续费的行为。

(3)犯罪主体

本罪的主体既可以是自然人,也可以是单位,但行为对象一定是单位。根据《刑法》第三十一条的规定,单位犯本罪时,实行双罚制,既对单位判处罚金,又对其直接负责的主管人员和其他直接责任人员按相关条款规定判处刑罚。

(4)犯罪主观方面

本罪在主观方面表现为直接故意,且以谋取不正当利益为目的。至于谋取的不正当利益是归个人,还是归单位以及谋取的不正当利益是否得到,均不影响本罪的成立。

3. 立案标准

根据最高人民检察院《关于人民检察院直接受理立案侦查案件立案标准的规定(试行)》第一条第六项的规定,涉嫌下列情形之一的,应予立案:

(1)个人行贿数额在 10 万元以上、单位行贿数额在 20 万元以上的。

(2)个人行贿数额不满 10 万元、单位行贿数额在 10 万元以上不满 20 万元,但具有下列情形之一的:

①为谋取非法利益而行贿的;

②向 3 个以上单位行贿的;

③向党政机关、司法机关、行政执法机关行贿的;

④致使国家或者社会利益遭受重大损失的。

4. 量刑标准

我国《刑法》第三百九十一条规定:"为谋取不正当利益,给予国家机关、国有公司、企业、事业单位、人民团体以财物的,或者在经济往来中,违反国家规定,给予各种名义的回扣、手续费的,处三年以下有期徒刑或者拘役,并处罚金;情节严重的,处三年以上七年以下有期徒刑,并处罚金。单位犯前款罪的,对单位判处罚金,并对其直接负责的主管人员和其他直接责任人员,依照前款的规定处罚。"

二、风险防范

1. 准确把握企业行贿和馈赠的界限。行贿和馈赠的目的不同，馈赠的目的一般是加深双方感情，而对单位行贿的目的是获取不正当非法利益。避免触犯本罪，就是要避免出现为谋取不正当利益，给予国家机关、国有公司、企业、事业单位、人民团队以财物的行为。

2. 定期对企业进行法律培训，学习国家有关行贿、受贿的法律法规，树立正确的竞争意识。建立健全企业规章制度，尽量做到所有办事流程公开透明，防止权力寻租，并且建立可行有效的监督机制，做到互相监督，互相制约。

3. 需要给予"返点"的，应公开在合同中约定和在正规财务账内明确记载给予或者接受某种优惠。实践中，"返点"的做法还有买卖双方事先约定，买方的采购量达到一定数量后，卖方按一定比例返还一部分已经支付的价款。这种情况是在合同中明确约定的，在财务账上也作如实记载，不属于回扣，这种情况不违法，也是很多销售商常用的促销手段。

三、典型案例

盐城市农×机械有限公司、江苏利×农机连锁有限公司等对单位行贿罪案

【案情简介】

2008～2014年，盐城市农×机械有限公司（以下简称农×公司）及其全资子公司江苏利×农机连锁有限公司（以下简称利×公司），在农机销售过程中，为谋取不正当利益，使其代理销售的品牌农机在市场竞争中获得优势，经侯某忠、苏某胜、吴某河、柏某忠、杨某等人计议，决定以农机推广服务费等名义给予办理农机购置补贴的国家机关等单位财物，其中，部分办理农机购置补贴单位有索要财物的行为。农×公司先后向大丰市农业机械管理局等单位贿送人民币计119万余元；利×公司先后向阜宁县农业机械管理局等单位贿送人民币计58万余元；侯某忠在担任农×公司及利×公司董事长期间，经其决定后该两公司先后向响水县农业机械技术推广服务站等单位贿送人民币计177万余元；苏某胜于2008～2010年担任农×公司及利×公司久保田营销服务中心负责人期间，代表公司先后向滨海县农业科学研究所等单位贿送人民币计47万余元；吴某河于2008～2010年担任农×公司副董事长期间，代表公司先后向连云港市灌云县农业机械技术推广服务站等单位贿送人民币计21万余元。柏某忠于2008～2010年担任农×公司副董事长期间，代表公司先后向大丰市农业机

械管理局贿送人民币计57万余元。杨某于2009~2013年担任农×公司及利×公司副总经理期间,代表公司先后向阜宁县农业机械管理局、亭湖区农林牧渔业局贿送人民币计28万余元。

(一)向大丰市农业机械管理局贿送人民币计577 739元

1. 2008年,农×公司为谋取不正当的竞争优势,经侯某忠同意,柏某忠直接经手,向大丰市农业机械管理局贿送人民币166 239元。

2. 2009年,农×公司为谋取不正当的竞争优势,经侯某忠同意,柏某忠直接经手,向大丰市农业机械管理局贿送人民币247 500元。

3. 2010年,农×公司为谋取不正当的竞争优势,经侯某忠同意,柏某忠直接经手,向大丰市农业机械管理局贿送人民币164 000元。

(二)向阜宁县农业机械管理局贿送人民币219 589元

1. 2011年,利×公司为谋取不正当的竞争优势,经侯某忠同意,杨某直接经手,以支付招待费的方式向阜宁县农业机械管理局贿送人民币25 025元。

2. 2012年,利×公司为谋取不正当的竞争优势,经侯某忠同意,杨某直接经手,以支付招待费的方式向阜宁县农业机械管理局贿送人民币89 964元。

3. 2013年,利×公司为谋取不正当的竞争优势,经侯某忠同意,杨某直接经手,以支付招待费的方式向阜宁县农业机械管理局贿送人民币104 600元。

(三)向东台市农业机械管理局贿送人民币22万元

1. 2008年,东台市农业机械管理局向农×公司提出收取服务费,农×公司为谋取不正当的竞争优势,经侯某忠同意,向东台市农业机械管理局贿送人民币10万元。

2. 2009年,东台市农业机械管理局向农×公司提出收取服务费,农×公司为谋取不正当的竞争优势,经侯某忠同意,向东台市农业机械管理局贿送人民币12万元。

(四)向滨海县农业局贿送人民币154 000元

1. 2008年,农×公司为谋取不正当的竞争优势,经侯某忠同意,吴某河经手,向滨海县农业局贿送人民币54 000元。

2. 2009年,农×公司为谋取不正当的竞争优势,经侯某忠同意,吴某河经手,向滨海县农业局贿送人民币10万元。

(五)向亭湖区农林牧渔业局贿送人民币81 763元

1. 2008年,农×公司为谋取不正当的竞争优势,经侯某忠同意,吴某河直接经手,向亭湖区农林牧渔业局贿送人民币2万元。

2. 2009年,农×公司为谋取不正当的竞争优势,经侯某忠同意,杨某直接经手,向亭湖区农林牧渔业局贿送人民币31 763元。

3. 2010年,农×公司为谋取不正当的竞争优势,经侯某忠同意,杨某直接经手,向亭湖区农林牧渔业局贿送人民币3万元。

（六）向连云港市灌云县农业机械技术推广服务站贿送人民币 41 558 元

2010 年，连云港市灌云县农业机械技术推广服务站向农×公司提出收取服务费，农×公司为谋取不正当的竞争优势，经侯某忠同意，吴某河直接经手，向连云港市灌云县农业机械技术推广服务站贿送人民币 41 558 元。

（七）向响水县农业机械化技术推广服务站贿送人民币 361 070 元

1. 2011 年，农×公司为谋取不正当的竞争优势，经侯某忠同意，苏某胜直接经手，向响水县农业机械化技术推广服务站贿送人民币 49 200 元。

2. 2012 年，利×公司为谋取不正当的竞争优势，经侯某忠同意，苏某胜直接经手，向响水县农业机械化技术推广服务站贿送人民币 118 200 元。

3. 2013 年，利×公司为谋取不正当的竞争优势，经侯某忠同意，苏某胜直接经手，向响水县农业机械化技术推广服务站贿送人民币 193 670 元。

（八）向滨海县农业科学研究所贿送人民币 78 285 元

1. 2011 年，农×公司为谋取不正当的竞争优势，经侯某忠同意，苏某胜直接经手，向滨海县农业科学研究所贿送人民币 28 685 元。

2. 2012 年，利×公司为谋取不正当的竞争优势，经侯某忠同意，苏某胜直接经手，向滨海县农业科学研究所贿送人民币 49 600 元。

（九）向阜宁县农业机械化技术推广服务站贿送人民币 40 000 元。

2011 年，农×公司为谋取不正当的竞争优势，经侯某忠同意，苏某胜直接经手，向阜宁县农业机械技术推广服务站贿送人民币 4 万元。

案发后，侯某忠主动向侦查机关供述了未被掌握的犯罪行为。吴某河在被采取强制措施后，主动供述了未被掌握的犯罪行为。苏某胜、柏某忠、杨某归案后，如实供述了自己的犯罪行为。

【裁判结果】

1. 农×公司犯对单位行贿罪，判处罚金人民币 35 万元。
2. 利×公司犯对单位行贿罪，判处罚金人民币 15 万元。
3. 侯某忠犯对单位行贿罪，免予刑事处罚。
4. 苏某胜犯对单位行贿罪，免予刑事处罚。
5. 吴某河犯对单位行贿罪，免予刑事处罚。
6. 柏某忠犯对单位行贿罪，免予刑事处罚。
7. 杨某犯对单位行贿罪，免予刑事处罚。

【案件评析】

本案涉及的是企业为谋取不正当利益，给予国家机关、事业单位以财物的行为，是否构成对单位行贿罪的问题。

根据最高人民检察院《关于人民检察院直接受理立案侦查案件立案标准的规定

(试行)》第一条第(六)项的规定,涉嫌下列情形之一的,应予立案:(1)个人行贿数额在10万元以上、单位行贿数额在20万元以上的;(2)个人行贿数额不满10万元、单位行贿数额在10万元以上不满20万元,但具有下列情形之一的:①为谋取非法利益而行贿的;②向3个以上单位行贿的;③向党政机关、司法机关、行政执法机关行贿的;④致使国家或者社会利益遭受重大损失的。

本案中,农×公司、利×公司,农×公司及利×公司董事长侯某忠、农×公司及利×公司久保田营销服务中心负责人苏某胜、农×公司副董事长吴某河、农×公司副董事长柏某忠、农×公司及利×公司副总经理杨某在销售农机过程中,为谋取不正当利益,给予国家机关、事业单位以财物,其行为均构成对单位行贿罪。

第十二节　对非国家工作人员行贿罪

一、罪名概述

1. 罪名简介

对非国家工作人员行贿罪,是指行为人为谋取不正当利益,给予公司、企业或者其他单位的工作人员以财物,数额较大、数额巨大的行为。

2. 犯罪构成要件

(1)犯罪客体

本罪侵犯的客体是公司、企业或者其他单位的正常管理秩序和市场竞争秩序。

(2)客观方面

本罪在客观方面表现为行为人为谋取不正当利益,给予公司、企业或者其他单位的工作人员以财物,并且数额较大、数额巨大的行为。

根据2016年4月18日实施的最高人民法院、最高人民检察院《关于办理贪污贿赂刑事案件适用法律若干问题的解释》第十二条的规定,贿赂犯罪中的"财物",包括货币、物品和财产性利益。财产性利益包括可以折算为货币的物质利益如房屋装修、债务免除等,以及需要支付货币的其他利益如会员服务、旅游等。后者的犯罪数额,以实际支付或者应当支付的数额计算。

司法实务经验显示,支付回扣、手续费是本罪客观方面的主要表现形式。回扣是指卖方从买方支付的商品、服务款项中按一定比例返还给买方的价款,可分为"账内明示的回扣"和"账外暗中的回扣"。需要强调的是,不违反国家规定的"账内明示的回扣"是合法的,而违反国家规定的"账外暗中的回扣"则是非法的。根据《反不正当竞争法》第七条的规定,经营者不得采用财物或者其他手段贿赂特定的单位或个人,以谋取交易机会或者竞争优势。经营者在交易活动中,可以以明示方式向交易相对方支付折扣,或者向中间人支付佣金。经营者向交易相对方支付折扣、向中间人支付佣金的,应当如实入账。接受折扣、佣金的经营者也应当如实入账。手续费是指办事过程中所产生的费用,主要是为代理他人办理有关事项所收取的一种劳务补偿或报酬。根据我国法律规定,合法的手续费受法律保护,非法的手续费则不被允许。

(3)犯罪主体

本罪的犯罪主体为一般主体,自然人或单位均可构成本罪。

(4)犯罪主观方面

本罪在主观方面表现为故意,其目的是谋取不正当利益。

3. 立案追诉标准

最高人民检察院、公安部《关于公安机关管辖的刑事案件立案追诉标准的规定(二)》第十一条规定:"为谋取不正当利益,给予公司、企业或者其他单位的工作人员以财物,个人行贿数额在三万元以上的,单位行贿数额在二十万元以上的,应予立案追诉。"

4. 量刑标准

《刑法》第一百六十四条规定:"为谋取不正当利益,给予公司、企业或者其他单位的工作人员以财物,数额较大的,处三年以下有期徒刑或者拘役,并处罚金;数额巨大的,处三年以上十年以下有期徒刑,并处罚金。为谋取不正当商业利益,给予外国公职人员或者国际公共组织官员以财物的,依照前款的规定处罚。单位犯前两款罪的,对单位判处罚金,并对其直接负责的主管人员和其他直接责任人员,依照第一款的规定处罚。行贿人在被追诉前主动交待行贿行为的,可以减轻处罚或者免除处罚。"

二、风险防范

1. 企业应定期对员工进行行贿风险教育,提高员工的法律意识和风险意识。企业经营者与重要岗位员工要树立正确的竞争观,不得通过贿赂等非法手段谋取竞争优势。

2. 企业应建立健全内部控制制度,规范财务管理和行为准则,防止员工行贿。

3. 企业在采购或销售产品时,不要在账外暗中给予对方回扣、手续费,如经营中必须给予对方"回扣"才能达成交易,必须经公司管理层批准,并如实入账,以避免私下行贿的嫌疑。

4. 正确把握普通馈赠与行贿罪的界限。在现实生活中,礼尚往来的请客送礼非常普遍,这是人们传达感情的一种方式,其动机可能是加深情意、表述谢意等。但这种行为容易与行贿相混淆,甚至经常被利用,以馈赠之名行行贿之实。司法实践中,区分贿赂与馈赠的界限主要结合以下因素分析:发生财物往来的背景,如双方是否存在亲友关系及历史上交往的情形和程度；往来财物的价值；财物往来的缘由、时机和方式，提供财物方对于接受方有无职务上的请托；接受方是否利用职务上的便利为提供方谋取利益。

5. 把握时机积极挽救，避免责任加重。根据《刑法》第一百六十四条第四款的规定，行贿人在被追诉前主动交待行贿行为的，可以减轻处罚或者免除处罚。因此，行贿人应争取在被诉前主动交待行贿行为，从而争取减轻处罚或者免除处罚的机会。

6. 注意非货币的财物也属于商业贿赂的财物。根据最高人民法院、最高人民检察院《关于办理商业贿赂刑事案件适用法律若干问题的意见》第七条的规定，商业贿赂中的财物，既包括金钱和实物，也包括可以用金钱计算数额的财产性利益，如提供房屋装修、含有金额的会员卡、代币卡、旅游费用等，具体数额以实际支付的资费为准。

三、典型案例

上海盾×运输有限公司、陆某华对非国家工作人员行贿案[①]

【案情简介】

2012～2015 年，陆某华在经营上海盾×运输有限公司（以下简称盾×公司）过程中，为使盾×公司承接上海××有限公司运输业务，请托时任上海××有限公司项目总经理的邢某（另案处理）在选择供应商时为盾×公司提供便利，并因此多次给予邢某回扣共计人民币 220 万余元。

2019 年 9 月 12 日，陆某华在其住所被民警抓获。

【裁判结果】

1. 盾×公司犯对非国家工作人员行贿罪，判处罚金人民币 30 万元。

2. 陆某华犯对非国家工作人员行贿罪，判处有期徒刑 3 年，缓刑 3 年，并处罚金人民币 10 万元。

3. 违法所得予以追缴。

【案件评析】

本案涉及的是企业为承接业务给予客户管理人员回扣的行为，是否构成对非国家工作人员行贿罪的问题。

最高人民检察院、公安部《关于公安机关管辖的刑事案件立案追诉标准的规定（二）》（2010 年）第十一条规定："为谋取不正当利益，给予公司、企业或者其他单位

---

① 案号：（2021）沪 0105 刑初 30 号。

的工作人员以财物,个人行贿数额在一万元以上的,单位行贿数额在二十万元以上的,应予立案追诉。”

本案中,盾×公司为承接上海××有限公司运输业务,通过其直接负责的主管人员陆某华,给予时任上海××有限公司项目总经理的邢某回扣共计220万余元,远远超出法定的追诉金额,其行为均构成对非国家工作人员行贿罪。

第十三节　对有影响力的人行贿罪

一、罪名概述

1. 罪名简介

对有影响力的人行贿罪,是指为谋取不正当利益,向国家工作人员的近亲属或者其他与该国家工作人员关系密切的人,或者向离职的国家工作人员或者其近亲属以及其他与其关系密切的人行贿的行为。

2. 犯罪构成要件

(1)犯罪客体

本罪侵犯的客体是国家机关和国有公司、企业、事业单位、人民团体的正常秩序和国家的廉政建设制度。

(2)犯罪客观方面

本罪在客观方面表现为行为人为谋取不正当利益,向国家工作人员的近亲属或者其他与该国家工作人员关系密切的人,或者向离职的国家工作人员或者其近亲属以及其他与其关系密切的人行贿的行为。因被勒索给予上述人员以财物,没有获得不正当利益的,不构成本罪。

谋取不正当利益包括两个方面:一是非法利益,即违反法律、法规、国家政策和国务院各部门规章规定所取得的利益。二是要求国家工作人员或者有关单位提供违反法律、法规、国家政策和国务院各部门规章规定的帮助或方便条件所取得的利益。

国家工作人员,是指国家机关中从事公务的人员。国有公司、企业、事业单位、人民团体中从事公务的人员和国家机关、国有公司、企业、事业单位委派到非国有公司、企业、事业单位、社会团体从事公务的人员,以及其他依照法律从事公务的人员,以国家工作人员论。

近亲属,是指与国家工作人员(离职的国家工作人员)有夫、妻、父、母、子、女、同胞兄弟姐妹关系的人。

对于关系密切的人,法律本身并没有界定“关系密切的人”的内涵和外延,具体的适用范围有待相关的法律和司法解释作出明确的规定。一般是指与国家工作人员（离职的国家工作人员）基于血缘产生的除了近亲属之外的其他亲属关系；基于学习、工作产生的同学、师生、校友、同事关系；基于地缘产生的同乡关系；基于感情产生的朋友、恋人、情人关系；基于利益产生的客户、共同投资人、合同、债权债务关系；基于其他关系产生的互相信任相互借助的其他关系人。

（3）犯罪主体

本罪的犯罪主体为一般主体，凡达到刑事责任年龄具有刑事责任能力的自然人，均可构成本罪。单位也能成为本罪的主体。

（4）犯罪主观方面

本罪在主观方面表现为直接故意，过失不构成本罪。

3. 入罪标准

最高人民法院、最高人民检察院《关于办理贪污贿赂刑事案件适用法律若干问题的解释》第十条第二款规定："刑法第三百九十条之一规定的对有影响力的人行贿罪的定罪量刑适用标准，参照本解释关于行贿罪的规定执行。"

该解释第七条规定："为谋取不正当利益，向国家工作人员行贿，数额在三万元以上的，应当依照刑法第三百九十条的规定以行贿罪追究刑事责任。行贿数额在一万元以上不满三万元，具有下列情形之一的，应当依照刑法第三百九十条的规定以行贿罪追究刑事责任：（一）向三人以上行贿的；（二）将违法所得用于行贿的；（三）通过行贿谋取职务提拔、调整的；（四）向负有食品、药品、安全生产、环境保护等监督管理职责的国家工作人员行贿，实施非法活动的；（五）向司法工作人员行贿，影响司法公正的；（六）造成经济损失数额在五十万元以上不满一百万元的。"

4. 量刑标准

《刑法》第三百九十条之一规定："为谋取不正当利益，向国家工作人员的近亲属或者其他与该国家工作人员关系密切的人，或者向离职的国家工作人员或者其近亲属以及其他与其关系密切的人行贿的，处三年以下有期徒刑或者拘役，并处罚金；情节严重的，或者使国家利益遭受重大损失的，处三年以上七年以下有期徒刑，并处罚金；情节特别严重的，或者使国家利益遭受特别重大损失的，处七年以上十年以下有期徒刑，并处罚金。单位犯前款罪的，对单位判处罚金，并对其直接负责的主管人员和其他直接责任人员，处三年以下有期徒刑或者拘役，并处罚金。"

最高人民法院、最高人民检察院《关于办理贪污贿赂刑事案件适用法律若干问题的解释》第十条第二款规定："刑法第三百九十条之一规定的对有影响力的人行贿罪的定罪量刑适用标准，参照本解释关于行贿罪的规定执行。"

该解释第七条规定："为谋取不正当利益，向国家工作人员行贿，数额在三万元以上的，应当依照刑法第三百九十条的规定以行贿罪追究刑事责任。行贿数额在一万元以上不满三万元,具有下列情形之一的,应当依照刑法第三百九十条的规定以行贿罪追究刑事责任:(一)向三人以上行贿的;(二)将违法所得用于行贿的;(三)通过行贿谋取职务提拔、调整的;(四)向负有食品、药品、安全生产、环境保护等监督管理职责的国家工作人员行贿,实施非法活动的;(五)向司法工作人员行贿,影响司法公正的;(六)造成经济损失数额在五十万元以上不满一百万元的。”

该解释第八条规定:“犯行贿罪,具有下列情形之一的,应当认定为刑法第三百九十条第一款规定的‘情节严重’:(一)行贿数额在一百万元以上不满五百万元的;(二)行贿数额在五十万元以上不满一百万元,并具有本解释第七条第二款第一项至第五项规定的情形之一的;(三)其他严重的情节。为谋取不正当利益,向国家工作人员行贿,造成经济损失数额在一百万元以上不满五百万元的,应当认定为刑法第三百九十条第一款规定的‘使国家利益遭受重大损失’。”

该解释第九条规定:“犯行贿罪,具有下列情形之一的,应当认定为刑法第三百九十条第一款规定的‘情节特别严重’:(一)行贿数额在五百万元以上的;(二)行贿数额在二百五十万元以上不满五百万元,并具有本解释第七条第二款第一项至第五项规定的情形之一的;(三)其他特别严重的情节。为谋取不正当利益,向国家工作人员行贿,造成经济损失数额在五百万元以上的,应当认定为刑法第三百九十条第一款规定的‘使国家利益遭受特别重大损失’。”

二、风险防范

1. 企业应定期对员工进行行贿风险教育,让员工深入了解对有影响力的人行贿的危害以及巨大风险。

2. 企业应建立健全内部控制制度,规范财务管理和行为准则,防止员工行贿。

3. 企业经营者与员工在生产经营过程中,应严格约束自身行为,禁止为谋私利而向公职人员的近亲属或关系密切的人行贿,积极避免触犯本罪。

三、典型案例

李某玲对有影响力的人行贿案[①]

【案情简介】

2019 年 4 月 ~2019 年 8 月,李某玲及同案人梁某、江某、张某(均另案处理)等人,找到李某 1、李某 2(均另案处理),试图通过李某 1、李某 2 利用其姐夫刘某某(在

① 案号:(2020)粤 0114 刑初 744 号。

全国政协某委员会任职)的职务便利,帮助解决梁某所有的广州西×城企业管理有限公司位于广州市花都区辖区内的西×城商业项目涉嫌违法建设被停工的复工问题,从而向李某1等人贿送好处费人民币222万元。具体分述如下:

(1)2019年6月的一天,李某玲伙同同案人张某等人向李某1贿送好处费人民币22万元。

(2)2019年7月的一天,李某玲伙同同案人张某等人向李某1、李某2贿送好处费人民币200万元。其中,李某1、李某2各分得人民币100万元。

2019年8月21日,公安民警在广州市花都区新华街天贵路88号雅怡花园B609房抓获李某玲,并在其处起获手机1台。

【裁判结果】

1. 李某玲犯对有影响力的人行贿罪,判处有期徒刑1年2个月,并处罚金20万元。

2. 扣押在案的作案工具手机1台依法予以没收。

【案件评析】

本案涉及的是行为人为解决项目涉嫌违法建设被停工的复工问题,给予国家工作人员关系密切的人好处费的行为,是否构成对有影响力的人行贿罪的问题。

根据最高人民法院、最高人民检察院《关于办理贪污贿赂刑事案件适用法律若干问题的解释》第七条、第十条的规定,为谋取不正当利益,向国家工作人员的近亲属或者其他与该国家工作人员关系密切的人,或者向离职的国家工作人员或者其近亲属以及其他与其关系密切的人行贿,数额在3万元以上的,应当立案追诉。

本案中,李某玲无视国家法律,伙同同案人为谋取不正当利益,向与国家工作人员关系密切的人李某1、李某2贿送好处费222万元,远远超出法定的追诉金额,其行为已构成对有影响力的人行贿罪。

第十四节　介绍贿赂罪

一、罪名概述

1. 罪名简介

介绍贿赂罪,是指向国家工作人员介绍贿赂,情节严重的行为。

2. 犯罪构成要件

(1)犯罪客体

本罪侵犯的客体是国家机关管理活动和国家工作人员职务行为的廉洁性。

(2)犯罪客观方面

本罪在客观方面表现为行为人在行贿人和受贿人之间实施沟通、撮合,促使行贿与受贿得以实现的行为。为行贿受贿双方“穿针引线”,促使双方相识相通,代为联络,甚至传递贿赂物品,帮助双方完成行贿受贿行为。

(3)犯罪主体

本罪的主体是一般主体,达到刑事责任年龄,具备刑事责任能力的自然人实施介绍贿赂行为,均可构成本罪犯罪主体。

(4)犯罪主观方面

本罪在主观方面表现为直接故意。行为人明知自己撮合的是行贿、受贿行为而有意为之,其内涵是促成行贿、受贿双方建立贿赂关系,并希望贿赂结果发生。

3.立案标准

最高人民检察院《关于人民检察院直接受理立案侦查案件立案标准的规定(试行)》第一条第七项规定,介绍贿赂罪是指向国家工作人员介绍贿赂,情节严重的行为。“介绍贿赂”是指在行贿人与受贿人之间沟通关系、撮合条件,使贿赂行为得以实现的行为。涉嫌下列情形之一的,应予立案:

(1)介绍个人向国家工作人员行贿,数额在2万元以上的;介绍单位向国家工作人员行贿,数额在20万元以上的。

(2)介绍贿赂数额不满上述标准,但具有下列情形之一的:

①为使行贿人获取非法利益而介绍贿赂的;

②3次以上或者为3人以上介绍贿赂的;

③向党政领导、司法工作人员、行政执法人员介绍贿赂的;

④致使国家或者社会利益遭受重大损失的。

4.量刑标准

《刑法》第三百九十二条规定:“向国家工作人员介绍贿赂,情节严重的,处三年以下有期徒刑或者拘役,并处罚金。介绍贿赂人在被追诉前主动交待介绍贿赂行为的,可以减轻处罚或者免除处罚。”

二、风险防范

1.企业应定期对员工进行行贿风险教育,让员工了解对介绍贿赂的危害以及巨大风险。

2.企业应当重视日常反贿赂合规,在内控制度、重点人员、重点岗位管理方面建章立制,确保凡事有迹可循。

3.企业经营者与员工在处理人情世故时,应把握尺度。在猜测到请托人可能有行贿之意时,切不可当中间人为其牵线、撮合。当请托人请求为其介绍认识某国家工作人员时,要明确表示拒绝。

三、典型案例

施某甲介绍贿赂案[①]

【案情简介】

浙江万×建筑工程有限公司(以下简称万×公司)于1998年5月22日注册成立,李某甲为该公司在内蒙古鄂尔多斯市第一分公司的负责人,该分公司没有工商注册登记。2011年年底,公司为获得鄂尔多斯市公安局下属单位鄂尔多斯市人民警察训练学校(以下简称警校)建筑工程的承包权,李某甲在征得公司常务副总经理何某甲的同意,允许其对相关方面人员进行打点的情况下,通过施某甲向时任鄂尔多斯市公安局局长的王某某(另案处理)推荐,请托承建警校工程,要求王某某在工程招标过程中给予万×公司以帮助。其间,施某甲多次在李某甲和王某某之间予以沟通、联系、撮合,并向王某某传递李某甲会给好处费的信息。

2011年12月15日,警校工程开标前,李某甲在施某甲的帮助下,按照王某某的意思将李某甲给王某某的人民币300万元好处费,交给施某甲的弟弟施某乙放贷。事后王某某在警校校长乔某某向其汇报警校工程招标事项时,示意乔某某给予万×公司特殊关照,意图使其中标。2012年1月9日工程开标前,乔某某向同为评标委员会成员的鄂尔多斯市公安局装备财务处副处长路某说明了王某某的意思,亦让路某给予万×公司特殊关照,为其中标创造优势。随后的工程评标过程中,乔某某、路某均对万×公司有倾向性地打出了最高分,使万×公司中标。该工程至今尚未竣工,万×公司垫付工程款数千万元。2013年7月31日万×公司变更登记为万×建设有限公司。

【裁判结果】

1. 施某甲犯介绍贿赂罪,判处拘役6个月,缓刑1年。
2. 万×建设有限公司犯单位行贿罪,判处罚金人民币100万元。
3. 李某甲犯单位行贿罪,判处有期徒刑1年4个月。
4. 何某甲犯单位行贿罪,判处有期徒刑6个月,缓刑1年。

【案件评析】

本案涉及的是行为人介绍他人向国家工作人员行贿的行为,是否构成介绍贿赂罪的问题。

---

① 案号:(2015)阿刑初字第00104号。

根据最高人民检察院《关于人民检察院直接受理立案侦查案件立案标准的规定(试行)》第一条第七项的规定,介绍贿赂罪是指向国家工作人员介绍贿赂,情节严重的行为。“介绍贿赂”是指在行贿人与受贿人之间沟通关系、撮合条件,使贿赂行为得以实现的行为。介绍个人向国家工作人员行贿,数额在2万元以上的,或者介绍单位向国家工作人员行贿,数额在20万元以上的,应予立案。

本案中,万×建设有限公司在招投标活动中,违背公平原则,由李某甲在征得公司副总经理何某甲的同意下,给予国家工作人员财物以谋取竞争优势,属于谋取不正当利益,情节严重,万×建设有限公司、李某甲、何某甲的行为均已构成单位行贿罪。施某甲介绍万×建设有限公司内蒙古鄂尔多斯市第一分公司负责人李某甲向时任鄂尔多斯市公安局局长的王某某行贿,数额为118万元,远远超出法定的追诉金额,其行为亦构成介绍贿赂罪。

第十五节　徇私舞弊低价折股、出售公司、企业资产罪

一、罪名概述

1. 罪名简介

徇私舞弊低价折股、出售公司、企业资产罪,是指国有公司、企业或者其上级主管部门直接负责的主管人员,徇私舞弊,将国有资产低价折股或者低价出售,致使国家利益遭受重大损失、特别重大损失的行为;以及其他公司、企业直接负责的主管人员,徇私舞弊,将公司、企业资产低价折股或者低价出售,致使公司、企业利益遭受重大损失的行为。

徇私舞弊低价折股、出售公司、企业资产罪是由“徇私舞弊低价折股、出售国有资产罪”调整而来的。2024年1月31日,最高人民法院、最高人民检察院联合发布《关于执行〈中华人民共和国刑法〉确定罪名的补充规定(八)》,根据《刑法修正案(十二)》,将“徇私舞弊低价折股、出售国有资产罪”调整为“徇私舞弊低价折股、出售公司、企业资产罪”。这一修改基于强化对民营企业保护的现实需要,将该罪名适用范围从国有公司、企业扩展至包括其他公司、企业在内,能够更好地体现产权平等保护要求。

2. 犯罪构成要件

(1)犯罪客体

本罪侵犯的客体是公司、企业财产的国有所有权和资产管理制度。

(2)犯罪客观方面

本罪在客观方面表现为徇私舞弊低价折股、出售公司、企业资产的行为,即在对

本单位经营、管理的资产进行折股投资或者折价出售的过程中,因个人利益弄虚作假,滥用职权,故意对实物、工业产权、非专利技术以及土地使用权等有形或者无形的资产作出低于其实际价值的估价或者对某些资产故意不予计价,并以此低价进行出资入股或者进行出售。

(3)犯罪主体

本罪的主体包括国有公司、企业或者其上级主管部门直接负责的主管人员,及其他公司、企业直接负责的主管人员。

(4)犯罪主观方面

本罪的主观方面必须为故意,并有明确的徇私动机,过失不构成本罪。

3. 立案追诉标准

根据最高人民检察院、公安部《关于公安机关管辖的刑事案件立案追诉标准的规定(二)》(2010 年)第十七条的规定,国有公司、企业或者其上级主管部门直接负责的主管人员,徇私舞弊,将国有资产低价折股或者低价出售,涉嫌下列情形之一的,应予立案追诉:(1)造成国家直接经济损失数额在 30 万元以上的;(2)造成有关单位破产,停业、停产 6 个月以上,或者被吊销许可证和营业执照、责令关闭、撤销、解散的;(3)其他致使国家利益遭受重大损失的情形。最高人民检察院、公安部《关于公安机关管辖的刑事案件立案追诉标准的规定(二)》于 2022 年修订时删除了该条。

4. 量刑标准

我国《刑法》第一百六十九条规定:"国有公司、企业或者其上级主管部门直接负责的主管人员,徇私舞弊,将国有资产低价折股或者低价出售,致使国家利益遭受重大损失的,处三年以下有期徒刑或者拘役;致使国家利益遭受特别重大损失的,处三年以上七年以下有期徒刑。其他公司、企业直接负责的主管人员,徇私舞弊,将公司、企业资产低价折股或者低价出售,致使公司、企业利益遭受重大损失的,依照前款的规定处罚。"

二、风险防范

1. 实践中触犯本罪,往往是由于企业主要负责人个人或几个人擅作主张,未经董事会或股东会的批准程序,从而产生不良后果。为规避触犯本罪,在处置企业资产时,应当由董事会或股东会作出最终决定。

2. 企业应当根据相关制度加强对岗位职责与权力运行的监督,特别是加强对相关主管人员的监督。对于为谋取私利低价处理企业资产的,对在企业合资、合营、股份制改造过程中不进行可行性分析和论证的行为,企业应当严肃处理。

三、典型案例

魏某平徇私舞弊低价折股、出售国有资产案

【案情简介】

1997年5月~1999年11月，魏某平担任市属国企深圳市长×工贸公司（以下简称长×公司）的法定代表人和总经理，1997年5月~1998年3月，魏某平指示长×公司邓某1到原深圳市国土局罗湖分局通过相应“公关”工作将长虹大厦的计提土地增值费从少计征。1998年3月经深圳市国土局罗湖分局产权科核定，长×公司应交长虹大厦土地增值费为人民币173.374万元。

1998年上半年，深圳市特×实业有限公司董事长骆某得知长×公司即将改制的消息，多次找到魏某平，提出希望参与长×公司改制，并希望魏某平能在资产评估过程中把长×公司的评估价尽量做低，并许诺在改制成功后给予魏某平长×公司的部分股份，魏某平予以默认。

1998年8月13日，长×公司的上级公司深圳市建×投资控股公司委托深圳市大×会计师事务所对长×公司的资产进行改制前的全面评估，评估基准日为1998年7月31日，深圳市大×会计师事务所进入长×公司进行资产评估期间，魏某平故意隐瞒长虹大厦土地增值费只需补缴人民币173.374万元的事实，致使评估认定长×公司仍需补缴长虹大厦土地增值费人民币1107.347249万元，并将该项列为负债从公司净资产中扣除，导致长×公司评估后净资产减少人民币933.973249万元。1999年5月21日，深圳市国有资产管理办公室同意深圳市建×投资控股公司按照长×公司评估价减去长×公司的三项潜在损失转让长×公司的整体产权。1999年7月2日，深圳市建×投资控股公司以人民币1100万元将长×公司的整体产权转让给骆某控制的特×实业有限公司和长×公司工会委员会，其中深圳特×实业有限公司出资人民币660万元持有长×公司60%的股份，长×公司员工出资人民币440万元通过长×公司工会委员会持有长×公司40%的股份，改制后，国有资产产生实际损失人民币933.973249万元。

深圳市罗湖区监察委员会在调查本案过程中，扣押魏某平华为手机一部，查封魏某平名下位于深圳市南山区房产两套；扣押骆某退还赃款两笔共计人民币233.973249万元，查封骆某位于新天国际名苑A3－3101的房产一套。

另查明，2020年1月16日，魏某平委托其亲属缴纳赔偿款人民币700万元。

【裁判结果】

1. 魏某平犯徇私舞弊低价折股、出售国有资产罪，判处有期徒刑3年6个月。

2. 扣押在案的赔偿款共计人民币 933.973249 万元，予以没收，上缴国库。

【案件评析】

本案涉及的是国有企业直接负责的主管人员，徇私舞弊，将国有资产低价出售的行为，是否构成徇私舞弊低价折股、出售国有资产罪的问题。

《刑法》第一百六十九条第一款规定："国有公司、企业或者其上级主管部门直接负责的主管人员，徇私舞弊，将国有资产低价折股或者低价出售，致使国家利益遭受重大损失的，处三年以下有期徒刑或者拘役；致使国家利益遭受特别重大损失的，处三年以上七年以下有期徒刑。"

本案中，长×公司是市属国有企业，魏某平身为长×公司直接负责的主管人员，徇私舞弊，将国有资产低价出售，致国有资产产生实际损失人民币 933.973249 万元，其行为已构成徇私舞弊低价折股、出售国有资产罪。

第十一章

企业数据处理刑事法律风险及防范

第一节　侵犯公民个人信息罪

一、罪名概述

1. 罪名简介

侵犯公民个人信息罪，是指违反国家有关规定，向他人出售或者提供公民个人信息，将在履行职责或者提供服务过程中获得的公民个人信息予以出售或者提供给他人，窃取或者以其他方法非法获取公民个人信息，情节严重、情节特别严重的行为。

2. 犯罪构成要件

(1)犯罪客体

本罪侵犯的客体是公民个人身份信息的安全和公民身份管理秩序。

(2)犯罪客观方面

本罪在客观方面表现为违反国家有关规定，向他人出售或者提供公民个人信息，情节严重、情节特别严重的，或是违反国家有关规定，将在履行职责或者提供服务过程中获得的公民个人信息予以出售或者提供给他人，或是采取窃取或者以其他方法非法获取公民个人信息等行为。

本罪的犯罪对象是公民个人信息。公民个人信息，是指以电子或者其他方式记录的能够单独或者与其他信息结合识别特定自然人身份或者反映特定自然人活动情况的各种信息，包括姓名、身份证件号码、生物识别信息、住址、电话号码、电子邮箱、健康信息、行踪信息等。窃取就是指以秘密窃取的手段取得公民个人信息。其他方法，就是指通过与秘密窃取相类似的非法手段偷窃，非法获取公民个人信息。

(3)犯罪主体

本罪的犯罪主体为一般主体，自然人以及单位均可构成本罪。

(4)犯罪主观方面

本罪的主观方面表现为故意,包括直接故意和间接故意;过失不构成犯罪。犯罪动机一般表现为牟利,但动机不影响犯罪的成立。

3. 入罪标准

根据《刑法》第二百五十三条之一的规定,违反国家有关规定,向他人出售或者提供公民个人信息,情节严重的,应予入罪。

4. 量刑标准

《刑法》第二百五十三条之一规定:"违反国家有关规定,向他人出售或者提供公民个人信息,情节严重的,处三年以下有期徒刑或者拘役,并处或者单处罚金;情节特别严重的,处三年以上七年以下有期徒刑,并处罚金。违反国家有关规定,将在履行职责或者提供服务过程中获得的公民个人信息,出售或者提供给他人的,依照前款的规定从重处罚。窃取或者以其他方法非法获取公民个人信息的,依照第一款的规定处罚。单位犯前三款罪的,对单位判处罚金,并对其直接负责的主管人员和其他直接责任人员,依照各该款的规定处罚。"

最高人民法院、最高人民检察院《关于办理侵犯公民个人信息刑事案件适用法律若干问题的解释》第四条规定:"违反国家有关规定,通过购买、收受、交换等方式获取公民个人信息,或者在履行职责、提供服务过程中收集公民个人信息的,属于刑法第二百五十三条之一第三款规定的'以其他方法非法获取公民个人信息'。"

该解释第五条规定:"非法获取、出售或者提供公民个人信息,具有下列情形之一的,应当认定为刑法第二百五十三条之一规定的'情节严重':(一)出售或者提供行踪轨迹信息,被他人用于犯罪的;(二)知道或者应当知道他人利用公民个人信息实施犯罪,向其出售或者提供的;(三)非法获取、出售或者提供行踪轨迹信息、通信内容、征信信息、财产信息五十条以上的;(四)非法获取、出售或者提供住宿信息、通信记录、健康生理信息、交易信息等其他可能影响人身、财产安全的公民个人信息五百条以上的;(五)非法获取、出售或者提供第三项、第四项规定以外的公民个人信息五千条以上的;(六)数量未达到第三项至第五项规定标准,但是按相应比例合计达到有关数量标准的;(七)违法所得五千元以上的;(八)将在履行职责或者提供服务过程中获得的公民个人信息出售或者提供给他人,数量或者数额达到第三项至第七项规定标准一半以上的;(九)曾因侵犯公民个人信息受过刑事处罚或者二年内受过行政处罚,又非法获取、出售或者提供公民个人信息的;(十)其他情节严重的情形。实施前款规定的行为,具有下列情形之一的,应当认定为刑法第二百五十三条之一第一款规定的'情节特别严重':(一)造成被害人死亡、重伤、精神失常或者被绑架等严重后果的;(二)造成重大经济损失或者恶劣社会影响的;(三)数量或者数额达到前款第三项至第八项规定标准十倍以上的;(四)其他情节特别严重的情形。"

最高人民法院、最高人民检察院《关于办理侵犯公民个人信息刑事案件适用法律若干问题的解释》第六条第一款规定:"为合法经营活动而非法购买、收受本解释第五条第一款第三项、第四项规定以外的公民个人信息,具有下列情形之一的,应当认定为刑法第二百五十三条之一规定的'情节严重':(一)利用非法购买、收受的公民个人信息获利五万元以上的;(二)曾因侵犯公民个人信息受过刑事处罚或者二年内受过行政处罚,又非法购买、收受公民个人信息的;(三)其他情节严重的情形。"

该解释第八条规定,设立用于实施非法获取、出售或者提供公民个人信息违法犯罪活动的网站、通讯群组,情节严重的,应当依照《刑法》第二百八十七条之一的规定,以非法利用信息网络罪定罪处罚;同时构成侵犯公民个人信息罪的,依照侵犯公民个人信息罪定罪处罚。

该解释第十条规定,实施侵犯公民个人信息犯罪,不属于"情节特别严重",行为人系初犯,全部退赃,并确有悔罪表现的,可以认定为情节轻微,不起诉或者免予刑事处罚;确有必要判处刑罚的,应当从宽处罚。

该解释第十一条规定,非法获取公民个人信息后又出售或者提供的,公民个人信息的条数不重复计算。向不同单位或者个人分别出售、提供同一公民个人信息的,公民个人信息的条数累计计算。对批量公民个人信息的条数,根据查获的数量直接认定,但是有证据证明信息不真实或者重复的除外。

二、风险防范

1. 加强对内部职工保密安全教育,普及法律知识,警示泄露企业收集的公民信息情节严重的是违法犯罪行为,提高职工保密意识。

2. 企业应坚守法律底线,任何情况下不得向他人出售或者提供公民个人信息。

3. 企业不得通过购买、收受、交换等方式获取公民个人信息用于营利活动,否则有可能触犯本罪。

4. 企业利用 App 或其他方式收集公民信息时,应坚持"合法、正当、必要"原则,严格控制信息收集的范围。对收集的信息应由专人进行严格管理,并定期向企业汇报情况。

5. 企业使用网络爬虫技术抓取用户数据时,应当经过用户的授权,且应当避免超出数据访问授权的权限,否则也会涉嫌触犯本罪。

三、典型案例

建湖鑫×塔培训中心有限公司、刘某景侵犯公民个人信息案①

【案情简介】

刘某景系建湖鑫×塔培训有限公司(以下简称鑫×公司)法定代表人。2017年,刘某景通过时任建湖县人社局医保中心合同工王某华(已判决),用U盘到王某华办公室内拷贝全县学生参保信息名单,后由于怀孕行动不便,便让其丈夫苏某鑫将该信息名单用QQ邮箱发送给当时为尚未登记注册的鑫×塔培训中心有限公司招生的卞某凯(已判决),并让苏某鑫告知卞某凯将所收到的参保信息打印出来分发给在职教师打电话招生。经核查,该信息系2016～2017年建湖县学生参保信息,数量为62 686条,鑫×公司利用该信息通过打电话招生获利56 300元。

刘某景主动投案,如实供述自己的犯罪事实。

另查明,鑫×公司前身为建湖县金×塔教育培训中心。建湖县金×塔教育培训中心于2017年11月30日领取民办学校办学许可证,有效期为3年,2018年6月5日领取民办非企业单位登记证书。鑫×公司于2019年9月12日取得民办学校办学许可证,于2019年10月8日工商登记。刘某景系建湖县金×塔教育培训中心、鑫×公司法定代表人。鑫×公司已退还违法所得56 300元。

【裁判结果】

1. 鑫×公司犯侵犯公民个人信息罪,判处罚金人民币6万元。

2. 刘某景犯侵犯公民个人信息罪,判处有期徒刑9个月,缓刑一年,并处罚金人民币4万元。

3. 鑫×公司退还违法所得56 300元,依法没收,上缴国库。

【案件评析】

本案涉及的是企业非法获取公民个人信息的行为,是否构成侵犯公民个人信息罪的问题。

我国《刑法》第二百五十三条之一规定:“违反国家有关规定,向他人出售或者提供公民个人信息,情节严重的,处三年以下有期徒刑或者拘役,并处或者单处罚金;情节特别严重的,处三年以上七年以下有期徒刑,并处罚金。违反国家有关规定,将在履行职责或者提供服务过程中获得的公民个人信息,出售或者提供给他人的,依照前款的规定从重处罚。窃取或者以其他方法非法获取公民个人信息的,依照第一款的

① 案号:(2021)苏0925刑初440号。

规定处罚。单位犯前三款罪的,对单位判处罚金,并对其直接负责的主管人员和其他直接责任人员,依照各该款的规定处罚。”最高人民法院、最高人民检察院《关于办理侵犯公民个人信息刑事案件适用法律若干问题的解释》第四条规定,违反国家有关规定,通过购买、收受、交换等方式获取公民个人信息,或者在履行职责、提供服务过程中收集公民个人信息的,属于《刑法》第二百五十三条之一第三款规定的“以其他方法非法获取公民个人信息”。第五条规定:“非法获取、出售或者提供公民个人信息,具有下列情形之一的,应当认定为刑法第二百五十三条之一规定的‘情节严重’:(一)出售或者提供行踪轨迹信息,被他人用于犯罪的;(二)知道或者应当知道他人利用公民个人信息实施犯罪,向其出售或者提供的;(三)非法获取、出售或者提供行踪轨迹信息、通信内容、征信信息、财产信息五十条以上的;(四)非法获取、出售或者提供住宿信息、通信记录、健康生理信息、交易信息等其他可能影响人身、财产安全的公民个人信息五百条以上的;(五)非法获取、出售或者提供第三项、第四项规定以外的公民个人信息五千条以上的;(六)数量未达到第三项至第五项规定标准,但是按相应比例合计达到有关数量标准的;(七)违法所得五千元以上的;(八)将在履行职责或者提供服务过程中获得的公民个人信息出售或者提供给他人,数量或者数额达到第三项至第七项规定标准一半以上的;(九)曾因侵犯公民个人信息受过刑事处罚或者二年内受过行政处罚,又非法获取、出售或者提供公民个人信息的;(十)其他情节严重的情形。实施前款规定的行为,具有下列情形之一的,应当认定为刑法第二百五十三条之一第一款规定的‘情节特别严重’:(一)造成被害人死亡、重伤、精神失常或者被绑架等严重后果的;(二)造成重大经济损失或者恶劣社会影响的;(三)数量或者数额达到前款第三项至第八项规定标准十倍以上的;(四)其他情节特别严重的情形。”

本案中,鑫×公司违反国家有关规定,非法获取学生参保信息62 686条用于营利活动,情节严重,其行为已构成侵犯公民个人信息罪;刘某景作为直接责任人员,其行为亦构成侵犯公民个人信息罪。

第二节　非法侵入计算机信息系统罪

一、罪名概述

1. 罪名简介

非法侵入计算机信息系统罪,是指违反国家规定,侵入国家事务、国防建设、尖端科学技术领域的计算机信息系统的行为。

2. 犯罪构成要件

(1)犯罪客体

本罪侵犯的客体是国家重要领域和要害部门的计算机信息系统安全。

(2)犯罪客观方面

本罪在客观方面表现为行为人实施了违反国家规定侵入国家重要计算机信息系统的行为。

国家重要计算机信息系统,是指国家事务、国防建设、尖端科学技术领域的计算机信息系统。侵入是指未取得国家有关主管部门依法授权或批准,通过计算机终端侵入国家重要计算机信息系统进行数据截收的行为。实务中,行为人往往利用自己所掌握的计算机知识、技术,通过非法手段获取口令或者许可证明后冒充合法使用者进入国家重要计算机信息系统,有的甚至将自己的计算机与国家重要的计算机信息系统联网。

(3)犯罪主体

本罪的犯罪主体是一般主体,既包括个人犯罪,也包括单位犯罪。

(4)犯罪主观方面

本罪在主观方面是故意。行为人明知自己的行为违反国家规定会产生非法侵入国家重要计算机信息系统的危害结果,而希望这种结果发生。过失侵入国家重要的计算机信息系统的,不构成本罪。行为人实施本罪的动机和目的是多种多样的,有的是出于好奇,有的是为了泄愤报复,有的是为了炫耀自己的才能,等等。这些对构成犯罪均无影响。

3. 入罪标准

根据《刑法》第二百八十五条第一款的规定,违反国家规定,侵入国家事务、国防建设、尖端科学技领域的计算机信息系统的,应予入罪。

4. 量刑标准

我国《刑法》第二百八十五条第一款规定:“违反国家规定,侵入国家事务、国防建设、尖端科学技术领域的计算机信息系统的,处三年以下有期徒刑或者拘役。”

最高人民法院、最高人民检察院《关于办理危害计算机信息系统安全刑事案件应用法律若干问题的解释》第八条规定:“以单位名义或者单位形式实施危害计算机信息系统安全犯罪,达到本解释规定的定罪量刑标准的,应当依照刑法第二百八十五条、第二百八十六条的规定追究直接负责的主管人员和其他直接责任人员的刑事责任。”

该解释第九条规定:“明知他人实施刑法第二百八十五条、第二百八十六条规定的行为,具有下列情形之一的,应当认定为共同犯罪,依照刑法第二百八十五条、第二百八十六条的规定处罚:(一)为其提供用于破坏计算机信息系统功能、数据或者应用程序的程序、工具,违法所得五千元以上或者提供十人次以上的;(二)为其提供互联网接入、服务器托管、网络存储空间、通讯传输通道、费用结算、交易服务、广告服务、技术培训、技术支持等帮助,违法所得五千元以上的;(三)通过委托推广软件、投放广告等方式向其提供资金五千元以上的。实施前款规定行为,数量或者数额达到前款规定标准五倍以上的,应当认定为刑法第二百八十五条、第二百八十六条规定的'情节特别严重'或者'后果特别严重'。"

该解释第十条规定:"对于是否属于刑法第二百八十五条、第二百八十六条规定的'国家事务、国防建设、尖端科学技术领域的计算机信息系统'、'专门用于侵入、非法控制计算机信息系统的程序、工具'、'计算机病毒等破坏性程序'难以确定的,应当委托省级以上负责计算机信息系统安全保护管理工作的部门检验。司法机关根据检验结论,并结合案件具体情况认定。"

二、风险防范

计算机信息系统是指由计算机及其相关的和配套的设备、设施(含网络)构成的,按照一定的应用目标和规则对信息进行采集、加工、存储、传输、检索等处理的人机系统。随着计算机技术的发展和计算机的普及应用,国家对计算机的使用也越来越广泛,在国家事务管理、国防、经济建设、尖端科学技术领域都广泛建立了计算机信息系统,特别是在关系到国计民生的民航、电力、铁路、银行或者其他经济管理、政府办公、军事指挥控制、科研等领域。国家的重要部门都普遍建立了本部门、本系统的计算机信息系统,这些计算机信息系统的正常运行、对于保障国家安全、经济发展和保护人民生命财产安全等方面都起着十分重要的作用。但是,这些重要的计算机信息系统一旦被非法侵入,就可能导致其中的重要数据遭受破坏或者某些重要、敏感的信息被泄露,不但系统内可能产生灾难性的连锁反应,还会造成严重的政治、经济损失,甚至还可能危及人民的生命财产安全。因此,我国对这种非法侵入国家重要计算机信息系统的行为,打击力度越来越大,企业切勿以身试法。

非法侵入计算机信息系统罪针对的是国家安全、国防安全及尖端科技领域的计算机系统中的数据,只要侵入上述系统即构成犯罪。为避免触犯本罪,企业对涉及国家事务、国防建设、尖端科技的计算机信息系统未经许可绝对不能擅自侵入。

三、典型案例

四川畅×汽车服务有限公司、钟某涛、刘某非法侵入计算机信息系统案[①]

【案情简介】

四川畅×汽车服务有限公司(以下简称畅×公司)成立于2013年5月16日,住所地位于四川省自贡市贡井区贡舒路2163号,法定代表人黄某兰,经营范围为代办车辆上户、过户、年审;代办驾驶证年审、换证、补证服务;代办车证服务、租车、二手车交易;代办车辆违章缴费服务等,钟某涛为公司总经理、实际经营者。2016年5月~2017年1月,钟某涛为方便公司业务的开展,利用获取到的自贡市公安局交通警察支队沿滩区大队民警黄某管理的安装有四川省公安交警警务云平台的康佳手机及其账号和密码,多次登录四川省公安交警警务云平台,查询车辆和驾驶人违章等信息。2016年12月,时任自贡市公安局交通警察支队自流井区大队舒坪中队辅警的刘某,在钟某涛的请求下,将其管理的安装有四川省公安交警警务云平台的康佳手机借给钟某涛使用,钟某涛则用该部手机和刘某账号和密码以及民警卢某、黄某的账号和密码,多次登录四川省公安交警警务云平台,查询车辆和驾驶人违章等信息。经依法认定,四川省公安交警警务云平台属于国家事务类计算机信息系统。

2017年1月23日,钟某涛主动到公安机关投案,主动将获取的刘某管理的黑色康佳手机一部(串号86687502××××××)上交公安机关扣押,并如实供述了上述事实。同日,刘某被民警传唤到案,如实供述了上述事实。

【裁判结果】

1. 畅×公司犯非法侵入计算机信息系统罪,免予刑事处罚。

2. 钟某涛犯非法侵入计算机信息系统罪,免予刑事处罚。

3. 刘某犯非法侵入计算机信息系统罪,免予刑事处罚。

4. 将涉案康佳手机一部(已扣押)发还自贡市公安局交通警察支队自流井区大队。

【案件评析】

本案涉及的是企业侵入国家事务类计算机信息系统的行为,是否构成非法侵入计算机信息系统罪的问题。

---

① 案号:(2018)川0302刑初385号。

根据《刑法》第二百八十五条第一款的规定，违反国家规定，侵入国家事务、国防建设、尖端科学技领域的计算机信息系统的，处3年以下有期徒刑或者拘役。

本案中，畅×公司违反国家规定侵入四川省公安交警警务云平台，该平台属于国家事务领域的计算机信息系统；钟某涛系公司的实际经营者且系该公司非法侵入国家事务领域计算机信息系统的直接责任人；刘某明知钟某涛有可能登录四川省公安交警警务云平台，仍然将其管理的安装有该平台的手机借给钟某涛使用，导致钟某涛用该部手机多次登录四川省公安交警警务云平台。因此，畅×公司、钟某涛、刘某的行为均已构成非法侵入计算机信息系统罪。

第三节　非法获取计算机信息系统数据、非法控制计算机信息系统罪

一、罪名概述

1. 罪名简介

非法获取计算机信息系统数据、非法控制计算机信息系统罪，是指违反国家规定，侵入国家事务、国防建设、尖端科学技术领域以外的计算机信息系统或者采用其他技术手段，获取该计算机信息系统中存储、处理或者传输的数据，或者对该计算机信息系统实施非法控制，情节严重、情节特别严重的行为。

2. 犯罪构成要件

(1)犯罪客体

本罪侵犯的客体是计算机信息系统的安全。犯罪对象仅限于使用中的计算机信息系统中存储、处理、传输的数据，脱离计算机信息系统存放的计算机数据，如光盘、U盘中的计算机数据不是本罪的保护对象。

(2)犯罪客观方面

本罪在客观方面表现为行为人违反国家规定，实施侵入国家事务、国防建设、尖端科学技术领域以外的普通计算机信息系统，或者采用其他技术手段，从而获取这些计算机信息系统中存储、处理或者传输的数据，或者对该计算机信息系统实施非法控制的行为，并且情节严重、情节特别严重。

"非法获取"，首先得有"非法侵入"他人计算机系统的行为，通过侵入行为"非法获取"他人计算机系统中存储、处理或者传输数据的行为。这里的"获取"可以有很多具体方式，比如窃取、偷取、骗取行为，像比较出名的"木马病毒"就是通过传播或者骗取目标执行该程序，以达到盗取密码等各种数据资料等目的；像各大网站的广告页

面、各种 App 上的转链接等,通过骗取客户的信任,让其输入自己的账号密码等来获取数据。储存的数据是指储存在计算机系统存储介质中的文件,就像我们在自己家中存放的固定资产一样;处理的数据是指计算机系统正在运行过程中的信息,像我们使用自己的电脑写文件、做表格或者用 CAD 制图一样;传输的数据是指计算机系统之间传递的行为,就像我们用微信、QQ、云盘正在传输、交换中的数据或者信息。

"非法控制",比较常见的是行为人利用网站漏洞将木马植入网站,在用户访问网站时利用客户端漏洞将木马移植到用户计算机上,或在互联网上传播捆绑有木马的程序或文件。当用户连接到互联网时,该程序就会通知黑客,来报告 IP 地址以及预先设定的端口。黑客在收到这些信息后,再利用这个潜伏在其中的程序,就可以任意地修改他人计算机的参数设定、复制文件、窥视他人硬盘中的内容等,从而达到控制他人计算机的目的。利用各种特洛伊木马程序、后门程序和黑客自己编写的导致缓冲区溢出的程序进行攻击,前者可使黑客非法获得对用户机器的完全控制权;后者可使黑客获得超级用户的权限,从而拥有对整个网络的绝对控制权。

行为人是否构成本罪应该从以下 3 点进行分析:第一,是否违反国家规定。第二,看行为人实施了何种行为。本罪包括非法获取计算机信息系统数据和非法控制计算机信息系统两种行为。如果仅实施了"非法获取"行为,则以非法获取计算机信息系统数据罪定罪;如果仅实施了"非法控制"行为,则以非法控制计算机信息系统罪定罪;如果行为人既实施了"非法获取"行为又实施了"非法控制"行为,因为该罪名属于排列式的罪名方式,即使行为人实施了上述两种行为,也应当以非法获取计算机信息系统数据、非法控制计算机信息系统罪一罪定罪,不应当数罪并罚;如果仅实施了"非法侵入"行为但并不涉及国家事务、国防建设、尖端科学技术领域,则行为人不构成犯罪。第三,行为的情节是否严重。如果获取的资料为"垃圾"资料或者无用的文件达不到法律、司法解释规定的情节严重的情形,这种行为就不构成犯罪。

(3)犯罪主体

该罪的犯罪主体是一般主体。一般来说,犯本罪的行为人大多具有较高的计算机使用水平和网络编程技术,对计算机信息系统和计算机网络能熟练利用。

(4)犯罪主观方面

本罪在犯罪主观方面表现为故意,即行为人明知是侵入国家事务、国防建设、尖端科学技术领域以外的计算机信息系统或以其他技术手段获取数据,或者对该计算机信息系统实施非法控制的行为,仍故意为之。

3. 入罪标准

根据最高人民法院、最高人民检察院《关于办理危害计算机信息系统安全刑事案件应用法律若干问题的解释》第一条第一款的规定,非法获取计算机信息系统数据或者非法控制计算机信息系统,具有下列情形之一的,应予入罪:

(1)获取支付结算、证券交易、期货交易等网络金融服务的身份认证信息10组以上的;

(2)获取第(1)项以外的身份认证信息500组以上的;

(3)非法控制计算机信息系统20台以上的;

(4)违法所得5000元以上或者造成经济损失1万元以上的;

(5)其他情节严重的情形。

4. 量刑标准

我国《刑法》第二百八十五条第二款规定:"违反国家规定,侵入前款规定以外的计算机信息系统或者采用其他技术手段,获取该计算机信息系统中存储、处理或者传输的数据,或者对该计算机信息系统实施非法控制,情节严重的,处三年以下有期徒刑或者拘役,并处或者单处罚金;情节特别严重的,处三年以上七年以下有期徒刑,并处罚金。"

最高人民法院、最高人民检察院《关于办理危害计算机信息系统安全刑事案件应用法律若干问题的解释》第一条规定:"非法获取计算机信息系统数据或者非法控制计算机信息系统,具有下列情形之一的,应当认定为刑法第二百八十五条第二款规定的'情节严重':(一)获取支付结算、证券交易、期货交易等网络金融服务的身份认证信息十组以上的;(二)获取第(一)项以外的身份认证信息五百组以上的;(三)非法控制计算机信息系统二十台以上的;(四)违法所得五千元以上或者造成经济损失一万元以上的;(五)其他情节严重的情形。实施前款规定行为,具有下列情形之一的,应当认定为刑法第二百八十五条第二款规定的'情节特别严重':(一)数量或者数额达到前款第(一)项至第(四)项规定标准五倍以上的;(二)其他情节特别严重的情形。明知是他人非法控制的计算机信息系统,而对该计算机信息系统的控制权加以利用的,依照前两款的规定定罪处罚。"

该解释第八条规定:"以单位名义或者单位形式实施危害计算机信息系统安全犯罪,达到本解释规定的定罪量刑标准的,应当依照刑法第二百八十五条、第二百八十六条的规定追究直接负责的主管人员和其他直接责任人员的刑事责任。"

该解释第九条规定:明知他人实施《刑法》第二百八十五条、第二百八十六条规定的行为,具有下列情形之一的,应当认定为共同犯罪,依照《刑法》第二百八十五条、第二百八十六条的规定处罚:

(1)为其提供用于破坏计算机信息系统功能、数据或者应用程序的程序、工具,违法所得5000元以上或者提供10人次以上的;

(2)为其提供互联网接入、服务器托管、网络存储空间、通讯传输通道、费用结算、交易服务、广告服务、技术培训、技术支持等帮助,违法所得5000元以上的;

(3)通过委托推广软件、投放广告等方式向其提供资金5000元以上的。

实施前款规定行为，数量或者数额达到前款规定标准5倍以上的，应当认定为《刑法》第二百八十五条、第二百八十六条规定的"情节特别严重"或者"后果特别严重"。

二、风险防范

数据是企业重要的竞争力，对于需要数据的公司而言，应当取之有道，否则会面临刑事处罚的风险。为规避触犯本罪，建议如下：

1. 做好管理人员和员工的风险教育工作。通过入职培训、风险提示等方式，防止公司有关人员从事非法获取计算机数据或者对他人的计算机信息系统实施非法控制的行为，确保公司已经尽到必要的管理责任，且明确进行非法行为并非企业自身的意思表示，避免企业的运行风险。

2. 在进行数据合作、数据交流和提供外包服务的过程中，获取数据的范围不得超过权利方的授权委托范围，并且不得超过权限获取数据。

3. 在进行网络爬虫抓取行为时，应当遵守目标网站 Robots 协议，若采取对抗"反爬虫"措施的技术行为，突破访问限制抓取数据信息，可能涉嫌非法获取计算机信息系统数据罪。

三、典型案例

卫某龙、薛某东等非法获取计算机信息系统数据案①

【案情简介】

卫某龙，原系北京东×之邦文化传播有限公司运营经理。龚某，原系百×在线网络技术（北京）有限公司（以下简称百×公司）运营规划管理部员工。薛某东，无固定职业。卫某龙曾于2012～2014年在百×公司工作，龚某供职于百×公司运营规划管理部，两人原系同事。薛某东系卫某龙商业合作伙伴。因工作需要，龚某拥有登录百×公司内部管理开发系统的账号、密码、Token令牌（计算机身份认证令牌），具有查看工作范围内相关数据信息的权限。但百×公司禁止员工私自在内部管理开发系统查看、下载非工作范围内的电子数据信息。2016年6～9月，经事先合谋，龚某向卫某龙提供自己所掌握的百×公司内部管理开发系统的账号、密码、Token令牌。卫某龙利用龚某提供的账号、密码、Token令牌，违反规定多次在异地登录百×公司内部管理开发系统，查询、下载该计算机信息系统中储存的电子数据。后卫某龙将非法获取

① 案号：(2017)京0108刑初392号。

的电子数据交由薛某东通过互联网出售牟利,违法所得共计3.7万元。其中,卫某龙非法获利人民币24 000元,薛某东非法获利人民币13 000元。2016年9月19日,卫某龙、龚某、薛某东被公安机关抓获归案,后如实供述了上述事实。

【裁判结果】

1. 卫某龙犯非法获取计算机信息系统数据罪,判处有期徒刑4年,罚金人民币4万元。

2. 薛某东犯非法获取计算机信息系统数据罪,判处有期徒刑4年,罚金人民币4万元。

3. 龚某犯非法获取计算机信息系统数据罪,判处有期徒刑3年9个月,罚金人民币4万元。

4. 追缴卫某龙、薛某东的违法所得人民币3.7万元。

【案件评析】

本案涉及的是行为人超出被害人授权范围进入计算机信息系统并获取数据的行为,是否构成非法获取计算机信息系统数据罪的问题。

根据最高人民法院、最高人民检察院《关于办理危害计算机信息系统安全刑事案件应用法律若干问题的解释》第一条第一款的规定,"非法获取计算机信息系统数据或者非法控制计算机信息系统,具有下列情形之一的,应当认定为刑法第二百八十五条第二款规定的'情节严重':(一)获取支付结算、证券交易、期货交易等网络金融服务的身份认证信息十组以上的;(二)获取第(一)项以外的身份认证信息五百组以上的;(三)非法控制计算机信息系统二十台以上的;(四)违法所得五千元以上或者造成经济损失一万元以上的;(五)其他情节严重的情形"。

非法获取计算机信息系统数据罪中的"侵入",是指违背被害人意愿、非法进入计算机信息系统的行为。其表现形式既包括采用技术手段破坏系统防护进入计算机信息系统,也包括未取得被害人授权擅自进入计算机信息系统,还包括超出被害人授权范围进入计算机信息系统。

本案中,龚某将自己因工作需要掌握的本公司账号、密码、Token令牌等交由卫某龙登录该公司管理开发系统获取数据,虽不属于通过技术手段侵入计算机信息系统,但内外勾结擅自登录公司内部管理开发系统下载数据,明显超出正常授权范围。超出授权范围使用账号、密码、Token令牌登录系统,也属于侵入计算机信息系统的行为。卫某龙、龚某、薛某东违反《计算机信息系统安全保护条例》第七条、《计算机信息网络国际联网安全保护管理办法》第六条第一项等国家规定,实施了非法侵入并下载获取计算机信息系统中存储的数据的行为,构成非法获取计算机信息系统数据罪。

欧某宏、陈某敏、宋某等非法控制计算机信息系统案[①]

【案情简介】

2015年8月，欧某宏、陈某敏、宋某、孟某巍、任某松、周某、邹某、吕某、张某兴、刘某军、廖某一、刘某霞、兰某玲等人的人事关系从网×公司转入上海朗×软件科技有限公司（以下简称朗×公司），成为朗×公司北京团队，直至案发期间陆续有刘某、李某平、张某、周某2、张某伟、蔡某、李某蒙、何某凤、张某然、白某卿、韩某明等人加入。朗×公司北京团队成立后，继续与原朗×公司团队（又称上海团队）合作原有业务，并开始研发只保留广告功能的SDK，即广告SDK，同时向赖某练所在的鼎×公司，罗某先、李某岳所在的智×云商公司以及深圳语×时代通信设备有限公司、上海耘×信息技术有限公司、深圳云×科技有限公司等手机方案商、中间商、厂商（以下统称为手机商）推广广告SDK（"后门"程序）业务。经协商，由北京团队提供广告SDK工具包，手机商将广告SDK工具包预装到智能手机系统（以下简称手机）中，并使广告SDK获取系统权限，朗×公司北京团队则根据存活率按安装台数或以广告费收入分成的方式向手机商支付费用。

装有广告SDK的手机在用户首次开机联网时，广告SDK即通过互联网与后台服务器连接，在用户不知情的情况下向后台服务器上传imei、imsi等用户信息、自动更新广告SDK版本等，并根据与手机商达成的运营方案通过服务端（BOSS系统）对推送方式、内容及频率等进行配置，向用户推送商业性电子信息，从而产生广告费收入。

朗×公司北京团队按工作内容可分为研发、项目、运营、商务等部门，也可分为主线和项目两条线。

研发部负责广告SDK的研发、维护、测试、服务器搭建及管理，可分为客户端组、服务端组和测试组。陈某敏系负责人；客户端组中任某松、邹某、李某蒙负责广告SDK的主线研发、维护和升级，蔡某负责集成支持（对接项目）；服务端组中孟某巍系服务端组负责人，负责服务器运维，并与周某2一起负责统计及提供数据，兰某玲负责服务器接口的修改、维护等；测试组中周某系负责人，与白某卿负责项目测试，韩某明、张某然分别负责主线测试和现场测试。

项目部负责对接手机商、研发部人员，促使广告SDK顺利集成及运营，宋某系负责人，对接智×云商公司，此外还负责数据结算；刘某霞负责对接语信、凡卓、鼎智等公司；何某凤负责对接鼎勤等公司。

---

① 案号：(2019)浙04刑终71号。

产品运营部负责产品需求及 BOSS 系统的运营配置，吕某系负责人。

商务部负责向手机商推广广告 SDK，刘某系负责人，对商务人员进行管理，同时维护客户关系；张某系上海商务代表，负责联系智×云商等公司；张某兴系深圳商务代表，负责联系语信、鼎智等公司；李某平系深圳商务代表，负责联系云逗、赛特尔等公司；刘某军系深圳商务代表，负责联系鼎勤、云中酷等公司。

2015 年下半年起，朗×公司原本的桌面业务因市场原因萎缩，负责桌面业务的原朗×公司团队于 2016 年 11 月左右解散，北京团队的广告 SDK 业务成为朗×公司的主要业务，2016 年年底起，朗×公司的绝大部分收入来源于广告 SDK 产生的收入。

2016 年，欧某宏使用他人身份信息陆续注册成立北京瑞×科技有限公司（以下简称瑞×公司）、北京徕×科技有限公司（以下简称徕×公司）、新疆港×信息技术有限公司、北京泰×瑞达科技有限公司等用于收取广告收入。

2016 年 8 月，欧某宏招募颜某进入瑞×公司作为新媒体部负责人，于 2017 年 2 月开始用微信公众号推广业务，为了实现公众号粉丝量快速增长，经欧某宏、颜某商议，由欧某宏调拨廖某一、张某伟到瑞×公司新媒体部研发"一键达 apk"，利用广告 SDK 的静默安装功能自动下载并安装"一键达 apk"，"一键达 apk"在用户点击推送的文章或新闻后自动下载公众号二维码图片，利用手机辅助功能模拟用户操作，使用户微信自动识别下载的二维码图片，关注瑞×公司运营的公众号，并定期自动清理相册中的二维码图片。

2017 年 8 月，欧某宏带领北京团队人员集体离开朗×公司，入驻瑞×公司办公地点。

经上海弘×网络科技有限公司计算机司法鉴定所鉴定，在检材镜像文件的程序"com. aliyun. homeshell"中含有解密文件"f9ed53b467ab67. jar"（广告 SDK），在手机系统主界面程序"com. aliyun. homeshell"启动时会自动执行，解密后的程序文件"f9ed53b467ab67. jar"具有自动更新功能、监听 home 键按键事件并显示广告窗口的功能、下载程序文件并静默安装执行的功能等；该镜像文件中已下载安装程序包"com. touchscreen"，该程序具有接受"f9ed53b467ab67. jar"发送的指令并静默安装对应程序的功能；"com. touchscreen"的 apk 文件中含有"mm. ceb"，具有解密该文件并执行解密后的程序文件"55291. apk"（一键达 apk）的功能；解密后的程序文件"55291. apk"具有自动更新功能，并具有自动下载二维码图片并控制"微信"程序识别图片中的二维码、关注对应公众号的功能。检材手机中同样存在"f9ed53b467ab67. jar"文件，与检材镜像文件中的"f9ed53b467ab67. jar"文件功能相同；"f9ed53b467ab67. jar"对应的 SharedPreference 文件"AdSDKSettings. xml"中记录的已下载程序"mm_apk_pkg"的包名为"com. proxyserver"，数据目录中存在 6 张微信公众号二维码图片，目录中有一张图片文件已被删除无法恢复；打开检材手机中任一应用，再按 home 键返回后，手机主界面弹出广告窗口，广告窗口资源属于包“com. aliyun. homeshell”，即“f9ed53b467ab67. jar”中的资源。

经查明，朗×公司自 2015 年 10 月 21 日起至案发，收到深圳腾×科技有限公司（以下简称腾×公司）打款共计 36 122 708. 36 元，其中 2017 年收到的 14 493 171. 03 元均系广告 SDK 的违法所得；自 2016 年 7 月起至案发，徕×公司收到腾×公司打款共计 20 211 758. 27 元，其中包含广告 SDK 的违法所得；自 2017 年 6 月起至案发，瑞×公司收到腾×公司打款共计 9 673 163. 13 元，均系广告 SDK 的违法所得；鼎×公司自 2016 年 1 月 27 日起至案发，以深圳市鼎×创达科技有限公司的名义收到朗×公司打款共计 4 755 745. 25 元，均系广告 SDK 的违法所得；智×云商公司自 2015 年 8 月 3 日起至案发，收到朗×公司打款共计 3 916 164. 28 元，其中 130 万余元系广告 SDK 的违法所得。

经勘查，北京团队使用的线上服务器数据库（内网 IP 地址 10. 0. 1. 87，互联网 IP 地址 54. 223. 55. 234）内 mobileNumber、userResourceAssoc 中发现大量手机号、imsi 号、imei 号，对 userResourceAssoc 内数据进行去重，去重后 imei 号共计 21 712 194 个，去重后 imsi 号共计 23 911 294 个；newuserResourceAssoc 总记录条数为 131 507 300 条。

新媒体统计数据库下内网服务器 mkmoney 中 mmUserInfo 中含有大量用户微信信息，数据库字段有微信号、性别、名字、区域、微信状态等，User 集合含有生日、好友数量、国家、职业、用户手机号、微信昵称、性别、imsi 号、imei 号、mac 地址等信息。mmUserInfo 集合共有 2 569 222 条记录，去重后的微信号总数为 1 303 469 个，user 集合共有 11 892 848 条记录，去重后 imei 号共计 8 200 909 个。

经查明，“广告 SDK”及“一键达 apk”的预装和安装未经用户允许，二者的运行亦未取得用户授权，违反了《计算机信息系统安全保护条例》及全国人民代表大会常务委员会《关于加强网络信息保护的决定》的相关规定，属于违反国家规定；“广告 SDK”及“一键达 apk”运行的一系列行为均属于控制行为。

另查明，公安机关从被害人朱某等 20 人处调取涉案手机 20 部；从北京市朝阳区北美国际商务中心 B 座底楼查获并扣押笔记本电脑 2 台、苹果手机 2 部、硬盘 4 个；从北京市朝阳区北美国际商务中心 B 座 1 楼查获并扣押章 24 个、文件若干、U 盘 2 个、电子密码器 1 个；从欧某宏位于北京朝阳区世华泊郡××楼××××住所查获并扣押笔记本电脑 2 台；从深圳市南山区黑海街道科苑南路海阔天空雅居 C 栋 17A 查获并扣押联想笔记本电脑 1 台、苹果手机 1 部、三星手机 1 部、笔记本 1 本、其他手机 6 部、戴某笔记本电脑 3 台；从深圳市南山区西丽街道崇文华源 17 栋 2712 李某平处查获并扣押手机 3 部、苹果 6plus 手机 1 部、联想笔记本电脑 1 台；从赖某练处查获并扣押电脑主机 2 台、苹果 6SPLUS 手机 1 部，苹果 5 手机 1 部；从陈某敏处查获并扣押移动硬盘1个、电脑2台、手机1部;从宋某处查获并扣押联想电脑1台、手机2部;从邹某处查获并扣押笔记本电脑1台,手机3部;从任某松处查获并扣押笔记本电脑1台、手机1部;从周某处查获并扣押笔记本电脑1台;从吕某处查获并扣押笔记本电脑1台、手机1部;从刘某处查获并扣押手机1部;从颜某处查获并扣押笔记本电脑1台、手机2部;从罗某先处查获扣押手机1部、电脑主机1台、手机软件推广框架合作协议1份、业务代理合作协议1份、智汇云商软件推广合作协议书1份;从李某岳处查获并扣押笔记本电脑1台、台式主机1台、手机1部、测试手机21台;从刘某军处查获并扣押笔记本电脑1台、笔记本1本、手机2部;从廖某一处查获并扣押电脑1台、手机2部;从刘某霞处查获并扣押笔记本电脑1台、手机2部;从周某2处查获并扣押电脑1台、手机1部;从兰某玲处查获并扣押电脑1台、移动硬盘1只、手机1部;从张某伟处查获并扣押白色电脑1台、手机2部;从蔡某处查获并扣押笔记本电脑1台、手机4部;从李某蒙处查获并扣押笔记本电脑1台、手机2部;从孟某巍处扣押电脑1台、手机1部;从张某处扣押手机1部;从何某凤处查获并扣押联想1台,手机2部;从张某然处查获并扣押手机7部、笔记本电脑1台、笔记本3本;从白某卿处查获并扣押电脑1台、手机1部;从韩某明处查获并扣押电脑一台。公安机关于2017年9月29日冻结北京瑞×科技有限公司银行账户资金4 394 581元;于同年12月27日冻结智×云商公司银行账户资金3 397 928.02元,冻结深圳市鼎×创达科技有限公司银行账户资金47 380.77元。

【裁判结果】

1. 欧某宏犯非法控制计算机信息系统罪,判处有期徒刑4年6个月,并处罚金30万元。

2. 陈某敏犯非法控制计算机信息系统罪,判处有期徒刑2年8个月,并处罚金14万元。

3. 宋某犯非法控制计算机信息系统罪,判处有期徒刑2年6个月,并处罚金12万元。

4. 吕某犯非法控制计算机信息系统罪,判处有期徒刑2年4个月,缓刑2年10个月,并处罚金10万元。

5. 孟某巍犯非法控制计算机信息系统罪,判处有期徒刑2年,并处罚金8万元。

6. 刘某犯非法控制计算机信息系统罪,判处有期徒刑2年,缓刑2年6个月,并处罚金8万元。

7. 颜某犯非法控制计算机信息系统罪,判处有期徒刑2年,缓刑2年6个月,并处罚金8万元。

8. 任某松犯非法控制计算机信息系统罪,判处有期徒刑1年10个月,并处罚金7万元。

9. 周某犯非法控制计算机信息系统罪,判处有期徒刑 1 年 10 个月,并处罚金 7 万元。

10. 赖某练犯非法控制计算机信息系统罪,判处有期徒刑 1 年 10 个月,缓刑 2 年 4 个月,并处罚金 7 万元。

11. 罗某先犯非法控制计算机信息系统罪,判处有期徒刑 1 年 8 个月,缓刑 2 年 2 个月,并处罚金 6 万元。

12. 邹某犯非法控制计算机信息系统罪,判处有期徒刑 1 年 4 个月,并处罚金 4 万元。

13. 李某岳犯非法控制计算机信息系统罪,判处有期徒刑 1 年 4 个月,缓刑 1 年 10 个月,并处罚金 4 万元。

14. 张某兴犯非法控制计算机信息系统罪,判处有期徒刑 1 年 4 个月,缓刑 1 年 10 个月,并处罚金 4 万元。

15. 刘某霞犯非法控制计算机信息系统罪,判处有期徒刑 1 年 4 个月,缓刑 1 年 10 个月,并处罚金 4 万元。

16. 兰某玲犯非法控制计算机信息系统罪,判处有期徒刑 1 年 4 个月,缓刑 1 年 10 个月,并处罚金 4 万元。

17. 刘某军犯非法控制计算机信息系统罪,判处有期徒刑 1 年 4 个月,缓刑 1 年 10 个月,并处罚金 4 万元。

18. 廖某一犯非法控制计算机信息系统罪,判处有期徒刑 1 年 4 个月,缓刑 1 年 10 个月,并处罚金 4 万元。

19. 周某 2 犯非法控制计算机信息系统罪,判处有期徒刑 1 年 4 个月,缓刑 1 年 10 个月,并处罚金 4 万元。

20. 李某平犯非法控制计算机信息系统罪,判处有期徒刑 1 年,缓刑 1 年 6 个月,并处罚金 2 万元。

21. 张某犯非法控制计算机信息系统罪,判处有期徒刑 1 年,缓刑 1 年 6 个月,并处罚金 2 万元。

22. 张某伟犯非法控制计算机信息系统罪,判处有期徒刑 1 年,缓刑 1 年 6 个月,并处罚金 2 万元。

23. 蔡某犯非法控制计算机信息系统罪,判处有期徒刑 1 年,缓刑 1 年 6 个月,并处罚金 2 万元。

24. 李某蒙犯非法控制计算机信息系统罪,判处有期徒刑 1 年,缓刑 1 年 6 个月,并处罚金 2 万元。

25. 张某然犯非法控制计算机信息系统罪,判处有期徒刑 1 年,缓刑 1 年 6 个月,并处罚金 2 万元。

26. 何某凤犯非法控制计算机信息系统罪，判处有期徒刑 10 个月，缓刑 1 年 4 个月，并处罚金 1 万元。

27. 白某卿犯非法控制计算机信息系统罪，判处有期徒刑 10 个月，缓刑 1 年 4 个月，并处罚金 1 万元。

28. 韩某明犯非法控制计算机信息系统罪，判处有期徒刑 10 个月，缓刑 1 年 4 个月，并处罚金 1 万元。

29. 扣押的与本案有关的作案工具由扣押机关依法予以没收，冻结的违法所得依法予以没收并上缴国库，其余违法所得依法予以追缴。

【案件评析】

本案涉及的是技术公司与手机生产厂商合谋将“后门”程序预植入手机操作系统，并通过后台控制系统向用户推送商业性广告等电子信息，通过产生的广告费从中牟利的行为，是否构成非法控制计算机信息系统罪的问题。

根据最高人民法院、最高人民检察院《关于办理危害计算机信息系统安全刑事案件应用法律若干问题的解释》第一条第一款的规定，“非法获取计算机信息系统数据或者非法控制计算机信息系统，具有下列情形之一的，应当认定为刑法第二百八十五条第二款规定的‘情节严重’：(一)获取支付结算、证券交易、期货交易等网络金融服务的身份认证信息十组以上的；(二)获取第(一)项以外的身份认证信息五百组以上的；(三)非法控制计算机信息系统二十台以上的；(四)违法所得五千元以上或者造成经济损失一万元以上的；(五)其他情节严重的情形”。

本案中，欧某宏、陈某敏、宋某、孟某巍、任某松、周某、邹某、吕某、刘某、颜某、赖某练、罗某先、李某岳、张某兴、刘某军、李某平、张某、廖某一、刘某霞、周某 2、兰某玲、张某伟、蔡某、李某蒙、何某凤、张某然、白某卿、韩某明以牟利为目的，违反国家规定，采用技术手段非法控制他人计算机信息系统，属情节特别严重，其行为均已构成非法控制计算机信息系统罪。

第四节 破坏计算机信息系统罪

一、罪名概述

1. 罪名简介

破坏计算机信息系统罪，是指违反国家规定，对计算机信息系统功能进行删除、修改、增加、干扰，造成计算机信息系统不能正常运行；对计算机信息系统中存储、处理或者传输的数据和应用程序进行删除、修改、增加的操作；故意制作、传播计算机病毒等破坏性程序，影响计算机系统的正常运行，后果严重、后果特别严重的行为。

2. 犯罪构成要件

(1)犯罪客体

本罪所侵害的客体是计算机信息系统的安全。对象为各种计算机信息系统功能及计算机信息系统中存储、处理或者传输的数据和应用程序。

(2)犯罪客观方面

本罪在客观方面表现为违反国家规定，破坏计算机信息系统功能和信息系统中存储、处理、传输的数据和应用程序，后果严重、后果特别严重的行为。具体包括下列3种情况：

①破坏计算机信息系统功能

对计算机信息系统功能进行删除、修改、增加、干扰，造成计算机信息系统不能正常运行。计算机信息系统，是指由计算机及其相关的和配套的设备(含网络)、设施构成的，按照一定的应用目标和规则，对信息进行采集、加工、存储、传输、检索等处理的人机系统。其功能多种多样，如进行文件编辑、采集、加工、存储、打印、传输、检索或者绘图、显像、游戏等，可用于不同行业、不同目标。同行业、不同目标的计算机系统其具体功能又会有所差别，如航空铁路售票、气象形势分析、预测、图书、报刊管理、企业经营管理等。无论用于何种行业或者用于何种目标，只要对其功能进行破坏即可构成本罪。破坏计算机信息系统的方法，包括对功能进行删除、修改、增加、干扰等具体行为。其中，删除是指将计算机信息系统应有的功能加以取消，既可以是取消其中的一项，也可以是其中的几项或者全部；修改是指将计算机信息系统的功能部分或者全部地进行改变，或者将原程序用另一种程序加以替代，改变其功能；增加是指通过增加磁记录等手段为计算机信息系统添加其原本没有的功能；至于干扰，则是通过一定手段如输入一个新的程序干扰原程序，以影响计算机系统正常运转，行使其功能。

②破坏计算机信息系统中存储、处理或者传输的数据和应用程序

数据在这里是指计算机用以表示一定意思内容或者由其进行实际处理的一切文字、符号、数字、图形等有意义的组合，计算机中存储、处理、传输的数据，则是指固定存储中计算机内部随时可供提取、查阅、使用的数据，或者已经进入计算机正在进行加工、处理以及通过线路而由其他计算机信息系统传递过来的数据。计算机程序，是指为了得到某种结果可以由计算机等具有信息处理能力的装置执行的代码化指令序列，或者可被自动转换成代码化指令序列的符合化指令序列或者符合化语序列。至于计算机应用程序则是指用户使用数据的一种方式，是用户按数据库授予的子模式的逻辑结构，收发室对数据进行操作和运算的程序。对计算机信息系统的数据、应用程序进行破坏，是指通过输入删除、修改、增加的操作指令而对计算机信息系统中存储、处理或者传输的数据和应用程序进行破坏的行为。

③故意制作、传播计算机病毒等破坏性程序,影响计算机系统正常运行

破坏性程序,是指隐藏于计算机信息系统中的数据文件、执行程序里的能够在计算机内部运行,对其功能进行干扰、影响的一种程序。计算机病毒作为一种破坏性程序的典型,是指编制或者在计算机程序中插入的破坏计算机功能或者毁坏数据,影响计算机使用,并能自我复制的一组计算机指令或者程序代码。制作是指创制、发明、设计、编造破坏性程序或者获悉技术制作破坏性程序的行为。传播则是指通过计算机信息系统含网络输入、输出计算机病毒等破坏性程序,以及将已输入的破坏性程序软件加以派送、散发等行为。

需要注意的是,破坏行为必须造成严重后果,才能构成本罪。否则,如果没有造成危害后果或者虽有危害后果但不是严重后果,即使有破坏计算机信息系统的行为,也不能构成本罪。

(3)犯罪主体

本罪的犯罪主体是一般主体,既包括个人犯罪,也包括单位犯罪。

(4)犯罪主观方面

本罪在主观方面必须出于故意,过失不能构成本罪。如果操作疏忽大意或者技术不熟练甚至失误而致使计算机信息系统功能,或计算机信息系统中存储、处理或者传输的数据、应用程序遭受破坏,则不构成本罪。

3. 入罪标准

根据最高人民法院、最高人民检察院《关于办理危害计算机信息系统安全刑事案件应用法律若干问题的解释》第四条第一款的规定,破坏计算机信息系统功能、数据或者应用程序,具有下列情形之一的,应予入罪:

(1)造成10台以上计算机信息系统的主要软件或者硬件不能正常运行的;

(2)对20台以上计算机信息系统中存储、处理或者传输的数据进行删除、修改、增加操作的;

(3)违法所得5000元以上或者造成经济损失1万元以上的;

(4)造成为100台以上计算机信息系统提供域名解析、身份认证、计费等基础服务或者为1万以上用户提供服务的计算机信息系统不能正常运行累计1小时以上的;

(5)造成其他严重后果的。

根据最高人民法院、最高人民检察院《关于办理危害计算机信息系统安全刑事案件应用法律若干问题的解释》第六条第一款的规定,故意制作、传播计算机病毒等破坏性程序,影响计算机系统正常运行,具有下列情形之一的,应予入罪:

①制作、提供、传输第五条第一项规定的程序,导致该程序通过网络、存储介质、文件等媒介传播的;

②造成20台以上计算机系统被植入第五条第二、三项规定的程序的；

③提供计算机病毒等破坏性程序10人次以上的；

④违法所得5000元以上或者造成经济损失1万元以上的；

⑤造成其他严重后果的。

4. 量刑标准

我国《刑法》第二百八十六条规定："违反国家规定，对计算机信息系统功能进行删除、修改、增加、干扰，造成计算机信息系统不能正常运行，后果严重的，处五年以下有期徒刑或者拘役；后果特别严重的，处五年以上有期徒刑。违反国家规定，对计算机信息系统中存储、处理或者传输的数据和应用程序进行删除、修改、增加的操作，后果严重的，依照前款的规定处罚。故意制作、传播计算机病毒等破坏性程序，影响计算机系统正常运行，后果严重的，依照第一款的规定处罚。单位犯前三款罪的，对单位判处罚金，并对其直接负责的主管人员和其他直接责任人员，依照第一款的规定处罚。"

最高人民法院、最高人民检察院《关于办理危害计算机信息系统安全刑事案件应用法律若干问题的解释》第四条规定："破坏计算机信息系统功能、数据或者应用程序，具有下列情形之一的，应当认定为刑法第二百八十六条第一款和第二款规定的'后果严重'：（一）造成十台以上计算机信息系统的主要软件或者硬件不能正常运行的；（二）对二十台以上计算机信息系统中存储、处理或者传输的数据进行删除、修改、增加操作的；（三）违法所得五千元以上或者造成经济损失一万元以上的；（四）造成为一百台以上计算机信息系统提供域名解析、身份认证、计费等基础服务或者为一万以上用户提供服务的计算机信息系统不能正常运行累计一小时以上的；（五）造成其他严重后果的。实施前款规定行为，具有下列情形之一的，应当认定为破坏计算机信息系统'后果特别严重'：（一）数量或者数额达到前款第（一）项至第（三）项规定标准五倍以上的；（二）造成为五百台以上计算机信息系统提供域名解析、身份认证、计费等基础服务或者为五万以上用户提供服务的计算机信息系统不能正常运行累计一小时以上的；（三）破坏国家机关或者金融、电信、交通、教育、医疗、能源等领域提供公共服务的计算机信息系统的功能、数据或者应用程序，致使生产、生活受到严重影响或者造成恶劣社会影响的；（四）造成其他特别严重后果的。"

最高人民法院、最高人民检察院《关于办理危害计算机信息系统安全刑事案件应用法律若干问题的解释》第五条规定："具有下列情形之一的程序，应当认定为刑法第二百八十六条第三款规定的'计算机病毒等破坏性程序'：（一）能够通过网络、存储介质、文件等媒介，将自身的部分、全部或者变种进行复制、传播，并破坏计算机系统功能、数据或者应用程序的；（二）能够在预先设定条件下自动触发，并破坏计算机系统功能、数据或者应用程序的；（三）其他专门设计用于破坏计算机系统功能、数据或者应用程序的程序。"

该解释第六条规定:"故意制作、传播计算机病毒等破坏性程序,影响计算机系统正常运行,具有下列情形之一的,应当认定为刑法第二百八十六条第三款规定的'后果严重':(一)制作、提供、传输第五条第(一)项规定的程序,导致该程序通过网络、存储介质、文件等媒介传播的;(二)造成二十台以上计算机系统被植入第五条第(二)、(三)项规定的程序的;(三)提供计算机病毒等破坏性程序十人次以上的;(四)违法所得五千元以上或者造成经济损失一万元以上的;(五)造成其他严重后果的。实施前款规定行为,具有下列情形之一的,应当认定为破坏计算机信息系统'后果特别严重':(一)制作、提供、传输第五条第(一)项规定的程序,导致该程序通过网络、存储介质、文件等媒介传播,致使生产、生活受到严重影响或者造成恶劣社会影响的;(二)数量或者数额达到前款第(二)项至第(四)项规定标准五倍以上的;(三)造成其他特别严重后果的。"

最高人民法院、最高人民检察院《关于办理危害计算机系统安全刑事案件应用法律若干问题的解释》第八条规定:"以单位名义或者单位形式实施危害计算机信息系统安全犯罪,达到本解释规定的定罪量刑标准的,应当依照刑法第二百八十五条、第二百八十六条的规定追究直接负责的主管人员和其他直接责任人员的刑事责任。"

该解释第九条规定:"明知他人实施刑法第二百八十五条、第二百八十六条规定的行为,具有下列情形之一的,应当认定为共同犯罪,依照刑法第二百八十五条、第二百八十六条的规定处罚:(一)为其提供用于破坏计算机信息系统功能、数据或者应用程序的程序、工具,违法所得五千元以上或者提供十人次以上的;(二)为其提供互联网接入、服务器托管、网络存储空间、通讯传输通道、费用结算、交易服务、广告服务、技术培训、技术支持等帮助,违法所得五千元以上的;(三)通过委托推广软件、投放广告等方式向其提供资金五千元以上的。实施前款规定行为,数量或者数额达到前款规定标准五倍以上的,应当认定为刑法第二百八十五条、第二百八十六条规定的'情节特别严重'或者'后果特别严重'。"

二、风险防范

近年来,安全漏洞等导致的破坏计算机信息系统犯罪越来越猖獗,大量案例表明,破坏计算机信息系统的行为一旦发生,企业必将面临经济损失,日常生产经营也会受到影响,甚至遭受破坏性打击。企业的网络技术应用离不开计算机信息系统的支撑,但计算机信息系统并不安全,系统自身的、自然的、人为的不安全因素众多,导致系统中数据极易遭到破坏、更改、泄露。因此,企业既要以满足客户需求为中心,又要注重客户体验,不断试错,强化技术应用的安全性。新技术新业务的开发应用需秉持创新与安全并重的理念,加强技术应用安全能力建设,时刻关注网络安全新形势,持续进行安全研究,做到主动防范,快速响应。

破坏计算机信息系统的行为,除了可能构成《刑法》中破坏计算机信息系统罪外,根据行为人侵害的客体和目的不同,还可能构成其他罪名。此外,对于未达到追诉标准的行为,执法机关依然可以根据《治安管理处罚法》《计算机信息系统安全保护条例》等法律法规追究行为人的法律责任。因此,企业应当守法经营,不得为获取非法利益而破坏他人的计算机信息系统。另外,企业在日常经营过程中,应对拥有相关职权的人员加强法治教育,让其在自行处理数据的过程中,既掌握刑法的边界,也了解刑罚的严厉。

三、典型案例

湖南格×网络科技有限公司、李某某、傅某某、李某破坏计算机信息系统案①

【案情简介】

湖南格×网络科技有限公司(以下简称格×公司)成立于2014年11月7日,许可经营范围包括网络技术研发;计算机技术开发、技术服务;旅客票务代理、票务服务等。原法定代表人为傅某某,原股东为杨某1、戴某、傅某某,其中李某某与股东杨某1系夫妻关系,全面负责公司的经营活动,傅某某分管公司管理制度建设和火车票业务,李某系格×公司负责火车票业务的技术人员。2016年8月17日、11月9日格×公司经两次股权变更,现法定代表人为李某娟,股东为杨某1、李某娟。

2015年9月、10月,李某某召集傅某某、李某等人开会,研究解决如何重新激活格×公司被12306网站冻结的客户注册账户事宜。在明知违法的情况下,李某某仍安排李某开发了"模拟人操作在铁路售票系统上完成身份账号自动核验功能"软件(以下简称"VTOOL"软件),绕过12306铁路售票网站的身份识别仪进行虚假实名认证,直接将被冻结的客户身份信息注册账户激活,使这些账户能够随意在12306网站购票,从而达到为公司营利的目的。2015年10月下旬,李某在覃某某(已行政处罚)的配合下,将自己研发的"VTOOL"软件在公司所属的位于长沙市岳麓区望岳路的火车票代售点(窗口号:2035)售票电脑上进行多次测试,测试成功后将该软件交由何某1(已行政处罚)进一步完善实施。何某1安排人员制作了"115.29.191.85"网站,并用自己的身份信息在"阿里云"注册了一个服务器空间,将网站搭建在服务器上,专

---

① 案号:(2017)湘8601刑初16号。

门用于各代售点下载含待验身份证信息的数据包,上传核验完成的账户数据归口管理。李某某决定由何某1将"VTOOL"软件拷贝在U盘中,再交由杨某3、伍某某(均已行政处罚)等人在长沙、株洲、广州、北京、武汉等地的火车票代售点进行推广。傅某某明知"VTOOL"软件在12306网站内非法运行并篡改12306网站后台数据,涉嫌违法,但为了公司业务发展予以默许,且在李某某不在公司时履行其管理职责对该项旅客身份信息非法核验工作进行安排部署,并组织指挥了格×公司在案发后转移涉案电脑隐匿罪证事宜。

另查明,2015年11月1～15日,格×公司在长沙、株洲、广州、北京、武汉五地的26台铁路售票主机内非法加装运行"VTOOL"软件,对被12306网站冻结的1 295 365条旅客身份信息进行非法核验,将其核验状态由"需线下核验－不能网上购票"修改为"正常－可以网上购票",造成专司负责12306网站维护的中国铁道科学研究院电子计算技术研究所直接经济损失2.48万元。

【裁判结果】

1. 格×公司犯破坏计算机信息系统罪,判处罚金人民币5万元,上缴国库。
2. 李某某犯破坏计算机信息系统罪,判处有期徒刑1年,缓刑2年。
3. 傅某某犯破坏计算机信息系统罪,判处拘役6个月,缓刑1年。
4. 李某犯破坏计算机信息系统罪,免予刑事处罚。
5. 扣押的及作案用的电脑主机及其他设备依法予以没收,上缴国库。

【案件评析】

本案涉及的是企业开发运行用于非法核验身份的"VTOOL"软件,破坏铁路售票秩序的行为,是否构成破坏计算机信息系统罪的问题。

根据最高人民法院、最高人民检察院《关于办理危害计算机信息系统安全刑事案件应用法律若干问题的解释》第四条第一款的规定,"破坏计算机信息系统功能、数据或者应用程序,具有下列情形之一的,应当认定为刑法第二百八十六条第一款和第二款规定的'后果严重':(一)造成十台以上计算机信息系统的主要软件或者硬件不能正常运行的;(二)对二十台以上计算机信息系统中存储、处理或者传输的数据进行删除、修改、增加操作的;(三)违法所得五千元以上或者造成经济损失一万元以上的;(四)造成为一百台以上计算机信息系统提供域名解析、身份认证、计费等基础服务或者为一万以上用户提供服务的计算机信息系统不能正常运行累计一小时以上的;(五)造成其他严重后果的"。

本案中,格×公司为牟取非法利益,开发运行用于非法核验身份的"VTOOL"软件,绕过铁路身份证识别仪,在铁路售票系统上对12306铁路购票网站存储冻结的1 295 365条旅客身份信息数据,由"需线下核验—不能网上购票"修改为"正常—可以网上购票",破坏了铁路售票秩序,造成经济损失2.48万元,造成严重后果,格×公司的行为构成破坏计算机信息系统罪。李某某、傅某某、李某在格×公司的犯罪行为中分别担任直接负责的主管人员和直接责任人员，依法均应当追究其刑事责任。

第五节　拒不履行信息网络安全管理义务罪

一、罪名概述

1. 罪名简介

拒不履行信息网络安全管理义务罪，是指网络服务提供者不履行法律、行政法规规定的信息网络安全管理义务，经监管部门责令采取改正措施而拒不改正，致使违法信息大量传播，或致使用户信息泄露并造成严重后果，或致使刑事案件证据灭失情节严重，或有其他严重情节的行为。

为规范网络安全技术防范工作，保障网络信息安全、网络系统安全，相关法律和行政法规对网络服务提供者规定了必要的安全管理义务。在实践中，一些网络服务提供者不履行相关的安全管理义务，造成了严重的社会危害。其危害性体现在：一是为一些不法分子实施网络违法犯罪提供了条件；二是妨害了公安机关打击网络犯罪行为；三是泄露公民个人信息，对公民个人的人身、财产安全造成严重的危害。因此，2015 年《刑法修正案(九)》增加规定本罪。

2. 犯罪构成要件

(1)犯罪客体

本罪侵犯的客体是有关国家网络安全的管理制度。

(2)犯罪客观方面

本罪客观方面表现为三方面：一是行为违法，即网络服务提供者不履行法律、行政法规规定的信息网络安全管理义务；二是拒不改正，即经监管部门责令采取改正措施而拒不改正；三是产生后果，即导致了违法信息大量传播，或用户信息泄露并造成严重后果，或刑事案件证据灭失情节严重，或有其他严重情节的后果的产生。

"网络服务提供者"，是指通过信息网络向公众提供信息或者为获取网络信息等提供服务的机构，包括网络上的一切提供设施、信息和中介、接入等技术服务的个人用户、网络服务商以及非营利组织。根据其提供的"服务"不同，网络服务提供者具体可以分为网络接入服务提供者、网络平台服务提供者、网络内容及产品服务提供者。

"法律、行政法规规定的信息网络安全管理义务"，是指国家对于"网络服务提供者"履行网络安全管理义务的相关规定。这些法律和行政法规包括全国人民代表大会常务委员会《关于加强网络信息保护的决定》、《网络安全法》、《互联网信息服务管理办法》、《计算机信息网络国际联网安全保护管理办法》、《电信条例》等。

拒不改正是指行为人明知应当予以改正，而故意加以拒绝。实践中，考察行为人是否属于拒不改正，应当考察以下3个因素：①行为人是否收到监管部门责令改正的要求；②行为人在主观上是否具有故意拖延或者明确加以拒绝执行；③根据监管部门的要求行为人是否具备改正的能力，如果行为人确实因为资源、技术等条件限制，一时难以或者没有加以改正，实践中也不应当认定为拒不改正。

"监管部门"，是指代表政府参与网络监管的主要职能部门。如通信管理部门、互联网新闻宣传管理部门、公安部门、文化部门、广播电影电视管理部门和新闻出版部门等。

(3)犯罪主体

本罪是特殊主体，要求行为人必须是网络服务提供者。这包括通过计算机互联网、广播电视网、固定通信网、移动通讯网等信息网络，向公众提供网络服务的机构和个人。

(4)犯罪主观方面

本罪在主观方面只能是故意，过失不构成本罪。

3. 入罪标准

根据《刑法》第二百八十六条之一第一款的规定，网络服务提供者不履行法律、行政法规规定的信息网络安全管理义务，经监管部门责令采取改正措施而拒不改正，有下列情形之一的，应予入罪：(1)致使违法信息大量传播的；(2)致使用户信息泄露，造成严重后果的；(3)致使刑事案件证据灭失，情节严重的；(4)有其他严重情节的。

4. 量刑标准

我国《刑法》第二百八十六条之一规定，网络服务提供者不履行法律、行政法规规定的信息网络安全管理义务，经监管部门责令采取改正措施而拒不改正，有下列情形之一的，处3年以下有期徒刑、拘役或者管制，并处或者单处罚金：(1)致使违法信息大量传播的；(2)致使用户信息泄露，造成严重后果的；(3)致使刑事案件证据灭失，情节严重的；(4)有其他严重情节的。

单位犯前款罪的，对单位判处罚金，并对其直接负责的主管人员和其他直接责任人员，依照前款的规定处罚。

有前两款行为，同时构成其他犯罪的，依照处罚较重的规定定罪处罚。

最高人民法院、最高人民检察院《关于办理侵犯公民个人信息刑事案件适用法律若干问题的解释》第九条规定，网络服务提供者拒不履行法律、行政法规规定的信息网络安全管理义务，经监管部门责令采取改正措施而拒不改正，致使用户的公民个人信息泄露,造成严重后果的,应当依照《刑法》第二百八十六条之一的规定,以拒不履行信息网络安全管理义务罪定罪处罚。

二、风险防范

网络服务提供者应积极学习与信息网络安全有关的法律法规、国家政策,在开展数据处理活动时应当履行数据安全保护义务,若未尽此义务,经监管部门责令采取改正措施后应当积极及时整改,否则若导致用户数据泄露或违法信息传播或致使刑事案件证据灭失等危害结果,将涉嫌触犯本罪。

三、典型案例

李某全拒不履行信息网络安全管理义务案[①]

【案情简介】

李某全2014年8月在远×(北京)通信技术有限公司(以下简称远×公司)工作,是公司的高级运营总监,2019年3月离职。2018年9月,山东亚×达信息科技股份有限公司(以下简称亚×达公司)董事长任某(另案处理)为实现盗取回收卡上绑定的用户个人微信账号,由任某向远×公司董事长王某(另案处理)要求将用户停机3个月后被回收的卡进行重新制卡后发送给亚×达公司,王某对此予以同意,并安排李某全负责与亚×达公司对接相关的具体事项。2018年9月,李某全将三四万张行业卡交给亚×达公司挑卡,亚×达公司从中挑出4000张带有公民个人微信的卡号并要求远×公司进行制卡。于是,李某全便根据任某挑选的回收卡安排人员进行制卡和发卡工作。亚×达公司在拿到该批回收卡后,将该批回收卡违规实名在济南甲×新能源科技有限公司、济南仕×信息科技有限公司名下,并将回收卡卖给昆明黑×子工作室的林某彬(另案处理)用于盗取回收卡上绑定的用户微信账号,导致回收卡上绑定的微信号被大量盗取。

经查明,2016年12月21日,远×公司因违反《电话用户真实身份信息登记规定》第六条被辽宁省通信管理局处以3万元人民币罚款,并责令立即改正;2017年1月10日工业和信息化部网络安全管理局在《关于电话用户真实身份信息登记违规行为的通报》中,对抽查远×公司部分网点违反实名制问题进行了通报,提出立即进行整改并严格落实电话用户登记工作的有关规定;2017年2月21日工业和信息化部办公厅《关于防范打击通信信息诈骗工作专项督导检查情况的通报》中对远×公司检

---

① 案号:(2020)云0103刑初1206号。

查存在的“电话实名工作落实情况”问题进行了通报,并要求进行整改。以上相关部门的处罚及责令改正情况均与违反实名制规定有关。

李某全负有查验、评估、审核行业卡使用情况的职责,在明知违反实名制管理规定的情况下,仍然将大量带有公民个人信息的回收卡交给亚×达公司,违反用户实名制进行挑卡,造成严重后果,且在两年内经监管部门多次责令改正而拒不改正。2020年7月14日,经工业和信息化部网络安全管理局出具《关于涉及远×公司相关咨询的复函》证实,远×公司将绑定个人微信号的移动电话卡回收制作成行业卡销售给其他公司,未落实行业卡短信功能限制要求,未认真履行行业用户安全评估责任,违反了电话用户实名制、行业卡安全管理等相关规定。

【裁判结果】

李某全犯拒不履行信息网络安全管理义务罪,判处有期徒刑1年3个月,并处罚金5000元。

【案件评析】

本案涉及的是网络服务提供者不履行法律、行政法规规定的信息网络安全管理义务,经监管部门责令采取改正措施而拒不改正的行为,是否构成拒不履行信息网络安全管理义务罪的问题。

根据《刑法》第二百八十六条之一第一款的规定,网络服务提供者不履行法律、行政法规规定的信息网络安全管理义务,经监管部门责令采取改正措施而拒不改正,有下列情形之一的,应予入罪:(1)致使违法信息大量传播的;(2)致使用户信息泄露,造成严重后果的;(3)致使刑事案件证据灭失,情节严重的;(4)有其他严重情节的。

本案中,李某全作为网络服务提供管理者,负有查验、评估、审核行业卡使用情况的职责,在明知违反实名制管理规定的情况下,仍然将大量带有公民个人信息的回收卡交给亚×达公司,违反用户实名制进行挑卡,造成严重后果,且在两年内经监管部门多次责令改正而拒不改正,其行为构成拒不履行信息网络安全管理义务罪。

第六节 非法利用信息网络罪

一、罪名概述

1. 罪名简介

非法利用信息网络罪,是指利用信息网络设立用于实施诈骗、传授犯罪方法、制作或者销售违禁物品、管制物品等违法犯罪活动的网站、通讯群组,或发布有关制作或者销售毒品、枪支、淫秽物品等违禁物品、管制物品或者其他违法犯罪信息，或为实施诈骗等违法犯罪活动发布信息，情节严重的行为。

随着网络犯罪呈上升趋势，各种传统犯罪日益向互联网迁移，网络犯罪呈高发多发态势，严重危害国家安全、社会秩序和人民群众合法权益。为进一步严惩网络犯罪，维护正常网络秩序，2015 年 11 月 1 日起施行的《刑法修正案(九)》增设了《刑法》第二百八十七条之一，规定了非法利用信息网络罪。

2. 犯罪构成要件

(1)犯罪客体

本罪侵犯的客体是我国正常有序的信息网络管理秩序和信息安全。

(2)犯罪客观方面

本罪客观方面表现在利用电子信息传输的通道实施违法犯罪活动，情节严重的行为。主要表现在 3 个方面：一是设立用于实施诈骗、传授犯罪方法、制作或者销售违禁物品、管制物品等违法犯罪活动网站、通讯群组的；二是发布有关制作或者销售毒品、枪支、淫秽物品等违禁物品、管制物品或者其他违法犯罪信息的；三是为实施诈骗等违法犯罪活动发布信息的。

(3)犯罪主体

本罪主体为一般主体。年满 16 周岁具有刑事责任能力的自然人，单位也可构成本罪。

(4)犯罪主观方面

本罪在主观方面只能是故意，过失不构成本罪。

3. 入罪标准

根据最高人民法院、最高人民检察院《关于办理非法利用信息网络、帮助信息网络犯罪活动等刑事案件适用法律若干问题的解释》第十条的规定，非法利用信息网络，具有下列情形之一的，应予入罪：

(1)假冒国家机关、金融机构名义，设立用于实施违法犯罪活动的网站的。

(2)设立用于实施违法犯罪活动的网站，数量达到 3 个以上或者注册账号数累计达到 2000 以上的。

(3)设立用于实施违法犯罪活动的通讯群组，数量达到 5 个以上或者群组成员账号数累计达到 1000 以上的。

(4)发布有关违法犯罪的信息或者为实施违法犯罪活动发布信息，具有下列情形之一的：

①在网站上发布有关信息 100 条以上的；

②向 2000 个以上用户账号发送有关信息的；

③向群组成员数累计达到 3000 以上的通讯群组发送有关信息的；

④利用关注人员账号数累计达到3万以上的社交网络传播有关信息的。

(5)违法所得1万元以上的。

(6)2年内曾因非法利用信息网络、帮助信息网络犯罪活动、危害计算机信息系统安全受过行政处罚,又非法利用信息网络的;

(7)其他情节严重的情形。

4. 量刑标准

我国《刑法》第二百八十七条之一规定,利用信息网络实施下列行为之一,情节严重的,处3年以下有期徒刑或者拘役,并处或者单处罚金:(1)设立用于实施诈骗、传授犯罪方法、制作或者销售违禁物品、管制物品等违法犯罪活动的网站、通讯群组的;(2)发布有关制作或者销售毒品、枪支、淫秽物品等违禁物品、管制物品或者其他违法犯罪信息的;(3)为实施诈骗等违法犯罪活动发布信息的。

单位犯前款罪的,对单位判处罚金,并对其直接负责的主管人员和其他直接责任人员,依照第一款的规定处罚。

有前两款行为,同时构成其他犯罪的,依照处罚较重的规定定罪处罚。

最高人民法院、最高人民检察院《关于办理非法利用信息网络、帮助信息网络犯罪活动等刑事案件适用法律若干问题的解释》第七条规定:"刑法第二百八十七条之一规定的'违法犯罪',包括犯罪行为和属于刑法分则规定的行为类型但尚未构成犯罪的违法行为。"

该解释第八条规定:"以实施违法犯罪活动为目的而设立或者设立后主要用于实施违法犯罪活动的网站、通讯群组,应当认定为刑法第二百八十七条之一第一款第一项规定的'用于实施诈骗、传授犯罪方法、制作或者销售违禁物品、管制物品等违法犯罪活动的网站、通讯群组'。"

该解释第九条规定:"利用信息网络提供信息的链接、截屏、二维码、访问账号密码及其他指引访问服务的,应当认定为刑法第二百八十七条之一第一款第二项、第三项规定的'发布信息'。"

该解释第十条规定,非法利用信息网络,具有下列情形之一的,应当认定为《刑法》第二百八十七条之一第一款规定的"情节严重":

(1)假冒国家机关、金融机构名义,设立用于实施违法犯罪活动的网站的。

(2)设立用于实施违法犯罪活动的网站,数量达到3个以上或者注册账号数累计达到2000以上的。

(3)设立用于实施违法犯罪活动的通讯群组,数量达到5个以上或者群组成员账号数累计达到1000以上的。

(4)发布有关违法犯罪的信息或者为实施违法犯罪活动发布信息,具有下列情形之一的:

①在网站上发布有关信息100条以上的;

②向2000个以上用户账号发送有关信息的;

③向群组成员数累计达到3000以上的通讯群组发送有关信息的;

④利用关注人员账号数累计达到3万以上的社交网络传播有关信息的。

(5)违法所得1万元以上的。

(6)2年内曾因非法利用信息网络、帮助信息网络犯罪活动、危害计算机信息系统安全受过行政处罚,又非法利用信息网络的。

(7)其他情节严重的情形。

最高人民法院、最高人民检察院《关于办理非法利用信息网络、帮助信息网络犯罪活动等刑事案件适用法律若干问题的解释》第十五条规定,综合考虑社会危害程度、认罪悔罪态度等情节,认为犯罪情节轻微的,可以不起诉或者免予刑事处罚;情节显著轻微危害不大的,不以犯罪论处。

该解释第十六条规定,多次拒不履行信息网络安全管理义务、非法利用信息网络、帮助信息网络犯罪活动构成犯罪,依法应当追诉的,或者二年内多次实施前述行为未经处理的,数量或者数额累计计算。

该解释第十七条规定:"对于实施本解释规定的犯罪被判处刑罚的,可以根据犯罪情况和预防再犯罪的需要,依法宣告职业禁止;被判处管制、宣告缓刑的,可以根据犯罪情况,依法宣告禁止令。"

该解释第十八条规定:"对于实施本解释规定的犯罪的,应当综合考虑犯罪的危害程度、违法所得数额以及被告人的前科情况、认罪悔罪态度等,依法判处罚金。"

二、风险防范

随着计算机科学技术的迅速发展和广泛运用,我国对非法利用信息网络犯罪的行为打击力度也越来越大,为规避触犯本罪风险,建议如下:

1. 企业应当依法经营,并有针对性地对员工加强法治教育,使之认识到设立实施诈骗的网站、通讯群组(包括QQ群、微信群、抖音群等)或发布违法犯罪信息等非法利用信息网络的行为将会面临刑罚。

2. 企业应建立有效的合规制度,鼓励、要求员工发现非法利用信息网络行为时,应及时向公司有关部门报告。

三、典型案例

皎×公司、王某非等非法利用信息网络案[①]

【案情简介】

2016年12月，王某非设立重庆皎×企业管理咨询有限责任公司(以下简称皎×公司)，法定代表人王某非，实际控制人王某非、王某，两人各占公司50%股份。皎×公司经营范围包括互联网广告推销、企业广告推广。皎×公司经营模式为：由王某非、王某对外在各QQ群以“皎月品牌推广”“大风起科技”“艾瑞传媒”等名义发布广告，宣传通过“百度知道”“百度快照”“百度下拉”等方式为客户提供关键词、网址推广的有偿服务，并在网络上联系其他技术人员将招揽来的业务交由对方完成，皎×公司从中赚取价差，以此牟利。

营业期间，皎×公司既承接正当广告业务，也承接涉赌网址、关键词推广的非法业务。王某非、王某以及员工周某(另案处理)各自对外承接业务，各自获取营业款，扣除当月工资等开销后，统一汇入王某非的支付宝账户内，作为皎×公司资金统一管理、支配。截至案发，王某非、王某除每月领取工资外，还于2018年、2019年分红各自共计4万余元、5万余元。截至2019年8月，皎×公司非法利用信息网络推广涉赌信息数量为17 428条，营业额244 540元。其中，王某非直接参与推广涉赌信息9276条，营业额为120 700元；王某直接参与推广涉赌信息7582条，营业额为117 590元。具体犯罪事实如下：

1.2017年9月29日，王某非以上述方式给QQ昵称为“安儿”的客户推广赌博信息100条，收取1500元。

2.2017年10月~2019年6月，王某非多次以相同的方式给QQ昵称为“xian”的客户推广赌博信息共计3540条，收取共计35 300元。

3.2019年7月18日，王某非以相同的方式给QQ昵称为“xian的同事”的客户推广赌博信息80条，收取1050元。

4.2018年4月~2019年3月，王某非多次以相同的方式给QQ昵称为“新利彩票”的客户推广赌博信息共计3200条，收取共计42 900元。

5.2017年10月~2018年11月，王某非多次以相同的方式给QQ昵称为“突破迁望”的客户推广赌博信息共计1800条，收取共计22 900元。

6.2018年3月8日和4月6日，王某非以相同的方式给QQ昵称为“徐小仙”的

---

① 案号：(2020)渝0112刑初252号。

客户推广赌博信息共计200条,收取3800元。

7.2018年11月7日,王某非以相同的方式给QQ昵称为“江小峰”的客户推广赌博信息200条,收取1000元。

8.2019年3月1日,王某非以相同的方式给QQ昵称为“二号站招商”的客户推广赌博信息50条,收取750元。

9.2019年6月5日,王某非以相同的方式给QQ昵称为“一人之下”的客户推广赌博信息100条,收取1500元。

10.2019年7月17日,王某非以相同的方式给QQ昵称为“蓝色翅膀”的客户推广赌博信息6条,收取10 000元。

11.2017年10月2日,王某以相同的方式给QQ昵称为“迈向成功”的客户推广赌博信息20条,收取4500元。

12.2018年1月8日、1月11日、3月6日,王某以相同的方式给QQ昵称为“七匹狼”的客户推广赌博信息61条,收取1650元。

13.2018年~2019年7月,王某多次以相同的方式给QQ昵称为“无名悍将”(别名:杀鸡焉用牛刀)的客户推广赌博信息共计6000条,收取共计97 640元。

14.2018年11月28日和2019年5月31日,王某以相同的方式给QQ昵称为“即梦成空”的客户推广赌博信息共计600条,收取共计4200元。

15.2018年10月8日、10月12日、2019年3月14日,王某以相同的方式给QQ昵称为“孤独等待”的客户推广赌博信息共计400条,收取共计1600元。

16.2018年12月10日和2019年4月21日,王某以相同的方式给QQ昵称为“客服”的客户推广赌博信息共计501条,收取6000元。

17.2019年6月28日,王某以相同的方式给QQ昵称为“空”(别名:比伯)的客户推广赌博信息,但未成功,收取2000元。

18.2018年10~12月,周某以相同的方式给QQ昵称为“喵喵”的客户推广赌博信息共计370条,收取共计5250元。

19.2018年11月8日、11月15日,周某以相同的方式给QQ昵称为“小小的太阳”的客户推广赌博信息200条,收取1000元。

2019年8月14日,王某非、王某被抓获归案,并如实供述了上述事实。本案审理过程中,皎×公司退还违法所得244 540元。

【裁判结果】

1.皎×公司犯非法利用信息网络罪,判处罚金10万元。

2.王某非犯非法利用信息网络罪,判处有期徒刑1年,缓刑1年6个月,并处罚金5万元。

3.王某犯非法利用信息网络罪,判处有期徒刑1年,缓刑1年6个月,并处罚金5

万元。

4. 对皎×公司的违法所得244 540元予以追缴。

【案件评析】

本案涉及的是企业利用信息网络发布违法犯罪信息的行为，是否构成非法利用信息网络罪的问题。

最高人民法院、最高人民检察院《关于办理非法利用信息网络、帮助信息网络犯罪活动等刑事案件适用法律若干问题的解释》第十条规定，"非法利用信息网络，具有下列情形之一的，应当认定为刑法第二百八十七条之一第一款规定的'情节严重'：（一）假冒国家机关、金融机构名义，设立用于实施违法犯罪活动的网站的；（二）设立用于实施违法犯罪活动的网站，数量达到三个以上或者注册账号数累计达到二千以上的；（三）设立用于实施违法犯罪活动的通讯群组，数量达到五个以上或者群组成员账号数累计达到一千以上的；（四）发布有关违法犯罪的信息或者为实施违法犯罪活动发布信息，具有下列情形之一的：1. 在网站上发布有关信息一百条以上的；2. 向二千个以上用户账号发送有关信息的；3. 向群组成员数累计达到三千以上的通讯群组发送有关信息的；4. 利用关注人员账号数累计达到三万以上的社交网络传播有关信息的；（五）违法所得一万元以上的；（六）二年内曾因非法利用信息网络、帮助信息网络犯罪活动、危害计算机信息系统安全受过行政处罚，又非法利用信息网络的；（七）其他情节严重的情形"。

本案中，皎×公司非法利用信息网络发布涉赌违法犯罪信息数量为17 428条，其中王某非直接参与推广涉赌信息9276条，王某直接参与推广涉赌信息7582条，其行为均已构成非法利用信息网络罪。

第七节　帮助信息网络犯罪活动罪

一、罪名概述

1. 罪名简介

帮助信息网络犯罪活动罪，是指明知他人利用信息网络实施犯罪，为其犯罪提供互联网接入、服务器托管、网络存储、通讯传输等技术支持，或者提供广告推广、支付结算等帮助，情节严重的行为。

随着网络犯罪呈上升趋势，各种传统犯罪日益向互联网迁移，网络犯罪呈高发多发态势，严重危害国家安全、社会秩序和人民群众合法权益。为进一步严惩网络犯罪，维护正常网络秩序，2015年11月1日起施行的《刑法修正案（九）》增设了《刑法》

第二百八十七条之二，规定了帮助信息网络犯罪活动罪。

2. 犯罪构成要件

(1)犯罪客体

本罪侵害的客体是国家对正常信息网络环境的管理秩序。

(2)犯罪客观方面

本罪在客观方面表现为明知他人利用信息网络实施犯罪，为其犯罪提供互联网接入、服务器托管、网络存储、通讯传输等技术支持，或者提供广告推广、支付结算等帮助，情节严重的行为。

最高人民法院、最高人民检察院《关于办理非法利用信息网络、帮助信息网络犯罪活动等刑事案件适用法律若干问题的解释》第十一条规定："为他人实施犯罪提供技术支持或者帮助，具有下列情形之一的，可以认定行为人明知他人利用信息网络实施犯罪，但是有相反证据的除外：(一)经监管部门告知后仍然实施有关行为的；(二)接到举报后不履行法定管理职责的；(三)交易价格或者方式明显异常的；(四)提供专门用于违法犯罪的程序、工具或者其他技术支持、帮助的；(五)频繁采用隐蔽上网、加密通信、销毁数据等措施或者使用虚假身份，逃避监管或者规避调查的；(六)为他人逃避监管或者规避调查提供技术支持、帮助的；(七)其他足以认定行为人明知的情形。"

根据最高人民法院刑事审判庭第三庭、最高人民检察院第四检察厅和公安部刑事侦查局于2022年3月22日联合发布的《关于"断卡"行动中有关法律适用问题的会议纪要》第一条的规定，认定行为人是否"明知"他人利用信息网络实施犯罪，应当坚持主客观相一致原则，即要结合行为人的认知能力、既往经历、交易对象、与信息网络犯罪行为人的关系、提供技术支持或者帮助的时间和方式、获利情况、出租、出售"两卡"的次数、张数、个数，以及行为人的供述等主客观因素，同时注重听取行为人的辩解并根据其辩解合理与否，予以综合认定。司法办案中既要防止片面倚重行为人的供述认定明知；也要避免简单客观归罪，仅以行为人有出售"两卡"行为就直接认定明知。特别是对于交易双方存在亲友关系等信赖基础，一方确系偶尔向另一方出租、出售"两卡"的，要根据在案事实证据，审慎认定"明知"。

在办案过程中，可着重审查行为人是否具有以下特征及表现，综合全案证据，对其构成"明知"与否作出判断：①跨省或多人结伙批量办理、收购、贩卖"两卡"的；②出租、出售"两卡"后，收到公安机关、银行业金融机构、非银行支付机构、电信服务提供者等相关单位部门的口头或书面通知，告知其所出租、出售的"两卡"涉嫌诈骗、洗钱等违法犯罪，行为人未采取补救措施，反而继续出租、出售的；③出租、出售的"两卡"因涉嫌诈骗、洗钱等违法犯罪被冻结，又帮助解冻，或者注销旧卡、办理新卡，继续出租、出售的；④出租、出售的具有支付结算功能的网络账号因涉嫌诈骗、洗钱等违法犯罪被查封，又帮助解封，继续提供给他人使用的；⑤频繁使用隐蔽上网、加密通信、销毁数据等措施或者使用虚假身份，逃避监管或者规避调查的；⑥事先串通设计应对调查的话术口径的；⑦曾因非法交易“两卡”受过处罚或者信用惩戒、训诫谈话，又收购、出售、出租“两卡”的等。

(3)犯罪主体

本罪的犯罪主体是一般主体，既包括个人犯罪，也包括单位犯罪。

(4)犯罪主观方面

本罪在主观方面表现为故意，过失不构成犯罪。行为人必须以明知他人利用计算机网络实施违法犯罪活动为前提。对于不明知他人实施犯罪的，则不应当定罪处罚。

3. 入罪标准

根据最高人民法院、最高人民检察院《关于办理非法利用信息网络、帮助信息网络犯罪活动等刑事案件适用法律若干问题的解释》第十二条的规定，明知他人利用信息网络实施犯罪，为其犯罪提供帮助，具有下列情形之一的，应予入罪：

(1)为3个以上对象提供帮助的；

(2)支付结算金额20万元以上的；

(3)以投放广告等方式提供资金5万元以上的；

(4)违法所得1万元以上的；

(5)2年内曾因非法利用信息网络、帮助信息网络犯罪活动、危害计算机信息系统安全受过行政处罚，又帮助信息网络犯罪活动的；

(6)被帮助对象实施的犯罪造成严重后果的；

(7)其他情节严重的情形。

实施前款规定的行为，确因客观条件限制无法查证被帮助对象是否达到犯罪的程度，但相关数额总计达到前款第二项至第四项规定标准5倍以上，或者造成特别严重后果的，应当以帮助信息网络犯罪活动罪追究行为人的刑事责任。

根据最高人民法院刑事审判庭第三庭、最高人民检察院第四检察厅和公安部刑事侦查局联合发布的《关于“断卡”行动中有关法律适用问题的会议纪要》第二条的规定，最高人民法院、最高人民检察院《关于办理非法利用信息网络、帮助信息网络犯罪活动等刑事案件适用法律若干问题的解释》第一款第一项所规定的“为三个以上对象提供帮助”，应理解为分别为3个以上行为人或团伙组织提供帮助，且被帮助的行为人或团伙组织实施的行为均达到犯罪程度。为同一对象提供3次以上帮助的，不宜理解为“为三个以上对象提供帮助”。

根据该会议纪要第三条的规定，最高人民法院、最高人民检察院《关于办理非法利用信息网络、帮助信息网络犯罪活动等刑事案件适用法律若干问题的解释》第一款第四项所规定"违法所得一万元"中的"违法所得",应理解为行为人为他人实施信息网络犯罪提供帮助,由此所获得的所有违法款项或非法收入。行为人收卡等"成本"费用无须专门扣除。

该会议纪要第四条规定,关于《关于深入推进"断卡"行动有关问题的会议纪要》中列举的符合最高人民法院、最高人民检察院《关于办理非法利用信息网络、帮助信息网络犯罪活动等刑事案件适用法律若干问题的解释》规定的"情节严重"情形的理解适用。《关于深入推进"断卡"行动有关问题的会议纪要》第五条规定,出租、出售的信用卡被用于实施电信网络诈骗,达到犯罪程度,该信用卡内流水金额超过30万元的,按照符合最高人民法院、最高人民检察院《关于办理非法利用信息网络、帮助信息网络犯罪活动等刑事案件适用法律若干问题的解释》规定的"情节严重"处理。在适用时应把握单向流入涉案信用卡中的资金超过30万元,且其中至少3000元经查证系涉诈骗资金。行为人能够说明资金合法来源和性质的,应当予以扣除。以上述情形认定行为"情节严重"的,要注重审查行为人的主观明知程度、出租、出售信用卡的张数、次数、非法获利的数额以及造成的其他严重后果,综合考虑与最高人民法院、最高人民检察院《关于办理非法利用信息网络、帮助信息网络犯罪活动等刑事案件适用法律若干问题的解释》第十二条第一款其他项适用的相当性。行为人出租、出售的信用卡被用于接收电信网络诈骗资金,但行为人未实施代为转账、套现、取现等行为,或者未实施为配合他人转账、套现、取现而提供刷脸等验证服务的,不宜认定为最高人民法院、最高人民检察院《关于办理非法利用信息网络、帮助信息网络犯罪活动等刑事案件适用法律若干问题的解释》第十二条第一款第二项规定的"支付结算"行为。

最高人民法院、最高人民检察院、公安部《关于办理电信网络诈骗等刑事案件适用法律若干问题的意见(二)》第七条规定:"为他人利用信息网络实施犯罪而实施下列行为,可以认定为刑法第二百八十七条之二规定的'帮助'行为:(一)收购、出售、出租信用卡、银行账户、非银行支付账户、具有支付结算功能的互联网账号密码、网络支付接口、网上银行数字证书的;(二)收购、出售、出租他人手机卡、流量卡、物联网卡的。"

4. 量刑标准

我国《刑法》第二百八十七条之二规定:"明知他人利用信息网络实施犯罪,为其犯罪提供互联网接入、服务器托管、网络存储、通讯传输等技术支持,或者提供广告推广、支付结算等帮助,情节严重的,处三年以下有期徒刑或者拘役,并处或者单处罚金。单位犯前款罪的,对单位判处罚金,并对其直接负责的主管人员和其他直接责任人员,依照第一款的规定处罚。有前两款行为,同时构成其他犯罪的,依照处罚较重的规定定罪处罚。"

最高人民法院、最高人民检察院《关于办理非法利用信息网络、帮助信息网络犯罪活动等刑事案件适用法律若干问题的解释》第十五条规定，综合考虑社会危害程度、认罪悔罪态度等情节，认为犯罪情节轻微的，可以不起诉或者免予刑事处罚；情节显著轻微危害不大的，不以犯罪论处。

该解释第十六条规定，多次拒不履行信息网络安全管理义务、非法利用信息网络、帮助信息网络犯罪活动构成犯罪，依法应当追诉的，或者二年内多次实施前述行为未经处理的，数量或者数额累计计算。

该解释第十七条规定："对于实施本解释规定的犯罪被判处刑罚的，可以根据犯罪情况和预防再犯罪的需要，依法宣告职业禁止；被判处管制、宣告缓刑的，可以根据犯罪情况，依法宣告禁止令。"

该解释第十八条规定："对于实施本解释规定的犯罪的，应当综合考虑犯罪的危害程度、违法所得数额以及被告人的前科情况、认罪悔罪态度等，依法判处罚金。"

二、风险防范

近年来，帮助信息网络犯罪活动罪的适用力度加大，已经跃升为案件数排名第三的刑法罪名。该罪同样规定有单位犯罪条款，而且所规定的行为与经营活动密切相关，企业应特别注意防控本罪的刑事风险。为规避触犯本罪，建议如下：

1. "提供互联网接入、服务器托管、网络存储、通讯传输等技术支持"属于帮助信息网络犯罪活动罪的行为类型，一般企业都不会故意提供非法技术支持，比如非法提供电话卡批量插入设备，或具有改变主叫号码、虚拟拨号、互联网电话违规接入公用电信网络等功能的设备、软件。但是对于正常提供的网络服务，如果明知他人予以利用实施信息网络犯罪，不管对方给予多大的利益，都不得提供服务。

2. 提供"广告推广"也是帮助信息网络犯罪活动罪的行为类型之一。企业除了应关注传统意义上为他人在媒体上发布广告外，通过即时通讯账户群组，或者通过网络上"广告联盟"等方式进行宣传，也属于"广告推广"。同时还应注意提供"广告推广"与《刑法》第二百八十七条之一非法利用信息网络罪"发布信息"的区别。

3. 近年来，绝大部分的帮助信息网络犯罪活动罪案件是涉"两卡"（手机卡、银行卡）案件，特别是提供银行账户、支付账户的案件。司法实践中，企业对公账户转账数额大、限制少，也是电信诈骗等信息网络犯罪用于"走流水"的重要渠道，企业应当注重对相关账户、人员、信息加强监管，防止被滥用或冒用。此外，在支付网络化的当下，诸如微信等即时通讯账户、支付宝等第三方支付账户都具有支付功能，甚至"第四方支付平台"也有被用于实施犯罪的情况，企业除了应当加强对员工的宣传教育外，还需加强对微信等账户的监管，切实防止该账户被用于犯罪资金流转。

三、典型案例

石某、伍某铭帮助信息网络犯罪活动案①

【案情简介】

2019 年 11 月始，河南钱×蚪科技有限公司（以下简称钱×蚪公司，已注销）明知他人利用信息网络实施犯罪，仍帮助多人开发名为"金手指""金满溢""金鼎国际""新大陆"等虚拟期货交易软件，该批软件不具备真实的期货交易功能，亦未对接国际期货市场。

2019 年 11 月～2020 年 4 月，"金手指""金满溢""金鼎国际""新大陆"等虚假期货平台被邵某良、邬某风（均已判决）等人先后投入市场，采用对外宣称"正规平台，炒期货只赚不赔"等欺骗手段诱骗被害人向平台投入资金，经查，上述平台共计骗取他人投资款人民币 1.2 亿余元。

其间，石某作为钱×蚪公司技术部主管，在明知该类软件被他人用于信息网络犯罪活动的情况下，仍组织技术部人员开发上述虚假期货平台；伍某铭作为钱×蚪公司销售员，在明知该类软件被他人用于信息网络犯罪活动的情况下，仍参与销售"金满溢""金鼎国际""新大陆"等虚假期货平台，以提成方式非法获利人民币 2.7 万余元。

另查明，石某、伍某铭于 2020 年 4 月 21 日被公安机关抓获归案；审理期间，伍某铭向法院退缴违法所得人民币 27 000 元；钱×蚪公司已于 2021 年 5 月 28 日注销，法院已于 2021 年 9 月 7 日裁定对该单位终止审理。

【裁判结果】

1. 石某犯帮助信息网络犯罪活动罪，判处有期徒刑 1 年 4 个月，并处罚金人民币 5 万元。

2. 伍某铭犯帮助信息网络犯罪活动罪，判处有期徒刑 1 年，缓刑 1 年，并处罚金人民币 3 万元。

3. 伍某铭退缴在案的违法所得人民币 2.7 万元予以追缴，上缴国库。

【案件评析】

本案涉及的是企业明知他人利用信息网络实施犯罪而为其开发用于违法犯罪的软件，是否构成帮助信息网络犯罪活动罪的问题。

根据最高人民法院、最高人民检察院《关于办理非法利用信息网络、帮助信息网络犯罪活动等刑事案件适用法律若干问题的解释》第十二条第一款的规定，"明知他

---

① 案号：(2021)浙 0226 刑初 416 号。

人利用信息网络实施犯罪，为其犯罪提供帮助，具有下列情形之一的，应当认定为刑法第二百八十七条之二第一款规定的'情节严重'：（一）为三个以上对象提供帮助的；（二）支付结算金额二十万元以上的；（三）以投放广告等方式提供资金五万元以上的；（四）违法所得一万元以上的；（五）二年内曾因非法利用信息网络、帮助信息网络犯罪活动、危害计算机信息系统安全受过行政处罚，又帮助信息网络犯罪活动的；（六）被帮助对象实施的犯罪造成严重后果的；（七）其他情节严重的情形。"

本案中，钱×蚪公司明知他人利用信息网络实施犯罪而为其提供专门用于违法犯罪的程序和其他技术支持，情节严重，但其于审查起诉前已注销，依法不应被追究刑事责任。石某、伍某铭在单位犯罪中具体实施犯罪并起较大作用，系其他直接责任人员，均构成帮助信息网络犯罪活动罪。

第八节　扰乱无线电通讯管理秩序罪

一、罪名概述

1. 罪名简介

扰乱无线电通讯管理秩序罪，是指违反国家规定，擅自设置、使用无线电台（站），或者擅自使用无线电频率，干扰无线电通讯秩序，情节严重、情节特别严重的行为。

2. 犯罪构成要件

（1）犯罪客体

本罪侵犯的客体是国家无线电管理制度。

（2）犯罪客观方面

本罪在客观方面表现为违反国家规定，擅自设置、使用无线电台（站），或者擅自使用无线电频率，干扰无线电通讯秩序，情节严重、情节特别严重的行为。

最高人民法院、最高人民检察院《关于办理扰乱无线电通讯管理秩序等刑事案件适用法律若干问题的解释》第一条规定："具有下列情形之一的，应当认定为刑法第二百八十八条第一款规定的'擅自设置、使用无线电台（站），或者擅自使用无线电频率，干扰无线电通讯秩序'：（一）未经批准设置无线电广播电台（以下简称'黑广播'），非法使用广播电视专用频段的频率的；（二）未经批准设置通信基站（以下简称'伪基站'），强行向不特定用户发送信息，非法使用公众移动通信频率的；（三）未经批准使用卫星无线电频率的；（四）非法设置、使用无线电干扰器的；（五）其他擅自设置、使用无线电台（站），或者擅自使用无线电频率，干扰无线电通讯秩序的情形。"

(3)犯罪主体

本罪的主体为一般主体,凡达到刑事责任年龄且具备刑事责任能力的自然人,均能构成本罪,单位亦能成为本罪的主体。

(4)犯罪主观方面

本罪在主观方面表现为直接故意,即明知其擅自设置、使用无线电站(台),或者擅自占用无线电频率的行为会干扰无线电通讯的正常进行。间接故意和过失均不构成本罪。

3. 入罪标准

根据最高人民法院、最高人民检察院《关于办理扰乱无线电通讯管理秩序等刑事案件适用法律若干问题的解释》第二条的规定,违反国家规定,擅自设置、使用无线电台(站),或者擅自使用无线电频率,干扰无线电通讯秩序,具有下列情形之一的,应予入罪:

(1)影响航天器、航空器、铁路机车、船舶专用无线电导航、遇险救助和安全通信等涉及公共安全的无线电频率正常使用的;

(2)自然灾害、事故灾难、公共卫生事件、社会安全事件等突发事件期间,在事件发生地使用"黑广播""伪基站"的;

(3)举办国家或者省级重大活动期间,在活动场所及周边使用"黑广播""伪基站"的;

(4)同时使用 3 个以上"黑广播""伪基站"的;

(5)"黑广播"的实测发射功率 500 瓦以上,或者覆盖范围 10 公里以上的;

(6)使用"伪基站"发送诈骗、赌博、招嫖、木马病毒、钓鱼网站链接等违法犯罪信息,数量在 5000 条以上,或者销毁发送数量等记录的;

(7)雇佣、指使未成年人、残疾人等特定人员使用"伪基站"的;

(8)违法所得 3 万元以上的;

(9)曾因扰乱无线电通讯管理秩序受过刑事处罚,或者 2 年内曾因扰乱无线电通讯管理秩序受过行政处罚,又实施《刑法》第二百八十八条规定的行为的;

(10)其他情节严重的情形。

4. 量刑标准

我国《刑法》第二百八十八条规定:"违反国家规定,擅自设置、使用无线电台(站),或者擅自使用无线电频率,干扰无线电通讯秩序,情节严重的,处三年以下有期徒刑、拘役或者管制,并处或者单处罚金;情节特别严重的,处三年以上七年以下有期徒刑,并处罚金。单位犯前款罪的,对单位判处罚金,并对其直接负责的主管人员和其他直接责任人员,依照前款的规定处罚。"

最高人民法院、最高人民检察院《关于办理扰乱无线电通讯管理秩序等刑事案件适用法律若干问题的解释》第二条规定，违反国家规定，擅自设置、使用无线电台（站），或者擅自使用无线电频率，干扰无线电通讯秩序，具有下列情形之一的，应当认定为《刑法》第二百八十八条第一款规定的“情节严重”：

（1）影响航天器、航空器、铁路机车、船舶专用无线电导航、遇险救助和安全通信等涉及公共安全的无线电频率正常使用的；

（2）自然灾害、事故灾难、公共卫生事件、社会安全事件等突发事件期间，在事件发生地使用“黑广播”“伪基站”的；

（3）举办国家或者省级重大活动期间，在活动场所及周边使用“黑广播”“伪基站”的；

（4）同时使用3个以上“黑广播”“伪基站”的；

（5）“黑广播”的实测发射功率500瓦以上，或者覆盖范围10公里以上的；

（6）使用“伪基站”发送诈骗、赌博、招嫖、木马病毒、钓鱼网站链接等违法犯罪信息，数量在5000条以上，或者销毁发送数量等记录的；

（7）雇佣、指使未成年人、残疾人等特定人员使用“伪基站”的；

（8）违法所得3万元以上的；

（9）曾因扰乱无线电通讯管理秩序受过刑事处罚，或者2年内曾因扰乱无线电通讯管理秩序受过行政处罚，又实施《刑法》第二百八十八条规定的行为的；

（10）其他情节严重的情形。

该解释第三条规定，违反国家规定，擅自设置、使用无线电台（站），或者擅自使用无线电频率，干扰无线电通讯秩序，具有下列情形之一的，应当认定为《刑法》第二百八十八条第一款规定的“情节特别严重”：

（1）影响航天器、航空器、铁路机车、船舶专用无线电导航、遇险救助和安全通信等涉及公共安全的无线电频率正常使用，危及公共安全的；

（2）造成公共秩序混乱等严重后果的；

（3）自然灾害、事故灾难、公共卫生事件和社会安全事件等突发事件期间，在事件发生地使用“黑广播”“伪基站”，造成严重影响的；

（4）对国家或者省级重大活动造成严重影响的；

（5）同时使用10个以上“黑广播”“伪基站”的；

（6）“黑广播”的实测发射功率3000瓦以上，或者覆盖范围20公里以上的；

（7）违法所得15万元以上的；

（8）其他情节特别严重的情形。

二、风险防范

无线电技术的推广应用极大地促进了经济社会发展，方便了人民群众的生产生活，但与此同时，无线电领域的违法犯罪行为也呈现出许多新的特点，如危害程度明显加大、违法行为数量明显增多、影响范围明显扩大等。尤其是擅自设置、使用"伪基站"、"黑广播"、无线电干扰器等违法行为，可能对民航、铁路、广播电视等行业系统造成干扰，直接威胁社会稳定和人民生命财产安全。因此，我国对扰乱无线电通讯管理秩序罪的行为打击力度越来越大，为规避触犯本罪风险，建议如下：

1. 企业应当依法经营，并有针对性地对员工加强法治教育，使之认识到擅自设置、使用无线电台（站），或者擅自使用无线电频率的行为将会面临刑罚。

2. 企业应建立有效的合规制度，鼓励、要求员工发现扰乱无线电通讯管理秩序行为时及时进行报告。

三、典型案例

沧州上×时代房地产经纪有限公司、刘某扰乱无线电通讯管理秩序案[①]

【案情简介】

2014 年 11 月，刘某成立沧州上×时代房地产经纪有限公司（以下简称上×时代公司），刘某任法人代表。2015 年年底，为了公司利益，刘某从网上购买了可以群发短信的伪基站设备，并多次指使本公司员工乔某峰、赵某超、田某三人，在沧州市人群密集的商场处，强行向不特定手机用户大量发送售楼、招聘等内容短信。经沧州市公安局运河分局网安大队检验，刘某、乔某峰、赵某超、田某利用伪基站设备累计向 253 515个手机用户发送了广告短信。

2016 年 10 月 27 日，刘某主动到公安机关投案，并如实供述其利用伪基站扰乱无线电通讯设施的相关事实。

【裁判结果】

1. 上×时代公司犯扰乱无线电通讯管理秩序罪，判处罚金 1 万元。

2. 刘某犯扰乱无线电通讯管理秩序罪，判处有期徒刑 1 年，缓刑 2 年，并处罚金 5000 元。

3. 乔某峰犯扰乱无线电通讯管理秩序罪，判处有期徒刑 8 个月，缓刑 1 年，并处罚金 3000 元。

4. 赵某超犯扰乱无线电通讯管理秩序罪，判处有期徒刑 8 个月，缓刑 1 年，并处

---

① 案号：(2017) 冀 0903 刑初 278 号。

罚金 3000 元。

5. 田某犯扰乱无线电通讯管理秩序罪，判处有期徒刑 8 个月，缓刑 1 年，并处罚金 3000 元。

6. 没收作案工具 Lenovo 黑色笔记本电脑一台、360 度全向天线一条、诺基亚牌手机一部。

【案件评析】

本案涉及的是企业违反国家管理规定，擅自使用伪基站设备群发短信的行为，是否构成扰乱无线电通讯管理秩序罪的问题。

根据最高人民法院、最高人民检察院《关于办理扰乱无线电通讯管理秩序等刑事案件适用法律若干问题的解释》第二条的规定："违反国家规定，擅自设置、使用无线电台（站），或者擅自使用无线电频率，干扰无线电通讯秩序，具有下列情形之一的，应当认定为刑法第二百八十八条第一款规定的'情节严重'：（一）影响航天器、航空器、铁路机车、船舶专用无线电导航、遇险救助和安全通信等涉及公共安全的无线电频率正常使用的；（二）自然灾害、事故灾难、公共卫生事件、社会安全事件等突发事件期间，在事件发生地使用'黑广播''伪基站'的；（三）举办国家或者省级重大活动期间，在活动场所及周边使用'黑广播''伪基站'的；（四）同时使用三个以上'黑广播''伪基站'的；（五）'黑广播'的实测发射功率五百瓦以上，或者覆盖范围十公里以上的；（六）使用'伪基站'发送诈骗、赌博、招嫖、木马病毒、钓鱼网站链接等违法犯罪信息，数量在五千条以上，或者销毁发送数量等记录的；（七）雇佣、指使未成年人、残疾人等特定人员使用'伪基站'的；（八）违法所得三万元以上的；（九）曾因扰乱无线电通讯管理秩序受过刑事处罚，或者二年内曾因扰乱无线电通讯管理秩序受过行政处罚，又实施刑法第二百八十八条规定的行为的；（十）其他情节严重的情形。"

本案中，上×时代公司、刘某、乔某峰、赵某超、田某违反国家管理规定，擅自使用伪基站设备，干扰无线电通讯管理秩序，情节严重，其行为均已构成扰乱无线电通讯管理秩序罪。

第十二章

企业常见其他刑事法律风险及防范

第一节　非法经营罪

一、罪名概述

1. 罪名简介

非法经营罪，是指未经许可经营法律、行政法规规定的专营、专卖物品或其他限制买卖的物品，买卖进出口许可证、进出口原产地证明以及其他法律、行政法规规定的经营许可证或者批准文件，以及从事其他非法经营活动，扰乱市场秩序，情节严重、情节特别严重的行为。

2. 犯罪构成要件

(1)犯罪客体

本罪侵犯的客体是国家限制买卖物品和经营许可证的市场管理制度。

(2)犯罪客观方面

本罪在客观方面表现为未经许可经营专营、专卖物品或者其他限制买卖的物品，买卖进出口许可证、进出口原产地证明以及其他法律、行政法规规定的经营许可证或者批准文件，以及从事其他非法经营活动，扰乱市场秩序，情节严重、情节特别严重的行为。具体表现在：①未经许可经营法律、行政法规规定的专营、专卖物品或者其他限制买卖的物品的。②买卖进出口许可证、进出口原产地证明以及其他法律、法规规定的经营许可证或者批准文件的。③未经国家有关主管部门批准非法经营证券、期货、保险业务的，或者非法从事资金支付结算业务的。④其他严重扰乱市场秩序的非法经营行为。

(3)犯罪主体

本罪的犯罪主体为一般主体，即达到刑事责任年龄且具有刑事责任能力的自然人都可以构成本罪犯罪主体。单位也可以为本罪的犯罪主体。

(4)犯罪主观方面

本罪的主观方面表现为故意,并且具有牟取非法利润的目的。如果行为人没有以牟取非法利润为目的,而是由于不懂法律、法规,买卖经营许可证,不应当以本罪论处,应当由主管部门对其追究行政责任。

3. 立案追诉标准

最高人民检察院、公安部《关于公安机关管辖的刑事案件立案追诉标准的规定(二)》第七十一条规定,违反国家规定,进行非法经营活动,扰乱市场秩序,涉嫌下列情形之一的,应予立案追诉:

(1)违反国家烟草专卖管理法律法规,未经烟草专卖行政主管部门许可,无烟草专卖生产企业许可证、烟草专卖批发企业许可证、特种烟草专卖经营企业许可证、烟草专卖零售许可证等许可证明,非法经营烟草专卖品,具有下列情形之一的:

①非法经营数额在 5 万元以上,或者违法所得数额在 2 万元以上的;

②非法经营卷烟 20 万支以上的;

③3 年内因非法经营烟草专卖品受过 2 次以上行政处罚,又非法经营烟草专卖品且数额在 3 万元以上的。

(2)未经国家有关主管部门批准,非法经营证券、期货、保险业务,或者非法从事资金支付结算业务,具有下列情形之一的:

①非法经营证券、期货、保险业务,数额在 100 万元以上,或者违法所得数额在 10 万元以上的。

②非法从事资金支付结算业务,数额在 500 万元以上,或者违法所得数额在 10 万元以上的。

③非法从事资金支付结算业务,数额在 250 万元以上不满 500 万元,或者违法所得数额在 5 万元以上不满 10 万元,且具有下列情形之一的:

A. 因非法从事资金支付结算业务犯罪行为受过刑事追究的;

B. 2 年内因非法从事资金支付结算业务违法行为受过行政处罚的;

C. 拒不交待涉案资金去向或者拒不配合追缴工作,致使赃款无法追缴的;

D. 造成其他严重后果的。

④使用销售点终端机具(POS 机)等方法,以虚构交易、虚开价格、现金退货等方式向信用卡持卡人直接支付现金,数额在 100 万元以上的,或者造成金融机构资金 20 万元以上逾期未还的,或者造成金融机构经济损失 10 万元以上的。

(3)实施倒买倒卖外汇或者变相买卖外汇等非法买卖外汇行为,扰乱金融市场秩序,具有下列情形之一的:

①非法经营数额在 500 万元以上的,或者违法所得数额在 10 万元以上的。

②非法经营数额在 250 万元以上,或者违法所得数额在 5 万元以上,且具有下列

情形之一的：

A. 因非法买卖外汇犯罪行为受过刑事追究的；

B. 2 年内因非法买卖外汇违法行为受过行政处罚的；

C. 拒不交待涉案资金去向或者拒不配合追缴工作，致使赃款无法追缴的；

D. 造成其他严重后果的。

③公司、企业或者其他单位违反有关外贸代理业务的规定，采用非法手段，或者明知是伪造、变造的凭证、商业单据，为他人向外汇指定银行骗购外汇，数额在 500 万美元以上或者违法所得数额在 50 万元以上的。

④居间介绍骗购外汇，数额在 100 万美元以上或者违法所得数额在 10 万元以上的。

（4）出版、印刷、复制、发行严重危害社会秩序和扰乱市场秩序的非法出版物，具有下列情形之一的：

①个人非法经营数额在 5 万元以上的，单位非法经营数额在 15 万元以上的。

②个人违法所得数额在 2 万元以上的，单位违法所得数额在 5 万元以上的。

③个人非法经营报纸 5000 份或者期刊 5000 本或者图书 2000 册或者音像制品、电子出版物 500 张（盒）以上的，单位非法经营报纸 15 000 份或者期刊 15 000 本或者图书 5000 册或者音像制品、电子出版物 1500 张（盒）以上的。

④虽未达到上述数额标准，但具有下列情形之一的：

A. 2 年内因出版、印刷、复制、发行非法出版物受过 2 次以上行政处罚，又出版、印刷、复制、发行非法出版物的；

B. 因出版、印刷、复制、发行非法出版物造成恶劣社会影响或者其他严重后果的。

（5）非法从事出版物的出版、印刷、复制、发行业务，严重扰乱市场秩序，具有下列情形之一的：

①个人非法经营数额在 15 万元以上的，单位非法经营数额在 50 万元以上的；

②个人违法所得数额在 5 万元以上的，单位违法所得数额在 15 万元以上的；

③个人非法经营报纸 15 000 份或者期刊 15 000 本或者图书 5000 册或者音像制品、电子出版物 1500 张（盒）以上的，单位非法经营报纸 5 万份或者期刊 5 万本或者图书 15 000 册或者音像制品、电子出版物 5000 张（盒）以上的；

④虽未达到上述数额标准，2 年内因非法从事出版物的出版、印刷、复制、发行业务受过 2 次以上行政处罚，又非法从事出版物的出版、印刷、复制、发行业务的。

（6）采取租用国际专线、私设转接设备或者其他方法，擅自经营国际电信业务或者涉港澳台电信业务进行营利活动，扰乱电信市场管理秩序，具有下列情形之一的：

①经营去话业务数额在 100 万元以上的。

②经营来话业务造成电信资费损失数额在 100 万元以上的。

③虽未达到上述数额标准,但具有下列情形之一的:

A.2 年内因非法经营国际电信业务或者涉港澳台电信业务行为受过 2 次以上行政处罚,又非法经营国际电信业务或者涉港澳台电信业务的;

B.因非法经营国际电信业务或者涉港澳台电信业务行为造成其他严重后果的。

(7)以营利为目的,通过信息网络有偿提供删除信息服务,或者明知是虚假信息,通过信息网络有偿提供发布信息等服务,扰乱市场秩序,具有下列情形之一的:

①个人非法经营数额在 5 万元以上,或者违法所得数额在 2 万元以上的;

②单位非法经营数额在 15 万元以上,或者违法所得数额在 5 万元以上的。

(8)非法生产、销售"黑广播"、"伪基站"、无线电干扰器等无线电设备,具有下列情形之一的:

①非法生产、销售无线电设备 3 套以上的;

②非法经营数额在 5 万元以上的;

③虽未达到上述数额标准,但 2 年内因非法生产、销售无线电设备受过 2 次以上行政处罚,又非法生产、销售无线电设备的。

(9)以提供给他人开设赌场为目的,违反国家规定,非法生产、销售具有退币、退分、退钢珠等赌博功能的电子游戏设施设备或者其专用软件,具有下列情形之一的:

①个人非法经营数额在 5 万元以上,或者违法所得数额在 1 万元以上的;

②单位非法经营数额在 50 万元以上,或者违法所得数额在 10 万元以上的;

③虽未达到上述数额标准,但 2 年内因非法生产、销售赌博机行为受过 2 次以上行政处罚,又进行同种非法经营行为的;

④其他情节严重的情形。

(10)实施下列危害食品安全行为,非法经营数额在 10 万元以上,或者违法所得数额在 5 万元以上的:

①以提供给他人生产、销售食品为目的,违反国家规定,生产、销售国家禁止用于食品生产、销售的非食品原料的;

②以提供给他人生产、销售食用农产品为目的,违反国家规定,生产、销售国家禁用农药、食品动物中禁止使用的药品及其他化合物等有毒、有害的非食品原料,或者生产、销售添加上述有毒、有害的非食品原料的农药、兽药、饲料、饲料添加剂、饲料原料的;

③违反国家规定,私设生猪屠宰厂(场),从事生猪屠宰、销售等经营活动的。

(11)未经监管部门批准,或者超越经营范围,以营利为目的,以超过 36% 的实际年利率经常性地向社会不特定对象发放贷款,具有下列情形之一的:

①个人非法放贷数额累计在 200 万元以上的,单位非法放贷数额累计在 1000 万元以上的。

②个人违法所得数额累计在 80 万元以上的,单位违法所得数额累计在 400 万元

以上的。

③个人非法放贷对象累计在 50 人以上的，单位非法放贷对象累计在 150 人以上的。

④造成借款人或者其近亲属自杀、死亡或者精神失常等严重后果的。

⑤虽未达到上述数额标准，但具有下列情形之一的：

A. 2 年内因实施非法放贷行为受过 2 次以上行政处罚的；

B. 以超过 72% 的实际年利率实施非法放贷行为 10 次以上的。

黑恶势力非法放贷的，按照第 1、2、3 项规定的相应数额、数量标准的 50% 确定。同时具有第 5 项规定情形的，按照相应数额、数量标准的 40% 确定。

(12) 从事其他非法经营活动，具有下列情形之一的：

①个人非法经营数额在 5 万元以上，或者违法所得数额在 1 万元以上的；

②单位非法经营数额在 50 万元以上，或者违法所得数额在 10 万元以上的；

③虽未达到上述数额标准，但 2 年内因非法经营行为受过 2 次以上行政处罚，又从事同种非法经营行为的；

④其他情节严重的情形。

法律、司法解释对非法经营罪的立案追诉标准另有规定的，依照其规定。

4. 量刑标准

《刑法》第二百二十五条规定："违反国家规定，有下列非法经营行为之一，扰乱市场秩序，情节严重的，处五年以下有期徒刑或者拘役，并处或者单处违法所得一倍以上五倍以下罚金；情节特别严重的，处五年以上有期徒刑，并处违法所得一倍以上五倍以下罚金或者没收财产：(一) 未经许可经营法律、行政法规规定的专营、专卖物品或者其他限制买卖的物品的；(二) 买卖进出口许可证、进出口原产地证明以及其他法律、行政法规规定的经营许可证或者批准文件的；(三) 未经国家有关主管部门批准非法经营证券、期货、保险业务的，或者非法从事资金支付结算业务的；(四) 其他严重扰乱市场秩序的非法经营行为。"

单位犯本罪的，对单位判处罚金，并对其直接负责的主管人员和其他直接责任人员，依照上述规定处罚。

需要提醒的是，关于"情节特别严重的"，我国法律并未规定统一的标准，主要散见于相关司法解释或规定中，比如：最高人民法院、最高人民检察院《关于办理非法生产、销售烟草专卖品等刑事案件具体应用法律若干问题的解释》第三条规定："非法经营烟草专卖品，具有下列情形之一的，应当认定为刑法第二百二十五条规定的'情节严重'：(一) 非法经营数额在五万元以上的，或者违法所得数额在二万元以上的；(二) 非法经营卷烟二十万支以上的；(三) 曾因非法经营烟草专卖品三年内受过二次以上行政处罚，又非法经营烟草专卖品且数额在三万元以上的。具有下列情形之一的，应当认定为刑法第二百二十五条规定的‘情节特别严重’：（一）非法经营数额在二十五万元以上，或者违法所得数额在十万元以上的；（二）非法经营卷烟一百万支以上的。”

二、风险防范

1. 企业应在市场监督管理部门核准的经营范围内从事经营活动。经营国家专营、专卖及其他限制买卖物品的企业，应履行相应的审批程序，经过行政主管部门的审批，获得批准文件或经营许可证。

2. 非法经营罪中存在“其他严重扰乱市场秩序的非法经营行为”的兜底性规定，这使得非法经营罪成了一个极富适用弹性的罪名。企业在进行经营模式的创新时，应当深入研究和把握国家的法律法规和政策，格外警惕触犯本罪的风险。如果对经营行为是否触犯本罪不确定，建议聘请专业律师进行把关。

3. 国家限制经营的产品在不同时期会有不同的变化，企业应该实时关注相关的法律规范，避免因法律规定的变化导致在企业经营过程中出现违法行为。

4. 买卖进出口许可证、进出口原产地证明以及其他法律、行政法规规定的经营许可证或者批准文件，情节严重的，也可能构成非法经营罪，企业应当杜绝此类行为。

5. 本罪为情节犯，非法经营行为必须“情节严重”才能构成犯罪。因此，当企业发现当下经营业务有可能触犯本罪时，应立即暂停经营并进行合法性审查，以降低触犯本罪的刑事风险。当企业被控涉刑，应积极寻求专业帮助，由专业人员根据事实积极提出专业法律意见，提出合规整改措施，尽可能争取在行政层处理，避免上升为刑事案件。

三、典型案例

江苏金×新材料有限公司、江苏尚×新材料有限公司等非法经营案①

【案情简介】

2018年8月18日~2019年6月5日，江苏金×新材料有限公司（以下简称金×公司）在未取得危险化学品经营许可证的情况下，从兰州金×科技园有限公司处购进易制爆危险化学品硝酸银，通过物流运输的方式，将硝酸银加价销往浙江、安徽、广东、江苏等地，销售硝酸银价税合计人民币161 301 831.9元。

2018年10月12日至案发时，江苏尚×新材料有限公司（以下简称尚×公司）在危险化学品经营许可证到期之后，从兰州金×科技园有限公司处购进易制爆危险

① 案号：(2020)苏0412刑初591号。

化学品硝酸银，通过物流运输的方式，将硝酸银加价销往浙江、安徽、广东、江苏等地，尚×公司在2018年10月12日～2019年8月31日销售硝酸银价税合计人民币79 009 797.81元。

庄某在尚×公司占股90%，在金×公司占股65%，负责两单位发展方向及相关批核等；李某在两公司中占股10%，负责两单位日常运营等。

另查明，李某于2019年9月25日经公安机关电话通知后主动至约定地点投案并如实供述了自己及单位的犯罪事实。

【裁判结果】

1. 金×公司犯非法经营罪，判处罚金人民币200万元。

2. 尚×公司犯非法经营罪，判处罚金人民币150万元。

3. 庄某犯非法经营罪，判处有期徒刑3年，缓刑4年，并处罚金人民币75万元。

4. 李某犯非法经营罪，判处有期徒刑2年6个月，缓刑3年，并处罚金人民币15万元。

【案件评析】

本案涉及的是在未取得危险化学品经营许可证或危险化学品经营许可证已过期的情况下销售硝酸银的行为，是否构成非法经营罪的问题。

根据最高人民检察院、公安部《关于公安机关管辖的刑事案件立案追诉标准的规定（二）》（2010年）第七十九条的规定，违反国家规定，进行非法经营活动，扰乱市场秩序，从事其他非法经营活动，个人非法经营数额在5万元以上或者违法所得数额在1万元以上的，单位非法经营数额在50万元以上或者违法所得数额在10万元以上的，应予立案追诉。

本案中，硝酸银属于行政法规规定的专营物品，金×公司、尚×公司分别违反国家规定，未经许可销售硝酸银，扰乱市场经济秩序，金×公司销售硝酸银价税合计161 301 831.9元，尚×公司销售硝酸银价税合计79 009 797.81元，远远超出法定的追诉金额，其行为均已构成非法经营罪。庄某、李某为两公司直接负责的主管人员，也应当以非法经营罪追究其刑事责任。

第二节　污染环境罪

一、罪名概述

1. 罪名简介

污染环境罪，是指违反国家规定，排放、倾倒或者处置有放射性的废物、含传染病病原体的废物、有毒物质或者其他有害物质,严重污染环境的行为。

2. 犯罪构成要件

(1)犯罪客体

本罪侵犯的客体是国家防治环境污染的管理制度。

(2)犯罪客观方面

本罪在客观方面表现为违反国家规定,排放、倾倒或者处置有放射性的废物、含传染病病原体的废物、有毒物质或者其他有害物质,严重污染环境的行为。

违反国家规定,是指违反全国人民代表大会及其常务委员会制定的有关环境保护方面的法律,以及国务院制定的相关行政法规、行政措施、发布的决定或命令。这些法律、法规主要包括《环境保护法》《大气污染防治法》《水污染防治法》《海洋环境保护法》《固体废物污染环境防治法》等法律,以及《放射性同位素与射线装置安全和防护条例》《工业"三废"排放试行标准》等一系列专门法规。

排放,是指把各种危险废物排入土地、水体、大气的行为,包括泵出、溢出、泄出、喷出、倒出等;倾倒是指通过船舶、航空器、平台或者其他载运工具,向土地、水体、大气倾卸危险废物的行为;处置,是指以焚烧、填埋或其他改变危险废物属性的方式处理危险废物或者将其置于特定场所或者设施并不再取回的行为。

(3)犯罪主体

本罪的犯罪主体为一般主体,自然人和单位均可构成本罪。

(4)犯罪主观方面

本罪在主观方面表现为过失。虽然行为人对其行为的主观心态应当是故意,但对其行为所造成的结果所表现出来的心理态度只能是过失,否则极可能构成危害公共安全罪。

3. 立案追诉标准

最高人民检察院、公安部《关于公安机关管辖的刑事案件立案追诉标准的规定(一)的补充规定》第十条规定,违反国家规定,排放、倾倒或者处置有放射性的废物、含传染病病原体的废物、有毒物质或者其他有害物质,涉嫌下列情形之一的,应予立案追诉:

(1)在饮用水水源一级保护区、自然保护区核心区排放、倾倒、处置有放射性的废物、含传染病病原体的废物、有毒物质的;

(2)非法排放、倾倒、处置危险废物 3 吨以上的;

(3)排放、倾倒、处置含铅、汞、镉、铬、砷、铊、锑的污染物,超过国家或者地方污染物排放标准 3 倍以上的;

(4)排放、倾倒、处置含镍、铜、锌、银、钒、锰、钴的污染物,超过国家或者地方污染物排放标准 10 倍以上的;

(5)通过暗管、渗井、渗坑、裂隙、溶洞、灌注等逃避监管的方式排放、倾倒、处置有放射性的废物、含传染病病原体的废物、有毒物质的；

(6)2 年内曾因违反国家规定，排放、倾倒、处置有放射性的废物、含传染病病原体的废物、有毒物质受过 2 次以上行政处罚，又实施前列行为的；

(7)重点排污单位篡改、伪造自动监测数据或者干扰自动监测设施，排放化学需氧量、氨氮、二氧化硫、氮氧化物等污染物的；

(8)违法减少防治污染设施运行支出 100 万元以上的；

(9)违法所得或者致使公私财产损失 30 万元以上的；

(10)造成生态环境严重损害的；

(11)致使乡镇以上集中式饮用水水源取水中断 12 小时以上的；

(12)致使基本农田、防护林地、特种用途林地 5 亩以上，其他农用地 10 亩以上，其他土地 20 亩以上基本功能丧失或者遭受永久性破坏的；

(13)致使森林或者其他林木死亡 50 立方米以上，或者幼树死亡 2500 株以上的；

(14)致使疏散、转移群众 5000 人以上的；

(15)致使 30 人以上中毒的；

(16)致使 3 人以上轻伤、轻度残疾或者器官组织损伤导致一般功能障碍的；

(17)致使 1 人以上重伤、中度残疾或者器官组织损伤导致严重功能障碍的；

(18)其他严重污染环境的情形。

该条规定的"有毒物质"，包括列入国家危险废物名录或者根据国家规定的危险废物鉴别标准和鉴别方法认定的具有危险特性的废物，《关于持久性有机污染物的斯德哥尔摩公约》附件所列物质，含重金属的污染物，以及其他具有毒性可能污染环境的物质。

该条规定的"非法处置危险废物"，包括无危险废物经营许可证，以营利为目的，从危险废物中提取物质作为原材料或者燃料，并具有超标排放污染物、非法倾倒污染物或者其他违法造成环境污染情形的行为。

该条规定的"重点排污单位"，是指设区的市级以上人民政府环境保护主管部门依法确定的应当安装、使用污染物排放自动监测设备的重点监控企业及其他单位。

该条规定的"公私财产损失"，包括直接造成财产损毁、减少的实际价值，为防止污染扩大、消除污染而采取必要合理措施所产生的费用，以及处置突发环境事件的应急监测费用。

该条规定的"生态环境损害"，包括生态环境修复费用，生态环境修复期间服务功能的损失和生态环境功能永久性损害造成的损失，以及其他必要合理费用。

该条规定的"无危险废物经营许可证"，是指未取得危险废物经营许可证，或者超出危险废物经营许可证的经营范围。

4. 量刑标准

《刑法》第三百三十八条规定："违反国家规定，排放、倾倒或者处置有放射性的废物、含传染病病原体的废物、有毒物质或者其他有害物质，严重污染环境的，处三年以下有期徒刑或者拘役，并处或者单处罚金；情节严重的，处三年以上七年以下有期徒刑，并处罚金；有下列情形之一的，处七年以上有期徒刑，并处罚金：(一)在饮用水水源保护区、自然保护地核心保护区等依法确定的重点保护区域排放、倾倒、处置有放射性的废物、含传染病病原体的废物、有毒物质，情节特别严重的；(二)向国家确定的重要江河、湖泊水域排放、倾倒、处置有放射性的废物、含传染病病原体的废物、有毒物质，情节特别严重的；(三)致使大量永久基本农田基本功能丧失或者遭受永久性破坏的；(四)致使多人重伤、严重疾病，或者致人严重残疾、死亡的。有前款行为，同时构成其他犯罪的，依照处罚较重的规定定罪处罚。"

2023 年 8 月 15 日施行的最高人民法院、最高人民检察院《关于办理环境污染刑事案件适用法律若干问题的解释》第一条规定，实施《刑法》第三百三十八条规定的行为，具有下列情形之一的，应当认定为"严重污染环境"：

(1)在饮用水水源保护区、自然保护地核心保护区等依法确定的重点保护区域排放、倾倒、处置有放射性的废物、含传染病病原体的废物、有毒物质的；

(2)非法排放、倾倒、处置危险废物 3 吨以上的；

(3)排放、倾倒、处置含铅、汞、镉、铬、砷、铊、锑的污染物，超过国家或者地方污染物排放标准 3 倍以上的；

(4)排放、倾倒、处置含镍、铜、锌、银、钒、锰、钴的污染物，超过国家或者地方污染物排放标准 10 倍以上的；

(5)通过暗管、渗井、渗坑、裂隙、溶洞、灌注、非紧急情况下开启大气应急排放通道等逃避监管的方式排放、倾倒、处置有放射性的废物、含传染病病原体的废物、有毒物质的；

(6)2 年内曾因在重污染天气预警期间，违反国家规定，超标排放二氧化硫、氮氧化物等实行排放总量控制的大气污染物受过 2 次以上行政处罚，又实施此类行为的；

(7)重点排污单位、实行排污许可重点管理的单位篡改、伪造自动监测数据或者干扰自动监测设施，排放化学需氧量、氨氮、二氧化硫、氮氧化物等污染物的；

(8)2 年内曾因违反国家规定，排放、倾倒、处置有放射性的废物、含传染病病原体的废物、有毒物质受过 2 次以上行政处罚，又实施此类行为的；

(9)违法所得或者致使公私财产损失 30 万元以上的；

(10)致使乡镇集中式饮用水水源取水中断 12 小时以上的；

(11)其他严重污染环境的情形。

该解释第二条规定，实施《刑法》第三百三十八条规定的行为，具有下列情形之一的，应当认定为“情节严重”：

（1）在饮用水水源保护区、自然保护地核心保护区等依法确定的重点保护区域排放、倾倒、处置有放射性的废物、含传染病病原体的废物、有毒物质，造成相关区域的生态功能退化或者野生生物资源严重破坏的；

（2）向国家确定的重要江河、湖泊水域排放、倾倒、处置有放射性的废物、含传染病病原体的废物、有毒物质，造成相关水域的生态功能退化或者水生生物资源严重破坏的；

（3）非法排放、倾倒、处置危险废物 100 吨以上的；

（4）违法所得或者致使公私财产损失 100 万元以上的；

（5）致使县级城区集中式饮用水水源取水中断 12 小时以上的；

（6）致使永久基本农田、公益林地 10 亩以上，其他农用地 12 亩以上，其他土地 50 亩以上基本功能丧失或者遭受永久性破坏的；

（7）致使森林或者其他林木死亡 50 立方米以上，或者幼树死亡 2500 株以上的；

（8）致使疏散、转移群众 5000 人以上的；

（9）致使 30 人以上中毒的；

（10）致使 1 人以上重伤、严重疾病或者 3 人以上轻伤的；

（11）其他情节严重的情形。

该解释第三条规定，实施《刑法》第三百三十八条规定的行为，具有下列情形之一的，应当处 7 年以上有期徒刑，并处罚金：

（1）在饮用水水源保护区、自然保护地核心保护区等依法确定的重点保护区域排放、倾倒、处置有放射性的废物、含传染病病原体的废物、有毒物质，具有下列情形之一的：

①致使设区的市级城区集中式饮用水水源取水中断 12 小时以上的；

②造成自然保护地主要保护的生态系统严重退化，或者主要保护的自然景观损毁的；

③造成国家重点保护的野生动植物资源或者国家重点保护物种栖息地、生长环境严重破坏的；

④其他情节特别严重的情形。

（2）向国家确定的重要江河、湖泊水域排放、倾倒、处置有放射性的废物、含传染病病原体的废物、有毒物质，具有下列情形之一的：

①造成国家确定的重要江河、湖泊水域生态系统严重退化的；

②造成国家重点保护的野生动植物资源严重破坏的；

③其他情节特别严重的情形。

（3）致使永久基本农田 50 亩以上基本功能丧失或者遭受永久性破坏的。

(4)致使3人以上重伤、严重疾病,或者1人以上严重残疾、死亡的。

该解释第四条规定,实施《刑法》第三百三十九条第一款规定的行为,具有下列情形之一的,应当认定为“致使公私财产遭受重大损失或者严重危害人体健康”:

(1)致使公私财产损失100万元以上的;

(2)具有本解释第二条第五项至第十项规定情形之一的;

(3)其他致使公私财产遭受重大损失或者严重危害人体健康的情形。

该解释第五条规定,实施《刑法》第三百三十八条、第三百三十九条规定的犯罪行为,具有下列情形之一的,应当从重处罚:

(1)阻挠环境监督检查或者突发环境事件调查,尚不构成妨害公务等犯罪的;

(2)在医院、学校、居民区等人口集中地区及其附近,违反国家规定排放、倾倒、处置有放射性的废物、含传染病病原体的废物、有毒物质或者其他有害物质的;

(3)在突发环境事件处置期间或者被责令限期整改期间,违反国家规定排放、倾倒、处置有放射性的废物、含传染病病原体的废物、有毒物质或者其他有害物质的;

(4)具有危险废物经营许可证的企业违反国家规定排放、倾倒、处置有放射性的废物、含传染病病原体的废物、有毒物质或者其他有害物质的;

(5)实行排污许可重点管理的企业事业单位和其他生产经营者未依法取得排污许可证,排放、倾倒、处置有放射性的废物、含传染病病原体的废物、有毒物质或者其他有害物质的。

该解释第六条规定:“实施刑法第三百三十八条规定的行为,行为人认罪认罚,积极修复生态环境,有效合规整改的,可以从宽处罚;犯罪情节轻微的,可以不起诉或者免予刑事处罚;情节显著轻微危害不大的,不作为犯罪处理。”

该解释第七条规定:“无危险废物经营许可证从事收集、贮存、利用、处置危险废物经营活动,严重污染环境的,按照污染环境罪定罪处罚;同时构成非法经营罪的,依照处罚较重的规定定罪处罚。实施前款规定的行为,不具有超标排放污染物、非法倾倒污染物或者其他违法造成环境污染的情形的,可以认定为非法经营情节显著轻微危害不大,不认为是犯罪;构成生产、销售伪劣产品等其他犯罪的,以其他犯罪论处。”

二、风险防范

1.企业应按照国家或地方标准,配备处理工业废气、废水、废渣、噪声等设备设施,并定期检查维修、更新,保障设施设备正常运行。如发现排污设施设备损坏,应当立即组织修复,并采取有效措施确保修复期间不出现超标准排放污染物。

2.企业应设立专门的环境管理部,安排专职的环境管理人员,负责企业的环境管理工作。企业的环保监督管理部门应定期对企业环境保护的各个方面进行现场监督检查,对于不符合要求的情况要进行记录并及时通报,落实相关人员的责任,立即对相关问题进行整改。此外,要严格落实环境管理台账制度。建立对日常环境保护问题整改台账和对重大环保隐患问题台账,包括问题产生的原因、责任的落实、整改的措施以及相关的应急预案等内容。企业如果面临刑事风险,这些台账可以作为企业自身经营行为的合法证据。

3. 企业从事生产经营活动,建设对环境有影响的项目,应当依法通过环境影响评价、使用验收合格的防治污染设施、取得排污许可证。对有放射性的废物、含传染病病原体的废物、有毒物质或者其他有害物质,应进行无害化处理,不得随意排放、倾倒或者处置,特别是要避开人口集中地区、饮用水水源保护区、自然保护地核心保护区等重点区域,以免造成污染环境等严重后果。

4. 企业应当按照国家规定制定突发环境事件应急预案,在发生或者可能发生突发环境事件时应立即采取措施,及时通报可能受到危害的单位和居民,并向环境保护主管部门和有关部门报告。在造成环境污染后,要及时采取补救措施,努力消除污染、防止损失扩大、积极赔偿损失、设法修复生态环境,争取从宽处理。

5. 对有关部门开展的环境监督检查或者突发环境事件调查,应当积极配合,不得故意阻挠,否则可能以妨害公务罪与污染环境罪数罪并罚,或者作为本罪从重处罚情节。

6. 在明晰环境污染相关立法和熟悉企业业务的基础上,对企业生产经营活动中各环节的风险进行评估。如分析企业是否存在"严重违规排放、倾倒、处置有放射性的废物、含传染病病原体的废物、有毒物质"或"违规排放、倾倒、处置危险废物 3 吨以上"等行为,建立企业风险库。

在对企业进行风险评估的基础上,明确企业的主要领导及各部门之具体职责,将企业环境保护的责任进行层层细化,建立职责分明、以责论处的工作原则,根据各部门及人员之相关职责,制定环境保护的工作清单,将环保工作进行分解和细化,做到落实到岗,形成系统化、规范化的环保责任管理体系。实务中,某些企业人员为了追求其自身的利益,时有擅自作出违法行为导致触犯污染环境罪的情形。如企业在此行为之前已拥有一套完善的生态环保责任制度,则在身陷刑事风险时可以以"该行为是企业员工之个人犯罪,不能将此认定为单位犯罪"进行抗辩。

7. 涉及污染物转移处置,应当依法严格审核合作单位的资质以及运输污染物的设备是否符合法律规定,一旦稍有疏忽,就有可能触犯本罪。

8. 企业将部分车间租赁给他人生产的,务必进行严格监管,绝不允许租户非法处置危险废物。如果发现租户存在非法处置危险废物的行为,应当及时制止,否则有可能触犯本罪。

9. 聘请专业律师根据企业所在的地区和行业特点,为企业员工定期提供专业化法律培训,从整体上提高企业对于环境保护的法律意识及合规意识。

三、典型案例

平阳县蚀×工艺品有限公司、陈某其污染环境案①

【案情简介】

平阳县蚀×工艺品有限公司(以下简称蚀×公司)于2012年8月28日成立,经营范围包含金属制品蚀刻加工、金属表面热处理加工等,相关建设项目环境影响报告书已经生态环境主管部门审批,并领取《排污许可证》,对蚀刻生产过程中产生的危险废物蚀刻铜废液委托从事处置危险废物经营活动的单位处理,对危险废物蚀刻锌废液无处置能力。2019年10月20日~2021年12月1日,蚀×公司将部分车间租给王某良、张某景、郑某标、杨某猛、包某利、丁某明、何某兵(均另案处理)等人使用硝酸蚀刻锌板等进行生产,并提供排污等服务,租赁合同约定危险废物由公司统一寻找第三方有资质的危废单位处理以实际处置价格收费。陈某其(蚀×公司总经理,负责公司日常管理)及余某灿(另案处理,公司经理,负责安全生产及危废处置工作),明知王某良等人的车间生产过程中产生蚀刻锌废液,且无处置能力,未履行监管职责,纵容其生产并自行处置。

经查明,王某良等人将蚀刻生产过程中产生的共计643吨蚀刻铜废液和蚀刻锌废液交由无处理资质的刘某彬、刘某钦(均另案处理)非法倾倒处置,其中蚀刻锌废液437.4吨,造成瑞安市阁巷高速桥路边的土壤和地下水以及周围地表水中重金属锌等指标超基线水平,以及平阳县海滨村西湾隧道西侧城新线北侧无名小路边电线杆底部附近的土壤和地下水中重金属锌等指标超基线水平。2021年12月1日凌晨1时许,刘某彬、刘某钦从张某景车间收集1吨废液,准备在平阳县海滨村西湾隧道西侧城新线北侧无名小路倾倒时被生态环境部门执法人员及公安民警查获。经检测,现场查获的废液及张某景、郑某标、王某良、杨某猛、包某利、丁某明、何某兵车间废液桶内的废液,均属于蚀刻锌废液(危险废物代码HW34,小类代码900-300-34)。

案发后,陈某其于2022年6月14日到平阳县××局投案。同年8月16日,蚀×公司预缴生态修复保证金人民币50万元。

经温州市工业科学研究院司法鉴定所鉴定,依据环境损害鉴定评估技术规范,采用虚拟成本法进行环境损害价值量化,刘某彬、刘某钦倾倒642吨蚀刻废液的行为所造成的生态环境损害金额为人民币2 239 008元,涉及环境损害司法鉴定费用人民币250 000元。该事件存在明显的破坏生态环境的行为,蚀×公司未履行监管职责,纵

---

① 案号:(2022)浙0326刑初594号。

容租户生产并非法处置蚀刻锌废液，进而导致其中436.4吨蚀刻锌废液被刘某彬、刘某钦非法倾倒的行为和生态环境损害的因果关系可以确定。

【裁判结果】

1. 蚀×公司犯污染环境罪，判处罚金人民币250 000元。

2. 陈某其犯污染环境罪，判处有期徒刑2年2个月，缓刑2年6个月，并处罚金人民币60 000元。

3. 禁止陈某其在缓刑考验期内从事与排污或者处置危险废物有关的经营活动。

4. 刑事附带民事公益诉讼被告蚀×公司在本判决生效之日起30日内向平阳县人民检察院连带赔偿生态资源损失费用人民币1 521 967.43元，连带赔偿环境损害司法鉴定费用人民币250 000元。

5. 刑事附带民事公益诉讼被告蚀×公司于本判决生效之日起5日内在市级以上媒体公开赔礼道歉，内容由法院审核确定。

【案件评析】

本案涉及的是企业未履行监管职责，纵容租户生产并非法处置危险废物的行为，是否构成污染环境罪的问题。

根据最高人民检察院、公安部《关于公安机关管辖的刑事案件立案追诉标准的规定(一)的补充规定》第十条的规定，违反国家规定，排放、倾倒或者处置有放射性的废物、含传染病病原体的废物、有毒物质或者其他有害物质，非法排放、倾倒、处置危险废物3吨以上的，应予立案追诉。

本案中，蚀×公司及其直接负责的主管人员陈某其明知租户王某良、张某景等人非法处置危险废物，未实际履行监管职责而予以纵容，导致436.4吨蚀刻锌废液被非法倾倒，严重污染环境，其行为均已构成污染环境罪。

第三节　虚假广告罪

一、罪名概述

1. 罪名简介

虚假广告罪，是指广告主、广告经营者、广告发布者违反国家规定，利用广告对商品或服务作虚假宣传，情节严重的行为。

2. 犯罪构成要件

(1)犯罪客体

本罪侵犯的客体是社会主义市场经济条件下商品正当的交易活动和竞争活动。

(2)犯罪客观方面

本罪在客观方面表现为违反国家广告管理法规,利用广告对商品或者服务作虚假宣传,情节严重的行为。

虚假宣传主要包括以下两种情况:

①对商品或服务作夸大失实的宣传,即对生产、销售的产品质量、制作成分、性能、用途、生产者、有效期限、产地、来源等情况,或者对所提供的服务的质量规格、技术标准、价格等交易资料进行夸大、无中生有、与实际情况不符的宣传。

②对商品或服务作语义含糊、令人误解的宣传,即通过措辞的技巧、明示或暗示、省略或者含糊的手段,使消费者对商品或者服务产生误解。

需要强调的是,必须要达到情节严重的程度才能构成本罪。情节严重,一般是指利用广告对商品或服务所作的虚假宣传,违法所得数额较大,给消费者造成了重大损失,在社会上产生恶劣的影响等。

(3)犯罪主体

本罪的犯罪主体为特殊主体,即广告主、广告经营者和广告发布者。本罪主体既可以是达到刑事责任年龄且具备刑事责任能力的自然人,也可以是单位。

广告主,是指为推销商品或者提供服务,自行或者委托他人设计、制作、发布广告的自然人、法人或者其他组织。广告经营者,是指受委托提供广告设计、制作、代理服务的自然人、法人或者其他组织。广告发布者,是指为广告主或者广告主委托的广告经营者发布广告的自然人、法人或者其他组织。

(4)犯罪主观方面

本罪在主观方面表现为故意,即行为人明知自己所作的是虚假的宣传,并且希望或者放任危害结果的发生。过失不构成本罪。

3. 立案追诉标准

最高人民检察院、公安部《关于公安机关管辖的刑事案件立案追诉标准的规定(二)》第六十七条规定:"广告主、广告经营者、广告发布者违反国家规定,利用广告对商品或者服务作虚假宣传,涉嫌下列情形之一的,应予立案追诉:(一)违法所得数额在十万元以上的;(二)假借预防、控制突发事件、传染病防治的名义,利用广告作虚假宣传,致使多人上当受骗,违法所得数额在三万元以上的;(三)利用广告对食品、药品作虚假宣传,违法所得数额在三万元以上的;(四)虽未达到上述数额标准,但二年内因利用广告作虚假宣传受过二次以上行政处罚,又利用广告作虚假宣传的;(五)造成严重危害后果或者恶劣社会影响的;(六)其他情节严重的情形。"

4. 量刑标准

《刑法》第二百二十二条规定:"广告主、广告经营者、广告发布者违反国家规定,利用广告对商品或者服务作虚假宣传,情节严重的,处二年以下有期徒刑或者拘役,并处或者单处罚金。”

实务中，以下两种情况也按虚假广告罪处罚：

（1）最高人民法院《关于审理非法集资刑事案件具体应用法律若干问题的解释》第十二条规定：“广告经营者、广告发布者违反国家规定，利用广告为非法集资活动相关的商品或者服务作虚假宣传，具有下列情形之一的，依照刑法第二百二十二条的规定，以虚假广告罪定罪处罚：（一）违法所得数额在10万元以上的；（二）造成严重危害后果或者恶劣社会影响的；（三）二年内利用广告作虚假宣传，受过行政处罚二次以上的；（四）其他情节严重的情形。明知他人从事欺诈发行证券，非法吸收公众存款，擅自发行股票、公司、企业债券，集资诈骗或者组织、领导传销活动等集资犯罪活动，为其提供广告等宣传的，以相关犯罪的共犯论处。”

（2）最高人民法院、最高人民检察院《关于办理妨害预防、控制突发传染病疫情等灾害的刑事案件具体应用法律若干问题的解释》第五条规定：“广告主、广告经营者、广告发布者违反国家规定，假借预防、控制突发传染病疫情等灾害的名义，利用广告对所推销的商品或者服务作虚假宣传，致使多人上当受骗，违法所得数额较大或者有其他严重情节的，依照刑法第二百二十二条的规定，以虚假广告罪定罪处罚。”

二、风险防范

1. 企业要熟悉广告准则，了解法律后果。我国《广告法》对广告的行为规范作了最直接的规定，是一切广告行为的活动前提，企业应当熟悉并遵守其中的法律规定。

2. 企业对广告内容要进行严格审查，确保广告内容客观、真实、合法。如果不确定企业发布的广告内容是否触犯本罪，建议聘请专业律师进行把关。

3. 企业在开展广告业务活动时，应选择管理规范、信誉良好的广告公司作为合作伙伴，并与之签订规范的广告服务合同并留存备查，做好相关单据的备案工作。

三、典型案例

深圳市盛××科技有限公司、深圳市奥××科技有限公司虚假广告案①

【案情简介】

（一）深圳市盛××科技有限公司相关犯罪事实

因举报人举报，2017年6月16日，深圳市龙岗区市场监督管理局对深圳市盛××科技有限公司进行检查，查明该公司经营的天猫网店“盛××旗舰店”销售“经络

① 案号：（2020）粤0307刑初2702号。

理疗按摩仪”是使用含有宣传预防疾病功能的广告语，且无法提供该广告语的客观证据，违反了《广告法》的规定。经过在淘宝网站后台调取数据，显示该公司于2017年3月～5月25日销售金额为454 786.64元，违法所得341 089.98元。公司的实际经营者为李某2。

深圳市盛××科技有限公司于2016年、2017年3次因虚假广告被深圳市市场和质量监督管理委员会龙岗市场监督管理局查处，处罚决定书编号分别为深市质龙市监罚字〔2016〕455号、深市质龙市监罚字〔2016〕1116号、深市质龙市监罚字〔2017〕819号。

2019年5月22日，李某2到深圳市龙岗区公安局投案自首。

（二）深圳市奥××科技有限公司相关犯罪事实

因举报人举报，2019年4月29日，深圳市龙岗区市场监督管理局对深圳市奥××科技有限公司进行检查，查明该公司生产的“贝茨按摩仪”在天猫网店“盛××奥××专卖店”“OSTO旗舰店”销售。深圳市奥××科技有限公司在其销售的产品中使用“视力恢复仪”“近视散光矫正”“视力矫正”等广告语进行宣传，针对商品的功能、用途所发布的广告与实际情况不符，对购买行为有实质性影响，违反了《广告法》的规定。经过在淘宝网站后台调取数据，显示该公司在涉案广告语存续期间，两间网店共销售涉案商品40 792台，总金额8 022 569.3元，违法所得1 618 225.3元。

另查明，深圳市奥××科技有限公司于2017年、2018年4次因虚假广告被深圳市市场和质量监督管理委员会龙岗市场监督管理局查处，处罚决定书编号分别为深市质龙市监罚字〔2017〕557号、深市质龙市监罚字〔2017〕685号、深市质龙市监罚字〔2017〕997号、深市质龙市监罚字〔2018〕1217号。

李某2系深圳市盛××科技有限公司的实际经营者、深圳市奥××科技有限公司的法定代表人。2020年5月20日，深圳市公安局李朗派出所通知李某2配合工作，李某2于当日到深圳市龙岗区公安分局李朗派出所配合调查。

【裁判结果】

1. 深圳市奥××科技有限公司犯虚假广告罪，判处罚金人民币10万元。
2. 深圳市盛××科技有限公司犯虚假广告罪，判处罚金人民币5万元。
3. 李某2犯虚假广告罪，判处有期徒刑9个月，并处罚金人民币10万元。

【案件评析】

本案涉及的是企业违反国家规定，利用广告对商品作虚假宣传的行为，是否构成虚假广告罪的问题。

最高人民检察院、公安部《关于公安机关管辖的刑事案件立案追诉标准的规定（二）》（2010年）第七十五条规定：“广告主、广告经营者、广告发布者违反国家规定，利用广告对商品或者服务作虚假宣传，涉嫌下列情形之一的，应予立案追诉：（一）违法所得数额在十万元以上的;(二)给单个消费者造成直接经济损失数额在五万元以上的,或者给多个消费者造成直接经济损失数额累计在二十万元以上的;(三)假借预防、控制突发事件的名义,利用广告作虚假宣传,致使多人上当受骗,违法所得数额在三万元以上的;(四)虽未达到上述数额标准,但两年内因利用广告作虚假宣传,受过行政处罚二次以上,又利用广告作虚假宣传的;(五)造成人身伤残的;(六)其他情节严重的情形。"

本案中,深圳市盛××科技有限公司、深圳市奥××科技有限公司作为广告主、李某2作为深圳市盛××科技有限公司的实际经营者、深圳市奥××科技有限公司的法定代表人,违反国家规定,利用广告对商品作虚假宣传,违法所得数额在10万元以上,其行为已构成虚假广告罪。

第四节　损害商业信誉、商品声誉罪

一、罪名概述

1. 罪名简介

损害商业信誉、商品声誉罪,是指捏造并散布虚伪事实,损害他人的商业信誉、商品声誉,给他人造成重大损失或者有其他严重情节的行为。

2. 犯罪构成要件

(1)犯罪客体

本罪侵犯的客体是复杂客体,既侵犯了商业信誉和商品声誉的权利人的合法权益,又扰乱了市场秩序。

(2)犯罪客观方面

本罪在客观方面表现为捏造并散布虚伪事实,损害他人的商业信誉、商品声誉,给他人造成重大损失或者有其他严重情节的行为。

商业信誉,是指社会公众对某一经营者的经济能力、信用状况等给予的社会评价,即该经营者在经济生活中信用、名誉的地位。商品声誉,是指社会公众对某一经营者的商品性能、品质给予的社会评价,即该商品在经济生活中的地位。

(3)犯罪主体

本罪的犯罪主体为一般主体,既可以是自然人也可以是单位。行为人如果受他人收买或唆使,损害他人的商业信誉、商品声誉,且达到"给他人造成重大损失"或"有其他严重情节"程度的,应认定与他人构成共同犯罪。

(4)犯罪主观方面

本罪的主观方面表现为故意,并且为直接故意,表现为行为人明知行为会发生损害他人商誉、扰乱竞争秩序的结果,仍追求结果发生的心理状态。

3. 立案追诉标准

最高人民检察院、公安部《关于公安机关管辖的刑事案件立案追诉标准的规定(二)》第六十六条规定:"捏造并散布虚伪事实,损害他人的商业信誉、商品声誉,涉嫌下列情形之一的,应予立案追诉:(一)给他人造成直接经济损失数额在五十万元以上的;(二)虽未达到上述数额标准,但造成公司、企业等单位停业、停产六个月以上,或者破产的;(三)其他给他人造成重大损失或者有其他严重情节的情形。"

4. 量刑标准

《刑法》第二百二十一条规定:"捏造并散布虚伪事实,损害他人的商业信誉、商品声誉,给他人造成重大损失或者有其他严重情节的,处二年以下有期徒刑或者拘役,并处或者单处罚金。"

二、风险防范

1. 企业经营者应当在提升自身信誉意识、防范信誉风险的同时,定期组织公司员工学习《反不正当竞争法》《广告法》等法律法规,使其能够树立起信誉意识和法律风险防范意识,理智辨别合法与非法行为,约束自身行为。

2. 企业应树立良性竞争意识,不可为了不正当利益恶意攻击竞争对手,更不得捏造虚假事实诋毁同行。

3. 企业在进行广告宣传时,对于素材的选取、创意的取舍,应充分考虑其可能产生的侵权风险,从而降低自身触犯本罪的概率。同时,应避免通过发布对比性广告、声明性广告等方式贬低、诋毁竞争对手的商业信誉、商品声誉。

三、典型案例

泉州市江×网络科技有限公司、许某限损害商业信誉、商品声誉案①

【案情简介】

许某限于2015年4月注册成立了泉州市江×网络科技有限公司(以下简称江×

---

① 案号:(2017)内0123刑初83号。

公司)，其本人为法定代表人，江×公司主要经营微信公众号相关业务。2016年10月27日，许某限为扩大江×公司微信公众号知名度，增加点击量，从网上下载了2011年12月26日"蒙牛纯牛奶被检出致癌物超标140%"的视频，后采用遮挡视频发布时间、添加微信×××等方式对原始视频作了实质性修改，先发布在腾讯视频中，并于10月27日、10月28日发布在江×公司经营管理的"闽南第一手""石狮视""一手""时事爆料""热门街拍"5个微信公众号上，2016年10月29日～11月10日，该视频被1073个微信公众号转发，其中有数个微信公众号的浏览量在10万以上。该视频被大量点击，不良影响迅即遍布全国，使人误以为是最近刚发生的事件。该视频的大量扩散引发了蒙牛公司乳品经销商产品积压、大量退货，蒙牛公司为此紧急发布辟谣声明并制作企业形象正面宣传的广告、启动网络舆情检测。该视频的发布及扩散给蒙牛公司造成了重大的经济损失。

【裁判结果】

1. 江×公司犯损害商业信誉、商品声誉罪，判处罚金50 000元。

2. 许某限犯损害商业信誉、商品声誉罪，判处有期徒刑10个月，并处罚金20 000元。

3. 对单位及个人的罚金，从侦查机关扣押并随案移送法院的144 000元现金中收缴。剩余扣押款返还。

4. 随案移送苹果7PLUS手机一部、华硕WM510LBIJL笔记本电脑一台，依法没收。

【案件评析】

本案涉及的是企业通过微信公众号发布故意修改且有损他人企业形象和商品声誉的视频，是否构成损害商业信誉、商品声誉罪的问题。

最高人民检察院、公安部《关于公安机关管辖的刑事案件立案追诉标准的规定(二)》(2010年)第七十四条规定："捏造并散布虚伪事实，损害他人的商业信誉、商品声誉，涉嫌下列情形之一的，应予立案追诉：(一)给他人造成直接经济损失数额在五十万元以上的；(二)虽未达到上述数额标准，但具有下列情形之一的：1. 利用互联网或者其他媒体公开损害他人商业信誉、商品声誉的；2. 造成公司、企业等单位停业、停产六个月以上，或者破产的。(三)其他给他人造成重大损失或者有其他严重情节的情形。"

本案中，江×公司法定代表人许某限为扩大江×公司微信公众号知名度，增加点击量，对网上下载的"蒙牛纯牛奶被检出致癌物超标140%"视频作实质性修改后，在江×公司经营管理的5个微信公众号上发布，该视频的大量扩散引发蒙牛公司乳品经销商产品积压、大量退货，给蒙牛公司造成了重大经济损失，其行为已构成损害商业信誉、商品声誉罪。

第五节 提供虚假证明文件罪

一、罪名概述

1. 罪名简介

提供虚假证明文件罪，是指承担资产评估、验资、验证、会计、审计、法律服务等职责的中介组织的人员故意提供虚假证明文件、情节严重的行为。

2. 犯罪构成要件

(1)犯罪客体

本罪侵害的客体是国家的工商管理制度。

(2)犯罪客观方面

本罪在客观方面表现为行为人提供虚假证明文件，情节严重的行为。

证明文件，在这里是指资产评估报告、验资证明、验证证明、审计报告等中介组织由于受委托而出具的相关中介证明。虚假的证明文件，是指上述证明文件的内容不符合事实、不真实，或杜撰、编造、虚构事实，或隐瞒事实真相。虚假，既可以是全部内容虚假，又可以是其中的部分内容虚假。

情节严重，主要是指下列情形：行为人多次提供虚假证明的；违法所得数额巨大的；造成国有资产严重流失的；给公司、公司股东、债权人及其利益人造成严重经济损失的；提供虚假证明给公司用于进行非法发行股票，低价折股、低价出售国有资产、虚假出资等违法犯罪活动的；造成恶劣影响的；等等。

(3)犯罪主体

本罪的犯罪主体为中介组织的从业人员或单位。

(4)犯罪主观方面

本罪在主观方面表现为故意，即明知自己提供的有关证明文件有虚假内容但仍决意提供。

3. 立案追诉标准

最高人民检察院、公安部《关于公安机关管辖的刑事案件立案追诉标准的规定(二)》第七十三条规定："承担资产评估、验资、验证、会计、审计、法律服务、保荐、安全评价、环境影响评价、环境监测等职责的中介组织的人员故意提供虚假证明文件，涉嫌下列情形之一的，应予立案追诉：(一)给国家、公众或者其他投资者造成直接经济损失数额在五十万元以上的；(二)违法所得数额在十万元以上的；(三)虚假证明文件虚构数额在一百万元以上且占实际数额百分之三十以上的；(四)虽未达到上述数额标准，但二年内因提供虚假证明文件受过二次以上行政处罚，又提供虚假证明文件的；（五）其他情节严重的情形。”

4. 量刑标准

根据《刑法》第二百二十九条第一、二款的规定：“承担资产评估、验资、验证、会计、审计、法律服务、保荐、安全评价、环境影响评价、环境监测等职责的中介组织的人员故意提供虚假证明文件，情节严重的，处五年以下有期徒刑或者拘役，并处罚金；有下列情形之一的，处五年以上十年以下有期徒刑，并处罚金：（一）提供与证券发行相关的虚假的资产评估、会计、审计、法律服务、保荐等证明文件，情节特别严重的；（二）提供与重大资产交易相关的虚假的资产评估、会计、审计等证明文件，情节特别严重的；（三）在涉及公共安全的重大工程、项目中提供虚假的安全评价、环境影响评价等证明文件，致使公共财产、国家和人民利益遭受特别重大损失的。有前款行为，同时索取他人财物或者非法收受他人财物构成犯罪的，依照处罚较重的规定定罪处罚。”

二、风险防范

根据本罪主体的规定，资产评估师、注册会计师、审计师、法律服务人员及其他行使评估师、注册会计师、审计师职权的人以及单位都可构成本罪的犯罪主体。为预防触犯本罪，具有以上人员的企业可以从以下角度入手：

1. 企业应当自行建立一整套证明文件的质量标准和流程步骤，所有对外提供的证明文件，均应符合这一标准，禁止不符合标准的证明文件外流。

2. 企业内部应当建立严格的内控制度，对于对外提供的证明文件，只有经严格审查把关后才能对外签发。

3. 对从业人员进行法律培训，让其了解提供虚假证明文件的法律风险及后果，做到不因贪图利益而触犯本罪。

4. 根据2015年最高人民检察院《关于地质工程勘测院和其他履行勘测职责的单位及其工作人员能否成为刑法第二百二十九条规定的有关犯罪主体的批复》的规定，“地质工程勘测院和其他履行勘测职责的单位及其工作人员在履行勘察、勘查、测绘职责过程中，故意提供虚假工程地质勘察报告等证明文件，情节严重的，依照刑法第二百二十九条第一款和第二百三十一条的规定，以提供虚假证明文件罪追究刑事责任”。因此，地质勘查单位、资产评估机构、会计师事务所、环境监测及环境影响评价机构等专业中介服务机构在为矿业公司提供专业服务的过程中，应当引起重视，避免因提供虚假的证明文件而触犯刑法。

三、典型案例

吉林中×资产评估有限公司、林某娟提供虚假证明文件案[①]

【案情简介】

2015年1月，吉林中×资产评估有限公司（以下简称中×公司）受吉林省交×投资集团有限公司（以下简称交×公司）下属吉林省天×资产经营管理有限公司（以下简称天×公司）委托，对白城市城×房地产开发有限责任公司（以下简称城×公司）截至2015年1月25日的全部资产及负债进行评估。评估是为天×公司拟收购城×公司提供价值参考，约定评估收费108 402.00元。中×公司法定代表人林某娟接受委托后，委派其公司资产评估师张某（另案处理）到白城市，对城×公司股东全部权益价值进行评估，对城×公司现有未出售的房产做资产评估。吉林弘×会计师事务所派刘某南对城×公司财务账进行审计。具体包括：流动资产（货币资金、应收账款、其他应收款、存货）、非流动资产（固定资产）、流动负债（应付账款、预收账款、其他应付款、应缴税金），审计结果为：资产总额为人民币1 018 013 775.59元，负债总额为人民币973 887 962.22元，所有者权益总额为人民币44 125 813.37元。

张某对城×公司现有未出售资产和土地进行资产评估，没有实际考虑到城×公司开发的“城尚成项目”的地理位置和商业网点实际情况，只是通过电话询价，就将白城市商业中心的“鹤城丽都”最贵的商业网点价格作为参考，对“城尚成商网”进行评估，未尽到资产评估师的职责，切合实际地对“城尚成”地理位置、商业情况和“城尚成”楼房实际情况进行调查，就盲目出具城×公司所建房地产楼房和二期在建楼房的资产评估价值为人民币1 247 698 700.00元。

城×公司实际控制人石某（另案处理）得知评估结果后，估算城×公司需要缴纳3亿多元的税款，于是石某先后找到交×公司董事长邱某（另案处理）和副总经理王某（另案处理），要求将评估价值提高，以实现城×公司的资产评估值最大化。将需要缴纳的税款打入评估中，并在收购过程中套出，邱某和王某表示同意。于是王某让交×公司法务部王某甲，找林某娟了解城×公司资产评估结果，林某娟向王某汇报了中×公司对城×公司资产初评结果，估价为人民币1 247 698 700.00元，王某对此结果不满意，要求将资产评估值往上调整。

林某娟按照王某的要求，授意张某将评估价值往上调整。张某未拒绝林某娟的意见，将评估价值调整为人民币1 340 770 800.00元。林某娟将调整后的结果，再次

---

① 案号：(2019)吉0302刑初132号。

向王某汇报后,王某认为调整后的结果还不理想,要求林某娟必须将资产评估价值提高到人民币13.5亿元以上。林某娟在评估工作底稿中"存货—开发产品评估明细表"评估结果为人民币1 340 770 800.00元,金额底部用铅笔标注13 500字样,再次让张某继续将评估价值提高到人民币13.5亿元以上,张某按照林某娟的指示将评估价值提高至人民币1 346 684 100.00元。因未达到评估价值13.5亿元以上,林某娟对张某出具的评估价值表示不满,张某在此期间提出离职。于是林某娟将城×公司资产评估工作交给梁某(另案处理),并告诉梁某在张某调整的基础上,将资产评估价值提高到13.5亿元,梁某按照林某娟的指示,将城×公司资产评估的价值进行调整,调整幅度达人民币431 238 600.00元,最终提高到人民币1 350 083 400.00元。达到了交×公司的要求,得到了林某娟的认可。林某娟让梁某形成资产评估报告交给她。

林某娟拿到资产评估报告后,让其评估公司具有房地产评估资格的评估师林某(另案处理)和郑某(另案处理)在评估底稿和评估报告上签字、盖章,履行评估师职责。

2015年3月10日,中×公司向交×公司出具了吉中欣评报字〔2015〕第11号《吉林省天×资产经营管理有限公司拟收购白城市城×房地产开发有限责任公司项目资产评估报告》。评估结果为:城×公司资产总额账面价值人民币101 801.38万元,评估价值人民币137 302.13万元,增值额人民币35 500.7万元,增值率34.87%;负债总额账面价值人民币97 388.8万元,评估价值人民币97 388.8万元;净资产账面价值人民币4412.58万元,评估价值人民币39 913.33万元,增值额人民币35 500.75万元,增值率804.53%,其中存货评估价值为人民币1 350 083 400.00元。

天×公司依据中×公司提供的吉中欣评报字〔2015〕第11号《吉林省天×资产经营管理有限公司拟收购白城市城×房地产开发有限责任公司项目资产评估报告》,于2015年3月24日,与城×公司股东吴某波、张某伟签订股权转让协议,偿债式收购。天×公司以人民币398 112 037.78元,购买城×公司股东股权,为原城×公司偿还人民币967 450 848.22元债务,实际支付人民币1 364 533 444.58元。天×公司收购城×公司"城尚成项目"后,因评估价格过高,所收购的商业房产没有出售。

2018年5月10日,四平市公安局对中×公司提供虚假证明文件案立案侦查,中×公司于2018年6月30日在《城市晚报》登报声明:撤销吉中欣评报字〔2015〕第11号《吉林省天×资产经营管理有限公司拟收购白城市城×房地产开发有限责任公司项目资产评估报告》。

案发后,林某娟被公安机关抓获归案,主动向公安机关坦白自己的违法犯罪事实,对其违法犯罪事实供认不讳,并积极配合公安机关侦办案件,对后期相关案件的侦破起到了决定性作用。侦查机关通过侦查破获石某涉嫌合同诈骗案和石某涉嫌虚开发票案以及邱某滥用职权案，四平市公安局经侦支队在办理石某涉嫌合同诈骗案件中，已追回赃款5000万元。

另查明，天×公司实际向中×公司支付评估费用32 320元。

【裁判结果】

1. 中×公司犯提供虚假证明文件罪，判处罚金人民币5万元。

2. 林某娟犯提供虚假证明文件罪，判处有期徒刑1年，缓刑1年，并处罚金人民币1万元。

3. 对中×公司的违法所得32 320元予以没收，上缴国库。

【案件评析】

本案涉及的是中介组织按照委托方的要求故意提供虚假证明文件的行为，是否构成提供虚假证明文件罪的问题。

最高人民检察院、公安部《关于公安机关管辖的刑事案件立案追诉标准的规定(二)》(2010年)第八十一条规定："承担资产评估、验资、验证、会计、审计、法律服务等职责的中介组织的人员故意提供虚假证明文件，涉嫌下列情形之一的，应予立案追诉：(一)给国家、公众或者其他投资者造成直接经济损失数额在五十万元以上的；(二)违法所得数额在十万元以上的；(三)虚假证明文件虚构数额在一百万元且占实际数额百分之三十以上的；(四)虽未达到上述数额标准，但具有下列情形之一的：1.在提供虚假证明文件过程中索取或者非法接受他人财物的；2.两年内因提供虚假证明文件，受过行政处罚二次以上，又提供虚假证明文件的。(五)其他情节严重的情形。"

本案中，中×公司、林某娟无视国家法律，违反资产评估规程，在承担资产评估过程中，未独立、客观、公正、真实地对所评估资产进行评估，而是按照委托方的要求故意提供虚假证明文件，评估原始价格从1 247 698 700元调整到1 340 770 800元后，再次将评估价格从1 340 770 800元调整到1 350 083 400元，出具虚增了102 384 700元的评估报告，给国家造成巨额损失，情节严重，其行为构成提供虚假证明文件罪。

第六节 非法转让、倒卖土地使用权罪

一、罪名概述

1. 罪名简介

非法转让、倒卖土地使用权罪，是指以牟利为目的，违反土地管理法规，非法转让、倒卖土地使用权，情节严重、情节特别严重的行为。

2. 犯罪构成要件

(1)犯罪客体

本罪侵犯的客体是国家的土地管理制度。

(2)犯罪客观方面

本罪在客观方面表现为违反土地管理法规，非法转让、倒卖土地使用权，情节严重、情节特别严重的行为。

土地使用权转让，是指土地使用者将土地使用权转让给他人的行为，转让方式包括出售、交换和赠送。根据《土地管理法》的规定，未按土地使用权出让合同规定的期限和条件投资开发、利用土地的，土地使用权不得转让。土地使用权转让时，土地使用权出让合同和登记文件中所载明的权利、义务应当随之转移。土地使用权转让时，其地上建筑物、其他附着物的所有权同时转让，并且应当依照规定办理过户登记。如果将土地使用权和地上建筑物、其他附着物所有权分割转让，应当经市、县人民政府土地管理部门和房产管理部门批准，并依法办理过户登记。土地使用权转让如果违反上述规定，即为非法转让。

倒卖土地使用权，是指将土地使用权非法出卖给他人，或者为了出卖而向他人收买、租借土地使用权等，有的是明码标价予以出卖，有的则是以某种形式掩盖其土地的买卖使用权之实等。

(3)犯罪主体

本罪的犯罪主体为一般主体，凡达到刑事责任年龄，具备刑事责任能力的自然人均可成为非法转让、倒卖土地使用权罪的主体。根据《刑法》第二百三十一条的规定，单位亦能成为非法转让、倒卖土地使用权罪。

(4)犯罪主观方面

本罪在主观方面表现为故意，并且以牟利为目的，该目的是该罪的构成要件要素，不以牟利为目的，不构成非法转让、倒卖土地使用权罪。牟利不仅是行为人谋取金钱上的利益，而且也指行为人谋取其他不正当的利益。

3. 立案追诉标准

最高人民检察院、公安部《关于公安机关管辖的刑事案件立案追诉标准的规定(二)》第七十二条规定："以牟利为目的，违反土地管理法规，非法转让、倒卖土地使用权，涉嫌下列情形之一的，应予立案追诉：(一)非法转让、倒卖永久基本农田五亩以上的；(二)非法转让、倒卖永久基本农田以外的耕地十亩以上的；(三)非法转让、倒卖其他土地二十亩以上的；(四)违法所得数额在五十万元以上的；(五)虽未达到上述数额标准，但因非法转让、倒卖土地使用权受过行政处罚，又非法转让、倒卖土地的；(六)其他情节严重的情形。"

4. 量刑标准

《刑法》第二百二十八条规定:“以牟利为目的,违反土地管理法规,非法转让、倒卖土地使用权,情节严重的,处三年以下有期徒刑或者拘役,并处或者单处非法转让、倒卖土地使用权价额百分之五以上百分之二十以下罚金;情节特别严重的,处三年以上七年以下有期徒刑,并处非法转让、倒卖土地使用权价额百分之五以上百分之二十以下罚金。”第二百三十一条规定:“单位犯本节第二百二十一条至第二百三十条规定之罪的,对单位判处罚金,并对其直接负责的主管人员和其他直接责任人员,依照本节各该条的规定处罚。”

最高人民法院《关于审理破坏土地资源刑事案件具体应用法律若干问题的解释》第一条规定:“以牟利为目的,违反土地管理法规,非法转让、倒卖土地使用权,具有下列情形之一的,属于非法转让、倒卖土地使用权‘情节严重’,依照刑法第二百二十八条的规定,以非法转让、倒卖土地使用权罪定罪处罚:(一)非法转让、倒卖基本农田五亩以上的;(二)非法转让、倒卖基本农田以外的耕地十亩以上的;(三)非法转让、倒卖其他土地二十亩以上的;(四)非法获利五十万元以上的;(五)非法转让、倒卖土地接近上述数量标准并具有其他恶劣情节的,如曾因非法转让、倒卖土地使用权受过行政处罚或者造成严重后果等。”

该解释第二条规定:“实施第一条规定的行为,具有下列情形之一的,属于非法转让、倒卖土地使用权‘情节特别严重’:(一)非法转让、倒卖基本农田十亩以上的;(二)非法转让、倒卖基本农田以外的耕地二十亩以上的;(三)非法转让、倒卖其他土地四十亩以上的;(四)非法获利一百万元以上的;(五)非法转让、倒卖土地接近上述数量标准并具有其他恶劣情节,如造成严重后果等。”

该解释第八条规定:“单位犯非法转让、倒卖土地使用权罪、非法占有耕地罪的定罪量刑标准,依照本解释第一条、第二条、第三条的规定执行。”

该解释第九条规定:“多次实施本解释规定的行为依法应当追诉的,或者一年内多次实施本解释规定的行为未经处理的,按照累计的数量、数额处罚。”

《土地管理法》第七十四条规定:“买卖或者以其他形式非法转让土地的,由县级以上人民政府自然资源主管部门没收违法所得;对违反土地利用总体规划擅自将农用地改为建设用地的,限期拆除在非法转让的土地上新建的建筑物和其他设施,恢复土地原状,对符合土地利用总体规划的,没收在非法转让的土地上新建的建筑物和其他设施,可以并处罚款;对直接负责的主管人员和其他直接责任人员,依法给予处分;构成犯罪的,依法追究刑事责任。”

二、风险防范

1. 企业在涉及土地使用权买卖、流转过程中,应当做好法律风险评估,确保转让方案的合法性。对于不确定方案是否触犯本罪，建议聘请专业律师把关。

2. 企业对于拟流转的土地使用权，应当先行向政府主管部门申报，取得主管部门的审批，不可私自流转、私自转让。

3. 企业应严格按法律规定的程序流转土地使用权，不做逾越法律的行为，不打法律的擦边球，坚守法律底线。

4. 谨防变更土地使用性质而触犯本罪。在土地流转过程中变更土地的使用性质，如将工业用地变更为商业用地、农业用地用于非农建设等，往往会认定为严重违反土地管理法规，从而以非法转让土地使用权罪追究刑事责任。因此，企业应当坚决避免土地流转过程中变更土地使用性质。

5. 房地产企业以转让项目公司股权的方式转让资产，要谨防触犯本罪。转让房地产项目公司100%股权的转让合同，本质上是一种股权转让行为，而非土地使用权转让行为，根据《公司法》等相关法律规定，该行为合法有效。但司法实践中，有的法院以合法形式掩盖非法目的为由判决行为人构成非法转让土地使用权罪。因此，房地产企业采取股权转让形式转让项目公司资产，仍然存在一定的刑事法律风险。为预防该风险，建议企业在实施转让行为前聘请专业律师指导与把关。

三、典型案例

江西恒×房地产开发有限公司、梅某龙非法转让、倒卖土地使用权案①

【案情简介】

2014年2月12日，梅某龙中标进贤县白圩乡牛姜新村一块面积约19亩的商住用地，中标价为人民币998.22万元。2014年4月28日，梅某龙与胡某、李某合伙注册成立江西恒×房地产开发有限公司（以下简称恒×公司），梅某龙担任公司法定代表人，胡某出资50%，梅某龙出资40%，李某出资10%。2014年5月6日，在未办理任何手续的情况下，恒×公司与进贤县白圩乡政府签订《房地产开发合同书》，非法取得面积为80亩的牛姜新村后续土地坯子的土地使用权，用于开发建设牛姜新村住宅小区。2013年12月26日，恒×公司向白圩乡政府支付牛姜新村后续土地坯子款人民币130万元，之后，白圩乡政府将位于牛姜新村中标土地旁边的这块80亩土地平整好交付给恒×公司。恒×公司为解决资金短缺问题，未经进贤县自然资源局同

---

① 案号：（2020）赣0124刑初149号。

意,擅自将非法取得的80亩土地中拟建5栋别墅和一栋商住楼建房用地(共计2218平方米)非法转让给连某清等19人,梅某龙作为恒×公司的法定代表人,代表恒×公司与购地人签订《合资建房协议书》。恒×公司非法转让上述土地使用权收取转让费共计人民币377万元,经审计,购买土地使用权、基础设施及市政工程、期间费用分摊支出人民币1 902 828.68元,恒×公司实际违法所得人民币1 867 171.32元。2019年11月14日,梅某龙经进贤县公安局民警电话通知后主动到案。

【裁判结果】

1. 恒×公司犯非法转让、倒卖土地使用权罪,判处罚金人民币20万元。

2. 梅某龙犯非法转让、倒卖土地使用权罪,判处有期徒刑3年,缓刑4年,并处罚金人民币20万元。

3. 追缴恒×公司违法所得人民币1 867 171.32元,上缴国库。

【案件评析】

本案涉及的是企业未经许可擅自将非法取得的土地转让给他人的行为,是否构成非法转让、倒卖土地使用权罪的问题。

最高人民检察院、公安部《关于公安机关管辖的刑事案件立案追诉标准的规定(二)》(2010年)第八十条规定:"以牟利为目的,违反土地管理法规,非法转让、倒卖土地使用权,涉嫌下列情形之一的,应予立案追诉:(一)非法转让、倒卖基本农田五亩以上的;(二)非法转让、倒卖基本农田以外的耕地十亩以上的;(三)非法转让、倒卖其他土地二十亩以上的;(四)违法所得数额在五十万元以上的;(五)虽未达到上述数额标准,但因非法转让、倒卖土地使用权受过行政处罚,又非法转让、倒卖土地的;(六)其他情节严重的情形。"

本案中,恒×公司以牟利为目的,在未依法取得土地使用权的情况下,违反土地管理法规定,非法转让、倒卖土地使用权,违法所得1 867 171.32元,其行为构成非法转让、倒卖土地使用权罪。梅某龙系恒×公司的法定代表人,属直接负责的主管人员,在公司非法取得土地使用权后,代表公司非法转让土地使用权给他人,牟取利益,其行为构成非法转让、倒卖土地使用权罪。

第七节 非法占用农用地罪

一、罪名概述

1. 罪名简介

非法占用农用地罪,是指违反土地管理法规,非法占用耕地、林地等农用地,改变被占用土地用途,数量较大,造成耕地、林地等农用地大量毁坏的行为。

2. 犯罪构成要件

(1)犯罪客体

本罪侵犯的客体是国家的土地管理制度。

(2)犯罪客观方面

本罪在客观方面表现为违反土地管理法规,非法占用农用地改作他用,数量较大,造成农用地大量毁坏的行为。按照法律规定,非法占用农用地,是指未经法定程序审批、登记、核发证书、确认土地使用权,而占用农用地的行为。

(3)犯罪主体

本罪的犯罪主体为一般主体,即达到刑事责任年龄且具有刑事责任能力的自然人或单位。单位非法占用农用地,主要是指单位在建设用地过程中,违反土地管理法规,非法占用其无权占用的农用地改作他用,数量较大,从而导致农用地大量毁坏的行为。

(4)犯罪主观方面

本罪的主观方面表现为直接故意,即明知占用农用地改作他用的行为违反土地管理法规,而且对于占用农用地改作他用会造成大量农用地被毁坏的结果也是明知的。过失不构成本罪。

3. 立案追诉标准

最高人民检察院、公安部《关于公安机关管辖的刑事案件立案追诉标准的规定(一)》第六十七条规定:"违反土地管理法规,非法占用耕地、林地等农用地,改变被占用土地用途,造成耕地、林地等农用地大量毁坏,涉嫌下列情形之一的,应予立案追诉:(一)非法占用基本农田五亩以上或者基本农田以外的耕地十亩以上的;(二)非法占用防护林地或者特种用途林地数量单种或者合计五亩以上的;(三)非法占用其他林地十亩以上的;(四)非法占用本款第(二)项、第(三)项规定的林地,其中一项数量达到相应规定的数量标准的百分之五十以上,且两项数量合计达到该项规定的数量标准的;(五)非法占用其他农用地数量较大的情形。违反土地管理法规,非法占用耕地建窑、建坟、建房、挖沙、采石、采矿、取土、堆放固体废弃物或者进行其他非农业建设,造成耕地种植条件严重毁坏或者严重污染,被毁坏耕地数量达到以上规定的,属于本条规定的'造成耕地大量毁坏'。违反土地管理法规,非法占用林地,改变被占用林地用途,在非法占用的林地上实施建窑、建坟、建房、挖沙、采石、采矿、取土、种植农作物、堆放或者排泄废弃物等行为或者进行其他非林业生产、建设,造成林地的原有植被或者林业种植条件严重毁坏或者严重污染,被毁坏林地数量达到以上规定的,属于本条规定的'造成林地大量毁坏'。"

4. 量刑标准

《刑法》第三百四十二条规定："违反土地管理法规，非法占用耕地、林地等农用地，改变被占用土地用途，数量较大，造成耕地、林地等农用地大量毁坏的，处五年以下有期徒刑或者拘役，并处或者单处罚金。"

最高人民法院《关于审理破坏土地资源刑事案件具体应用法律若干问题的解释》第三条规定："违反土地管理法规，非法占用耕地改作他用，数量较大，造成耕地大量毁坏的，依照刑法第三百四十二条的规定，以非法占用耕地罪定罪处罚：（一）非法占用耕地'数量较大'，是指非法占用基本农田五亩以上或者非法占用基本农田以外的耕地十亩以上。（二）非法占用耕地'造成耕地大量毁坏'，是指行为人非法占用耕地建窑、建坟、建房、挖沙、采石、采矿、取土、堆放固体废弃物或者进行其他非农业建设，造成基本农田五亩以上或者基本农田以外的耕地十亩以上种植条件严重毁坏或者严重污染。"

该解释第九条规定："多次实施本解释规定的行为依法应当追诉的，或者一年内多次实施本解释规定的行为未经处理的，按照累计的数量、数额处罚。"

二、风险防范

1. 企业应当严格按照土地利用总体规划确定的用途使用土地，确需使用农用土地的，应先行获得相关部门的批准，再按照批准的用途、范围等使用土地。未经批准，不得私自占用农用地，杜绝"先占后批"等违法违规行为。

2. 企业在开发利用土地前，应当结合不动产登记及实际情形，明确土地的权属和性质，避免地类性质模糊而导致开发利用行为触犯本罪。

3. 企业不得改变农用地用途，在非法占用的耕地上建窑、建房、挖沙、采石、采矿、取土、堆放固体废弃物或者进行其他非农业建设，或者在非法占用的林地上实施以上行为及种植农作物等非林业生产。

4. 企业不得假借发展农业设施之名，擅自或者变相改变农业用途，在耕地甚至永久基本农田上建设"大棚房""生态园""休闲农庄"。造成上述农用地种植条件严重毁坏或者严重污染，达到司法解释规定的数量较大标准的，将可能触犯本罪。

5. 企业在生产经营过程中，若实施了非法占用农用地的行为，应当立即停止，并积极按照土地原用途进行土地恢复、补植复绿等措施，减轻对农用地的毁坏、污染程度，以争取从轻处理。

三、典型案例

潍坊银×机械有限公司、张某岗非法占用农用地案[①]

【案情简介】

潍坊银×机械有限公司(以下简称银×公司)位于潍坊市坊子区××街××村西南角,于2013年11月15日登记成立,主要加工机械设备。张某岗系银×公司法定代表人、总经理。2019年8月,张某岗未经依法批准,擅自占用潍坊市坊子区××街××村基本农田为银×公司建设车间,2019年9月6日经山东森×图测绘地理信息有限公司现场勘测实际占地面积3747平方米(5.62亩)。2020年4月8日,潍坊市××坊子分局对张某岗违法建设车间占用土地的性质认定为:规划地类是基本农田;现状地类是旱地。

另查明,张某岗经办案人员电话通知主动到案,到案后如实供述其犯罪事实,庭审中自愿认罪认罚。

本案附带民事公益诉讼部分:银×公司、张某岗非法占用基本农田建设车间的行为致使耕地毁坏。2020年5月20日经潍坊方×价格咨询服务有限公司价格评估,该土地复垦费为人民币161 465元(含地面附着物拆除费、水泥地面破碎清除费、地面换土平整达到耕种标准)。

【裁判结果】

1. 银×公司犯非法占用农用地罪,判处罚金人民币50 000元。

2. 张某岗犯非法占用农用地罪,判处有期徒刑8个月,并处罚金人民币20 000元。

3. 银×公司、张某岗对占用的土地恢复原状,上述行为于判决生效后2个月内完成;如逾期未完成应承担土地复垦费用161 465元。

【案件评析】

本案涉及的是企业未经依法批准,擅自将基本农田用于建设车间的行为,是否构成非法占用农用地罪的问题。

根据最高人民检察院、公安部《关于公安机关管辖的刑事案件立案追诉标准的规定(一)》第六十七条的规定,违反土地管理法规,非法占用耕地、林地等农用地,改变被占用土地用途,造成耕地、林地等农用地大量毁坏,非法占用基本农田5亩以上的,应予立案追诉。

本案中,银×公司违反土地管理法规,未经土地管理部门依法批准,改变土地用

---

① 案号:(2021)鲁07刑终340号。

途，擅自占用基本农田3747平方米（5.62亩）建设车间，数量较大，造成基本农田毁坏，其行为已构成非法占用农用地罪。张某岗作为银×公司法定代表人、总经理，是公司实施非法占用农用地直接负责的主管人员，其行为亦构成非法占用农用地罪。

第八节 走私普通货物、物品罪

一、罪名概述

1. 罪名简介

走私普通货物、物品罪，是指违反海关法规，逃避海关监管，非法运输、携带、邮寄国家禁止进出口的武器、弹药、核材料、假币、珍贵动物及其制品、珍稀植物及其制品、淫秽物品、毒品，以及国家禁止出口的文物、金银和其他贵重金属以外的货物、物品进出境，偷逃应缴税额数额较大的行为。

2. 犯罪构成要件

（1）犯罪客体

本罪侵犯的客体是国家对外贸易管理制度，其对象是除武器、弹药、伪造的货币，国家禁止出口的文物、黄金、白银和其他贵重金属，国家禁止进出口的珍贵动物及其制品、珍稀植物及其制品、淫秽物品、毒品、固体废物以外的一切货物与物品。

（2）犯罪客观方面

本罪的客观方面表现为违反海关法规，逃避海关监管，走私普通货物、物品，偷逃关税数额较大的行为。

"违反海关法规"，是指违反我国《海关法》、进出口关税管理条例等法律、法规。"逃避海关监管"是指采用隐瞒、隐藏、伪报、蒙混、绕关等方式、方法，躲避海关监督、管理和检查，即通常所说的绕关走私、闯关走私、后续走私及间接走私行为。

绕关走私，是指行为人从未设立海关的地点运输、携带国家限制进出口或者依法应当缴纳税款的货物、物品。

闯关走私，是指行为人通过藏匿、伪装、伪报价格等欺骗手段逃避海关监管检查，将国家限制进出口或者依法应当缴纳税款的货物、物品通过设立海关的地点。

后续走私，是指行为人以合法的进关形式为幌子，而实际上进行走私的行为，根据《刑法》第一百五十四条的规定，包括以下两种形式：

①未经海关许可并且未补缴应缴税额，擅自将批准进口的来料加工、来件装配、补偿贸易的原材料、零件、制成品、设备等保税货物，在境内销售牟利的；

②未经海关许可并且未补缴应缴税额，擅自将特定减税、免税进口的货物、物品，

在境内销售牟利的。

间接走私,是指某种涉及走私物品的行为,并没有与海关关口发生直接的联系,但经我国《刑法》的特别规定以走私犯罪论的情形。包括以下两方面:

①直接向走私人非法收购走私进口的其他货物、物品,数额较大的;

②在内海、领海、界河、界湖运输、收购、贩卖国家限制进出口的货物、物品,数额较大,没有合法证明的。

(3)犯罪主体

走私普通货物、物品罪的犯罪主体为一般主体,即达到刑事责任年龄具有刑事责任能力的自然人或单位。

(4)犯罪主观方面

本罪主观方面表现为直接故意,并且具有偷逃关税的目的,过失不构成本罪。

3. 入罪标准

根据《刑法》第一百五十三条的规定,走私货物、物品偷逃应缴税额较大或者一年内曾因走私被给予二次行政处罚后又走私的,应予入罪。

应当注意,下列几种情形符合立案追诉标准的,也应当以涉嫌走私货物、物品罪立案侦查:

(1)未经海关许可并且未补缴应缴税额,擅自将批准进口的来料加工、来件装配、补偿贸易的原材料、零件、制成品、设备等保税货物,在境内销售牟利的;

(2)未经海关许可并且未补缴应缴税额,擅自将特定减税、免税进口的货物、物品,在境内销售牟利的;

(3)直接向走私人非法收购国家禁止进口物品的,或者直接向走私人非法收购走私进口的其他货物、物品,数额较大的;

(4)在内海、领海界河、界湖运输、收购、贩卖国家禁止进出口物品的,或者运输、收购、贩卖国家限制进出口货物、物品,数额较大,没有合法证明的。

4. 量刑标准

《刑法》第一百五十三条规定:“走私本法第一百五十一条、第一百五十二条、第三百四十七条规定以外的货物、物品的,根据情节轻重,分别依照下列规定处罚:(一)走私货物、物品偷逃应缴税额较大或者一年内曾因走私被给予二次行政处罚后又走私的,处三年以下有期徒刑或者拘役,并处偷逃应缴税额一倍以上五倍以下罚金。(二)走私货物、物品偷逃应缴税额巨大或者有其他严重情节的,处三年以上十年以下有期徒刑,并处偷逃应缴税额一倍以上五倍以下罚金。(三)走私货物、物品偷逃应缴税额特别巨大或者有其他特别严重情节的,处十年以上有期徒刑或者无期徒刑,并处偷逃应缴税额一倍以上五倍以下罚金或者没收财产。单位犯前款罪的,对单位判处罚金,并对其直接负责的主管人员和其他直接责任人员,处三年以下有期徒刑或者拘役；情节严重的，处三年以上十年以下有期徒刑；情节特别严重的，处十年以上有期徒刑。对多次走私未经处理的，按照累计走私货物、物品的偷逃应缴税额处罚。”

《刑法》第一百五十四条规定：“下列走私行为，根据本节规定构成犯罪的，依照本法第一百五十三条的规定定罪处罚：（一）未经海关许可并且未补缴应缴税额，擅自将批准进口的来料加工、来件装配、补偿贸易的原材料、零件、制成品、设备等保税货物，在境内销售牟利的；（二）未经海关许可并且未补缴应缴税额，擅自将特定减税、免税进口的货物、物品，在境内销售牟利的。”

最高人民法院、最高人民检察院《关于办理走私刑事案件适用法律若干问题的解释》第十六规定：“走私普通货物、物品，偷逃应缴税额在十万元以上不满五十万元的，应当认定为刑法第一百五十三条第一款规定的‘偷逃应缴税额较大’；偷逃应缴税额在五十万元以上不满二百五十万元的，应当认定为‘偷逃应缴税额巨大’；偷逃应缴税额在二百五十万元以上的，应当认定为‘偷逃应缴税额特别巨大’。走私普通货物、物品，具有下列情形之一，偷逃应缴税额在三十万元以上不满五十万元的，应当认定为刑法第一百五十三条第一款规定的‘其他严重情节’；偷逃应缴税额在一百五十万元以上不满二百五十万元的，应当认定为‘其他特别严重情节’：（一）犯罪集团的首要分子；（二）使用特种车辆从事走私活动的；（三）为实施走私犯罪，向国家机关工作人员行贿的；（四）教唆、利用未成年人、孕妇等特殊人群走私的；（五）聚众阻挠缉私的。”

二、风险防范

1. 企业应当强化进出口贸易刑事法律风险意识，杜绝牟取非法经济利益的侥幸之心，严格规范公司日常管理和业务往来，不进行和参与走私活动，也不为走私违法犯罪行为提供贷款、资金、账号、发票、证明或者提供运输、保管、邮寄等帮助。

2. 企业应当严格依照《海关法》《海关进出口货物申报管理规定》等国家进出口管理法律、行政法规的规定，在进出口贸易过程中自觉接受国家贸易管控和海关监管，进行通关活动时依法如实申报进出口货物，确保申报内容的真实性、准确性、完整性和规范性。

3. 严格把控保税货物、特定减税、免税进口的货物、物品的去向。对于批准进口的来料加工、来件装配、补偿贸易的原材料、零件、制成品、设备等保税货物，企业在境内储存、加工或装配后，应当按照法律规定和合同约定复运出境，因特殊情况需要转入境内销售的，应当经过海关许可并补缴应缴税额。对于特定减税、免税进口的货物、物品，企业应当按照进口时的申报内容，保证在特定区域销售，或者用于特定企业和特定途径，因特殊情况需要转入境内销售的，应当经过海关许可并补缴应缴税额。

4. 在进行贸易活动时，注重审查进出口货物、物品的来源与性质。除外贸企业外，非外贸企业在境内从事与进出口货物、物品相关的经营活动中，同样可能因货物的性质和来源非法而涉嫌走私。企业在购买进口物品时，应当注重严格审查货物来源，切勿购买通过走私渠道入境的货物、物品；在内海、领海、界河、界湖从事进出口货物买卖和运输的企业，应当注重严格审查货物的性质，对于国家禁止进出口的物品，一律不参与买卖或运输等相关业务；对于国家限制进出口的货物、物品，在买卖或运输之前，务必要确保对方有合法的进出口证明。

三、典型案例

上海育×国际贸易发展有限公司、孙某某走私普通货物案①

【案情简介】

2016年1～4月，上海育×国际贸易发展有限公司（以下简称育×公司）在开展跨境贸易电子商务的过程中，该公司法定代表人、孙某某为谋取非法利益，决定利用事先获得的公民个人信息，采取指使公司员工陈某（另案处理）等人虚构交易订单的方式，以跨境贸易电子商务的名义申报进口纸尿裤等货物，再批量销售给他人。经上海外高桥保税区海关核定，育×公司采取上述方式走私进口货物9票，偷逃税款共计1 280 675.19元。

2017年5月9日，上海外高桥保税区海关缉私分局侦查员联合上海海关稽查处关员进行跨境电子商务贸易的核查中，孙某某配合调查并如实交待了上述犯罪事实。同年12月18日，育×公司向侦查机关缴纳暂扣款30万元。

本案审理期间，育×公司向法院交纳了65万元。

【裁判结果】

1. 育×公司犯走私普通货物罪，判处罚金人民币130万元。

2. 孙某某犯走私普通货物罪，判处有期徒刑2年，缓刑2年。

3. 走私犯罪违法所得予以追缴，扣押在案的供犯罪使用的财物予以没收。

【案件评析】

本案涉及的是企业以虚构交易订单的方式通过跨境贸易电子商务平台向海关申报进口货物的行为，是否构成走私普通货物、物品罪的问题。

根据《刑法》第一百五十三条的规定，走私货物、物品偷逃应缴税额较大或者一年内曾因走私被给予二次行政处罚后又走私的，处3年以下有期徒刑或者拘役，并处

---

① 案号：(2018)沪03刑初66号。

偷逃应缴税额1倍以上5倍以下罚金。最高人民法院、最高人民检察院《关于办理走私刑事案件适用法律若干问题的解释》第十六条第一款规定:“走私普通货物、物品,偷逃应缴税额在十万元以上不满五十万元的,应当认定为刑法第一百五十三条第一款规定的‘偷逃应缴税额较大’;偷逃应缴税额在五十万元以上不满二百五十万元的,应当认定为‘偷逃应缴税额巨大’;偷逃应缴税额在二百五十万元以上的,应当认定为‘偷逃应缴税额特别巨大’。”

本案中,育×公司违反海关法规,逃避海关监管,以虚构交易订单的方式通过跨境贸易电子商务平台向海关申报进口涉案货物,孙某某作为直接负责的主管人员,决定并指使公司员工以虚构交易订单的方式向海关申报进口涉案货物,偷逃应缴税额达128万余元,偷逃应缴税额巨大;孙某某作为直接负责的主管人员,决定并指使公司员工以虚构交易订单的方式向海关申报进口涉案货物,育×公司和孙某某的行为均已构成走私普通货物罪。

第九节 逃避商检罪

一、罪名概述

1. 罪名简介

逃避商检罪,是指违反《进出口商品检验法》的规定,逃避商品检验,将必须经商检机构检验的进口商品未报经检验而擅自销售、使用,或者将必须经商检机构检验的出口商品未报经检验合格而擅自出口,情节严重的行为。

2. 犯罪构成要件

(1)犯罪客体

本罪侵犯的客体是国家对进出口商品检验的管理秩序。本罪的对象必须是根据进出口商品检验的商品种类表和其他法律、行政法规规定必须经商检机构检验的进出口商品,对于不在这一范围内的商品的擅自销售、使用的行为,不构成本罪。

(2)犯罪客观方面

本罪在客观方面表现为违反国家《进出口商品检验法》的规定,逃避国家对进出口商品的检验,情节严重的行为。

(3)犯罪主体

本罪的主体是一般主体,即达到刑事责任年龄、具有刑事责任能力的自然人。单位也可构成本罪。

(4)犯罪主观方面

本罪在主观方面表现为故意,并且是直接故意,即明知行为违法仍然决意为之。

3. 立案追诉标准

最高人民检察院、公安部《关于公安机关管辖的刑事案件立案追诉标准的规定(二)》第七十五条规定:"违反进出口商品检验法的规定,逃避商品检验,将必须经商检机构检验的进口商品未报经检验而擅自销售、使用,或者将必须经商检机构检验的出口商品未报经检验合格而擅自出口,涉嫌下列情形之一的,应予立案追诉:(一)给国家、单位或者个人造成直接经济损失数额在五十万元以上的;(二)逃避商检的进出口货物货值金额在三百万元以上的;(三)导致病疫流行、灾害事故的;(四)多次逃避商检的;(五)引起国际经济贸易纠纷,严重影响国家对外贸易关系,或者严重损害国家声誉的;(六)其他情节严重的情形。"

4. 量刑标准

《刑法》第二百三十条规定:"违反进出口商品检验法的规定,逃避商品检验,将必须经商检机构检验的进口商品未报经检验而擅自销售、使用,或者将必须经商检机构检验的出口商品未报经检验合格而擅自出口,情节严重的,处三年以下有期徒刑或者拘役,并处或者单处罚金。"

二、风险防范

1. 企业在开展相关进出口业务前,应当对经营商品的检验检疫政策法规有充分的了解,确认是否在法检目录内,或者是否有其他检验检疫要求。同时,在业务进行过程中,也应当时刻关注政策变化,以便商品被纳入法检目录时能够妥善应对。

2. 企业应当履行如实申报义务,提供真实、完整的货物单证、资料,向海关说明货物的属性和状态。

3. 一旦因逃避商检行为被稽查或者涉嫌刑事犯罪,建议及时咨询或者委托专业律师协助。

三、典型案例

徐某、桑某华等逃避商检案①

【案情简介】

2013 年 3 月,桑某华、汪某国共同投资注册成立 Y 公司,汪某国担任法定代表

---

① 案号:(2020)沪 01 刑终 1254 号。

人,公司经营范围为销售饲料原料、饲料添加剂等。2014 年 5 月,经营范围增加货物及技术的进出口业务,同年 9 月,变更法定代表人为桑某华。2016 年 11 月,徐某注册成立 Z 公司,担任法定代表人、执行董事兼总经理,公司经营范围为销售饲料原料、饲料添加剂、食用农产品(除生猪肉产品)等,从事货物及技术的进出口业务等。2010 年 6 月,W 公司注册成立,行业门类为批发和零售业,经营范围包括谷物、豆及薯类等批发零售,贸易代理,各类商品进出口,但国家限定经营或禁止进出口的商品除外。刘某远系 W 公司一部经理,郭某鸿系 W 公司一部业务员。

2017 年 11 月初,徐某、桑某华、汪某国、刘某远、郭某鸿及境外供应商美国××贸易集团在北京召开会议,经过共同商议,由 W 公司从美国进口杏仁果皮,作为饲料销售给 Z 公司、Y 公司,再分销给境内各大牧场,后签订《战略合作框架协议》《产品购销合同》等。刘某远、郭某鸿明知杏仁果皮未列入原农业部公布的《饲料原料目录》,不能作为饲料进口,仍违反《进出口商品检验法》的规定,多次采用向海关等监管部门谎报商品用途为牛棚垫床的方法,将属于法定检验商品的植物性饲料(H. S. 编码 1214900090)的进口商品谎报为非法定检验商品的其他植物产品(H. S. 编码 1404909090),以此逃避商检并骗取海关通关文件。

徐某、桑某华、汪某国在明知杏仁果皮未列入《饲料原料目录》,之前曾经尝试进口但未能成功,且美国杏仁果皮未完成饲料检疫准入程序,××贸易集团未在中国境内注册登记的情形下,明知 W 公司采用谎报用途的方法进口美国杏仁果皮作为饲料销售,仍然从 W 公司购买杏仁果皮再销售至多家牧场用于奶牛喂食。其间,为应对海关对杏仁果皮实际用途、国内流向的监管与核查,刘某远、郭某鸿主动提供杏仁果皮用于牛棚垫床使用的多份情况说明,徐某、桑某华等人提供境内牧场名称及相关照片。经审计,W 公司先后从美国进口 6 批杏仁果皮,共计 1000 余吨,合计194 498.16 美元。

徐某、桑某华、汪某国为销售美国杏仁果皮,委托相关单位进行过黄曲霉毒素等指标的检测,经商议安排人工对杏仁果皮进行简单分拣、包装,并指使他人印制有"1. 本产品符合进口卫生标准,2. 产品成分分析保证值,蛋白≥3%,粗纤维≤20%,黄曲霉毒素≤20ppb,灰分小于 12,水分≤15%,含杂≤5%;3. 原料组成,本品是杏仁制作过程中,物理压制过筛后的中果肉果皮晒干后产品等,本产品检验合格"等虚假内容的商品标签,贴附在杏仁果皮的包装袋上。案发后,公安机关查获各类型号的杏仁果皮商品标签 3000 余份。经审计,Z 公司、Y 公司从 W 公司指定仓库内提取 502.63 吨杏仁果皮作为奶牛饲料,分别销售给 V 公司、A 公司、上海 B 公司等单位,共计 487.493 吨,销售合计人民币 100 余万元。案发后,公安机关依法查获杏仁果皮 500 余吨。

2018 年 10 月 19 日,桑某华接海关人员电话通知后至指定地点接受调查,到案后拒不供述。同年10月21日,刘某远、郭某鸿主动至公安机关投案,如实供述主要犯罪事实。同年10月22日,徐某、汪某国以涉案人员家属身份至公安机关了解案情,被公安机关核实身份后抓获,到案后未能如实供述罪行。

【裁判结果】

1. 徐某犯(单位)逃避商检罪,判处有期徒刑2年6个月,罚金人民币4万元,犯(单位)非法经营罪,判处有期徒刑2年,罚金人民币2万元,决定执行有期徒刑3年,罚金人民币6万元;

2. 桑某华犯(单位)逃避商检罪,判处有期徒刑2年6个月,罚金人民币4万元,犯(单位)非法经营罪,判处有期徒刑2年,罚金人民币2万元,决定执行有期徒刑3年,罚金人民币6万元;

3. 汪某国犯(单位)逃避商检罪,判处有期徒刑2年6个月,罚金人民币4万元,犯(单位)非法经营罪,判处有期徒刑2年,罚金人民币2万元,决定执行有期徒刑3年,罚金人民币6万元;

4. 刘某远犯逃避商检罪,判处有期徒刑2年4个月,罚金人民币4万元;

5. 郭某鸿犯逃避商检罪,判处有期徒刑2年4个月,罚金人民币4万元;违法所得应予追缴,已经查封扣押的物品均依法予以没收。

【案件评析】

本案涉及的是行为人明知属于法定检验商品的进口商品谎报为非法定检验商品,以此逃避商检并骗取海关通关文件的行为,是否构成逃避商检罪的问题。

最高人民检察院、公安部《关于公安机关管辖的刑事案件立案追诉标准的规定(二)》(2010年)第八十三条规定:"违反进出口商品检验法的规定,逃避商品检验,将必须经商检机构检验的进口商品未报经检验而擅自销售、使用,或者将必须经商检机构检验的出口商品未报经检验合格而擅自出口,涉嫌下列情形之一的,应予立案追诉:(一)给国家、单位或者个人造成直接经济损失数额在五十万元以上的;(二)逃避商检的进出口货物货值金额在三百万元以上的;(三)导致病疫流行、灾害事故的;(四)多次逃避商检的;(五)引起国际经济贸易纠纷,严重影响国家对外贸易关系,或者严重损害国家声誉的;(六)其他情节严重的情形。"

本案中,徐某、桑某华、汪某国作为单位直接负责的主管人员,与刘某远、郭某鸿违反《进出口商品检验法》的规定,多次逃避商品检验,将必须经商检机构检验的进口商品未报经检验,情节严重,其行为均已构成逃避商检罪,且属共同犯罪,其中,徐某、桑某华、汪某国系单位犯罪。徐某、桑某华、汪某国作为单位直接负责的主管人员,销售国家禁止销售、使用的饲料,扰乱市场秩序,情节严重,其行为又构成非法经营罪,依法均应予以惩处,且应对徐某、桑某华、汪某国两罪并罚。

第十节 逃汇罪

一、罪名概述

1. 罪名简介

逃汇罪,是指公司、企业或者其他单位,违反国家规定,擅自将外汇存放境外,或者将境内的外汇非法转移到境外,情节严重的行为。

2. 犯罪构成要件

(1)犯罪客体

本罪侵害的客体是国家的外汇管理制度。

(2)犯罪客观方面

本罪在客观方面表现为违反国家规定,擅自将外汇存放境外,或者将境内的外汇非法转移至境外,情节严重的行为。

逃汇是指国家机关、企事业单位、团体或者个人,违反国家外汇管理规定,将应售给国家的外汇,私自转移、转让、买卖、存放境外,以及将外汇私自携带、托带或者邮寄出境等。

(3)犯罪主体

本罪的犯罪主体是特殊主体,只有公司、企业或其他单位才能构成本罪。

(4)犯罪主观方面

本罪在主观方面表现为故意,过失不构成本罪。本罪是故意犯罪,要求行为人对本罪的构成要件事实有认识,包括对犯罪对象、行为性质、客体要件、因果关系等的认识。也就是说,行为人必须认识到自己的行为是在逃汇。

3. 立案追诉标准

最高人民检察院、公安部《关于公安机关管辖的刑事案件立案追诉标准的规定(二)》第四十一条规定:"公司、企业或者其他单位,违反国家规定,擅自将外汇存放境外,或者将境内的外汇非法转移到境外,单笔在二百万美元以上或者累计数额在五百万美元以上的,应予立案追诉。"

4. 量刑标准

《刑法》第一百九十条规定:"公司、企业或者其他单位,违反国家规定,擅自将外汇存放境外,或者将境内的外汇非法转移到境外,数额较大的,对单位判处逃汇数额百分之五以上百分之三十以下罚金,并对其直接负责的主管人员和其他直接责任人员,处五年以下有期徒刑或者拘役;数额巨大或者有其他严重情节的,对单位判处逃汇数额百分之五以上百分之三十以下罚金,并对其直接负责的主管人员和其他直接责任人员处五年以上有期徒刑。"

关于"数额较大"和"数额巨大或者有其他严重情节的",我国法律及司法解释没有明文规定,但可参考陕西省高级人民法院《关于适用刑法有关条款数额、情节标准的意见》第一百九十条的规定:

数额较大:单笔在200万美元以上或者累计数额在500万美元以上的。

数额巨大或者其他严重情节:

1. 单笔在400万美元以上或者累计数额在1000万美元以上的;

2. 以伪造文件、编造虚假理由欺骗主管部门、银行等恶劣手段调出外汇的;

3. 因逃汇受过外汇管理机关行政处罚二次以上,又继续逃汇的。

二、风险防范

1. 企业应定期对董监高及外汇管理人员开展法律培训,让其了解逃避外汇监管行为的性质及法律后果,以确保使用外汇合法合规。

2. 企业应当建立一套合法的外汇存结制度,外汇购买、使用、存储要严格执行该制度。

3. 企业对于大笔外汇资金的流动,应当经过集体审批,确保外汇资金使用合规。

三、典型案例

上海亚×国际货运有限公司、王某等逃汇案①

【案情简介】

1994年10月,上海亚×国际货运有限公司(以下简称上海亚×公司)成立,上海亚×公司在上海市黄浦区××路××号设立办公场所,主要从事国际代理运输业务。

王某系上海亚×公司的经营管理者,先后担任公司的财务总监、法定代表人、董事长等,负责公司的运营、管理,分管公司的财务部等部门;沈某捷先后担任上海亚×公司的财务经理、财务总监等,负责公司的财务工作。

2015年1月~2020年4月,上海亚×公司虚构与境外关联公司香港××有限公司(以下简称香港××公司)之间的海运业务,制作虚假运输合同、提单等,以向香港××公司支付进口海运费的名义,通过中国银行上海分行将上海亚×公司外汇账户内的82 966 097美元、1 500 000欧元(折合1 678 924.28美元)、1 450 000港元(折合187 042.50美元)汇至香港××公司香港汇丰银行账户。

---

① 案号:(2021)沪02刑终779号。

2015年1月~2018年12月，上海亚×公司通过上述方式，以向香港××公司支付进口海运费的名义，向中国银行上海分行骗购15 312 272美元、620 000欧元（折合698 644.16美元），汇至香港××公司香港汇丰银行账户。

王某作为上海亚×公司的经营管理者，组织、指挥、决定上海亚×公司上述向境外付汇活动，其掌控香港××公司境外公司账户，安排下属人员制作虚假合同、提单等单证材料，安排下属人员以虚假材料向银行申请直接向境外付汇或购汇后付汇，并最终审批决定上海亚×公司向境外付汇事项。

沈某捷作为上海亚×公司的财务经理、财务总监，在明知上海亚×公司通过虚构货运业务向境外付汇的情况下，在王某的指示下，审核通过上海亚×公司的“请款”事项，协助上海亚×公司的上述付汇活动。经沈某捷审核签字，上海亚×公司直接向境外付汇43 335 359美元、1 500 000欧元（折合1 678 924.28美元）、1 450 000港元（折合187 042.50美元），上海亚×公司骗购外汇后汇至境外6 028 245美元、110 000欧元（折合124 472.70美元）。

2020年5月，黄浦B公司涉嫌虚开发票被立案侦查，同年5月19日，黄浦C公司涉嫌虚开发票被立案侦查；当日，王某被警方传唤至公安机关接受调查，次日，沈某捷被警方传唤至公安机关接受调查。王某、沈某捷在到案初期未供述上述上海亚×公司向境外付汇事宜。2020年5月下旬，民警在向上海亚×公司工作人员核查涉案事实中发现上海亚×公司涉嫌非法向境外付汇；同年6月上旬，王某、沈某捷在接受民警讯问时，如实供述了上述上海亚×公司非法向境外付汇的事实经过。

【裁判结果】

1. 上海亚×公司犯逃汇罪，判处罚金人民币3600万元。
2. 王某犯逃汇罪，判处有期徒刑7年。
3. 沈某捷犯逃汇罪，判处有期徒刑3年。

【案件评析】

本案涉及的是企业虚构与境外关联公司之间的海运业务，擅自将境内的外汇非法转移到境外的行为，是否构成逃汇罪的问题。

最高人民检察院、公安部《关于公安机关管辖的刑事案件立案追诉标准的规定（二）》（2010年）第四十六条规定：“公司、企业或者其他单位，违反国家规定，擅自将外汇存放境外，或者将境内的外汇非法转移到境外，单笔在二百万美元以上或者累计数额在五百万美元以上的，应予立案追诉。”

本案中，上海亚×公司及该公司的主管人员王某和其他直接责任人员沈某捷，违反国家外汇管理条例，虚构货运业务，将境内自有外汇及采用虚构交易单证向指定外汇银行骗购的外汇非法转移到境外，累计数额在500万美元以上，上海亚×公司及王某、沈某捷的行为均已构成逃汇罪。

第十一节 虚假诉讼罪

一、罪名概述

1. 罪名简介

虚假诉讼罪,是指以捏造的事实提起民事诉讼,妨害司法秩序或者严重侵害他人合法权益的行为。

2. 犯罪构成要件

(1)犯罪客体

本罪侵犯的客体是复杂客体,既包括司法机关的正常活动秩序,也包括他人的财产权、婚姻权、收养权、监护权、继承权等合法权益。虚假诉讼的行为,不仅浪费宝贵的有限司法资源,导致真实诉讼无法得到及时审理,严重妨害司法公信力和判决的权威性,同时还可能对法官职业带来不可预测的风险。

(2)犯罪客观方面

本罪在客观方面表现为行为人以捏造的事实提起民事诉讼,妨害司法秩序或者严重侵害他人合法权益的行为。

最高人民法院、最高人民检察院《关于办理虚假诉讼刑事案件适用法律若干问题的解释》第一条规定:"采取伪造证据、虚假陈述等手段,实施下列行为之一,捏造民事法律关系,虚构民事纠纷,向人民法院提起民事诉讼的,应当认定为刑法第三百零七条之一第一款规定的'以捏造的事实提起民事诉讼':(一)与夫妻一方恶意串通,捏造夫妻共同债务的;(二)与他人恶意串通,捏造债权债务关系和以物抵债协议的;(三)与公司、企业的法定代表人、董事、监事、经理或者其他管理人员恶意串通,捏造公司、企业债务或者担保义务的;(四)捏造知识产权侵权关系或者不正当竞争关系的;(五)在破产案件审理过程中申报捏造的债权的;(六)与被执行人恶意串通,捏造债权或者对查封、扣押、冻结财产的优先权、担保物权的;(七)单方或者与他人恶意串通,捏造身份、合同、侵权、继承等民事法律关系的其他行为。隐瞒债务已经全部清偿的事实,向人民法院提起民事诉讼,要求他人履行债务的,以'以捏造的事实提起民事诉讼'论。向人民法院申请执行基于捏造的事实作出的仲裁裁决、公证债权文书,或者在民事执行过程中以捏造的事实对执行标的提出异议、申请参与执行财产分配的,属于刑法第三百零七条之一第一款规定的'以捏造的事实提起民事诉讼'。"

该解释第二条规定:"以捏造的事实提起民事诉讼,有下列情形之一的,应当认定为刑法第三百零七条之一第一款规定的'妨害司法秩序或者严重侵害他人合法权益’:(一)致使人民法院基于捏造的事实采取财产保全或者行为保全措施的;(二)致使人民法院开庭审理,干扰正常司法活动的;(三)致使人民法院基于捏造的事实作出裁判文书、制作财产分配方案,或者立案执行基于捏造的事实作出的仲裁裁决、公证债权文书的;(四)多次以捏造的事实提起民事诉讼的;(五)曾因以捏造的事实提起民事诉讼被采取民事诉讼强制措施或者受过刑事追究的;(六)其他妨害司法秩序或者严重侵害他人合法权益的情形。”

(3)犯罪主体

本罪的主体为一般主体,具备刑事责任能力的自然人和单位均能构成本罪。

(4)犯罪主观方面

本罪的主观方面为故意,即行为人明知自己是用捏造的事实提起诉讼。过失不构成本罪。

3. 立案追诉标准

最高人民检察院、公安部《关于公安机关管辖的刑事案件立案追诉标准的规定(二)》第七十八条规定:“单独或者与他人恶意串通,以捏造的事实提起民事诉讼,涉嫌下列情形之一的,应予立案追诉:(一)致使人民法院基于捏造的事实采取财产保全或者行为保全措施的;(二)致使人民法院开庭审理,干扰正常司法活动的;(三)致使人民法院基于捏造的事实作出裁判文书、制作财产分配方案,或者立案执行基于捏造的事实作出的仲裁裁决、公证债权文书的;(四)多次以捏造的事实提起民事诉讼的;(五)因以捏造的事实提起民事诉讼被采取民事诉讼强制措施或者受过刑事追究的;(六)其他妨害司法秩序或者严重侵害他人合法权益的情形。”

4. 量刑标准

《刑法》第三百零七条之一规定:“以捏造的事实提起民事诉讼,妨害司法秩序或者严重侵害他人合法权益的,处三年以下有期徒刑、拘役或者管制,并处或者单处罚金;情节严重的,处三年以上七年以下有期徒刑,并处罚金。单位犯前款罪的,对单位判处罚金,并对其直接负责的主管人员和其他直接责任人员,依照前款的规定处罚。有第一款行为,非法占有他人财产或者逃避合法债务,又构成其他犯罪的,依照处罚较重的规定定罪从重处罚。司法工作人员利用职权,与他人共同实施前三款行为的,从重处罚;同时构成其他犯罪的,依照处罚较重的规定定罪从重处罚。”

最高人民法院、最高人民检察院《关于办理虚假诉讼刑事案件适用法律若干问题的解释》第二条规定:“以捏造的事实提起民事诉讼,有下列情形之一的,应当认定为刑法第三百零七条之一第一款规定的‘妨害司法秩序或者严重侵害他人合法权益’:(一)致使人民法院基于捏造的事实采取财产保全或者行为保全措施的;(二)致使人民法院开庭审理,干扰正常司法活动的;(三)致使人民法院基于捏造的事实作出裁判文书、制作财产分配方案,或者立案执行基于捏造的事实作出的仲裁裁决、公证债权文书的；（四）多次以捏造的事实提起民事诉讼的；（五）曾因以捏造的事实提起民事诉讼被采取民事诉讼强制措施或者受过刑事追究的；（六）其他妨害司法秩序或者严重侵害他人合法权益的情形。”

该解释第三条规定：“以捏造的事实提起民事诉讼，有下列情形之一的，应当认定为刑法第三百零七条之一第一款规定的‘情节严重’：（一）有本解释第二条第一项情形，造成他人经济损失一百万元以上的；（二）有本解释第二条第二项至第四项情形之一，严重干扰正常司法活动或者严重损害司法公信力的；（三）致使义务人自动履行生效裁判文书确定的财产给付义务或者人民法院强制执行财产权益，数额达到一百万元以上的；（四）致使他人债权无法实现，数额达到一百万元以上的；（五）非法占有他人财产，数额达到十万元以上的；（六）致使他人因为不执行人民法院基于捏造的事实作出的判决、裁定，被采取刑事拘留、逮捕措施或者受到刑事追究的；（七）其他情节严重的情形。”

该解释第四条规定：“实施刑法第三百零七条之一第一款行为，非法占有他人财产或者逃避合法债务，又构成诈骗罪，职务侵占罪，拒不执行判决、裁定罪，贪污罪等犯罪的，依照处罚较重的规定定罪从重处罚。”

该解释第六条规定：“诉讼代理人、证人、鉴定人等诉讼参与人与他人通谋，代理提起虚假民事诉讼、故意作虚假证言或者出具虚假鉴定意见，共同实施刑法第三百零七条之一前三款行为的，依照共同犯罪的规定定罪处罚；同时构成妨害作证罪，帮助毁灭、伪造证据罪等犯罪的，依照处罚较重的规定定罪从重处罚。”

该解释第九条规定：“实施刑法第三百零七条之一第一款行为，未达到情节严重的标准，行为人系初犯，在民事诉讼过程中自愿具结悔过，接受人民法院处理决定，积极退赃、退赔的，可以认定为犯罪情节轻微，不起诉或者免予刑事处罚；确有必要判处刑罚的，可以从宽处罚。司法工作人员利用职权，与他人共同实施刑法第三百零七条之一第一款行为的，对司法工作人员不适用本条第一款规定。”

二、风险防范

1. 企业应当遵守相关法律法规，做到合法诚信经营，自觉抵制虚假诉讼等不法行为。

2. 企业应加强对合同的管理，对于交易应注重书面合同，少采取口头合同形式。在合同履行过程中，应当做好记录，保存好重要证据，避免出现争议时无据可提。

3. 企业尽可能减少与关联公司之间的循环转账，以致存在虚增或虚减资金嫌疑。

4. 企业如果向法院提起诉讼，应严格依据证据规则提交证据，杜绝伪造证据、虚构事实。

三、典型案例

重庆腾×实业集团有限公司、王某、黄某洪虚假诉讼案[①]

【案情简介】

2009 年,黄某洪挂靠重庆腾×实业集团有限公司(原重庆腾×建设工程集团有限公司)投标建设茂县羌城餐饮风貌工程,工程完工后,时任该公司法人的王某以暂借为由未将在该公司账户内属于黄某洪的工程质保金 10 万元归还给黄某洪,后公司因经营不善,无法偿还该笔欠款。经黄某洪多次催款无果的情况下,2019 年 3 月,王某、黄某洪共同商量通过虚构重庆腾×建设集团有限公司与黄某洪签订有水泥销售合同及公司仍欠黄某洪款项共计人民币 525 800 元的借条为由,向茂县人民法院提起民事诉讼,套取该公司在茂县民政局的工程质保金 480 540.18 元。2019 年 9 月 9 日,茂县人民法院作出(2019)川 3223 民初 175 号民事调解书,2019 年茂县人民法院根据该调解书将该质保金执行,并拨给黄某洪。2020 年 12 月 17 日,黄某洪将该款退交至茂县公安局涉案资金专户。

【裁判结果】

1. 重庆腾×实业集团有限公司犯虚假诉讼罪,判处罚金人民币 100 000 元,于判决发生法律效力起 30 日内,一次性缴纳。

2. 王某犯虚假诉讼罪,判处有期徒刑 6 个月,并处罚金人民币 30 000 元。

3. 黄某洪犯虚假诉讼罪,判处有期徒刑 6 个月,并处罚金人民币 30 000 元。

4. 涉案赃款 480 540.18 元,予以追缴,返还至茂县民政局。

【案件评析】

本案涉及的是企业为套取工程质保金还债而捏造事实提起民事诉讼的行为,是否构成虚假诉讼罪的问题。

我国《刑法》第三百零七条之一第一、二款规定:“以捏造的事实提起民事诉讼,妨害司法秩序或者严重侵害他人合法权益的,处三年以下有期徒刑、拘役或者管制,并处或者单处罚金;情节严重的,处三年以上七年以下有期徒刑,并处罚金。单位犯前款罪的,对单位判处罚金,并对其直接负责的主管人员和其他直接责任人员,依照前款的规定处罚。”最高人民法院、最高人民检察院《关于办理虚假诉讼刑事案件适用法律若干问题的解释》第二条规定:“以捏造的事实提起民事诉讼,有下列情形之一的,应当认定为刑法第三百零七条之一第一款规定的‘妨害司法秩序或者严重侵害

① 案号:(2021)川 3223 刑初 10 号。

他人合法权益’:(一)致使人民法院基于捏造的事实采取财产保全或者行为保全措施的;(二)致使人民法院开庭审理,干扰正常司法活动的;(三)致使人民法院基于捏造的事实作出裁判文书、制作财产分配方案,或者立案执行基于捏造的事实作出的仲裁裁决、公证债权文书的;(四)多次以捏造的事实提起民事诉讼的;(五)曾因以捏造的事实提起民事诉讼被采取民事诉讼强制措施或者受过刑事追究的;(六)其他妨害司法秩序或者严重侵害他人合法权益的情形。”

本案中,重庆腾×实业集团公司以单位名义捏造事实提起民事诉讼,王某作为负责全面工作的总经理,代表公司决定并实施与黄某洪协作伪造虚假买卖合同和欠条,共同到茂县人民法院通过调解的方式,以捏造的虚假事实和证据,取得茂县人民法院(2019)川3223民初175号民事调解书,黄某洪便以该调解书向茂县人民法院申请,在茂县民政局套取了该公司工程质保金480 540.18元,其行为危害了市场经济秩序,破坏了社会主义诚信体系,损害了正常的司法程序和司法权威,已构成虚假诉讼罪。

第十二节　拒不执行判决、裁定罪

一、罪名概述

1. 罪名简介

拒不执行判决、裁定罪,是指对人民法院的判决、裁定有能力执行而拒不执行,情节严重、情节特别严重的行为。

2. 犯罪构成要件

(1)犯罪客体

本罪侵犯的客体是人民法院的正常活动、司法秩序。人民法院是代表国家行使审判权的唯一机关,它对各类案件制作的判决和裁定,是代表国家行使审判权的具体形式。判决和裁定一经生效,就具有法律强制力,当事人必须依法执行。当事人对判决或裁定结果有不同意见,也只能按照法律的有关规定进行申诉,而不允许抗拒执行。

根据《民事诉讼法》的规定,经人民法院主持达成的调解协议书送达当事人后,即具有与生效判决、裁定同等的效力,由人民法院负责执行。

拒不执行刑事自诉案件、民事案件、经济案件等诉讼中由法院主持达成并已生效的调解书的,也以本罪论处。

(2)犯罪客观方面

本罪在客观方面表现为有能力执行而拒不执行人民法院的生效判决和裁定,情节严重、情节特别严重的行为。

有能力执行,是指根据人民法院查实的证据证明,负有执行人民法院判决、裁定义务的人有可供执行的财产或者具有履行特定行为义务的能力。行为人在人民法院的判决、裁定生效后,为逃避义务,采取隐藏、转移、变卖、赠送、毁损自己财物而造成无法履行的,仍应属于有能力执行,构成犯罪的,应以本罪论处。拒绝执行,是指对人民法院生效裁判所确定的义务采取各种手段而拒绝履行。行为人既可采取积极的作为,如殴打、捆绑、拘禁、围攻执行人员,抢走执行标的、砸毁执行工具、车辆,以暴力伤害、毁坏财物、加害亲属、揭露隐私、破坏名誉等威胁、恫吓执行人员,转移、隐藏可供执行的财产,命令停止侵害仍不停止侵害而故意为之等;又可采取消极的不作为方式,如对人民法院的执行通知置之不理或者躲藏、逃避等。

需要强调的是,必须达到情节严重,才能构成本罪。情节尚不严重,即使具有拒不执行的行为,也不能以本罪论处。

(3)犯罪主体

本罪的犯罪主体为特殊主体,即负有执行判决、裁定义务的自然人和单位。

(4)犯罪主观方面

本罪的主观方面表现为故意,即行为人明知人民法院的判决、裁定已经生效,有能力执行但拒不执行的主观心理状态。

3. 入罪标准

最高人民法院、最高人民检察院、公安部《关于依法严肃查处拒不执行判决裁定和暴力抗拒法院执行犯罪行为有关问题的通知》第一条规定:“对下列拒不执行判决、裁定的行为,依照刑法第三百一十三条的规定,以拒不执行判决、裁定罪论处:(一)被执行人隐藏、转移、故意毁损财产或者无偿转让财产、以明显不合理的低价转让财产,致使判决、裁定无法执行的;(二)担保人或者被执行人隐藏、转移、故意毁损或者转让已向人民法院提供担保的财产,致使判决、裁定无法执行的;(三)协助执行义务人接到人民法院协助执行通知书后,拒不协助执行,致使判决、裁定无法执行的;(四)被执行人、担保人、协助执行义务人与国家机关工作人员通谋,利用国家机关工作人员的职权妨害执行,致使判决、裁定无法执行的;(五)其他有能力执行而拒不执行,情节严重的情形。”

4. 量刑标准

《刑法》第三百一十三条规定:“对人民法院的判决、裁定有能力执行而拒不执行,情节严重的,处三年以下有期徒刑、拘役或者罚金;情节特别严重的,处三年以上七年以下有期徒刑,并处罚金。单位犯前款罪的,对单位判处罚金,并对其直接负责的主管人员和其他直接责任人员,依照前款的规定处罚。”

根据《全国人民代表大会常务委员会关于〈中华人民共和国刑法〉第三百一十三条的解释》的规定,下列情形属于刑法第三百一十三条规定的“有能力执行而拒不执行,情节严重"的情形:"(一)被执行人隐藏、转移、故意毁损财产或者无偿转让财产、以明显不合理的低价转让财产,致使判决、裁定无法执行的;(二)担保人或者被执行人隐藏、转移、故意毁损或者转让已向人民法院提供担保的财产,致使判决、裁定无法执行的;(三)协助执行义务人接到人民法院协助执行通知书后,拒不协助执行,致使判决、裁定无法执行的;(四)被执行人、担保人、协助执行义务人与国家机关工作人员通谋,利用国家机关工作人员的职权妨害执行,致使判决、裁定无法执行的;(五)其他有能力执行而拒不执行,情节严重的情形。"

《最高人民法院、最高人民检察院关于办理拒不执行判决、裁定刑事案件适用法律若干问题的解释》第三条规定"负有执行义务的人有能力执行而拒不执行,且具有下列情形之一,应当认定为全国人民代表大会常务委员会关于刑法第三百一十三条的解释中规定的'其他有能力执行而拒不执行,情节严重的情形':(一)以放弃债权、放弃债权担保等方式恶意无偿处分财产权益,或者恶意延长到期债权的履行期限,或者以虚假和解、虚假转让等方式处分财产权益,致使判决、裁定无法执行的;(二)实施以明显不合理的高价受让他人财产、为他人的债务提供担保等恶意减损责任财产的行为,致使判决、裁定无法执行的;(三)伪造、毁灭、隐匿有关履行能力的重要证据,以暴力、威胁、贿买方法阻止他人作证或者指使、贿买、胁迫他人作伪证,妨碍人民法院查明负有执行义务的人财产情况,致使判决、裁定无法执行的;(四)具有拒绝报告或者虚假报告财产情况、违反人民法院限制消费令等拒不执行行为,经采取罚款、拘留等强制措施后仍拒不执行的;(五)经采取罚款、拘留等强制措施后仍拒不交付法律文书指定交付的财物、票证或者拒不迁出房屋、退出土地,致使判决、裁定无法执行的;(六)经采取罚款、拘留等强制措施后仍拒不履行协助行使人身权益等作为义务,致使判决、裁定无法执行,情节恶劣的;(七)经采取罚款、拘留等强制措施后仍违反人身安全保护令、禁止从事相关职业决定等不作为义务,造成被害人轻微伤以上伤害或者严重影响被害人正常的工作生活的;(八)以恐吓、辱骂、聚众哄闹、威胁等方法或者以拉拽、推搡等消极抗拒行为,阻碍执行人员进入执行现场,致使执行工作无法进行,情节恶劣的;(九)毁损、抢夺执行案件材料、执行公务车辆和其他执行器械、执行人员服装以及执行公务证件,致使执行工作无法进行的;(十)其他有能力执行而拒不执行,情节严重的情形。"

该解释第十条规定:"拒不执行支付赡养费、扶养费、抚养费、抚恤金、医疗费用、劳动报酬等判决、裁定,构成犯罪的,应当依法从重处罚。"

该解释第十一条规定:"实施刑法第三百一十三条规定的拒不执行判决、裁定行为,情节显著轻微危害不大的,不认为是犯罪;在提起公诉前,履行全部或者部分执行义务,犯罪情节轻微的,可以依法不起诉。在一审宣告判决前,履行全部或者部分执行义务,犯罪情节轻微的,可以依法从轻或者免除处罚。"

二、风险防范

1. 企业经营者应当认真学习与本罪相关的法律法规，树立守法意识。法院执行判决、裁定时，应当积极配合，不得阻碍执法工作。

2. 在法院判决、裁定生效后，应当谨慎处置企业财产。如果是重要紧急的债务要履行，建议在判决、裁定生效前履行，不宜拖至该诉讼判决、裁定生效后履行。

3. 对于负有协助执行义务的企业，在收到人民法院送达的协助执行通知书后，应依法积极协助法院执行，并将执行情况告知人民法院，不可拒绝协助执行，更不可与被执行人合谋串通抗拒执行，以免引发刑事风险。

三、典型案例

嵊州市万×铸造有限公司、范某军拒不执行判决、裁定案①

【案情简介】

嵊州市万×铸造有限公司（以下简称万×公司）因与绍兴双×商贸有限公司（以下简称双×公司）、魏某存在经济纠纷，经嵊州市人民法院（2019）浙0683民特96号、256号、257号民事裁定书裁定，应当支付双×公司、魏某总计801 279元。因万×公司和范某军在裁定生效后未履行给付义务，案件分别于2019年5月24日、2019年11月25日进入执行程序。2020年1月～2021年2月，范某军作为万×公司的实际控制人，在未全部履行生效文书确定义务的情况下，多次将万×公司所有的21万元转移至他人名下，致使上述判决、裁定无法执行。

案发后，范某军自动向公安机关投案，并如实供述上述犯罪事实；万×公司和范某军已履行嵊州市人民法院裁定书确定的上述全部义务。

案发后，公安机关从楼某处扣押其所有的×××奔驰轿车1辆、车钥匙2把，车辆暂扣于嵊州市公安局，车钥匙暂存于嵊州市刑事涉案财物管理中心。

【裁判结果】

1. 万×公司犯拒不执行判决、裁定罪，判处罚金人民币1万元。

2. 范某军犯拒不执行判决、裁定罪，判处有期徒刑9个月，缓刑1年。

3. 本案扣押的×××奔驰轿车1辆、车钥匙2把由扣押机关依法处理。

【案件评析】

本案涉及的是企业未全部履行生效文书确定的义务，多次将资金转移至他人名

---

① 案号：（2022）浙0683刑初1号。

下，致使法院判决、裁定无法执行的行为，是否构成拒不执行判决、裁定罪的问题。

最高人民法院、最高人民检察院、公安部《关于依法严肃查处拒不执行判决裁定和暴力抗拒法院执行犯罪行为有关问题的通知》第一条规定："对下列拒不执行判决、裁定的行为，依照刑法第三百一十三条的规定，以拒不执行判决、裁定罪论处：(一)被执行人隐藏、转移、故意毁损财产或者无偿转让财产、以明显不合理的低价转让财产，致使判决、裁定无法执行的；(二)担保人或者被执行人隐藏、转移、故意毁损或者转让已向人民法院提供担保的财产，致使判决、裁定无法执行的；(三)协助执行义务人接到人民法院协助执行通知书后，拒不协助执行，致使判决、裁定无法执行的；(四)被执行人、担保人、协助执行义务人与国家机关工作人员通谋，利用国家机关工作人员的职权妨害执行，致使判决、裁定无法执行的；(五)其他有能力执行而拒不执行，情节严重的情形。"

本案中，万×公司经嵊州市人民法院(2019)浙0683民特96号、256号、257号民事裁定书裁定，应当支付双×公司、魏某总计801 279元。2020年1月～2021年2月，范某军多次将万×公司所有的21万元转移至他人名下，这表明万×公司、范某军对人民法院的裁定有能力执行而拒不执行，其行为已构成拒不执行判决、裁定罪。